辽宁省高等学校一流特色学科专项经费资助项目
辽宁省示范马克思主义学院建设项目
辽宁省中国特色社会主义政治经济学研究基地资助项目
高等院校财经专业精品教材

ZHONGGUO JINGJI ZHUANXING DAOLUN

中国经济转型导论

郑尚植 王怡颖 主编

东北财经大学出版社 | 大连
Dongbei University of Finance & Economics Press

图书在版编目（CIP）数据

中国经济转型导论 / 郑尚植，王怡颖主编. —大连：东北财经大学出版社，2022.12

ISBN 978-7-5654-4524-8

Ⅰ.中… Ⅱ.①郑… ②王… Ⅲ.中国经济-转型经济-研究 Ⅳ.F123.9

中国版本图书馆CIP数据核字（2022）第090005号

东北财经大学出版社出版

（大连市黑石礁尖山街217号 邮政编码 116025）

网 址：http：//www.dufep.cn

读者信箱：dufep@dufe.edu.cn

大连美辰印刷厂印刷 东北财经大学出版社发行

幅面尺寸：170mm×240mm 字数：395千字 印张：19.5

2022年12月第1版 2022年12月第1次印刷

责任编辑：李 彬 王 斌 责任校对：孙 平

封面设计：陈艺丹 版式设计：原 皓

定价：68.00元

教学支持 售后服务 联系电话：（0411）84710309

如有印装质量问题，请联系营销部：（0411）84710711

前言

党的二十大报告指出，马克思主义是我们立党立国、兴党兴国的根本指导思想。实践告诉我们，中国共产党为什么能，中国特色社会主义为什么好，归根到底是马克思主义行，是中国化时代化的马克思主义行、拥有马克思主义科学理论指导是我们党坚定信抑信念，把握历史主动的根本所在。中国共产党人深刻认识到，只有把马克思主义基本原理同中国具体实际相结合、同中国优秀传统文化相结合、坚持运用辩证唯物主义和历史唯物主义，才能正确回答时代和实践提出的重大问题，才能始终保持马克思主义的蓬勃生机和旺盛活力。

中国经济改革过程中形成的转型经济学就是中国学者以“两个结合”为指导，来研究中国特色的经济转型模式的学科，具体来说，转型经济学是研究计划经济体制向市场经济体制过渡国家的制度变迁特征、过渡路径选择以及经济过渡绩效的经济学分支，是将新古典经济学、新制度经济学、发展经济学、演化经济学以及比较经济制度学等经济学科的成果加以综合而应用到转型问题研究的一种尝试。从中国转型经济学的发展历程可以看出，这一学科成长于市场化改革正式启动之后，并以全面解释我国现实经济生活中的体制转轨问题与结构转型问题为主要目的，兼为我国探索社会主义市场经济建设提供参考和引导。在不算漫长的历史时期中，中国转型经济学显示出无穷的活力，最终具备了独特而稳定的研究对象和研究内容，具有旺盛生命力和无限的发展潜力。在经历了持续的演变和沿革后，无论是学科范畴还是理论内涵都较诞生之初有了很大的扩展和深化。当前我国转型经济学已形成了较为主流的几种研究范式，每一种研究范式以不同的经济理论为基础，研究重点各有侧重，在研究转型问题时各有优劣。对其优点进行借鉴，对其缺陷予以改进，扬长避短，兼收并蓄，综合各种研究范式的优势将有助于后续的研究。随着学术研究的不断深化，未来不排除有更新且更有利于研究转型问题的研究范式形成。

中国自1978年以来实行的40多年改革开放实践为全球转型经济国家提供了生动而有价值的参照体系。中国改革开放的不断深化和持续的经济增长，蕴含着大量富有创造性的中国智慧，同时也为经济学家探讨转型经济学提供了丰富的视角。可以毫不夸张地说，中国的经济改革中所包含的一整套思维形态、理论框架和行动模式，必将成为全球转型经济的最重要成果，同时也必将引发经济学内部的一场深刻的反省与革新。中国40多年改革开放的成功推进堪称经济转型国家的典范，对中国改革开放模式的总结无疑将具有全球意义。中国的经验为那些处于发展中的转型国家提供了大量值得借鉴和参照的行动框架与制度安排，尽管这些行动框架和制度安排都烙上了独特的中国智慧的印记，然而我们还是可以从中国范式中抽象出一些更为一般的规律或者原则，这些一般原则尽管不可能在另一种文化或制度框架中被完全复制，但是其借鉴价值却值得珍视。随着中国日益走近世界舞台中央，中国理念、中国智慧、中国方案、中国机遇日益受到全球关注。新时代、新思想、新使命、新征程，意味着中国同世界关系更为紧密。中国故事，为世界上其他国家谋求发展提供借鉴，为各国共同发展提供启示。

本教材正是基于上述转型经济学的学科发展和中国特色社会主义经济转型的实践事实进行编写。除绪论以外，全书共分十章。第一章为“转型前的旧体制：计划经济的逻辑”；第二章是“经济体制转型：从计划经济到市场经济”，包括计划与市场的争论、我国从计划经济到市场经济的转型过程、社会主义市场经济体制的基本特征；第三章是“经济体制转型模式的选择：渐进式VS激进式”，包括激进式改革的运行逻辑与基本特征、渐进式改革的运行逻辑与基本特征、激进式改革与渐进式改革的比较与客观评价；第四章是“所有制结构转型：由单一到混合”，包括所有制结构转型的理论依据、所有制结构转型过程、所有制结构的优化与完善；第五章是“收入分配制度转型：公平与效率的统一”，包括社会主义基本分配制度、我国的分配制度的转型过程、实现公平与效率的统一；第六章是“二元结构转型：由城乡分割到城乡融合”，包括我国的二元经济结构、我国由城乡分割到城乡融合转型过程、“刘易斯拐点”与中国经济；第七章是“政府治理与转型：从以经济建设为中心到以人民为中心”，包括政府治理理论的兴起及其中国化、我国政府转型过程和新公共管理运动与良政治理等；第八章是“国家宏观调控转型：由需求侧到供给侧”，包括中国宏观调控的基本模式、我国宏观经济调控的历史回顾、我国宏观调控转型：从需求侧到供给侧；第九章是“经济增长模式转型：由高速增长到高质量发展”，包括中国特色社会主义的经济增长、我国经济增长模式转型过程等；第十章是“对外开放升级转型：从发挥比较优势到全球经济治理”，包括经济全球化与对外开放、中国对外开放的历史回顾、基本内容与作用等。

本书的编写是在东北财经大学马克思主义学院领导的大力支持和全体师生共同努力下完成的。朱成全院长为本教材大纲的内容安排提供了全面指导。本人自2014年为全校本科生和研究生分别开设过“中国经济转型导论”选修课，所以本教材主要内容来源于上课的教案与讲义，在此特别感谢在教学过程中对本课程提出建议的同学们和相关老师。本书由郑尚植、王怡颖担任主编，具体分工如下：第一章、第二章、第三章由硕士生王怡颖、赵雪负责完成；第四章由博士生张茜负责完成；第五章由博士生常晶负责完成；第六章、第七章、第八章、第九章、第十章由郑尚植负责完成；全书最后由郑尚植总纂定稿。特别值得一提的是，在编写过程中参考了国内许多学者的观点和教材，在此特向他们表示衷心的感谢！如果书中未曾提到，那便是我的疏忽，恳请原谅！同时，本教材错漏之处在所难免，恳请广大师生读者批评指正！

郑尚植

2022年3月

目 录

绪　论

中国经济改革的基本逻辑、经验总结与困境反思

——基于中国智慧与中国方案的政治经济学解读

改革开放40多年，是见证中国奇迹的40多年：国内生产总值由1978年的3 679亿元人民币增长到2021年的114.4万亿元人民币，2021年国内生产总值同比增长8.1%，中国经济增长对世界经济增长的贡献率接近30%，持续成为世界经济增长最大的贡献者；人民生活从温饱不足发展到全面小康，7亿多人摆脱了贫困，占同期全球减贫人口总数的70%以上；2021年国内生产总值超过日本，跃升为世界第二大经济体；2010年中国出口总额超过德国，成为世界第一大出口国；2013年中国全球贸易总额超过美国，成为世界第一大贸易国。40多年来，中国基础设施建设突飞猛进，法律体系日益健全，国家文化软实力和中华文化影响力大幅提升，社会保障和医疗体系日趋完备，生态环境治理明显改善，军事实力显著增强，同时中国还积极推动经济全球化进程，构建人类命运共同体。审视当代中国的巨大历史性进步和辉煌成就，改革开放已然成为当代中国最显著的特征和最壮丽的气象!

“中国奇迹”的发生，与中国特色社会主义经济理论的发展密不可分，没有理论的指导，没有理论的交锋，没有思想的解放，遑论改革开放取得的伟大经济成就。学者的研究自有其视野，学术研究应该把握时代脉搏，聚焦社会关切的重大问题。目前学术界对于中国问题的研究，多以局部问题的实证或政策性分析为主，缺乏对重大基本理论命题的关注。更严峻的问题是，传统马克思主义意识形态术语因其与现实问题存在脱节而显得缺乏解释力和吸引力，迫使中国问题的研究者转向西方经济学话语体系寻求相关理论概念和解释框架，导致关于中国问题的研究往往需要以对西方经济学观点的验证或回应作为学术价值的锚点，而研究结论往往需要将西方经济学的理论解释作为评判尺度。究其根源，是中国经济改革的理论发展滞后

于实践进程。

国内学术界需要在中国问题和中国模式上发出声音，用自己的话语体系来解读改革开放40多年取得的伟大成就，讲好中国的改革故事。这种话语体系的构建，需要以马克思主义思想为指导，以坚持中国问题的主体性为首要原则，同时又不回避西方经济学的概念和话语，充分借鉴其理论成果并发展与之对话和辩论的“交互理性”。由此可见，在理顺改革逻辑的基础上讲好中国故事、在直面理论困境的条件下树立理论自信、在总结中国智慧和中国方案的前提下构建中国问题的主体性话语体系具有非常深远的意义。

一、中国经济改革的逻辑起点：中国特色社会主义的“不一样”

习近平总书记在纪念马克思诞辰200周年大会的讲话中指出：“当代中国的伟大社会变革，不是简单延续我国历史文化的母版，不是简单套用马克思主义经典作家设想的模板，不是其他国家社会主义实践的再版，也不是国外现代化发展的翻版。”[①]中国特色社会主义是中国经济改革的逻辑起点，中国共产党把马克思主义基本原理、中国传统文化与改革开放的伟大实践三者相互结合，探索出一条“前无古人后无来者”的复兴之路。在中国经济改革的实践过程中，总结出中国特色社会主义的“不一样”，并从中提炼出带有规律性的经验认识，对理解已有改革模式、把握改革方向和未来应对改革困境具有重要意义。

（一）中国特色社会主义是对中国传统文化的继承与发展

中国特色社会主义不是简单延续我国历史文化的母版，而是对中国传统文化的继承与发展。中华民族有着非常深厚的历史文化传统，沉淀着几千年历史的知识智慧和理性思辨，形成了极具特色的思想体系，这是中国的独特优势，也是发展中国特色社会主义十分宝贵、不可或缺的精神资源。中华历史文化是中华民族的精神命脉，也是中国特色社会主义制度的重要源泉，其中暗含了社会主义建设的很多思想精髓：重民本、求大同、讲思辨、尚包容、崇革新、守诚信等传统思想，在当代中国也有充分体现。如“民为贵，社稷次之，君为轻”的以民为本、安民富民思想，传承至今就是以人民为中心的发展思想；又如“万物并育而不相害，道并行而不相悖”的包容思想，正是如今中国对待经济全球化和文明多样化、倡导构建人类命运共同体的思想初衷。

习近平总书记指出：“独特的文化传统，独特的历史命运，独特的基本国情，注定了我们必然要走适合自己特点的发展道路。”[②]中国特色社会主义道路是由中华民族最基本的文化基因决定的。中华民族在漫长的历史进程和文明演进中，不论在政治智慧、经济发展，还是社会管理等各个领域都积累了丰富的治国理政经验，

---

① 习近平．在纪念马克思诞辰200周年大会上的讲话［N］．人民日报，2018-05-05.
② 习近平．胸怀大局把握大势着眼大事 努力把宣传思想工作做得更好［N］．人民日报，2013-08-21.

其中既有经世济民、富国裕民、社会进步的经验总结，也有安邦定国、保障社会和谐的深刻反思，要想发展中国特色社会主义，就必须坚持古为今用、推陈出新，从优秀传统文化中汲取智慧和营养，使传统文化与当代价值交相辉映。因此，中国经济改革必定蕴含着中国传统文化的智慧与逻辑，从“黑猫白猫论”、两个文明一起抓、科学发展观到经济新常态，无一例外地折射出中国智慧的光芒。

（二）中国特色社会主义是科学社会主义在中国的与时俱进

中国特色社会主义不是简单套用马克思主义经典作家设想的模板，而是科学社会主义在中国的与时俱进。马克思主义经典作家对社会主义的构想具有三个基本特征：一是生产资料的公有制。马克思认为，生产的社会化和生产资料的私人占有之间的矛盾是资本主义的基本矛盾，只有通过公有制代替私有制才能解决，所以未来社会经济制度的基本特征之一就是生产资料由全社会共同占有，实行单一的生产资料公有制。二是资源配置的计划经济。在马克思主义经典作家看来，生产资料由全社会共同占有，私人劳动和社会劳动具有事实的同一性，计划经济便会代替市场经济成为资源配置的唯一方式，这无疑是社会主义经济制度的又一基本特征。三是收入分配的按劳分配。在消灭了私有制之后，全体社会成员共同占有一切生产资料，在这种情况下，劳动成为收入分配的唯一尺度。因此，可以将公有制、计划经济和按劳分配视为马克思主义经典作家为未来社会经济形态，即社会主义生产方式所设计的“三位一体公式”。

经过40多年的经济体制改革，中国特色社会主义的经济制度相较于马克思主义经典作家的设想模板发生了根本性变化，“三位一体公式”已然被以公有制为主体、多种所有制经济共同发展，按劳分配为主体、多种分配方式并存的社会主义市场经济体制所取代，从中共十三大到中共十九大，这三方面的变化作为中国特色社会主义基本经济制度确定下来，并写入《宪法》。恩格斯说：“马克思的整个世界观不是教义，而是方法，它提供的不是现成的教条，而是进一步研究的出发点和提供这种研究使用的方法。”①中国不应死抱着某些个别词句和论断不放，也不应过于强调理论上的自洽性而忽略实践上的检验性，马克思主义中国化要注重与时俱进，在社会主义建设的伟大实践中不断更新对社会主义的理解。

（三）中国特色社会主义是当代马克思主义中国化的探索生成

中国特色社会主义不是其他国家社会主义实践的再版，而是当代马克思主义中国化的探索生成。社会主义在不同时期呈现出不同的时代特征。苏联选择了发展公有制和高度集中的中央计划经济，以期利用国家力量摆脱经济落后状态。众所周知，苏联模式曾经取得了斐然的经济成就：在短期内建立了较为完备的工业体系，经济快速增长使之成为仅次于美国的世界第二超级大国。许多落后国家纷纷效仿，将之奉为圭臬，也都在不同程度上呈现出了类似苏联的经济发展模式，在很长一段

① 马克思，恩格斯．马克思恩格斯全集：第39卷［M］．中共中央马克思恩格斯列宁斯大林著作编译局，译．北京：人民出版社，1974：406.

时间内经济增长率保持较高水平。但历史证明，这种以牺牲大量资源为代价、“为生产而生产”的粗放增长模式，并没有真正提升人民的生活水平，而忽视市场力量的作用也从根本上阻碍了社会生产力的发展，最终这种社会主义探索以苏联解体、东欧国家转向资本主义而告终。

诚如恩格斯所言：“所谓‘社会主义’不是一种一成不变的东西，而应当和任何其他社会制度一样，把它看成是经常变化和改革的社会。”①习近平总书记也强调：“在中国这样一个有着5 000多年文明史、13亿多人口的大国推进改革发展，没有可以奉为金科玉律的教科书，也没有可以对中国人民颐指气使的教师爷。”②从“以俄为师”到“以苏为鉴”，中国始终坚持探索适合本国国情的社会主义建设道路。苏共二十大以后，毛泽东就明确提出社会主义建设要进行马克思主义与中国实际的第二次结合，探索自己的道路。到了改革开放以后，邓小平根据社会主义正反两方面的经验，创新性地提出“社会主义初级阶段”的科学论断，开辟了中国特色社会主义道路。之后在党中央的领导下，中国始终在坚定不移地推进中国特色社会主义，不断探索马克思主义中国化的实践路径。

（四）中国特色社会主义为解决人类发展问题贡献了中国智慧和中国方案

中国特色社会主义不是国外现代化发展的翻版，而是为解决人类发展问题贡献了中国智慧和中国方案。人类社会发展的历史启示：现代化发展的道路和模式并不是唯一存在的，每个国家和民族都曾经为人类文明贡献他们各自的智慧与方案。目前学界较为认可的模式有以下四种：第一，“英美模式”，又称“盎格鲁-撒克逊”模式，是自由市场经济发展的典范，崇尚个人主义和市场竞争，实行私有化和鼓励个人财富的积累。第二，“莱茵模式”，主要流行于莱茵河流域的一些欧洲大陆国家，以德国的社会市场经济为代表，突出劳工权利与福利制度，重视自由竞争，推进路径为先有工业化、后有民主化和法治化。第三，“瑞典模式”，是以瑞典为首的北欧高福利国家所实行的经济模式，重视充分就业与社会平等，被誉为福利国家的楷模。第四，“东亚模式”，指日韩等国的政府主导型市场经济发展模式，尊重产权私有，通过政府扶植和计划指导实施出口导向型经济战略。

中国特色社会主义的发展不同于上述国外现代化发展模式，在社会主义建设过程中有着充分的政治定力，“既不走封闭僵化的老路，也不走改旗易帜的邪路”③，始终坚持科学社会主义的基本原则和马克思主义的理论指导，形成适合本国国情的“中国模式”。与此同时，“中国特色社会主义道路、理论、制度、文化不断发展，拓展了发展中国家走向现代化的途径，给世界上那些既希望加快发展又希望保持自身独立性的国家和民族提供了全新选择，为解决人类问题贡献了中国智慧和中国方

① 马克思，恩格斯．马克思恩格斯全集：第37卷［M］．中共中央马克思恩格斯列宁斯大林著作编译局，译．北京：人民出版社，1971：443.

② 习近平．在庆祝改革开放40周年大会上的讲话［N］．人民日报，2018-12-19.

③ 中共中央文献研究室．习近平关于全面深化改革论述摘编［M］．北京：中央文献出版社，2014：14.

案”[①]。在当今世界发展形势严峻的大背景下，中国智慧与中国方案犹如一剂强心剂，为世界历史的发展注入了坚实动力。

二、全面理解中国经济改革的三维逻辑

(一) 中国经济改革的历史逻辑：“两个不能否定”

中国共产党领导人民进行的社会主义建设事业进程，以党的十一届三中全会为界，可分为改革开放前和改革开放后两个历史时期。习近平总书记提出“两个不能否定”，强调要对这两个历史时期进行辩证统一的客观评价。“两个不能否定”的重要论述集中体现了中国共产党对于这一重大问题的根本立场，这两个时期在本质上都是中国共产党领导人民进行社会主义建设的实践探索，二者既有联系又有区别，这种区别是在同样的实践目标和基本制度下具体做法的区别，都是为了回答如何将一个贫穷落后的农业大国建设为社会主义现代化强国的问题，无论否定哪个历史时期，都不利于全面认识历史，也不利于深化改革、凝聚共识、树立自信。

中华人民共和国成立后至改革开放前，以毛泽东同志为核心的党中央领导集体带领全国各族人民完成了社会主义革命，在确立了社会主义基本制度之后，根本问题是如何让中国人民真正站起来。为此，党的八大决议中明确规定：“为了把我国由落后的农业国变为先进的社会主义工业国，我们必须在三个五年计划或者再多一点的时间内，建成一个基本上完整的工业体系。”很显然，为了解决这个主要矛盾，当时党的根本任务就是通过以重工业为中心的工业化道路建立独立、完整、现代的工业化目标体系，从而实现中国经济的真正独立。由于当时中国共产党对“什么是社会主义，怎样建设社会主义”的认识不清楚，在此期间存在经济建设急于求成、所有制结构急于求纯、阶级斗争扩大化等问题，但更应看到，正是由于社会主义革命和建设积累的正反两方面经验，才为改革开放的顺利推进和中国特色社会主义的成功开创打下了重要基础。

需要注意的是，中国在两个历史时期分别面临着不同的国际环境、发展任务和主要矛盾，在思想指导、方针政策和实际工作上存在很大差别，强调“两个不能否定”就是要把两个历史时期放在历史发展的长河中去观察和把握，既注重分析前一时期为后一时期提供了什么思想、物质和制度条件，也注重分析后一时期对前一时期扬弃、拨正和增添了哪些内容。只有这样，才能正确认识不同历史时期在社会主义建设历程中的独特地位和历史作用，尊重历史而不歪曲或割裂历史，实事求是地看待和理解中国特色社会主义的历史性和阶段性。

(二) 中国经济改革的理论逻辑：由计划到市场的体制转型

中国改革开放40多年来，在制度层面最大的变化就是实现了由传统的计划经

① 习近平. 决胜全面建成小康社会，夺取新时代中国特色社会主义伟大胜利——在中国共产党第十九次全国代表大会上的报告［M］. 北京：人民出版社，2017.

济向社会主义市场经济的转型。按照马克思主义经典作家的设想，社会主义将建立在资本主义生产力高度发达的基础上，资本主义的发展必然面临社会化大生产与生产资料私人占有之间的矛盾，而社会主义的计划性质则克服了这一基本矛盾。但现实的社会主义是从生产力落后国家突破的，这种实现前提的差异决定了由计划向市场的转型将成为社会主义实践探索的重要问题。

计划经济体制形成于中华人民共和国成立初期，此时全国的经济基数较小、经济结构较简单，国家迫切需要最大限度地动员社会资源以加快工业化进程，大规模推动经济建设，实现赶超战略。在这种背景下，中国共产党结合自身的发展目标，选择了政府主导的发展模式，使中国走上了单一公有制和计划经济道路。但随着中国经济规模不断扩大、经济结构日趋复杂，预期的计划经济体制优越性难以实现。计划经济的弊端主要体现在两个方面：一方面，人类的认知能力有限，世界上没有任何个人或机构能够掌握全部的经济信息以制订完备的经济计划；另一方面，计划经济尽管在形式上存在等级工资制等激励方式，但由于信息不对称的普遍存在，激励机制起不到应有的作用，企业和个人的积极性难以调动。正是这些计划经济的效率弊病迫使中国通过寻求市场机制进行弥补。

中国共产党通过对社会主义本质的重新阐释突破了发展市场经济的意识形态限制，从打破单一公有制局面开始，逐步实现由计划向市场的过渡。“计划经济为主、市场调节为辅”的方针，代表中国开始进行放权让利、双轨并行的市场化改革；“有计划的商品经济”的提法，在理论上突破了以往社会主义与商品经济的对立观念；“国家调节市场、市场引导企业”的论述，破除了改革初期计划与市场各分一块的老思路；社会主义市场经济体制的建立、“使市场在国家宏观调控下对资源配置起基础性作用”的提出，表明中国对在社会主义前提下发展市场经济的高度认同；习近平总书记关于“市场在资源配置中起决定性作用”的论断，将社会主义市场经济理论推向一个新阶段。由计划到市场的平稳转型，得益于改革初期通过国有部门体制外的增量改革迅速取得成效，加速了市场的形成，并巩固了市场机制的作用，同时没有全盘否定计划部分，而是扬长避短地发挥计划作用，随着经济体制改革的不断深入，逐步解决了经济日常运行和企业资源配置的协调与激励问题。

（三）中国经济改革的实践逻辑：激进式与渐进式的路径选择

20世纪80年代，在中国推动改革开放的同时，世界上大部分社会主义国家和其他社会性质的发展中国家也在向市场经济转型。在其市场化改革过程中，主要存在两种典型的改革模式：激进式改革与渐进式改革。激进式改革是推行以“华盛顿共识”为基础的“休克疗法”，讲求“毕其功于一役”，用最短的时间一步跨越计划经济与市场经济之间的“鸿沟”，迅速建立现代经济制度以保障市场机制的有效运行。但激进式改革往往操之过急、脱离实际，最后难以取得预期效果，究其原因，激进式的改革方式极容易引发政治失序和经济失调，使社会秩序处于混乱之中，甚至导致严重的社会冲突，给当事国的人民群众带来深重的灾难。因此，即使是西方发达资本主义国家，也经历了从19世纪到20世纪漫长的制度变迁才建立起所谓的“成熟市场经济”。毫无疑问，中国经济的转型发展正确选择了渐进式的改革道路，采用“摸着石头过河”与顶层设计相结合的实践方式，遵循先易后难、先试验后推广的逻辑演进，有效把握整个社会经济发展的大趋势和政治发展的大格局，顺利实现市场秩序从政府培育到自我生长的演变过程。

激进式改革和渐进式改革的根本区别不在于方式方法，而在于改革的性质和目标。中国经济改革是在社会主义制度下的自我完善和发展，而不是对社会主义的根本否定。因此，在改革道路的选择上要充分考虑改革的连续性、可控性和兼容性，不能推倒重来，更反对历史虚无主义。邓小平指出：“中国的问题，压倒一切的是需要稳定。没有稳定的环境，什么都搞不成，已经取得的成果也会失掉。”①改革的过程是各方利益格局重新调整的过程，新旧制度、新旧利益格局转换过程中不可避免会发生摩擦、冲突与对抗，如果没有稳定的政治、经济和社会秩序作保障，由改革所引发的各种问题就无法得到和平消化与解决，经济转型的实践目标就不能顺利完成。相较而言，渐进式改革所遵从的理念是用时间消化改革成本，逐步实现改革红利，其基本要义是保证改革过程的稳定性。改革的时机、步骤的把握、利弊的权衡、成果的保持等现实问题，都有赖于政府的调控作用，而只有制度变革的稳定衔接，才有可能避免大的社会动荡和资源浪费，这是中国选择渐进式改革的实践逻辑。

三、中国经济改革的成功经验、智慧与方案

（一）坚持中国共产党的领导，将社会主义进行到底

坚持中国共产党对一切工作的领导，是由中国共产党的性质决定的。既是对历史经验的深刻总结，也是推进中国特色社会主义政治经济学理论体系构建和中国特色社会主义建设的保证。“中国共产党的领导是中国特色社会主义最本质的特征”②，坚持党中央集中统一领导，“是保持党和国家事业发展正确方向的根本保证”③，也是中国特色社会主义的制度优势和本质特征。邓小平孜孜以求的就是增进人民福祉，他强调，“贫穷不是社会主义，社会主义要消灭贫穷”④，社会主义的首要任务是发展生产力，逐步提高人民的物质和文化生活水平。中国共产党对经济工作的集中统一领导是社会主义经济持续健康发展的根本保证，体现了社会主义市场经济的本质特征和制度优势，有利于发挥社会主义制度的政治优势，形成科学的经济发展理论，充分调动各方面的积极因素，形成全面深化改革的持久动力。

实行公有制为主体、多种所有制经济共同发展的基本经济制度，是完善社会主

① 邓小平．邓小平文选：第三卷［M］．北京：人民出版社，1993：284.
② 习近平．习近平谈治国理政：第二卷［M］．北京：外文出版社，2017：18.
③ 习近平．习近平谈治国理政：第二卷［M］．北京：外文出版社，2017：20.
④ 邓小平．邓小平文选：第三卷［M］．北京：人民出版社，1993：116.

义市场经济体制的必然要求，也是中国特色社会主义制度的重要组成部分。坚持和完善社会主义基本经济制度，必须始终坚持“两个毫不动摇”，坚持公有制主体地位，不断增强国有经济活力、控制力、影响力，积极鼓励、支持、引导非公有制经济发展，激发非公有制经济活力和创造力。大力消除所有制结构不合理对生产力的羁绊，深化国有企业和非公有制经济的改革，推动国民经济的合理健康发展。

以人民为中心的发展思想，是党性与人民性相统一的发展思想，是中国共产党全心全意为人民服务宗旨和中国共产党思想路线的实践深化和理论升华，是改革开放取得成功的一条根本经验。中国是人民民主专政的社会主义国家，国家一切权力属于人民，以人民为中心的发展思想所体现的正是人民当家作主这一中国特色社会主义民主的本质和核心。习近平总书记强调：“坚持把人民拥护不拥护、赞成不赞成、高兴不高兴作为制定政策的依据，顺应民心、尊重民意、关注民情、致力民生。”[①]人民群众是历史活动的主体，是社会物质财富、精神财富的创造者，是社会变革的主要推动力量，社会主义的道路选择与艰辛探索，离不开人民的支持和参与。

（二）将改革开放进行到底

1978年，中国实行改革开放，走上了新的经济建设之路。邓小平指出，革命是解放生产力，改革也是解放生产力。社会主义的首要任务是发展生产力，逐步提高人民的物质和文化生活水平。党的十八大以来，习近平总书记关于坚持中国特色社会主义道路、全面推进深化改革有许多独到的见解，他认为，“改革开放只有进行时没有完成时”，“改革再难也要向前推进”，中国的改革“既不走封闭僵化的老路，也不走改旗易帜的邪路”[②]，经济体制改革的不断推进和深化是解决人民日益增长的美好生活需要和不平衡不充分的发展之间的矛盾的重要推手。中华人民共和国成立以来，中国在农村经济体制改革、国有企业改革、金融体制改革、社会保障体制改革等方面取得了重大突破。“注重系统性、整体性、协同性是全面深化改革的内在要求，也是推进改革的重要方法”[③]，改革越深入，越要注意改革方案、改革落实、改革效果的相互协同配合，使它们“在实施过程中相互促进，在改革成效上相得益彰，朝着全面深化改革总目标聚焦发力”。[④]

邓小平在深刻分析时代特征和世界大势的背景下指出，“现在的世界是开放的世界……经验证明，关起门来搞建设是不能成功的，中国的发展离不开世界”[⑤]。习近平总书记指出，“开放带来进步，封闭必然落后。中国的发展离不开世界，世界的繁荣也需要中国”[⑥]，“中国开放的大门不会关闭，只会越开越

---

① 习近平. 在庆祝改革开放40周年大会上的讲话［N］. 人民日报，2018-12-19.
② 中共中央文献研究室. 习近平关于全面深化改革论述摘编［M］. 北京：中央文献出版社，2014：14.
③ 习近平. 习近平谈治国理政：第二卷［M］. 北京：外文出版社，2017：109.
④ 习近平. 习近平谈治国理政：第二卷［M］. 北京：外文出版社，2017：109.
⑤ 邓小平. 邓小平文选：第三卷［M］. 北京：人民出版社，1993：64.
⑥ 习近平. 在庆祝改革开放40周年大会上的讲话［N］. 人民日报，2018-12-19.

大”[①]，必须在更大范围、更宽领域、更深层次上提高开放型经济水平。谁排斥创新，谁拒绝开放，谁就会落后于时代，就会被历史淘汰。中国开放经历了一个从“独善其身”到“兼济天下”的过程，习近平总书记强调：“我们实现由封闭半封闭到全方位开放的历史转变，积极参与经济全球化进程，为推动人类共同发展作出了应有贡献。”[②]1982年，党的十二大确立了以经济建设为中心，坚持四项基本原则，坚持改革开放的基本路线，对外开放成为党的基本路线的重要内容之一。1984年《中共中央关于经济体制改革的决定》明确提出“把对外开放作为长期的基本国策”。党的十六大提出“坚持‘引进来’和‘走出去’相结合，全面提高对外开放水平”。党的十八大以来，“一带一路”“人类命运共同体”等的提出和落实顺应了合作和发展的历史要求，契合了和平与创新的时代潮流，彰显着中国将开放进行到底的决心。

（三）实现公有制与非公有制经济的有机结合

回望40多年改革开放历程，中国的经济社会发生了巨大变化，在理论上得益于社会主义市场经济体制的确立，而实践上则体现为公有制经济与非公有制经济的协同发展。中国特色的混合所有制结构是由社会主义初级阶段的基本国情决定的。社会主义初级阶段的历史进程至少需要一百年时间，在这样一个长期的发展过程中，应遵循“三个有利于”的根本标准，坚持“两个毫不动摇”的基本方针，尤其将集中力量发展社会生产力摆在首要位置。以公有制为主体，意在保证市场经济发展的社会主义性质，是社会主义道德和优越性的体现，保障国家能够摆脱资本统治的意志，实现对社会公平和整体利益的追求，特别在关乎国民经济命脉的领域，要保持公有资产的占比优势，发挥控制力作用。多种所有制经济共同发展，意在调动各方积极性，增强经济活力，中共中央大力支持民营经济发展，充分肯定了其在稳定增长、促进创新、增加就业、改善民生等方面的突出贡献。可以说，社会主义初级阶段基本经济制度的落实是实现改革开放伟大成就的重要推动力量。

从改革的视角来看，所有制是一切经济关系的基础，单一公有制经济下无法发展真正意义的市场经济，关于所有制结构问题的各种争论，都根源于社会主义的所有制形态及其如何与市场经济有机结合的问题。回顾经济思想史，这一理论命题面临着来自两大传统理论的否定，无论是马克思主义政治经济学，还是新古典经济学，都将社会主义的所有制结构与市场经济对立起来。而中国的所有制改革则将公有制经济与非公有制经济有机地结合起来，为这一理论命题提供了新的中国答案。在所有制改革领域，党和国家将社会主义基本经济制度与市场经济的资源配置方式相统一，为公有制经济不断寻求适应市场机制的实现形式，同时为非公有制经济的发展壮大提供更多的制度空间，既确保了市场机制运行所需的所有制结构和企业产

① 习近平. 开放共创繁荣 创新引领未来——在博鳌亚洲论坛2018年年会开幕式上的主旨演讲［N］. 人民日报，2018-04-10.

② 习近平. 在庆祝改革开放40周年大会上的讲话［N］. 人民日报，2018-12-19.

权等制度基础，又保证了社会主义经济制度对所有制性质的本质界定。

（四）注重政治与经济的良性互动

改革开放以来，中国经济保持了近30年的高速增长，而中国在传统经济增长理论中所强调的增长条件，如资源禀赋、资本积累和技术创新等方面并无特别之处。这一“非常规”的中国经济增长现象引发了诸多学者的关注。这种具有中国特色的“以经济增长为基础的晋升锦标赛结合了中国政府体制和经济结构的独特性质，在政府官员手中拥有巨大的行政权力和自由处置权的情况下，提供了一种具有中国特色的激励地方官员推动地方经济发展的治理方式”①。

中国特色的“干部制”政府管理模式，可以解决西方组织理论中最普遍的“委托-代理”问题，在这一管理模式中，“规则指导、法律规制或经济激励并不居于首要地位，更重要的是基于意识形态的个人（干部）负责制度……干部制特点在于对组织政策方针的强烈忠诚甚至热心”②。下级能够迅速领会认同组织的政策，充分理解高层意志，并在不同情况下有针对性地实施。“干部制”促进了政府人员队伍知识化、专业化、科学化，改善了领导队伍结构，有力推进党的执政能力建设，提高政府治理水平，保障经济高水平增长和大众福祉有力提升，为改革开放和现代化建设提供了强大的干部队伍支持和组织保证。

中国共产党对经济工作的集中统一领导是社会主义经济持续健康发展的根本保证。“中国共产党的领导是中国特色社会主义最本质的特征”③，经济建设是中国共产党的中心工作，中国共产党的领导必然要在经济工作中得到充分体现。坚持加强中国共产党对经济工作的统一领导，有利于形成指导经济工作的科学理论，充分调动各方面的积极因素，形成全面深化改革的持久动力，有利于提高资源配置效率，维护市场经济秩序。坚持加强中国共产党对经济工作的统一领导，可以充分发挥社会主义制度的政治优势，实现政治与经济的良好互动，确保中国经济发展始终沿着正确方向前进。

（五）寻求有为政府和有效市场的辩证统一

政府与市场的关系，一直是经济学家们关注的焦点问题，并在长期的争辩过程中形成了经济自由主义和国家干预主义两大思潮。按照经济自由主义的观点，市场机制是实现资源有效配置的唯一手段，市场自发调节能够实现经济繁荣和社会进步，市场调节不好的事情，政府也难以解决，政府干预只会破坏经济的正常运行；与之相反，国家干预主义认为，市场的有效性是有条件的，市场在自发调节过程中存在市场失灵的情况，而政府作为公共利益的代表，能够有效促进社会利益最大化的实现。政府与市场的“二分法”逐渐成为西方主流经济学的“金科玉律”，市场是市场经济的内在秩序，政府则是凌驾于市场经济之上的外在力量，二者存在着非

① 周黎安．中国地方官员的晋升锦标赛模式研究［J］．经济研究，2007（7）：36-50.

② 罗斯坦，臧雷振．经济增长与政府质量的中国式悖论——“韦伯式”科层制与中国特色“干部制”［J］．经济社会体制比较，2016（3）：144-152.

③ 习近平．习近平谈治国理政：第二卷［M］．北京：外文出版社，2017：18.

此即彼的替代关系："政府失灵"是市场扩展的理论依据，而"市场失灵"是政府干预的逻辑起点。事实上，作为西方主流经济学"普世价值"的经济自由主义和国家干预主义，既不能准确定位西方发达国家市场经济的政府与市场关系，更难以涵盖其他国家市场经济中政府与市场关系的多样存在。中国在经济方面的改革开放历程就是市场作用不断扩大的过程，但绝不是政府被市场不断替代的单边过程。中国共产党立足于本国国情，围绕政府与市场关系这一经济体制改革的核心，大胆探索和建设社会主义市场经济，超越了经济自由主义和国家干预主义的陈腐教条，成功走出了适合自身的转型发展之路，也为其他发展中国家处理政府与市场的关系提供了启示。

历史经验表明，新兴市场经济体的成功崛起离不开政府强力推动的产权界定和市场扩展，越是成熟的市场越依赖于政府在维护市场秩序、优化投资环境等方面的有效渗透，越是有作为的政府越善于在公共服务、国防安全等领域引入市场力量和竞争机制。中国特色社会主义市场经济发展之所以能够取得如此举世瞩目的经济成就，得益于中国没有陷入西方主流经济学"要么市场多一点，要么政府多一点"这样非此即彼的两难选择，而是将政府与市场的关系进行了更加科学的理解和处理，寻求有效市场和有为政府的辩证统一。一方面，充分发挥市场在资源配置中的决定性作用，调动各个经济主体遵循价值规律和市场机制来追求经济利益的积极性；另一方面，政府除了运用一般的财政政策和货币政策进行宏观调控外，还能够充分运用经济计划或产业政策等多种手段对社会经济进行宏观管理，兼顾经济效益和社会公平，充分体现了社会主义制度的优越性所在，也是落后国家实现赶超战略的必由之路。改革开放以来，中国在不断完善现代市场体系建设的同时也在加快转变政府职能，注重市场在资源配置中起决定性作用和更好发挥政府作用，培育有效市场和有为政府，实现了政府与市场的良性互动，这是中国进行改革开放的重要实践经验。

四、理论自信何以可能——中国经济改革的学理困境

中国特色社会主义的发展要坚定"四个自信"：道路自信、理论自信、制度自信和文化自信。其中，强调理论自信既是对以往成功实践的经验总结，也是社会主义事业发展的必然要求。改革开放40多年的伟大成就奠定了中国理论自信的充足底气，正如习近平总书记在庆祝中国共产党成立95周年大会上所讲的："当今世界，要说哪个政党、哪个国家、哪个民族能够自信的话，那中国共产党、中华人民共和国、中华民族是最有理由自信的。"[①]但不可否认的是，中国特色社会主义的实践创举也带来了一些理论上的难题，对理论发展提出了更高的要求。习近平总书记指出："这是一个需要理论而且一定能够产生理论的时代，这是一个需要思想而

① 习近平．在庆祝中国共产党成立95周年大会上的讲话［N］．人民日报，2016-07-02.

且一定能够产生思想的时代。”[①]西方世界的兴起都有相配套的理论作为支撑，中国只有从理论层面更通透地讲好中国改革故事，才能真正构建理论自信。

（一）社会主义与市场经济的兼容性命题

很显然，基于传统政治经济学理论和社会主义实践的视角，社会主义与资本主义的本质区别是非常清晰的：社会主义表现为公有制与计划经济的结合，而资本主义则是以私有制为基础的市场经济。但是改革开放以来，中国最伟大的实践创举是将社会主义与市场经济相结合，这在理论上使得两种社会制度的区别变得越来越存在争议与分歧。米塞斯在《人类行动》中将有市场和市场价格的社会主义体制比作“三角的四方形”，形容其内在的矛盾，而哈耶克更是断言市场与社会主义的结合必然是一件赝品。中国已经在实践上对两位经济学家的质疑进行了有力回应，但必须正视其中还可能存在的学理困境：马歇尔等西方经济学家已经从理论上完美证明了资本主义私有制与市场经济的兼容性，而社会主义与市场经济的兼容问题至今没有完美解决。

改革开放总设计师邓小平指出：“计划经济不等于社会主义，资本主义也有计划；市场经济不等于资本主义，社会主义也有市场。计划和市场都是经济手段。”[②]同时还指出：“计划多一点还是市场多一点，不是社会主义与资本主义的本质区别。”[③]必须意识到，邓小平的“南方谈话”只是在意识形态上解决了这一问题，在理论上并没有完全突破，这会使社会主义市场经济道路存在比较棘手的学理困境。要想在理论上解决此类问题，中国必须充分论证市场经济作为资源配置的中立性质，以及市场经济与社会主义兼容的内在机理与有效路径。

（二）国有企业的效率悖论

国有企业作为公有制经济最重要的实现形式，其存在有着必要性：从生产关系来看，发展国有企业是保证公有制经济主体地位的重要途径，也是保证市场经济发展方向的社会主义性质的重要举措；从生产力来看，国有企业的发展和国有资本的投资运营均服务于国家战略目标，在提供公共服务、维系国家安全、保护生态环境、支持科技进步等方面发挥着重大作用。习近平总书记指出：“国有企业是壮大国家综合实力、保障人民共同利益的重要力量，必须理直气壮做强做优做大，不断增强活力、影响力、抗风险能力，实现国有资产保值增值。”[④]毫无疑问，中国特色社会主义建设要坚持国有企业在国家发展中的重要作用，这是中国的制度优势。但与此同时，国有企业在经济效率上却面临着诸多争议，仿佛国有企业自产生之日起就是低效率的代名词，而国有企业改革由于体制性障碍的存在也一直步履维艰。制度性优势与体制性障碍这正反两方面的作用就形成了国有企业的效率悖论。

---

① 习近平．结合中国特色社会主义伟大实践 加快构建中国特色哲学社会科学［N］．人民日报，2016-05-18.

② 邓小平．邓小平文选：第三卷［M］．北京：人民出版社，1993：373.

③ 邓小平．邓小平文选：第三卷［M］．北京：人民出版社，1993：373.

④ 习近平．理直气壮做强做优做大国有企业 尽快在国企改革重要领域和关键环节取得新成效［N］．人民日报，2016-07-05.

计划经济时代的公有制理论认为，公有制使得生产资料与生产者直接结合，消除了剥削与人的异化，而作为公有制重要实现形式的国有企业则是社会主义道德与经济优越性的根本体现。但随着改革开放进程的不断深入，中国不能死板地套用这种观点来看待国有企业的效率问题了，需要从理论上思考：国有企业是否真正实现了生产资料与生产者的直接结合？是否能够有效兼顾对经济效益和社会公平的追求？在涉及国有企业的改革问题上，目前学界和政界将关注的焦点和改革的措施主要集中于优化产权结构上，对治理结构的改革却往往语焉不详，或者只是简单提及“推进现代企业制度建设”和“加强市场化运作”等措辞，缺乏具体的理论突破。如果无法从理论上很好解决国有企业的效率悖论问题，社会大众对做大做强国有企业的疑虑就难以根除。

（三）公有制与非公有制经济的协同困境

众所周知，改革开放取得的经济成就主要得益于中国特色的混合所有制结构。公有制与非公有制经济齐头并进，共同为中国特色社会主义经济建设贡献各自的力量，这是改革初期的政治共识和全民预期。然而，随着中国经济改革进程的不断推进，很多原本以为达成共识的理论问题在实践上出现了矛盾与茫然，其中一个核心问题就是如何界定非公有制经济。很显然，发展非公有制经济是推动经济体制改革的必然选择，是解放和发展社会生产力的客观要求，也是充分调动各经济主体积极性的有效举措。随着社会主义进程的不断推进，私有制经济的未来之路究竟是初级阶段的权宜之计还是社会主义高级阶段的自我扬弃，这一问题在理论上，还没有为非公有制经济的“价值转化”提供充分的学理基础，以至于社会上仍然会有“民营经济离场论”等激进论调。

进一步思考，公有制与非公有制经济的协调发展本质就是如何看待中国未来的所有制结构问题。实际上，学术界一直对所有制结构调整和国有企业改革存在不同声音，其中，坚持马克思主义的学者认为，非公有制经济所占比重的扩大在加剧贫富差距的同时会使社会主义脱离正确轨道；而秉承新自由主义市场原教旨主义的学者认为，国有企业占用资源过多不利于建立高效率市场经济的内在要求。诸如此类“国退民进”“国进民退”的争议，实质上是所有制结构是否存在最优比例的问题，以及如果存在最优比例，应该如何进行估算和度量的问题。就目前情况而言，公有制经济在国民经济核算中的各项指标均呈现不断下降趋势，那么公有制经济主体地位的下降是否会影响经济基础？经济基础的变化是否会影响上层建筑？换句话说，如果公有制经济所占比重过低，是否还能让人信服中国的社会主义性质？这些涉及最优所有制结构的存在性命题还需要在理论上予以正面回应。

[第一章]

转型前的旧体制：计划经济的逻辑

第一节　社会主义国家选择计划经济体制的主要原因

一、意识形态领域“反市场的社会主义”思想盛行

新中国成立后之所以选择计划经济体制，原因之一在于20世纪30年代的西方经济大萧条，另一个原因在于苏联的工业化奇迹。有研究者评论说：“由于西方经济危机与苏联完成五年计划的示范性作用，中国思想界，包括像《独立评论》派这样的自由派知识分子，几乎完全被政府干预的魅力所征服。”①

事实上，主张政府干预是一个世界性潮流。19世纪到20世纪初，经济自由思想在西方世界一直居于统治地位。自由放任的市场经济以其较高的经济效率急剧地增加了欧美国家和地区的资本和财富，并使这些国家和地区率先实现了工业化。但是，自由的市场经济体制并不是完美无缺的，它在成功地促进国民经济迅速增长的同时，也存在许多缺陷。1825年英国首次经济危机爆发，随后，经济危机就在西方社会经济生活中经常地、周而复始地出现。发端于1929年的经济大萧条席卷整个西方，造成的冲击和恐慌超过以往任何一次，接踵而至的是惨烈的第二次世界大战。据统计，1929年至1933年间，西方国家工业生产缩减了1/3多，世界贸易额削减近2/3，大批工厂倒闭，银行关门，失业工人达3 000多万人，数百万小农破产，无业人口颠沛流离，生活困苦，经济倒退到20世纪初的水平②。这种危机对西方社会来说，不仅是物质上的，更是精神上的。

1933年，《东方杂志》刊文描述说：“资本主义随着恐慌的狂潮，已一天一天

---

①　黄岭峻．30—40年代中国思想界的“计划经济”思潮［J］．近代史研究，2000（2）：150-176.
②　林顿.美国两百年大事记［M］．上海：上海译文出版社，1984：327-339.

走入没落的途中，美国如此，欧洲各国与日本都如此。'资本主义的末日'这凄惨的呼声已响彻全球了。"[①]在危机中，美国胡佛政府因为仍信奉自由放任的经济信条，采取坚信市场的自动调节、放任自流、消极等待的经济政策，因而面对危机表现得柔弱无能；而继任的罗斯福政府采取"罗斯福新政"，使美国迅速地摆脱了危机的困扰。在危机中，自由放任经济理论弱点和缺陷的充分暴露以及政府干预经济的成功实践，为凯恩斯主义的兴起提供了条件。为挽救危机，西方国家政府纷纷放弃放任自由的经济信仰，转而强化国家干预，也就是所谓的"凯恩斯革命"。"凯恩斯革命"是要"寻找一种从资本主义手中挽救资本主义的办法[②]"。众所周知，20世纪30年代初，在凯恩斯与哈耶克之间发生了一场关于计划与市场的激辩，被称为"世纪之辩"。凯恩斯重新思考自由主义的正统学说，说明资本主义如想要生存，就必须把整体经济发展交由国家管理和控制，必要时还得转化为混合式的公私经济。哈耶克则捍卫自由市场秩序的理念，坚决反对政府干预，认为政府干预只会损害市场发展运行的机制。然而，各国政府面对大批失业者遭受的生存危机不可能无动于衷，等着市场进行自我修复，否则将会面临严重的社会危机，引发社会革命。这就是凯恩斯主义在各国普遍推行的原因。艾瑞克·霍布斯鲍姆指出，凯恩斯的学说之所以受到许多人的热捧和得到各国政府的采纳，是因为大萧条让他们感受到"自由放任式资本主义已经死亡的教训"[③]。意大利和德国对农工商金融业的统制、美国罗斯福新政、英国和法国实行的外汇管制、日本在本国和中国东北实行的经济统制，都属于统制经济。统制经济就是干涉经济，与自由经济对立[④]。在某种意义上说，中国思想界对计划经济的推崇是对这个世界性主流思潮的回响。与之相应，自由资本主义在中国知识界名声扫地。《独立评论》的文章说：一般人士都相信，资本主义制度或自由企业制度"已经注定了失败的命运"，"为立国久远计，我们不应拾资本主义的唾余"[⑤]。

二、实践领域"苏联计划经济体制"的示范效应

另一个背景是苏联的示范效应。列宁在1917年革命后实施战时共产主义政策，取消工农产品生产和流通中的市场关系，并强制从农民手中征收农产品。这部分是实践经典作家思想的尝试，更多地是为了支持战争，维持苏维埃政权的需要。战时共产主义政策实际上是一种更加集中的计划经济。由于这一政策实践效果不佳，大多数经济指标下降，在政治上和经济上都带来了灾难性的结果。自1921年开始，

① 郑大华，谭庆辉. 20世纪30年代初中国知识界的社会主义思潮［J］. 近代史研究，2008（3）：2-3，44-58.

② 霍布斯鲍姆. 帝国的年代［M］. 贾士蘅，等译. 北京：中信出版社，2014：372.

③ 霍布斯鲍姆. 帝国的年代［M］. 贾士蘅，等译. 北京：中信出版社，2014：372-373.

④ 阎书钦. 抗战时期经济思潮的演进——从计划经济、统制经济兴盛到对自由经济的回归［J］. 南京大学学报（哲学人文版），2009（5）：97-111，144.

⑤ 张太原. 自由主义与马克思主义：《独立评论》对中国共产党的态度［J］. 历史研究，2002（4）：55-75，190.

列宁实行了新经济政策，其中非公有制经济和市场机制作用的恢复使整体经济水平得到改善，到1927年苏联经济已达到战争之前的水平。

斯大林模式是苏联也是社会主义历史上第一个完整意义上的社会主义计划经济的经典模式。斯大林模式的最大特征就是高度集权，宏观经济决策和微观经济决策都集中在中央政府手中。这与苏联制定的优先发展重工业的经济政策密切相关，作为刚从战争中恢复过来的国家，要达到经济发展的高指标、高要求，就必须将有限的资源集中起来，归国家集中安排。它以单一公有制为基础，国家完全取代市场，对全社会经济实行计划管理。当年中共领导人理解的社会主义，就是苏联模式。苏联政府在1933年宣布，第一个五年计划期间共建设了1 500个大企业，工业产量在国民经济中的比重由计划之初的48%增至70%①。到1937年，苏联仅用10年时间就基本完成了工业化的国家目标，工业总产值增长了差不多4倍半，完整的工业体系得以建立。它的存在对帮助苏联经济在极短的时间内发展为可以与美国抗衡的“一极”经济体，起到了重要的作用。苏联“一五”计划获得的巨大成功与西方大萧条形成鲜明的对照，吸引了中国人的目光，媒体上也掀起一股谈论苏联和社会主义的热潮。通过对20世纪30年代初期《东方杂志》《独立评论》《申报月刊》《读书杂志》《大公报》等33种刊物的统计，有100多人在这些刊物上发表过200多篇谈论苏联和社会主义的文章，尤其关注苏联的“一五”计划②。有人把苏联看作“沙漠中的绿洲”。《申报》1932年的一篇文章说：“在目前整个世界都陷于经济凋敝的过程中……独有苏联似乎处在另一个世界，站在不景气的圈外，朝着繁荣的前途突飞猛进”，不能不说是“一个‘奇迹’”。③其实不只是中国，《东方杂志》1933年的一篇文章记述：“近年来东西各国实业巨擘、学术专家、政界名流以及新闻记者、教育家、文学家和工人代表团等”都纷纷前往苏联考察，回国后大都对苏联的成就大加赞赏，认为“苏俄的成功的秘诀，在于它的社会经济制度”，“这个制度是有计划的、有组织的，它与制造恐慌，产生失业贫困、酝酿冲突战争的资本主义截然不同”④。因此，当时许多人把强国富民的希望投向仿效苏联式计划经济，他们希望“引导中国目前无计划无秩序的政治经济走上有计划有秩序的路上”⑤。

苏联工业化的高速发展，对于急于追赶现代化的发展中国家的政治文化精英具有很大的吸引力，强化了中国思想界早已存在的厌弃资本主义、向往社会主义的倾向，诸多知识分子甚至是自由主义学者也对苏联经验多有赞赏，学术界兴起一股运用马克思主义学说、方法和语境来分析世界大势的潮流。苏联的示范效果使得斯大林模式在短期内迅速在东欧国家和中国等社会主义国家推广，对第二次世界大战以后的社会主义实践产生了深远的影响。

---

① 王春良，等. 世界现代史：上册［M］. 济南：山东人民出版社，1985：238-239.

② 郑大华，谭庆辉. 20世纪30年代初中国知识界的社会主义思潮［J］. 近代史研究，2008（3）：2-3，44-58.

③ 彬. 研究苏联［N］. 申报，1932-05-15.

④ 志远. 苏俄第二届五年计划之鸟瞰［J］. 东方杂志，1933（30）.

⑤ 陈柏心. 中国本位文化建设运动的展望［J］. 半月评论，1935（3）.

三、中国施行计划经济体制的历史逻辑

从外因来看，中国实施计划经济一方面是由于西方国家经济大萧条的影响，另一方面是由于苏联计划经济的示范效应。而事实上，中国的计划经济体制从总体上看是“内生”的。中国传统计划经济体制总体上看是植根于中国历史文化传统，植根于中国经济社会发展演变的历史逻辑，是历史的路径依赖决定的。

首先，中国计划经济体制植根于革命战争年代根据地的经济体制实践。中国的计划经济模式与根据地时代的经济体制模式有着明显的继承性和相似性。第一，传统计划经济体制继承了根据地经济体制中强调自力更生与自给自足的特征，形成了整个国民经济、地区经济与企业经济的“大而全”“小而全”的自给自足经济体系。第二，传统计划经济体制继承了根据地经济体制中的平均主义分配原则与分配方式。第三，传统计划经济体制继承了根据地经济体制中强调通过政治运动和精神鼓励调动人力资源的方式。这些方面是中国传统计划经济体制最深层次的特色，这些直接来源于根据地的经济体制实践。

其次，中国计划经济体制植根于国民经济恢复时期的体制实践。据考察，1953—1956年间，中国经济体制的运动过程不仅不是1949—1952年间经济体制运动过程的中断，而且是这一过程的逻辑延续。中华人民共和国成立以前，中国共产党构思的新民主主义经济体制模式的基本框架是多种经济成分并存、计划与市场机制并存。1949—1952年间，计划经济体制因素逐渐扩展，市场体制因素逐渐退缩。市场活动参与者的市场主体性逐渐减弱，市场客体即市场体系萎缩。公有制与非公有制、计划经济体制因素与市场经济体制因素在并存的同时，出现了互相冲突、此消彼长的势头。而且，这种冲突运动的基本趋势是，公有制和计划经济体制因素取得了优势地位。因此，1949—1952年间经济体制的内在运动趋势，决定了此后的经济体制运动必然朝公有制和计划经济体制因素占支配地位的方向发展。这也正是中国共产党在中华人民共和国成立以前构思的新民主主义经济体制过早被计划经济体制因素取代的深层原因所在。①

再次，中国计划经济体制植根于根据地时代关于中华人民共和国经济体制的理论构想。早在根据地时期，中国共产党就设想新中国的经济建设必须是有计划的。例如，1948年6月，周恩来撰写了《新民主主义的经济建设》的提纲，勾勒了新民主主义经济的基本轮廓。1949年1月，他在西柏坡中共中央政治局会议上提出，要先做到几个统一：预决算规定大体统一，各区提出，中央审核；银行发行权统一，以便统一管理军费、供应和统一控制物价；兵工厂统一计划、统一分配；军需生产统一计划、分担任务；铁路提前集权，由中央管。这些意见为成立中央政府，妥善解决集权和分权的关

① 赵凌云．1949—1956年间中国经济体制中市场因素消亡过程的历史考察与启示［J］．中国经济史研究，1994（2）：44-57．

系，做了重要准备。[①]《中国人民政治协商会议共同纲领》中规定："中央人民政府应争取早日制订恢复和发展全国公私经济各主要部门的总计划，拟定中央和地方在经济建设上分工合作的范围，统一调剂中央各经济部门和地方各经济部门的相互联系。"

最后，中国传统计划经济体制的现实渊源：后发落后大国工业化战略的选择。正如林毅夫教授指出的，中国的传统的经济体制，"是为了在资源稀缺的经济中推行重工业优先发展战略而形成的，其主要内容是扭曲产品和要素价格的宏观政策环境，高度集中的资源计划配置制度和毫无独立自主权的微观经营机制"。[②]具体来说，作为一个落后的大国的领导者，中国共产党在中华人民共和国成立以后面临着采取何种发展道路和经济体制组织经济建设和推进国家现代化进程的问题。由于当时国际、国内政治经济环境的影响，帝国主义对中国革命的胜利采取仇视态度，对新中国实行孤立、封锁、遏制和侵略政策。朝鲜战争使中国与西方本来就很紧张的关系更加紧张。为抵制被侵略被颠覆的威胁，必须选择优先发展重工业的赶超型发展战略。重工业作为资本密集型产业，具有较长的建设周期，需要大规模的初始投资，同时我国重工业发展处于早期阶段，大部分设备需要从国外引进，而当时中国经济发展水平低下，资金及外汇短缺，利率及汇率水平较高，同时经济剩余少，资金动员能力弱。显然，重工业优先发展战略无法通过市场机制实现，需要对现有制度安排作出调整，从而形成了以全面扭曲产品和要素价格为特征的宏观经济政策。为了保证被压低了价格的要素和产品流向重工业，建立了对经济资源进行计划配置的计划经济体制，同时，建立企业没有任何自主权的微观经营机制。

总之，20世纪50年代我国经济体制由计划和市场并重逐步转向以行政管理为主的计划经济，固然有理论认识上的原因，但是如果从当时的经济体制变迁与中国共产党的经济思想和经济政策演变的历史轨迹就会发现，人的主观认识只是客观认识的一种反映，排斥市场作用与其说是推行苏联模式社会主义理论的结果，不如说是中国当时经济基础、发展要求和国际环境促成的。[③]

第二节　计划经济体制的运行逻辑

一、计划经济体制运行的理论基础

（一）产生与萌芽

计划经济的提出是从欧洲的空想社会主义思潮开始的，他们首先针对的是资本

---

① 王瑞璞，等. 共和国经济大决策：第一卷［M］. 北京：中国经济出版社，1999：34.
② 林毅夫，等. 中国的奇迹：发展战略与经济改革［M］. 上海：上海人民出版社，1999：20.
③ 中国社会科学院，中央档案馆. 中华人民共和国经济档案资料选编（1953—1957）（综合卷）［M］. 北京：中国物价出版社，2000：9.

主义早期市场经济“自发”运行所带来的问题和困难而寄望于社会经济活动进行“自觉”组织的思想。16世纪，莫尔在《乌托邦》一书中，把未来理想社会的生产状况描述为社会领导机构根据“估定”的社会需要量进行生产，并且根据不同地区对某种产品需要量的不同，通过“以盈济虚”的调节来满足各地的消费需求。①这说明莫尔的思想中已包含了有计划地组织社会经济活动的思想萌芽。到了18世纪，巴贝夫批判了竞争的经济体制。他认为，竞争只会使占有大量资本的人越来越富，不断竞争，一方面导致富者手中的垄断和消费者买不到廉价商品，另一方面导致生产过剩，“不择手段地、无目的和无计划地制造商品，还要冒找不到顾客的危险”②，造成资源的巨大浪费。因此，必须用计划的方式使经济运行避免无谓的竞争。

到了19世纪，三大空想社会主义者，根据资本主义生产的社会化和无政府状态之间的矛盾深化，不但继承和发展了上述“计划经济”的思想，而且把它付诸实业制度中，第一次将“计划经济”作为一种经济制度来设置。欧文试图构建“理性的社会制度”③，这个社会按照科学原理进行生产、保管和分配财富，因而可以使社会管理大大改善。圣西门认为“一切灾难中最沉重的灾难”是在生产和流通中都占统治地位的无政府状态。他提出，未来社会将采取计划经济的运行方式，用有计划有组织的生产代替资本主义无政府状态的生产，而且把这种设想运用于他所设计的“实业制度”之中。同时，圣西门崇拜牛顿，认为“政治问题的最重要论据已经可以并且应当直接从高级科学和物理科学方面获得的知识产生出来”。④

总的来说，空想社会主义者对于计划经济的构想是根据抽象的伦理道德和理性原则设计出来的，对资本主义的批判也集中于道德批判，更多的是出于对工人阶级的同情以及对种种社会不公和丑恶现象的不满，并没有从资本主义生产方式本身中寻找根源。

（二）发展与深化

马克思、恩格斯运用他们所创立的辩证唯物主义理论，批判地继承了空想社会主义关于有计划发展社会经济的思想，建立了科学的计划经济理论，并且指出这是未来社会经济形势的重要特征。马克思、恩格斯“有计划的社会生产”思想创造性地分析和揭示资本主义生产方式的基本矛盾和基本规律，“对于资本主义私有制和市场制度的‘批判理论’的逻辑演进的必然结论，是对将作为资本主义社会的替代物的未来新社会的重要特征和优越性的阐述”⑤。马克思、恩格斯与空想社会主义者拥有相同的价值追求，但是，与其先行者不同，他们没有停留于对资本主义的道

① 莫尔．乌托邦［M］．戴镏龄，译．北京：商务印书馆，1962：62，71，76.
② 韦耶德．巴贝夫文选［M］．梅溪，译．北京：商务印书馆，1962：85，90，91.
③ 欧文．欧文选集：下卷［M］．柯象峰，何光来，秦果显，译．北京：商务印书馆，1965：17.
④ 圣西门．圣西门选集：第一卷［M］．王燕生，徐仲年，徐基恩，等译．北京：商务印书馆，1979：89，24.
⑤ 王文寅．国家计划与规划：一种制度分析［M］．北京：经济管理出版社，2006：71.

德批判之中，也没有沉溺于对传说中的理想国的幻想之中，而是立足于新近产生的机器大工业以及资本主义经济生活中经常发生周期性危机的历史事实，从无产阶级革命立场和资本主义生产方式内蕴的不可克服的基本矛盾出发，来探寻人类历史发展的方向和路径，进而得出共产主义产生的历史必然性以及未来社会有计划发展社会生产的必然性的。这样，他们关于未来在全社会范围内有计划有组织发展社会生产的理论，就不再如空想社会主义者那样从头脑中发明出来，而是通过头脑从社会生产的现成物质事实中发现。

马克思、恩格斯认为，资本主义社会存在的基本矛盾，首先是日益社会化的生产力与资本主义私人占有制度之间的矛盾，同时这一矛盾又表现为两大对立：一是"无产阶级和资产阶级相对立"，二是"个别工厂中生产的组织性和整个社会中生产的无政府状态之间的对立"①。在对资本主义生产方式的基本矛盾及其运动规律科学分析的基础上，他们认为，在私有制的资本主义社会，依靠市场手段和市场力量无法避免生产的无政府状态所引发的经济危机，无法克服由此造成的社会资源的巨大浪费和社会生产力的巨大破坏，无法解决生产无限增长趋势和最终消费不足的矛盾以及由于无产阶级的贫困化导致的阶级矛盾尖锐化等问题。恩格斯具体描述了资本主义基本矛盾导致其自我毁灭的历史逻辑，并得出如下结论："在把资本主义生产方式本身炸毁以前不能使矛盾得到解决，所以它就成为周期性的了。资本主义生产造成了新的'恶性循环'。"②于是，作为对这种生产方式的不合理性以及资本主义市场经济自发运行所带来的诸多严重弊端进行反思的结果，变分散生产为联合劳动、变私有制为公有制、变无计划的市场调节为有意识的计划调节的思想，便被合乎逻辑地提出来了。

马克思批判地继承了资产阶级古典政治经济学的研究成果，创立了科学的社会再生产理论，首次揭示了按比例分配社会劳动的客观规律。"按比例分配社会劳动"问题，实际上就是现代经济学中所讲的资源配置问题。在未来共产主义公有制条件下，这一规律则是通过计划自觉地实现的。在《德意志意识形态》中，他们就提出了在共产主义社会中"社会调节着整个生产"的观点③。在《共产主义原理》中，恩格斯认为："大工业使建立一个全新的社会组织成为绝对必要的，在这个全新的社会组织里，工业生产将不是由相互竞争的单个的厂主来领导，而是由整个社会按照确定的计划和所有人的需要来领导。"④在《1857—1858年经济学手稿》中，马克思写道："社会必须合理地分配自己的时间，才能实现符合社会全部需要的生产。因此，时间的节约，以及劳动时间在不同的生产部门之间有计划的分配，在共

① 马克思，恩格斯．马克思恩格斯选集：第三卷［M］．中共中央马克思恩格斯列宁斯大林著作编译局，译．北京：人民出版社，2012：801-804.

② 马克思，恩格斯．马克思恩格斯选集：第三卷［M］．中共中央马克思恩格斯列宁斯大林著作编译局，译．北京：人民出版社，2012：806-807.

③ 马克思，恩格斯．马克思恩格斯选集：第三卷［M］．中共中央马克思恩格斯列宁斯大林著作编译局，译．北京：人民出版社，1960：37.

④ 马克思，恩格斯．马克思恩格斯选集：第1卷［M］．中共中央马克思恩格斯列宁斯大林著作编译局，译．北京：人民出版社，2012：302.

同生产的基础上仍然是首要的经济规律。”[①]在《资本论》第1卷中，马克思则说：“劳动时间的社会的有计划的分配，调节着各种劳动职能同各种需要的适当的比例。”[②]而到了《反杜林论》这部成熟的马克思主义经典文献，恩格斯更是在许多重要的地方直接、大段地论述了社会主义社会生产的“有计划性”原则，这标志着“有计划的社会生产”成为科学社会主义学说中的重要原理。

（三）实践与探索

虽然从总体逻辑上看这些国家的计划经济皆源自马克思、恩格斯，但通过对历史事实的进一步考察和分析则发现，计划经济的现实运作在不断与其所依托的特定历史场景和时代背景交融互动的过程中，最终与马克思、恩格斯关于“计划经济”的原初理论设想之间呈现出一定的差异性。

1.列宁关于计划经济的最初实践及对马克思、恩格斯“有计划的社会生产”思想的参照和改进

基于马克思、恩格斯的基本思想，列宁于1906年首次提出“计划经济”概念。十月革命胜利后的头三年，出于反对外国武装干涉和应对国内战争的迫切现实需要，列宁领导下的苏俄通过实行具有非常性和临时性的政策即战时共产主义政策，建立了战时共产主义计划经济。战时共产主义计划经济是人类在一个民族国家范围内第一次以社会主义名义对计划经济进行的实践，其中的很多具体举措都直接显现了它在思想理论上对马克思、恩格斯关于社会主义经典设想的参照，比如，对除农业之外的几乎全部经济都实行国有化；在消灭商品、货币的条件下，促使社会经济关系实物化等。特定的战争环境是战时共产主义产生的客观因素，同时还具有相当重要的主观因素，这就是当时以列宁为代表的苏俄领导人打算以此为途径实现向社会主义直接过渡。

战时共产主义政策具有二重性：它确保了苏维埃政权赢得战争的胜利，却不能保证和平时期的社会主义建设步入正轨，相反，它造成了国民经济的严重破坏和社会秩序的混乱动荡。这使列宁逐渐认识到，在一个工业不发达、小农经济占优势的国家里，“向共产主义过渡在经济上是不可能的”[③]，从而否定了“直接过渡”的思想，转而主张采用“间接过渡”的方式，这就是1921年3月俄共十大决定开始实行的新经济政策的原因。“新经济政策是代表列宁晚年思想的一个主要内容，它关系到如何向社会主义过渡与建立什么样的经济体制等一系列重大问题”[④]，它的实质是发展商品货币关系，在社会主义建设过程中运用市场机制，通过市场和贸易进行工农业之间的经济交流，达到改善和巩固工农联盟、恢复和发展经济、建立社会

① 马克思，恩格斯．马克思恩格斯全集：第46卷上［M］．中共中央马克思恩格斯列宁斯大林著作编译局，译．北京：人民出版社，1979：120.

② 马克思，恩格斯．马克思恩格斯全集：第23卷［M］．中共中央马克思恩格斯列宁斯大林著作编译局，译．北京：人民出版社，1979：96.

③ 列宁．列宁全集：第41卷［M］．中共中央马克思恩格斯列宁斯大林著作编译局，译．北京：人民出版社，1986：70.

④ 陆南泉．苏联经济体制改革史论（从列宁到普京）［M］．北京：人民出版社，2007：15.

主义经济基础，进而逐步过渡到社会主义的目的。

新经济政策的推行，表明列宁注意把包括马克思、恩格斯“有计划的社会生产”思想在内的科学社会主义理论同本国具体实际相结合，不断根据新的实践来检验和修正原有的结论。他一方面继承了马克思、恩格斯“有计划的社会生产”思想的经典内涵，依据了这一思想的基本原理，另一方面又兼顾了他们理论设想的前提条件，从而在国家经济纲领和经济体制上实现了从战时共产主义向新经济政策的重大转变，开创了整个苏联时期经济政策和经济体制最符合客观实际、最富有生命力的一个时期。

2.斯大林集中计划经济模式对马克思、恩格斯“有计划的社会生产”思想的教条式遵循和实质性扭曲

列宁逝世后，新经济政策的命运很快发生了逆转。从党内斗争中胜出的斯大林开始慢慢废除并在1929年公开宣布全面中止新经济政策。在他的领导下，苏联通过掀起一场广泛的工业化运动和全盘农业集体化运动，于20世纪20年代末期开始逐步建立了高度集中的计划经济模式。这种经济模式在苏联卫国战争期间得到了空前的强化，并在战后两大阵营对峙的格局和背景下，被推广到东欧和中国等社会主义国家，成为历时半个多世纪、影响相当广泛、与市场经济长期抗衡的一种资源配置方式和经济体制模式。

马克思曾认为，在无产阶级取得政权并完成了社会对全部生产资料的占有以及消灭了商品生产、货币交换和市场关系之后，整个社会就变成一座建立在生产资料公有制基础上的“大工厂”，可以全面地、立即地、简单地实行直接计划生产和计划分配。斯大林集中计划经济模式盲目追求所有制的公有化程度，限制和排斥基于商品经济和价值规律之上的市场调节作用，竭力把整个国民经济组织成为一个巨大且单一的“企业”，在这个“企业”中，各种生产和交换活动均按照国家计划进行，国家计划是解决资源配置、收入分配和个人消费的基本途径。从表面上看，斯大林集中计划经济模式是对马克思、恩格斯“有计划的社会生产”思想的遵循和回归，但是这种遵循和回归却是教条式的，换句话说，斯大林是以一种教条主义的方式来理解、对待和照搬马克思、恩格斯的这一思想的。斯大林在其整个执政时期，对马克思主义曾作出不少“解释”，其中许多是属于教条主义的解释。这种态度和做法不仅导致马克思主义在苏联的僵化和教条化，而且导致集中计划经济模式在形式上的极端化，并使其最终走向了扭曲性发展之路。

作为现实社会主义国家建立的经典形态的计划经济，集中计划经济模式的扭曲性发展不仅是指其自身结构特点上的扭曲，也是指其对马克思、恩格斯“有计划的社会生产”思想的扭曲，“这种模式本质上不是社会主义，即不是在马克思设想的历史条件下对资本主义的自然性历史扬弃和历史超越”。[①]具体而言，集中计划经

① 任晓伟. 社会主义计划经济的历史和理论起源［M］. 北京：人民出版社，2009：141.

济模式下社会所有制被扭曲成了以国家所有制为基础的产权结构形式，这种经济模式的计划被赋予了指令性特征，并主要依靠国家强制力来保证实施。由于计划主体是国家主导下的各级计划机关，在运作时不可避免地出现由于人们为获取租金最大化而产生的官僚理性。同时，长期的计划经济模式否定社会主义经济是商品经济、否定价值规律和市场调节作用的观点，严重脱离了本国生产力落后的现实。马克思、恩格斯科学社会主义思想的最终目的是实现人的解放，是对人类实现自身解放的历史条件和历史路径的科学分析，而集中计划经济模式所关注的与其说是人，不如说是物，这些都严重脱离了马克思、恩格斯对于“有计划的社会生产”的本质。

可见，马克思、恩格斯“有计划的社会生产”思想在集中计划经济模式那里蜕变成了教条，这一模式本身则扭曲成了西方学者所说的“命令经济”。这不仅极大地影响了斯大林之后的苏联和其他社会主义国家关于计划经济的理论认知，而且严重地制约了它们对这种模式进行根本性改革的实践探索。

3. 毛泽东计划经济模式的探索及对马克思、恩格斯“有计划的社会生产”思想的继承和发展

新中国选择计划经济发展模式的内在原因是出于对经济快速发展的要求，同时也离不开苏联计划经济成功的示范效应。苏联模式对中国有很大影响，但是两者不能等同起来。1940年2月，毛泽东在谈到新民主主义发展道路时就曾说过，“新民主主义是暂时的、过渡的，是一个楼梯，将来还要上楼，和苏联一样”[①]。中华人民共和国成立之初，我国实行新民主主义制度，并未过早地限制私人资本主义，而是允许其他所有制经济存在，建立一种政府主导的市场经济。随着政府力量的进一步强化，政府的计划机构在不断设立，计划经济的因素也不断地积累。马克思关于社会主义的论述是在揭示资本主义基本矛盾中形成的，至少包含两点：一是消灭私有制，二是实行有计划的生产[②]。列宁也认为：计划经济和公有制是消灭剥削、实现政治和经济平等的终极手段。而社会主义现实模板是在斯大林时期建立起来的，当年中共领导人理解的社会主义，就是苏联模式。党中央也多次表示，苏联是“老大哥”，中国永远向苏联学习。1954年9月，刘少奇曾在关于宪法草案的报告中明确讲：“我们所走的道路就是苏联走过的道路”，而“苏联的道路是按照历史发展规律为人类社会必然要走的道路。要想避开这条路不走，是不可能的”[③]。为建立全面的计划经济制度，1953年8月，过渡时期总路线被正式提出，尽管我国最初提出用15年甚至更长的时间完成社会主义改造，由于我国当时所处的国际环境与社会背景，我们仅仅用了3年时间，就建立起一个以公有制为基础、以中央集中管理为

① 中央文献研究室．毛泽东年谱：中卷［M］．北京：人民出版社，中央文献出版社，1993：173.

② 马克思指出：“社会生产内部的无政府状态将为有计划的自觉的组织所代替，让位于按照全社会和每个成员的需要对生产进行的社会的有计划的调节。”马克思，恩格斯．马克思恩格斯选集：第3卷［M］．中共中央马克思恩格斯列宁斯大林著作编译局，译．北京：人民出版社，1995：630.

③ 刘少奇．刘少奇选集：下卷［M］．北京：人民出版社，1985：154-155.

主、以行政指令配置资源的计划经济模式。就其主要点而言，基本上是仿效了苏联模式。尽管计划经济体制存在一系列缺陷，但我国作为一个落后的农业国，要想迅速变成强大的工业国需要依靠国家力量实现资本的原始积累，这是完全靠市场所不能实现的。在计划经济的调节下，我国工业体系初步形成，人民生活水平有所提高，整个国民经济迅速恢复和发展。

尽管我国的计划经济体制的基本精神效仿了“苏联模式”，但我国与苏联整齐划一的部门管理、强制性指令计划相比有所不同，中国的计划经济体制带有明显的“中国特色”。一方面，不同于苏联的“条条管理”模式，我国形成的是“块块管理”模式，即“统一领导，分级管理”和“地方分权”体制。另一方面，“苏联模式”的计划经济追求理性和精密计算，中国的计划经济不是理性的计划经济，市场体现为“人治”的特点，其中存在着非计划经济等因素，如农村集体经济下的“小自由”；城市的城镇个体、集体经济，“文化大革命”中由于秩序混乱而在大中型国有企业之间发生的物资串换、地下经济等。中国的计划经济体制是中国共产党领导全国各族人民在发展国民经济建设过程中，把马克思主义基本原理同中国具体实际相结合的一个伟大创造，绝不是简单地从苏联照搬照抄所能够取得的，而是在借鉴中根据自己的国情加以吸收和改造。站在今天的历史高度看，中国第一代领导人创立的传统计划经济模式对于解决和说明一系列历史与现实问题具有指导意义，为改革开放后中国经济制度的确立与发展奠定了基础。

二、计划经济体制的形成与运行

（一）计划经济体制的形成及演变

中华人民共和国成立初期，中共领导按照“三年准备、十年建设”的计划采取适当步骤向社会主义过渡，1953—1956年间，随着社会主义三大改造的完成，市场体制因素最终失去存在的条件，国家政府成为我国经济生活中资源配置的唯一主体，至此，计划经济体制在中国得到了初步确立。而在此之后，这一体制先后遭遇到三股力量的影响，并在力量的冲击下不断改革，在这过程中体现了中央不断放权让利的基本特征。但是，这些力量冲击与改革都没有从根本上撼动这一体制，反而使这一体制日渐强化和巩固。

1.1956—1957年间的改革探索

1956年毛泽东在《论十大关系》中提出以苏联为借鉴，“走自己的路”，从《论十大关系》和中共八大所形成的探索成果来看，尽管我们的发展路径吸取了苏联教训，但是更多的是对社会主义改造以来自己经验教训的反思和理论总结。1957年，国家相继出台了诸多文件，这些文件总的精神是针对当时中央集权过多、管得过死的情况，调整中央和地方、国家和企业的关系，把一部分工业、商业、财政管理权力下放给地方与企业，以便发挥它们的主动性和积极性。这次提出的经济体制改革方案的基本特点是行政分权，即把过去以中央及中央各部组织计划和物资平衡为主的办法，改变为以地方组织计划和物资平衡为主，在地方体系基础上形成计划体制。

2. 为了特定目的而进行的体制变动

一是1958年为推进“大跃进”而进行的体制改变。1958年5月，中国共产党八大二次会议提出“鼓足干劲，力争上游，多快好省地建设社会主义”的总路线，同时提出了超英赶美的经济发展战略，“大跃进”全面发动。为推动“大跃进”顺利进行，党中央将中央各部所属企业及部分管理权力下放到地方。二是1970年为适应备战要求而进行的体制变动。各省、自治区、直辖市纷纷各自为战，加快地方工业的发展，再次进行以行政分权为特点的经济体制变动。总的来讲，1958年和1970年的两次体制变动都不是为了改变体制，而是为了推进“大跃进”和备战的需要而进行权力下放，但是由于下放得过急过快，缺乏必要的衔接和协调，造成了各类协作关系的紊乱和中断，加剧了国民经济的混乱。

总之，尽管1958—1978年间多次的“权力下放”，无一例外地以造成混乱和随后重新集中告终，形成了“一放就乱”“一管就死”的恶性循环。但中国传统计划经济体制凭借极强的顽固性，强大的自我保护、自我再生和自我强化的能力使得尽管面临多次冲击，体制的三大支柱及其基本面都没有变，如单一的公有制、行政指令性计划占主体、强调分配上的平均主义、强调精神鼓励手段、强调经济上的自给自足等。相反，这些基本方面不断强化。可见，传统计划经济体制的固有特征来源于政府和行政部门，政府是该体制的根基。因此，改革开放以前，即便是遭遇多种冲击，中国的传统计划经济体制总体上看是不断巩固的，这意味着这一体制具有极强的顽固性，对它的改革注定是一场革命。

（二）计划经济控制系统的建立与运行

计划经济实际上是政府主导型经济发展极端化的模式。在计划经济体制下，国家直接占有了几乎全部重要的社会资源或财产，控制了几乎全部的社会机会。要使一个庞大的国家像一个企业一样运转起来，关键是看中央政府怎样来控制社会生产的两大要素，即生产资料和劳动者。在中华人民共和国成立以后，新政权在逐步确立起计划经济体制的同时，创建了一系列与之配套的制度系统来解决国家的运行问题。其中，最为重要的是三大制度系统——农村人民公社制度、城镇的单位制度以及城乡分治的二元户籍制度。

1. 国家组织和动员农民的基本方法——人民公社制度

人民公社制度的建立是从“大跃进”时期的“人民公社化运动”开始的。“人民公社化运动”的时间短暂，但人民公社制度体系却在全国范围内长期保留下来，直到20世纪80年代初期被农村家庭联产承包责任制所取代。在20多年的时间里，人民公社制度是我国农村最基本也是最根本的制度系统。

1958年建立并在1962年基本稳定的人民公社，在产权组织和运行上表现出下列特征：①单一的公有形式。在主要生产资料归属方面排斥所有制的私人性质。②各级管理者由行政任命，而非由社员大会或社员代表大会选举产生。管理权力集中，管理者常常以行政手段管理经济业务。③经营一般是自给性的，很少发生市场交易，仅有的商品部分按照给定的计划价格由政府统购统销。④集中统一安排劳动力，限制农业劳动力流动。⑤分配上以工分制度体现平均原则。从这些特征我们可以看出，虽然我们习惯上称人民公社的所有制为“集体所有制”，但按照现代产权理论判断，人民公社更多地具有共有产权或社团产权的特征，而不是所谓的集体产权。也就是说，人民公社的产权是共享的，在个人之间完全不可分，它不可以也没有对象化到其各个成员身上。

人民公社不同于以往的农业合作社，人民公社带有全民所有制成分，并且这种成分在发展中不断增长，逐渐代替集体所有制，人民公社从一开始就处在国家的控制之下。在人民公社的制度安排中最重要的一条是“三级所有、队为基础”。“三级所有”及其可过渡性的产权设计实际上是一个使产权模糊化的安排形式，它几乎否定了任何确定性的产权主体。生产队应当具有一般财产主体所具有的外在的排他性和内在的排他性。但由于存在“三级所有”的规定，国家并不否定生产大队和公社两级对生产队财产的部分所有权。同时，由于存在公社和生产大队两级组织对生产队的行政性委托代理关系，生产队的经营活动被置于上级组织的监管之下。公社一级组织具有行政权力，它一方面可以以命令的方式对下级的生产活动提出“建议”，另一方面又可以直接指导和管理大队与生产队生产、分配及交换活动，并监督完成计划。

实际上，人民公社农业经营模式是公社、生产大队领导下的生产队经营，公社一般每年为各生产大队制订生产计划，生产大队再把计划目标细化，作为基本核算单位的生产队缺乏经营决策权和生产计划安排权，生产什么、生产多少，主要由上级决定。国家除了获得税收以外，还掌握了生产队的剩余索取权，使得后者在市场交易过程中丧失了在品种、数量，尤其是价格方面的谈判能力，使国家可以用低于自由市场的牌价收购粮食等农产品，同时以高价（相对于农产品）售出工业品，从而通过“工占农利”实现工业化资金的原始积累①。

2.国家对城市社会的组织与管理——单位制度

人民公社制度确保了国家对农村的集中管理，使得计划经济大工厂的农业部分得以运转起来。而在城市部分，虽然国家也试行过所谓的“城市公社”，但其最有效、最长久的制度设计是单位制度。如果说人民公社是计划经济社会大工厂在农村得以运行的基本制度设计的话，那么，单位制度就是计划经济社会大工厂在城市运行的基本制度设计。

从20世纪50年代初，中央人民政府统一全国财政经济工作，使国家有足够的

---

① 刘庆乐．双重委托代理关系中的利益博弈——人民公社体制下生产队产权矛盾分析［J］．中国农村观察，2006（5）：26-33.

能量和资源去构建由国家控制的单位体系，到1956年年底，私营工商业者所有的生产资料全部转归国家使用和管理，原来意义上的企业真正成为附着在行政体制和党的体制中的“单位”。“单位”成为中国城市社会中的一种特殊的组织形式和社会调控形式，它既是社会调控体系中以实现社会整合和扩充社会资源总量为目的的制度化组织形式，又是国家与个人之间的联络点。

计划经济体制中的单位组织呈现出“伞状结构”，伞状结构把基于分工而形成的行业结构与基于行政力量而形成的等级结构有机地结合在一起。尽管从横向角度来看，单位的构成与属性呈现出一种同一性，但是，从纵向角度来看，它们则是分布于若干个平行林立的伞状结构之中，在这种格局下，几乎所有的城市居民都被纳入各种单位组织当中，单位成为国家与市民之间必不可少的联结，处于社会生活的中心位置，整个城市社会的运转表现为各种组织的运行。

在单位体制中，个人归属于单位，而单位成为国家对社会进行直接行政管理的组织手段和基本环节。一切微观社会组织都是单位，控制和调节整个社会运转的中枢系统由与党的组织系统密切结合的国家行政组织构成。所有基层单位都表现为国家行政组织的延伸，社会的整合依靠自上而下的行政权力，单位成为行政机构的内部组织形式。国家的意志按照行政隶属关系下达到各个单位，再通过单位而贯彻于全社会。如果离开了单位，整个社会将无法正常运转。因此，单位的主要制度特征可以概括为以下三方面：其一，单位既是一种经济组织，同时也是一种社会政治组织，承担着相当部分的政治职能和几乎全部的社会职能，它被包围在一系列政治关系之中，需要完成政府与社会赋予的职能，其中包括单位成员的一系列社会需求等。其二，单位成为国家控制与整合社会的中介，劳动者对单位的全面依附实质上是个人对国家的依附；单位作为连接国家与个人的中介，具有极其重要的社会地位。只要实现了对单位的有效控制，社会的整合与秩序的维持自然也就顺理成章。其三，整个社会中的所有单位出现“同质化”和“均质化”倾向。也就是说计划经济国家中的单位，不仅在组织结构上大同小异，在内部员工工资待遇方面也比较接近。

3.城乡分治的二元户籍制度

从社会劳动力的角度来看，我国户籍制度不折不扣地是一种经济制度，它是对劳动力这个生产要素的制度安排。20世纪50年代，我国推行重工业优先发展战略，城乡经济关系变成了计划控制的组成部分，城乡之间劳动力流动被人为阻断。由于重工业对劳动力的吸纳能力低于轻工业，国家为阻止城乡劳动力流动，防止就业福利外溢，采取二元户籍制度。在这一过程中，国家阻碍了要素自由流动所带来的最终均衡，人为地将农业剩余转向工业部门，在政策的干预下经济体制出现了扭曲与错位，农业发展受阻。

从农村劳动者群体来讲，户籍制度把他们的人身限制在某个特定的人民公社中，他们的生产活动通过人民公社的直接延伸物，即生产大队和生产队——来安排。生产队通过“工分”记录考核劳动者的成果，劳动者也依照“工分”的多少从集体中领取能维持劳动力再生产、赡养长辈和抚养后代的生活资料。除“自留地”存在自由支配权之外，劳动者对农村生产资料不拥有所有权，也不存在剩余索取权。在劳动时间方面，也是统一安排，不存在个人支配权。

在城镇，国家是通过单位制度而使户籍制度有了实质的经济意义。单位成为户籍制度的必要衍生物和现实功能载体，国家将拥有城镇户口的居民编制进各类单位之中。单位作为“小福利国家”，不仅向城镇居民提供工资，还提供各类基本生活福利保障。

二元户籍制度把我国的经济分成两个部分，用农业来支持国家的工业建设，用农业的积累资金建立起对国民经济有重大支撑作用的重工业体系。从更方便政府对人力资源劳动力的控制，从而提高计划经济体制的运行效率方面来说，户籍制度也的确有它的成功之处。比如，1959—1960年，农村出现极其严重的自然灾害，城市粮食供应也出现危机，为缓解这一问题，同时为了敦促部分工人回乡加强农业生产，1961年6月中共中央发出《关于减少城镇人口和压缩城镇粮食销量的九条办法》，规定要求，1961年年内城镇人口至少减少1 000万人，3年内必须减少2 000万人以上。政府积极动员大量城市工人到农村，人口迁移出现逆向迁移流。1962年，乡-城人口净迁出率为-11.58%。“文化大革命”期间，政府大力动员广大城市知识青年“上山下乡”，自20世纪60年代中期以后，政府动员了近4 000万知识青年上山下乡。离开父母和家乡的知青，被分派到全国各地农村“插队落户”，实质上是对户口制的强制性调整。国家通过这种制度安排暂时减少合法的城镇户口，以减轻城镇资源供给的压力。

生产资料公共产权的建立形成了计划经济体制的产权基础，完成了国家对生产资料的控制。但要使一个庞大的国家像一个企业一样运转起来，还要看国家怎样解决对劳动者的有效控制以及劳动者与生产资料的有效结合问题。在中华人民共和国成立以后，新政权在逐步建立计划经济公有产权制度的基础上，在农村创建了农村人民公社制度，实现了国家对农民的组织与控制，在城市创建了单位制度，实现了对城市居民的组织与控制，最后还通过城乡分治的二元户籍制度把劳动者与生产资料的结合固化下来。可以说，农村人民公社制度、城市单位制度和城乡分治的二元户籍制度这三大控制系统的建立使得中国计划经济体制变成了一个可以运行的体制。

三、计划经济体制的效率与运行成本

制度的运行成本是指为维护一种制度安排和制度结构的运转所必须耗费的人力、物力和财力，它是在该制度建立起来并投入运行之后才发生的费用，而且是一种每日每时都发生的经常性费用[①]。中国计划经济体制的建立有它合理性的一面，这种合理性必然会通过成本的节约和效率的提高反映在体制的运行之中。计划经济体制的运行成本与这一体制的运行效率成反比关系，当计划经济体制的运行成本较低的时候，它的运行效率就较高；当计划经济体制的运行成本较高的时候，它的效率就较低。中国计划经济体制的运行成本有一个从较低到较高的变化过程。

（一）计划经济体制运行的主要成本

1.由于信息不对称产生的运行成本

计划经济的运行依靠庞大的科层组织来维持，该组织内部存在复杂的委托代理关系，中央政府作为计划经济体制最高层级的代理人只能逐级委托，形成一个庞大和复杂的委托结构链。在经过一长串委托代理之后，产权关系模糊不清。由于委托人和代理人目标函数存在差异，代理人有可能利用委托人的授权和自己的信息优势，通过减少自己的投入或其他欺诈行为来获取个人利益最大化，这在一定程度上会使信息获取困难，进而造成了高额的体制运行成本。

在计划经济体制下，政府不是一般意义上的经济组织，而是行政组织。政府成员收入稳定，因此很难通过经济激励把代理者目标与所有者目标联结起来。政府成员的目标在于政治升迁。一方面，政府成员会不自觉地寻求自身利益最大化；另一方面，政府成员在作出决策时首先考虑到上级的偏好。当上级决策出现错误时，下级在执行中往往不会纠正，诸多来自下级的信息会被“过滤”掉，这样反而会使错误放大，造成更大的经济损失。

2.由于激励和监督问题产生的社会成本

组织的有效运行需要对组织成员进行有效激励和监督，但激励机制的单一造成计划经济体制下的社会经济活动出现泛政治化倾向，国家会通过一系列“政治运动”来维持计划经济体制的运转，从而造成了高昂的社会成本。

一般来说，劳动者受到的激励不外乎两大类：物质激励和精神激励。物质激励在市场经济条件下是最有力的激励方式。在计划经济条件下，为防止贫富差距与剥削的产生，物质激励方式被否定。计划经济体制的有效运行依靠“精神激励”，人们只有分工的不同，没有高低贵贱之分，实行“各尽所能，按劳分配”，人们通过发展生产满足人们不断增长的经济和文化需要。这构成了社会主义经济理论的基本假设：社会主义的劳动者都应该是“大公无私”的。这一基本假设也决定了公有制基础之上的计划经济体制的题中应有之义是精神激励而非物质激励。

然而，精神激励在中华人民共和国成立后不久便暴露出问题。由于缺乏有效的激励机制，干部和工人并未表现出预期的道德水平。1958年“大跃进”运动中，

① 张曙光．论制度均衡和制度变革［J］．经济研究，1992（6）：30-36.

尽管中央下放权力加强地方自主权，但并未解决体制中存在的问题，反而造成更多负面影响。由于精神激励效果并不理想，“阶级斗争”被重提。1956年社会主义改造完成以后到1978年，国家开展了大规模的思想改造和道德建设运动，力图通过一系列政治斗争与革命的方式对代理人进行监督惩罚，但政治运动不仅耗费经济资源，而且损耗国家机器的政治合法性、意识形态的说服力和管理者的合理预期①，增加了计划经济体制运行的社会成本。

（二）计划经济体制运行成本与效率的变化

1.计划经济体制运行成本的变化趋势

计划经济体制运行成本是随着社会生产的复杂程度与劳动者的努力程度变化而变化的，中国计划经济体制的运行成本变化的总体趋势是一个从较低成本逐渐走向较高成本的过程。

假设一定时期的科学技术水平保持不变，中央获得信息的成本与社会生产的复杂程度呈现负相关关系。也就是说，社会生产越简单，中央获得较完全信息的成本越低。中华人民共和国成立初期，人们对社会生产要求水平较低，中央计划委员会获得信息成本较低，有关资源配置决策的信息条件比较容易满足，计划经济体制运行初期效果显著；同时，劳动者努力程度问题在体制建立之初精神激励效果显著时也是容易解决的。

通过上面的分析可知，在生产的技术边界内，计划经济体制的运行成本与生产的复杂程度正相关，与劳动者的努力程度负相关。如果我们把它简化为一个公式来表达，那就是$P=Q/D$。其中，P代表成本，D代表激励强度，Q代表生产的复杂程度。从这个公式中可以看到，如果一个社会只生产一种单一规格的产品，那么计划经济体制的成本就完全取决于劳动者的努力程度了，只要解决了激励问题，采用计划经济的方式是很容易实现高效的。而事实上，随着计划经济的逐步推进，中国国情的不断改变，社会生产情况开始日益复杂，决策当局要掌握信息难度越来越大，制订准确而全面的生产计划面临困难。政府受到理性边界的限制，使得在计划经济实施过程中出现了诸多矛盾，其中最具代表性矛盾为“政府理性有限性与经济活动趋于复杂化之间的矛盾”②，对此，可以通过扩充机构和人员来增加政府信息的处理能力，但由于政府规模并不能无限扩张，进而使政府理性有限性与经济活动区域复杂化之间的矛盾日益尖锐。同时，在生产复杂程度增加的同时，民众的努力程度也在降低，精神激励效果趋于下降。这些都大大加大了计划经济体制的运行成本。

2.计划经济体制运行效率的变化趋势

制度的运行成本与该制度的运行效率呈负相关关系，当制度的运行成本低廉的

① 周其仁. 中国农村改革国家和所有权关系的变化（上）[J]. 管理世界，1995（3）：178-189，219-220.

② 刘世锦. 公有制经济内在矛盾及其解决方式比较 [J]. 经济研究，1991（1）：3-9.

时候，该制度的运行效率往往比较高，反之亦然。计划经济体制运行成本的变化趋势是一个从较低到较高的增长态势，因而计划经济体制运行效率的变化趋势将是从高到低的态势，即短期高效而长期低效。

从计划经济体制在中国运行的总体情况来看，1952—1958年，计划经济体制的运行体现了极高的效率，而在此之后，在中央决策及诸多政治运动的冲击下，计划经济体制运行情况出现困难。但总体而言，中国的计划经济在起起伏伏中前进发展。良好的经济绩效意味着一国能尽可能地挖掘该国经济增长的潜在能力，缩小其实际人均国民收入增长率和潜在人均国民收入增长率的差距。西方经济学家莫瑞尔教授和奥尔森教授于1990年指出，要想准确地衡量一国经济的真实绩效，需要考虑其实际人均国民收入增长率和潜在人均国民收入增长率的差距。他们曾经对市场经济国家和计划经济国家在1950—1965年、1965—1980年这两个时期的经济绩效做过比较（见表1-1）：

表1-1 **市场经济国家和计划经济国家在1950—1965年间和1965—1980年间的经济绩效比较（%）**

时间 / 国家类型	1950—1965年间			1965—1980年间		
	实际增长率（1）	潜在增长率（2）	增长率差距（2）-（1）	实际增长率（1）	潜在增长率（2）	增长率差距（2）-（1）
市场经济国家	3.75	5.49	1.74	3.36	5.13	1.77
计划经济国家	4.43	6.05	1.62	3.24	5.71	2.47

资料来源：Murrell and Olson，1990.[①]

表1-1中分别展示了市场经济国家与计划经济国家的实际增长率、潜在增长率以及两者的差距。在1950—1965年间，计划经济国家的经济绩效要优于处于“黄金时期”的市场经济国家，计划经济国家不但实际经济增长速度要比市场经济国家快，增长的潜力也发掘得更充分。1965—1980年间，计划经济国家的经济绩效开始明显落后于市场经济国家。计划经济国家不但在实际增长率上低于市场经济国家，人均国民收入增长率和潜在人均国民收入增长率的差距也有所扩大。通过上述比较，可以明显看出计划经济体制运行中的短期高效而长期效率水平有待提高这一现象。

总的来说，计划经济体制构建完成以后就开始进入它的运行时期，计划经济体制的运行产生了相应的运行成本。计划经济体制的运行成本直接反向影响到该体制的运行效率。计划经济体制的运行成本总体上呈现一种从低到高的变化趋势，受此影响，中国计划经济体制的运行效率总体上表现出短期高效而长期低效的特点。

---

① 何帆．传统计划体制的起源、演进和衰落［J］．经济学家，1998（2）：2-5.

第三节 计划经济体制的客观评价与未来展望

一、计划经济体制的客观评价

（一）历史作用

计划经济体制在中华人民共和国形成并持续多年之久，对于计划经济体制时期的评价，长期存在着被全面否定的倾向，许多人在逻辑上将计划经济与“大跃进”“文化大革命”混为一谈。而事实上，这种看法是错误且片面的，对待计划经济要以辩证的观点看待。计划经济的实行使我们找到一条既维护了民族独立，又避免对外扩张，完全依靠内部积累，自力更生实现了工业化资本原始积累的道路。我们正是沿着这条路，走向中国特色社会主义。计划经济是我国在成立初期的最优选择，具有重要历史意义与现实意义。

1.计划经济实现了社会主义资本原始积累

计划经济的真正历史意义在于，它是资本原始积累的一种方式。由农业国变成工业国需要资本原始积累，不同的国家有不同的道路，先发资本主义国家依靠侵略和掠夺，后发国家则有依附型和独立型之分。在生产力非常落后，被帝国主义封锁禁运的条件下，我国毅然拒绝依附型道路，决定依靠国家力量实行内部积累，创造动态比较利益。建立社会主义计划经济体制，作为实现工业化的一种原始积累方式，比侵略型道路道德水平高，比依附型道路速度快。计划经济的实质是依靠政权力量召集全国之力进行大规模经济建设，与此同时，强行压低消费，把积累率提高到30%以上，成为工业化资本积累源泉，中国人民为之付出两代人的血汗，中国在28年内走完了西方资本原始积累200年的道路，完全没有对外掠夺，无论道德评价还是历史评价都是站得住脚的。

集中力量做大事体现了计划经济体制的优越性，计划经济时期中国利用国家的组织力量，比较彻底地消灭了一些传染病，修建了基本的水利工程和基础设施，建立了独立而强大的现代工业化体系。计划经济体制适宜积累不适宜经营，转向市场经济也是历史必然，只不过历史规律不能自动实现，而需要通过人的活动来实现。人的活动就充满着矛盾和斗争，因为“文化大革命”后期政策极端左倾，思想极端僵化，因此激烈的政治思想和理论斗争难以避免。但是即使在“文化大革命”时期，中国的经济增长率仍高于世界平均水平。

2.计划经济创造了巨大的人口红利

改革开放后经济的迅速增长离不开充足劳动力的支持，也就是“人口红利”。计划经济时期，我国实行社会主义民生政策，人口猛增，形成大约4亿庞大的农村过剩人口，这使得之后才有可能在国际资本进行结构调整的新历史条件下，通过开放政策，使劳动力与外资结合，出现出口和就业的猛增。21世纪中国进入老龄化社会，经济增长率下降，经济增长需依靠技术的力量。中国以家庭为中心已进行30多年教育投资，下一阶段实现技术升级才是真正的考验。

计划经济和市场经济作为经济体制，是工业化不同时期的不同经济机制，都有积极作用，在同一时期也可互相补充。两者并不代表历史的不同方向，不代表根本对立的两条道路，而是同一历史方向、同一历史任务的不同历史阶段，或者是不同发展形式。只要我们回望历史，就可以看出其相互否定与激烈斗争只不过是特定历史时期的暂时现象。

3.计划经济为市场经济发展奠基

改革初期的大量实物经济和生产力是计划经济时期积累的。把20世纪70年代末期的农业发展全归功于分地是不公平的，计划经济时期培植的良种也起到关键作用。80年代初期的消费热潮是军转民的产物。而计划经济时期生育大量人口并且国家实行九年制义务教育，是不可忽视的。因为人是生产力中最活跃的因素，大量国有企业的人才下海、兼职和技术外溢，给乡镇企业提供了人力资本。在所有人都没有财产做抵押品的时候，是各级政府和国营单位为民营企业提供了无偿的担保，成为其“第一桶金”的保障。

计划经济完成的是资本积累的任务，单个企业的成本收益和经济效益不能反映计划经济的贡献。其中包括造原子弹等涉及国家安全收益的大型投入，均属于沉没成本，无法计入企业成本。许多在计划经济下不计算价格的生产要素，在市场经济中开始了计价，如土地、资源和家务劳动等。按照国际通行的指标比如GDP，必然低估计划经济而高估市场经济。改革时期的特殊增长因素是体制转轨，转轨是把在计划经济下积累的财富通过市场价格机制，转换成现实的GDP。因此转轨或者说改革，是计划经济和市场经济两方面的综合贡献，绝非市场经济一方。肯定计划经济的历史作用，总结改革的经验，才能保障下一阶段市场经济的健康发展。历史是螺旋型发展的，需要更高水平的整合而不是简单的否定和倒退。

（二）消极影响

虽然计划经济对于国家经济建设、实现民族独立具有极其重要的作用，但不可否认的是，计划经济在实行过程中也暴露出了一些弊端。

从经济发展规律的要求方面看，计划经济是为社会主义工业化原始积累服务的。那么，原始积累的任务一旦完成，就应改弦更张，从特殊的社会主义原始积累转到正常的社会主义积累。也就是要由特殊时期的计划经济转成和平时期的商品经济、市场经济。尤其是在经历了“文化大革命”之后，“阶级斗争”和“精神激励”都被发挥到极限，也被严重透支，计划经济弊端充分暴露，也无法运行。传统的计划经济体制片面强调计划的作用，完全否定市场的作用，这种高度集中的计划手段人为扭曲了要素价格和产品价格，使资源配置缺乏效率，导致产业结构的严重扭曲，加剧了农业和工业的二元进一步分离；资源配置权力过分集中于中央，经济主体缺乏激励的动力和竞争的压力，致使国民经济在微观层面缺乏活力，短缺成为计划经济时代的常态。由此，导致中国技术进步缓慢，经济管理落后，经济效益低下，人民生活提高不大，社会主义经济制度的优越性没有得到应有的发挥。同时，计划经济体制是在抑制价值规律要求的前提下的粗放增长模式，这种以低消费换来的高积累、以牺牲企业的微观经济效率为代价换来经济增长的计划经济体制对资源配置显然是低效率的，随着经济社会的发展，其弊端也日益暴露，逐步成为中国经济走向现代化的障碍。

从物质利益与分配方式上看，计划经济体制强调“一大二公”，宣扬平均主义，倡导精神激励，反对物质激励。在计划经济实行初期能够快速调动群众工作积极性，效果明显；而从长期来看，无论群众“多劳”还是“少劳”，受平均主义影响，劳动所得并未出现明显差距，严重挫伤了广大群众劳动积极性与创造性，伴随而来的还有人民公社内部严重的浪费情况的发生。同时，在计划经济体制下产生了严重的高成本，以反对官僚主义为中心的“整党”“整风”等运动也几乎每隔几年就来一次，这也反映出党和政府为纠正因信息不对称和缺乏激励机制而导致的低效率不得不采取运动的形式。尽管如此，因计划失误造成的浪费和低效仍然很严重。尤其在“文化大革命”的冲击下，社会原始积累难以继续进行，使本来应该生机盎然的社会主义经济在很大程度上失去了活力。

尽管我国在计划经济的探索中存在挫折，计划经济在运行过程中出现了诸多弊端。但无论如何，这些都是我们党对社会主义建设道路探索成果的重要组成部分，都是我们的宝贵财富。计划经济体制并非只是造成经济活力不足等弊病的根源，它同时也是社会主义建设取得辉煌成就的重要原因之一。如果我们只看到计划经济年代出现的种种问题与计划经济体制之间的联系，而看不到那一时期社会主义建设成就与计划经济体制之间的联系，是不全面不客观的；如果把计划经济形容成“万恶之源”，更是不符合实际的和有害的。我国实行计划经济的过程中并非只有凭主观意志办事的教训，它同时也积累了大量按照客观经济规律指导经济建设的成功经验，对当前不断完善社会主义市场经济体制发挥了并将会继续发挥积极的促进作用。

二、计划经济体制的未来展望

（一）计划经济有效运行的隐含前提

自20世纪中叶开始，一大批东欧社会主义国家陆续启动了经济体制改革。这一历史现象表明，即使建立了生产资料的公有制，经济统计和规划技术也不断改进，计划体制最终不可持续。对此，学者们对相关史实和理论进行过简要梳理，并提出各自的解释。[①]吴敬琏认为：“计划经济的实质，是把整个社会组织成为一个单一的大工厂，由中央计划机关用行政手段配置资源。这种配置方式的要点是：用一套预先编制的计划来配置资源。主观编制的计划能否反映客观实际，达到资源优化配置的要求，以及能否严格准确地执行，决定了这一配置方式的成败。因此，它能够有效运转的隐含前提是：第一，中央计划机关对全社会的一切经济活动，包括物质资源和人力资源的情况、技术可行性、需求结构等拥有全部信息（完全信息假定）；第二，全社会利益一体化，不存在互相分离的利益主体和不同的价值判断（单一利益主体假定）。不具备这两个条件，集中计划制度就会由于信息成本和激励成本过高而难以有效率地运转。问题在于，在现实的经济生活中这两个前提条件是难以具备的，因此，采取这种资源配置方式，在作出决策和执行决策时，会遇到难以克服的困难。”[②]

首先，为维持计划经济的运转，需要付出极大的信息成本，在采取计划经济制度的情况下，生产者和消费者之间缺乏横向的联系和有效的反馈机制，经济信息要在行政体系内实现上级对下级的命令和下级对上级的报告纵向传输，不但传输距离很大，通道狭窄，不免经常发生延误和壅塞，而且传输环节太多，信息不免扭曲。同时，由于人知识的有限性，无数种稀缺资源的信息只能通过价格体系的中介作用才能有效率地传递到全社会，以供人们进行决策。基于交易成本分析，在中央计划机关掌握和处理各种微观事务的情况下，要想及时取得保证经济系统畅通运作所必需的全部信息，其成本几乎是无限大的，因而是不可取的。

其次，激励机制也是一个交易成本问题，也就是在委托人和代理人之间信息不对称条件下的激励兼容性问题。在以计划手段为主的资源配置方式下，资源配置决策由代表社会整体利益的中央计划机关集中作出，并通过按层级制原则组织起来的社会全体成员加以执行。这就要求全社会的一切成员和所有组织，目标函数只是绝对忠诚地执行上级下达的计划任务，而没有自己的任何特殊利益。而事实上，每一个经济活动当事人都有自身的、同整体利益不完全一致的利益。因而，常常存在矛盾。由此可见，计划经济要想有效运行，必须要求信息充分掌握，激励问题充分解决。

除此之外，信息的真伪性对于计划经济能否有效开展也具有决定性影响。一个实行计划经济的国家，如果不能得到国民经济的真实信息，便难以制订出发展经济的完善计划。计划经济体制下，计划当局的静态特征是部门化和等级制，动态特征是机构和人数的增加，计划当局是一座不断变“高”变“胖”的等级金字塔。这种等级制度形成了一种自上而下委派的任命体系。在这一过程中，行政人员为追求晋升会存在谎报信息的动机，这就造成了信息的扭曲与隐瞒。不仅如此，计划执行单

---

① 萨缪尔森，诺德豪斯．经济学［M］．萧琛，等译．北京：华夏出版社，1999：484-487；吴敬琏．当代中国经济改革［M］．上海：上海远东出版社，2016：21-34.

② 吴敬琏．当代中国经济改革［M］．上海：上海远东出版社，2016：23.

位也存在谎报信息的动机，执行单位利用它对于计划当局的信息优势地位来扭曲信息、隐瞒信息。当它未能完成计划指标时，总能找到一些理由，使计划当局不得不相信那是由于不可抗拒的外力因素，或是由于计划当局的指标过严。当它事实上超额完成指标时，又总是要隐瞒超额的生产情况、真实的生产潜力，以争取下一期计划指标能较容易地完成，力争避免被“鞭打快牛”。计划当局对付执行单位追求宽松指标行为倾向的常用手段是：组织竞赛、表扬先进。而通过竞赛来克服追求宽松指标倾向的一个可能结果，就是导致高指标、吹牛、报喜不报忧的恶习。1958年的“大跃进”就是一个典型案例。

（二）大数据背景下计划经济的可行性

近来，随着互联网大数据等信息处理技术的巨大发展，有企业家曾提出要以此种技术为基础，重建计划经济。观点一出便引发了广泛的讨论。伴随大数据及人工智能技术的迅速发展，越来越多的人产生这样一些想法，即依赖大数据、人工智能，计划经济体制能否实现。

对此，以张维迎、方兴东、盛洪为代表的诸多学者认为，即使在大数据背景下，计划经济体制仍旧无法实现。计划经济本质特点就是系统的、制度性的强制力，用强制力量否定企业家精神，剥夺个人选择的自由、创业和创新的自由。通过任何强制的、系统的力量去否定企业家精神，都可以叫计划经济。第一，从知识的本质角度看，一方面，知识划分为硬知识和软知识，软知识又叫默性知识。两者相比之下，软知识更为重要。软知识是分散的、局部的、主观的，在实践过程中是不可言说的，因而并不能被计划当局获得和利用。另一方面，知识具有动态性，知识不是固定的存量，而是依赖于人的主动性，需要通过经济活动不断地被创造出来。所以，即使有大数据与人工智能作为支撑，由知识的本质决定的计划经济仍然难以实现。第二，从企业家的角度看，企业家的决策是一个寻找最优路径来实现不确定目标的过程，无论是目标还是手段均不能选择，且无法确定结果。企业家精神是超越大数据的，数据的整合无法决定企业家的决策。互联网大数据的主要特点就是可以大范围、高速度、低成本地处理信息。如用这种信息技术代替企业决策，会严重压抑企业家的创新精神。第三，从风险和不确定性角度看，弗兰克·奈特在1921年的书中明确将风险和不确定性进行了区分，他认为风险是外生的，可以被量化，而不确定性是内生的，没有先验概率和分布函数，也无法被降低和保险。同时这种不确定性也体现在未来的商业前景及由于体制和文化领域的限制，技术上是否具有可行性等方面，这些都是大数据无法解决的问题。第四，从计划经济实施必要条件角度看，大数据能够迅速地实现信息的收集，但这是在信息来源主体自愿提供的基础上，若信息来源主体隐匿信息，即使大数据再发展，仍然无法提供数据上的支撑，反而会出现数据资源的失真问题。激励问题目前在网络和App平台能够合理解决，但在全社会范围内，人的利益带有明显的主观色彩，度量难度大，激励问题难以解决。

总的来说，整个社会的经济活动，从静态来看，是充满差异的；从动态来看，又是充满不确定性的。互联网大数据技术虽然可以在一定程度上提升计划当局的信息能力，但是要通过这种信息技术的进步重建计划经济，代替市场经济，恐怕过于乐观。关于大数据和人工智能与计划经济的讨论实际上歪曲了一个基本事实，大数据和人工智能实现的信息收集与资源配置仅仅体现的是一个网络平台与企业的成功，一个企业的经济计划与国家的经济计划存在极大差别，企业仅需要满足局部的市场，而国家需要维持社会总供给与总需求的平衡。也有部分学者认为，由于我国没有数据收集的制约政策，导致企业可以轻松集中用户的信息资源，而事实上，这些已经违背了数据收集的基本准则①。

尽管诸多观点表明即使在大数据背景下，计划经济的实现仍旧存在困难，但大数据的发展仍为政府治理带来了历史性机遇。大数据和智能化的发展为打造智能政府、推进国家治理的现代化提供了契机②；为提升政府治理现代化提供了施政平台③，为国家治理过程的公开透明化、国家治理方式的以人为本提供了重要的战略资源④。与此同时，大数据的发展也将倒逼政府管理模式与制度机制的变革，推动政府朝主题多元化、内容预防化、载体自动化等方面发展。

[本章小结]

对中华人民共和国成立初期选择计划经济体制的原因与评价进行研究，并非对计划经济体制和市场经济体制作孰优孰劣的评判，而是要把我国已有的实践经历与事实放在历史的发展中作一些辩证的、历史的思辨。如果抛开历史与现实，单纯评价计划经济体制，就没有什么实际意义了。只有把它放在中华人民共和国历史发展的进程背景中，才有深入思考的真正可能与实际价值。一方面，计划经济体制作为历史的选择与存在，必然有其选择与存在的理由，也必然有着在中国社会发展中的价值。这种价值，除了积累经验，还应该有为多年来中国计划体制下的经济社会发展奠定基础的作用。否则，许多问题就难以理解，也不符合历史的逻辑。另一方面，计划经济体制的确存在极大的弊端，主要表现为缺乏动力机制和高度集权下的信息与决策机制僵硬，不适应社会主义现代化建设的客观要求。这也是中国之所以要改革旧的计划经济体制，选择社会主义市场经济体制的主要理由。在两种经济体制选择的转换中，交织着两种必然。这是中华人民共和国历史发展中的必然，只有从历史的进程中来认识和考察，才能有更深的了解和领会，才能坚定现实的选择。

中华人民共和国成立初期的一些历史经验，如在集中统一原则下中央与地方两

---

① 方兴东．"大数据+人工智能"能否支持计划经济？［J］．汕头大学学报，2017（9）：11-21.
② 陈振明．政府治理变革的技术基础——大数据与智能化时代的政府改革述评［J］．行政论坛，2015（1）：1-9.
③ 张述存．打造大数据施政平台 提升政府治理现代化水平［J］．中国行政管理，2015（1）：15-18.
④ 徐琳．机遇和挑战：大数据时代中国国家治理的双面境遇［J］．社会科学家，2015（5）：13-18.

个积极性的结合、在以计划管理为主的同时重视市场管理、在计划管理上实行多种计划类型以及注意宏观调控、综合平衡等，为探索社会主义市场经济体制下的计划与市场的关系，提供了很多重要的历史借鉴。

[课后习题]

1. 简述中华人民共和国成立初期实行计划经济体制的合理性。
2. 简述计划经济体制产生与发展的理论渊源。
3. 简述计划经济运行逻辑。
4. 为什么社会主义经济是“成也计划、败也计划”?
5. 讨论大数据背景下“计划经济”的可行性。

[第二章]

经济体制转型：从计划经济到市场经济

第一节　计划与市场的争论

一、西方经济学界的社会主义论战

19世纪二三十年代，一方面，世界上第一个社会主义国家苏联正在实施社会主义计划经济，并取得巨大经济成就；另一方面，西方资本主义国家则陷入了严重的世界性的经济大危机之中。二者形成了鲜明的对照。正是在这一背景下，社会主义经济制度及其运行问题引起了西方各派经济学家的广泛注意，并引发了一场关于社会主义经济能否进行有效的经济计算，从而能否实现资源的合理分配问题的大讨论。

这场讨论首先是由奥地利经济学派的重要代表人物米塞斯挑起的。在米塞斯之前，欧洲大陆的一批经济学家，早在19世纪末20世纪初，就对社会主义经济问题展开过研究和论述。帕累托在他的两卷本著作《社会主义体系》中，运用他的最优福利理论分析社会主义经济，认为在社会主义制度下达到最大的经济福利是可能的。巴罗内于1908年发表《集体主义国家中的生产部》一文，更系统地研究了社会主义制度下达到资源最优分配的必要条件的问题。巴罗内证明，完全竞争的市场经济是达到帕累托最优的充分条件，而非必要条件。在一个经过恰当设计和严格计算的集体主义经济中，帕累托最优的必要条件同样能得到满足，从而同样能够有效地分配资源。为此，在上述论文中，巴罗内首先分析了资本主义完全竞争市场经济导致最大福利的条件，进而又建立了除劳动力外所有资源集体所有、由一个中央计划生产部实行集中管理的经济模型。他肯定：在社会主义制度下，如果生产部制定的价格达到最小生产成本，那么就存在最优资源分配，从而就可能达到最大经济福利。

同帕累托、巴罗内相反，米塞斯认为社会主义经济不能解决它的资源的合理分配问题。他论证的逻辑是：在资本主义制度下，由于市场和财产私有制的作用，土地、劳动和资本的所有者通过要素市场向生产者提供生产要素，形成市场价格；在这些价格和现有技术条件的基础上，生产者作出决策，并通过最经济的途径实现各生产要素的组合和生产出最终产品。而在社会主义制度下，没有市场价格机制和私人财产制度，不存在要素市场，因而无法形成一个真实的价格体系。由于没有要素价格，就不可能对供给与需求进行合理计算，从而也就不可能对资源作出合理分配。正是从这一论断出发，米塞斯断言巴罗内关于通过中央计划生产部管理经济、实现资源最优配置的理论假设是错误的，并断然宣告：在没有自由市场的地方，也就没有价格机制，没有价格机制，也就没有经济计算，而经济“只能在黑暗之中摸索”。在社会主义制度下，既然已经取消了要素市场，当然就无法进行经济计算，无法实现资源的最优配置，因而“社会主义就是取消合理的经济”。

米塞斯论文发表后，遭到一些经济学家的批驳。美国经济学家泰勒在美国经济协会1928年年会上发表《社会主义国家的生产指导》（刊载于1929年3月号《美国经济评论》中）的演讲。在这篇演讲中，泰勒对米塞斯否定社会主义经济计算的论点进行了答复。泰勒指出，社会主义制度能够解决资源的合理分配问题。第一，国家确保每个公民按规定获得一定的货币收入。第二，居民有权用其收入任意选购国家生产的商品；这样产生的商品价格将是反映商品社会重要性的价格。第三，国有企业应当使价格等于商品的生产成本，即社会原始要素的收入或存量的消耗。第四，国家运用试错法，即用一系列假设的解值去试验，直到其中一个被证明是正确的为止。基于以上这些论证，泰勒肯定：在社会主义制度下，不存在重大的资源分配问题。社会主义国家将“作为有足够信心来正确地使用自己所支配的经济资源的人，履行自己的职责”。

争论并没有到此结束。到20世纪30年代中期，奥地利经济学家、经济自由主义者哈耶克和另一位经济自由主义者、英国经济学家罗宾斯，坚决站在米塞斯一边，不过，他们不是简单地重复米塞斯的结论，而是撤退到“第二道防线”。他们在理论上不否认社会主义有可能合理解决资源分配问题，只是坚持认为社会主义在实际上是解决不了这个问题的。哈耶克在1935年发表论文集《集体主义的经济计划》。其中在《辩论现状》一文中，哈耶克在谈到巴罗内等人关于社会主义有可能解决资源合理配置的结论时说 “必须承认这并不是不可能的”，但是他否认在一个没有私有财产制度的社会中能实际解决这个问题。因为在社会主义制度下，没有实际市场及其功能，因而不可能像在资本主义经济中那样，靠试验错误的方法来合理分配资源。罗宾斯1934年在《大萧条》一书中说得更清楚。他说：“在纸面上，我们能设想这个问题用一系列数学计算来求解……但实际上这种解法是行不通的。它会需要在几百万个预计数据的基础上列出几百万个方程，而统计数据又根据更多百万个个别计算。到解出方程的时候，它们所根据的信息会已过时，需要重新计算它们。根据帕累托方程可能实际解决计划问题的提法，只说明提出这种主张的人不了解这些方程意味着什么。”

对米塞斯、罗宾斯和哈耶克批判最有力、影响最大的是旅美的波兰经济学家奥斯卡·兰格。他于1936年和1937年在《经济研究评论》上分两部分发表了《社会主义经济理论》一文，在帕累托、巴罗内、泰勒等人理论基础上，提出一种新的计划经济运行模式，即计划模拟市场的社会主义经济运行模式。兰格设计的经济模式，从体制上看具有如下特征：第一，实行生产资料公有制，同时又保留小私有工业。“为了简化问题，我们假设所有生产资料是公有财产。不言而喻，在任何实际社会主义社会中，必然有大量生产资料为私有（例如，农民、工匠和小规模企业家），但是这并不带来任何新问题。”[①]第二，实行中央计划经济，但这种计划经济不是“产品经济”或“自然经济”，而是部分的商品经济。在这种经济中，允许存在一个消费品和劳动服务的真正的市场，但是没有劳动以外的资本和其他生产要素市场。第三，由于劳动以外的其他生产要素是公有财产，消费者的收入与这些生产要素的所有权相分离，收入分配按劳动者的劳动状况进行：“（1）分配必须如此，使不同消费者们提出的需求价格代表相等的需要迫切性。如果对所有消费者来说收入的边际效用相同，就达到了这一点。（2）分配必须使劳动服务在不同职业之间如此分配，使不同职业中劳动的边际产品价值的差别等于他们的职业中涉及的边际负效用的差别……为了劳动服务得到所需分配，不同职业的边际负效用的差别必须用收入的差别来补偿。”[②]兰格这段话表明，在他设计的社会主义经济模式中，个人消费品的分配既要反映消费者的需求状况，又要反映劳动者劳动支出的差别。

兰格指出，在社会主义条件下，要实现资源有效配置的均衡，就必须和竞争市场一样要考虑两类均衡条件，即主观均衡条件和客观均衡条件。主观均衡条件有三个方面：一是消费者的主观均衡条件，即在消费支出既定的情况下，追求消费利益的最大化。这一条件在消费者选择自由得到保障的情况下是容易达到的。二是生产者均衡条件，在社会主义条件下，生产企业经理的决策不再由利润最大化的目标指引，而是用尽可能最好的方式满足消费者的偏好，为此，中央计划部门对他们规定两条规则：（1）企业必须满足平均生产成本最小的要求进行要素组合，即既定的要素组合必须使每单位货币所代表的每种生产要素的边际生产率相等。（2）必须根据产品的边际成本等于价格的原则决定产品的生产规模。这两条规则对于生产企业而言可以确定它对生产要素的需求结构和需求量。这两条规则简言之就是“始终使用平均成本为最小的生产方法，并且生产将使边际成本等于产品价格的产品数量”[③]。三是劳动者把他们的服务提供给支付最高工资的职业和产业部门，至于公

① 兰格．社会主义经济理论［M］．王宏昌，译．北京：中国社会科学出版社，1982：10.
② 兰格．社会主义经济理论［M］．王宏昌，译．北京：中国社会科学出版社，1982：25.
③ 兰格．社会主义经济理论［M］．王宏昌，译．北京：中国社会科学出版社，1982：13.

有的生产要素只能提供给能“支付”或者说能计算其价格的产业。这意味着公有制经济资源的配置服从消费者偏好，各种生产资源的价格如果确定下来，则它们在不同产业之间的分配也就被决定了。

客观均衡条件就是形成一个均衡价格，以使各种主观均衡条件既能实现又不相互矛盾。这与竞争市场的情形相同。只有实现客观均衡条件，才能实现主观均衡条件，也就是说，只有确定价格，才能确定平均成本为最小的要素组合，也才能求得使边际成本等于价格时的产量水平，才能决定各种生产要素的最佳配置。

问题的关键就在于，社会主义经济中，存在生产要素（劳动力除外）市场，无法像竞争市场经济中那样自发地形成均衡价格。也就是说，在社会主义经济中不存在客观均衡条件，而没有它，资源有效配置的一般均衡体系就不能形成。这个问题如何解决呢？兰格提出了一个十分合理的解决方案，即由中央计划部门模拟竞争市场，通过试错法确定客观均衡条件。具体来说，中央计划部门在开始时随机选定一组价格，所有经济主体的决策均以这组价格为依据。在给定的价格水平下，每种商品的供求数量被决定。如果商品的供求不相等，表明该商品的给定价格有问题，供过于求，表明价格过高；供不应求，表明价格过低。计划部门应根据这些情况不断调整价格，这个过程应反复地进行，直到所有商品的供求都达到均衡。这样，在社会主义经济中也形成了均衡价格体系。它并不是纯粹自发的市场竞争的结果，而是自觉力量与自发力量有机结合的产物。这个过程既不需要中央计划部门去详细掌握消费者偏好、资源禀赋和生产函数的一切情况，也无须求解成千上万个变量的联立方程。兰格从理论上较圆满地解决了社会主义经济中的资源最优配置问题，全面而又有力地回答了米塞斯、哈耶克和罗宾斯等人的挑战。

哈耶克在20世纪30—40年代发表了一系列论著，详尽地论证了兰格模式在现实中是行不通的。其中，最有代表性的有以下三篇论文，即《社会主义的计算（一）：问题的性质与历史》(1935)、《社会主义的计算（二）：辩论的状况》(1935) 和《社会主义的计算（三）：作为一种“解决方法”的竞争》(1940)。[①]他在这些文章中指出，由于中央计划权威的信息不完全和知识不完备，以及消费者选择的不确定性，社会主义的中央计划机关不可能合理地计算价值和价格，因而也就不可能合理地配置资源。而且，在中央计划权威控制之下的模拟竞争，也不可能代替真实的竞争，取得与竞争性市场相同的绩效。

在论战中，哈耶克的经济理论还没有得到学术界充分理解，而兰格等维护社会主义经济制度的观点则明显地以当时的新古典经济学为依据。此时，由于西方经济正深陷于自1929年开始的世界性大危机中，而苏联经济的缺陷还没有充分暴露出来，争论似乎没有分出胜负。这场论战虽然对苏联国内的事态发展几乎没有任何影

① 哈耶克. 个人主义与经济秩序 [M]. 邓正来，译. 北京：生活·读书·新知三联书店，2003：175-302.

响，但争论双方所提出的论点和论据，此后一直在理论讨论和改革实践中回响[①]。

二、社会主义论战的理论遗产与改革实践

（一）理论遗产

1.关于“计划”和“市场”的再认识

尽管20世纪20年代关于计划与市场的争论由米塞斯挑起，旨在反对苏联社会主义制度、维护资本主义统治秩序。在此之后将近一个世纪里，计划与市场争论一直持续，其间也有持论公正或同情社会主义的资产阶级学者认为社会主义计划经济有可行性，论证中都有市场机制作用于计划经济的内容。米塞斯等反对社会主义计划经济论者，虽然论点中不乏正确内容，但都以高度集中、完全计划机制为攻击目标，不符合社会主义国家计划经济的实际。无论是苏联、东欧国家，还是中国或其他亚洲社会主义国家，虽然都曾设想实行单一的全民所有制，取消商品经济和货币，但最终都走向了计划与市场相结合的道路。各社会主义国家自20世纪50年代开始先后进行的或明或暗的改革，都是以调动企业主动性、积极性为方向而加大市场作用。反观资本主义世界，自罗斯福新政和凯恩斯理论问世以后，在市场经济中不仅加入了国家干预，也加入了计划调节，成了计划与市场相结合的经济。情况恰如《新帕尔格雷夫经济学大辞典》中所说：“只有教条主义的社会主义者和教条主义的反社会主义者，才把计划与市场看成是不相容的对立物。”可见，20世纪20年代的“大论战”改变了人们对计划与市场的传统认识，两者并非对立存在，计划与市场的混合成为现代社会必不可少的命题。

2.“兰格模式”的理论贡献

“兰格模式”又被称为“市场社会主义经济模式”。兰格所设想的社会主义经济的理论模式，既不同于马克思主义经典作家所设想的未来社会主义——共产主义模式，也不同于实际形成的后来被称为“斯大林模式”的苏联现实社会主义经济模式。兰格所设想的社会主义经济模式，是一个集权与分权相结合、计划与市场相结合的典型模式，它同资本主义经济制度有着很大的连续性，因而具有现实的可能性和可行性。其是一种运用价格调节手段的中央计划经济体制，即按市场经济运行的逻辑解决社会主义资源配置问题。“兰格模式”中体现出来的理论突破，具体可以归结为市场机制是中性的，市场竞争与公有制可以兼容，市场机制和计划机制可以互补，市场机制与按劳分配原则可以结合。市场本身无所谓社会性质之分，它可以被不同的社会制度所使用。因此，在社会主义制度中，选择计划和市场中的哪一种方式，让其在资源配置中发挥主要作用，这不应根据旧的意识形态来判断，而应看哪种配置方式更能提高资源配置的效率。兰格对社会主义思想发展的最重要的贡献并不在于提出“计划模拟市场”的独特设想，而在于从观念上打破了所有制、运行

① 吴敬琏．当代中国经济改革教程［M］．上海：上海远东出版社，2010：22.

机制、分配状况“三位一体”的理论陈见，从实证的角度分析了市场机制在社会主义条件下的作用，初步解决了市场竞争与公有制、与计划调节、与按劳分配相兼容的重大理论课题。

第一，市场竞争与公有制不仅不相矛盾，而且两者是可以并且应该兼容的。兰格的一个重要思想就是：一种经济制度中的所有制性质与其资源配置方式是可以相对分离的，或者说，资源配置的方式可以相对独立于所有制的特殊规定而发挥作用。他指出：“生产资料公有制的事实本身不决定分配消费品和分配人民各种职业的制度，也不决定指导商品生产的原则。”①这种观点比传统社会主义理论所论证的公有制、指令性计划、按劳分配“三位一体”的教条，向现代观点大大前进了一步。虽然在兰格设计的模式中，市场仅仅是一种模拟物而非真实的竞争市场，但市场竞争配置资源的逻辑以及价格参数在宏观调控方面的重要功能被空前地加以重视，而且市场机制的基本逻辑以及价格杠杆的充分利用已不再被当作特殊历史条件的权宜之计②，而是作为社会主义经济运行的基本内容，承认并且严格地证明市场机制的运行逻辑可以而且应该在公有制基础上通行，这是兰格对社会主义经济理论的一个重大贡献，它为以后社会主义经济运行理论和改革理论的发展提供了极其有益的启示。

第二，竞争的市场与中央计划在配置资源方面可以相互补充、有机结合。这就是说，让中央计划部门行使市场的部分功能。如前所述，计划部门规定了各企业和产业部门的行为规则后，随机公布一组价格，通过实际经济过程中表现出的供求结构对原有价格体系进行调整，一直到形成一个能使所有商品的供求实现均衡的价格体系为止。计划部门根本无须代替企业作出生产什么、如何生产和为谁生产的决策，因此，无需大量的信息或解数百万个联立方程。毋庸讳言，“兰格模式”要付诸实施是有困难的，原因是中央无法保证生产企业的经理会遵守既定的行为规则。但兰格的设想如果应用于少数几种标准化的投资品的生产调节方面，是可行的和有效的。如在货币资本的配置方面，试错法就十分有效。

第三，利用竞争市场的原理配置资源与社会主义按劳分配原则是可以相互结合的。在“兰格模式”中，由于允许有消费选择和就业选择的自由，因此，劳动力资源的配置完全是由市场来完成的。在这种情况下，能否保证劳动力收入的分配体现社会主义按劳分配原则的要求。在这方面，兰格肯定地认为，把市场机制作为有效配置资源的方式而同时满足社会主义按劳分配原则的要求是完全行得通的，主要做法是：把劳动者的全部收入区分为工资和社会分红这两个部分。其中，工资由劳动市场的供求关系确定，它反映劳动的边际产值以及劳动的边际负效用。劳动边际产值高和劳动边际负效用高的职业将产生较高的工资，反之，则拿较低的工资。社会

---

① 兰格．社会主义经济理论［M］．王宏昌，译．北京：中国社会科学出版社，1982：1.

② 这是“兰格模式”不同于列宁、布哈林等人的“新经济政策”理论的一个重要特征。后者认为社会主义利用市场机制只是一种暂时的必要的退却，一旦条件成熟，市场关系就会被取消。

分红是个人从社会所有生产资料和自然资源的收入中所得份额，它反映的是生产资料所有制关系，这部分收入应当平均地分配给所有劳动者，而不论其职业或产业部门的差别。兰格认为，从总的情况看，社会主义社会的劳动者之间的收入差别应反映其劳动贡献和劳动耗费的差别。但是应当采取方法缩小这种收入差别，不是单纯使用再分配政策，而是由社会投资对劳动力进行教育和培训，以便均等地改善劳动力素质。社会主义将力图使进入市场的劳动，无论从数量或质量上都实现平均化，以此使劳动的边际生产率和每个消费者关于收入的边际效用相接近，从而使收入分配尽可能公平化。当然，社会主义不排除基于天赋的各种差别，但这种差别已不再体现为资本主义社会那样的阶级或集团之间的差别，而属于“纯粹的个人性质”，并且这种个人差别可以假设按正态规律分布[①]。总之，兰格坚信，市场机制与按劳分配并不矛盾，只要分配的规则和政策是合理的，市场竞争就既可以实现劳动力配置的效率，又能维护社会主义的平等。

（二）改革实践

“兰格模式”的提出，为社会主义经济模式的研究开了先河，也为社会主义资源分配理论和运行效率的研究奠定了基础，对东欧经济学和社会主义经济体制改革的理论与实践都产生了巨大、深远的影响。

“市场社会主义”的理论发展在第二次世界大战后的苏联及东欧国家中逐步形成了两条主线。一方面，围绕在计划经济体制框架内如何充分发挥市场机制的作用，波兰的布鲁斯和捷克斯洛伐克的锡克等一批东欧经济学家开始就社会主义经济中不同类型的“计划”与“市场”之间的组合模式展开了详尽的研究工作。另一方面，20世纪60年代以来电子计算机的应用得到推广，计算机技术和控制论提高了社会主义经济计算过程中大量数据运算和信息处理的效率，这为兰格通过运用计算机模拟市场过程并回击哈耶克等人对其理论的质疑提供了新工具，从而把“市场社会主义”理论带入了“兰格模式”的“计算机拜物教”[②]。此外，受“市场社会主义”理论的影响以及计算机技术的快速发展，以康托洛维奇为代表的苏联数理经济学派通过高度精密化的数理分析将社会主义经济计算与最优化过程的模拟推向了巅峰，这也成为苏联的计划经济体制自20世纪60年代中后期以来朝着“最优计划”方向不断完善的理论基础。

理论与实践均证实，市场的作用及其在社会主义制度中的实现方式是社会主义条件下制度改革所面临的一个重要议题。20世纪60年代以来，传统的计划经济体制在苏联及东欧国家的普遍低效成为一些东欧国家进行“市场社会主义”改革的一个主要动因。面对计划经济体制所诱发的结构失衡、产业扭曲，以及软预算约束和短缺问题，这些东欧国家试图通过分权化与市场化改革，进而解决传统的计划方法

① 兰格．社会主义经济理论［M］．王宏昌，译．北京：中国社会科学出版社，1982：26.

② 在兰格后期的文章中，他将社会主义经济计算过程中的大量信息处理问题寄托在运用电子计算机求解复杂的联立方程上，并进一步认为计算机的运用为市场过程的模拟提供了技术上的可行性。

所无法解决的社会总供求平衡问题。显然，赋予市场和货币更为积极的作用有助于改善社会主义计划经济的实际绩效——提高这些“市场工具”的自由度意味着给传统的、僵化的计划经济体制带来了激励机制的“强心剂”——尽管市场在其作用的方向和范围上还十分有限。正如列宁在苏俄的新经济政策确立之初所阐释的那样，“在根据共产主义原则组织生产和分配时，单纯依靠热情是一个错误，个人物质利益和经济核算必须起到同等重要的作用”[①]。实际上，进行“市场社会主义”探索的东欧国家同样意识到单纯依靠指令性计划已经无法维持各项经济参数的动态平衡，因此，无论是南斯拉夫的社会主义自治制度，还是匈牙利和波兰所进行的“市场社会主义”改革，抑或是其后的戈尔巴乔夫对苏联经济体制的重塑，它们在实践中均是将有限的市场因素引入社会主义的制度框架之中，而非试图用西方的市场经济制度取代社会主义。因此，东欧国家“市场社会主义”取向的改革实践实则是借助市场的作用对传统社会主义制度进行局部的改善，而非一种制度之间的替代或超越。

由此，在既定的目标模式下，一些东欧国家开始了各自的“市场社会主义”的探索与改革。出于不同的社会政治条件和经济状况，东欧国家“市场社会主义”的改革实践在范围、速度、深度方面存在一些差异[②]。尽管对社会主义制度的保留存在坚定的认同，但是随着改革进程的延续，这些东欧国家无论在理论观点还是政策措施方面，都在市场化的方向上走得更远。在这些国家“市场社会主义”改革的实践中，市场的作用范围与影响效果逐渐扩大，中央计划的主导作用在实质上已经受到了市场因素不断扩张的“威胁”：无论从消费品市场到生产要素市场，还是从国内货币政策到外汇市场——随着市场机制的力量不断强化，作为一种协调机制，“市场不再仅仅作为一种附属的、补充的东西来讨论了，而被视为中央计划的‘平等伙伴’”[③]。实际上，直至东欧剧变前的20世纪80年代末，传统计划经济的协调方式已经逐步让位于市场力量，中央计划则用来纠正市场机制的一些负面影响，以至于在波兰，“市场社会主义”向完全的市场经济过渡仅仅一步之遥。这种实质性的、全方位的经济体制转轨越来越近，全面突破传统经济体制的框架不仅意味着资源配置方式或经济运行协调机制的转换，更意味着这些国家在产权制度、发展战略与政治体制层面将进行大规模的变革。虽然“市场社会主义”方向的探索未能实现经济稳定增长与挽救社会主义制度的初衷，但是东欧国家对“苏联模式”的传统计划经济体制的突破性改革却为剧变后的经济转轨与制度建设奠定了坚实的基础。

---

① 列宁．列宁全集：第42卷［M］．中共中央马克思恩格斯列宁斯大林著作编译局，译．北京：人民出版社，1987：169-177.

② 科尔内在观察一些东欧国家“市场社会主义”改革的基础上，把政府仍然在具体经济事务（主要是微观经济层面的资源配置）中起主要作用的，实行有限制度改革的目标模式称为“加尔布雷斯的社会主义”；把较大范围引进市场机制的改革模式称为“社会主义的弗里德曼主义”。具体参见：Kornai J.The Hungarian Reform Process：Visions，Hopes and Reality［J］．Journal of Economics Literature，1986，24（4）：1687-1737.

③ 科勒德克．从休克到治疗：后社会主义转轨的政治经济［M］．刘晓勇，等译．上海：上海远东出版社，2000：16.

（1）南斯拉夫的“自治社会主义”改革

20世纪50年代初期斯大林和铁托决裂后，南斯拉夫走上了“自治社会主义”改革道路。与其他东欧社会主义国家不同，尽管南斯拉夫在经济管理与运行机制方面没有受到苏联计划经济的长期影响，但南斯拉夫的经济体制改革仍然是“市场社会主义”方向的。在自治社会主义形态下，生产资料的社会所有制，实现劳动者与生产资料的直接结合以及对劳动成果的直接分配，工人直接管理工厂，自治单位必须是自主的。南斯拉夫政府几乎不再对企业进行任何方面的计划控制，企业获得全面自由，南斯拉夫经济开始活跃起来。但是，自治社会主义的改革存在两大缺陷：第一，产权制度缺乏效率。这种“社会所有制”是一种“非所有制”：财产属于所有人，又不属于任何人。第二，市场经济以非正常速度发展，相关配套措施跟不上，政府又缺乏宏观调控的经验，不知道哪里该放手，何时该调控，很快造成了通货膨胀加剧、失业率上升和居民收入差距过大等问题，引起社会动荡。

南斯拉夫1974年颁布了新宪法，新宪法针对市场化改革，规定取消单个企业的宪法地位，若干企业联合成“联合劳动组织”。联合劳动组织之间的经济活动由“自治协议”来协调，它被用来代替市场供求关系和价格机制。事实上，这种协议很难对定价各方有约束力。于是，南斯拉夫经济中出现了“既无计划，也无市场”的混乱状态。而企业和政府之间的关系则通过“社会契约”来约束。这种“契约”把市场力量和行政权力奇怪地结合起来，不但造成了经济的低效率和社会的不稳定，而且共和国和自治省的权力的扩大强化了行政性分权的倾向，割裂了国内市场，造成了一种被称为“多中心国家主义”的状况，最终南斯拉夫陷入严重的经济和政治危机。

（2）匈牙利的“新经济机制”

如同大多数东欧国家一样，匈牙利全盘吸收了苏联的计划经济体制和发展模式。伴随着高度集中的计划经济模式弊端的日益暴露，匈牙利也逐渐走上对传统计划经济体制进行反思与改革的道路。匈牙利的经济体制改革划分为三个阶段，而最为人们所熟知的是1968年匈牙利“新经济机制”改革。这一阶段匈牙利的经济体制改革是“市场社会主义”方向的，它的基本指导思想是把国民经济的中央计划管理同商品关系和市场的积极作用有机地联系起来：通过对计划制度、调节制度和组织制度三个层面的改革，扩大市场机制在国民经济活动中的协调范围和作用；通过分权化的管理体制改革使企业在生产经营方面具有一定程度的自主权；在价格形成机制方面，通过引入市场机制，逐步建立了固定价格、协议价格与自由价格三者相结合的混合价格机制；在经济调节方面，通过运用“利改税”、工资调节制度、税收与信贷调节方案等一系列措施，逐步建立一套国家宏观控制下的市场调节机制。

尽管新经济体制改革所呈现出的积极迹象推动了匈牙利在20世纪60年代末到70年代中期经历了经济增长的“黄金时期”，但是到70年代中期以后，这种经济体制改革所带来的增长动力日渐消磨。如同绝大多数的东欧国家，匈牙利从80年代开始也逐渐滑入了经济绩效日益恶化的深渊。值得一提的是，“苏联模式”的计划经济体制对东欧国家任何意义与形式上的“市场社会主义”方向的改革影响都是深远的，这一点在匈牙利经济体制改革的实践过程中得到了充分印证。匈牙利经济体制改革最大的问题是建立新的市场经济制度的同时，旧的计划体系仍被相当程度地保留，造成了原有的计划部门和新生的市场系统并存的情况，这就导致了匈牙利“市场社会主义”方向的改革措施时常因计划管制的影响而最终搁浅。

（3）波兰的经济体制改革

20世纪50年代，波兰在完成了工业化和农业集体化后，社会与经济活动中的矛盾开始不断滋生，波兰开始了走走停停的改革之路。其中不乏对计划经济体制改革的理论设想和蓝图，以兰格和布鲁斯为代表的一批优秀的波兰经济学者们的研究工作为本国的经济体制改革提供了丰富的理论支持。但波兰早期的改革只是对传统计划经济体制的局部性调整，因而并未取得成功。

波兰在20世纪80年代的经济体制改革是东欧国家另一次较有代表性的“市场社会主义”改革尝试。国内持续不断的政治经济危机成为其“市场社会主义”改革的重要原因。1981年7月，新组建的波兰经济改革委员会正式公布了《经济改革方针》，确立了经济改革的指导思想，改革传统计划经济模式，实行中央计划与市场机制结合，企业实行自我管理和自负盈亏。在一系列市场化改革的推动下，中央改直接调节为间接调节，运用经济手段来管理经济，放弃行政、集权和公式化的管理手段。企业自己制订生产计划，生产原料的获取和销售由企业在市场上解决。企业拥有投资决定权，可以通过自筹，或向银行贷款获取资金。中央计划主要以利润为控制企业活动的指标。但是由于改革不够彻底，中央计划的功能没有真正被减弱，物资的主要供应权仍然握在中央政府手中，中央政府还规定企业完成的业务计划量，企业间的横向联系受阻，利润作为检验经济成果的主指标的作用并没有真正得到发挥，计划管理企图代替市场职能的实质并未改变。虽然这次改革也未能挽回颓势，但是波兰在20世纪80年代的经济改革却在社会主义经济改革史上享有独特的地位。正是因为20世纪80年代的这次改革，波兰成为除1950年南斯拉夫改革、1968年后的匈牙利改革之外，“真正跨越了中央计划经济门槛的国家”[①]。

（4）捷克斯洛伐克半途夭折的“布拉格之春”

第二次世界大战前，捷克斯洛伐克是一个较发达的工业国家，1945年其国内生产总值曾居世界第6名。[②]加上战后两年的经济调整，到1948年捷克斯洛伐克经济发展水平基本恢复。1948年之后，捷克斯洛伐克进入了高度集权的苏联模式。

自1956年起，捷克斯洛伐克决定进行改革。改革的主要目标是提高经济的增长率。而事实上，经济改革效果并不明显，1962年人均国内生产总值还不到法国

① 布鲁斯，拉斯基．从马克思到市场：社会主义对经济体制的求索［M］．银温泉，译．上海：格致出版社，上海三联书店，上海人民出版社，1998：88.

② 李同成．“布拉格之春”揭秘［N］．文汇读书周报，1995-10-14.

的一半。①这种情况引起了工人们的普遍不满，并且引起了改革派与保守派的大论战。为扭转局面，捷共任命改革派经济学家锡克领导改革方案的设计工作。1968年，捷共中央通过《行动纲领》，提出建立新的“有计划”的经济体制，恢复市场在资源配置中的积极作用；在政治体制改革方面，提出建立充分发挥党内民主的政治制度；在外交方面，提出与西方国家和平共处，增强联系。捷克国内民主运动的高涨和经济改革步伐的加快，使苏联领导集体感到恐慌，于1968年8月20日派兵入侵捷克斯洛伐克，逮捕捷克斯洛伐克党和国家领导人，强迫签订了全盘否定“布拉格之春”改革的《莫斯科条约》，随后又恢复了中央集权的计划经济体制，改革随之夭折。1986年年末，捷克斯洛伐克进行了第四次改革经济体制的尝试。这次改革的指导思想是捷共通过的“经济机制改革原则”，“经济机制改革原则”规定了制定经济政策改革措施的主要原则是利用与生产关系和社会关系的全面改革联系在一起的经济发展的集约化因素。之后，虽然也进行过一些小的改革，但直到1989年捷克斯洛伐克的政治体制崩溃，改革始终没有重大突破，无力挽回经济和政治的僵局。

第二节　我国从计划经济到市场经济的转型过程

一、“公有制”与“市场”兼容的合理性与必要性

（一）“公有制”与“市场”兼容的合理性

社会主义市场经济理论与马克思主义政治经济学的相容性：

（1）中国计划经济体制的“中国特色”是经济体制转型的内在条件

总的来说，中国传统计划经济体制并不是纯粹苏联意义上的计划经济体制。我国的计划经济体制带有明显的“中国特色”，而这种“中国特色”也为经济体制转型提供了条件。

第一，在模式层面，中国的计划经济体制是建立在自然经济基础上的计划经济。如果说“苏联模式”主要是基于马克思主义经典作家有关产品经济的计划经济思想，那么，中国的计划经济体制除了基于这种理论以外，更多的是基于自然经济思想。这一点在“人民公社”理论和“文化大革命”时期毛泽东的“五七”指示中有明确体现。“苏联模式”在实行经济计划的具体层面上还注意到尽可能保证计划的合理性，因而在理论上承认产品具有商品“外壳”，但是在中国，在一个相当长的时期内是否认产品的商品属性的。同时，我国在中华人民共和国成立初期试图构建封闭的国民经济体系，构建相对独立的大区经济体系，构建独立完整的省、地、

① 姜琦，张月明．东欧三十五年［M］．上海：华东师范大学出版社，1986：18.

县经济体系和“大而全”及“小而全”的“万能工厂”，这些都是“自然经济”特征的体现。

第二，在具体运作层面，中国的计划经济不是理性的计划经济。“苏联模式”的计划经济追求理性和精密计算。在理论上，苏联开发了比较系统的计划方法，包括投入产出方法、数理计划方法等。在计划实践上，苏联的经济计划非常严谨，一旦制定和通过法定途径确定，就难以改变，以至于很僵硬。但是，中国传统计划经济则有时候呈现出无计划的特征。例如“大跃进”目标的确定，是对此前“二五”计划目标的推翻，“大跃进”时期年度经济指标的确定实际上是根据一些个人意志确定的，而不是计划工作的产物。

第三，在计划经济的框架上，中国计划经济以“块块”状为主。“苏联模式”强调部门管理，即“条条管理”，而中国的计划经济具有更为浓厚的自然经济色彩，在地方层次追求构建相对独立的地方经济体系，因此，形成了块状管理模式。自1958年开始，中国开始逐渐向地方性分权。1971年全国开始实行以“包干”为基本原则的财政体制和物资分配体制，在一定程度上调动了地方自主发展经济的积极性，扩大了地方的经济权力。

第四，中国传统计划经济体制中存在着非计划经济的因素。这主要指计划调节以外的经济活动形式，包括市场活动及介于计划和市场之间的亚市场行为和活动。1957—1978年间中国计划体制下的非计划经济因素，在农村，主要表现为农村集体经济下的“小自由”，包括自留地、家庭副业和以其为基础的自由市场，农产品和城市产品收购的非计划部分，社队企业等；在城市，表现为城镇个体经济，大量的城市集体企业、国有小型企业，以及“文化大革命”中由于秩序混乱而在大中型国有企业之间发生的物资串换、地下经济等。由于中国传统计划经济体制上述三个方面的特征，这些经济活动获得了一定的生存空间。需要指出的是，不管是什么形态的非计划经济，即便是自由市场等“准市场”机制，都只是计划经济的附庸，而不是独立的经济成分。

尽管我国的计划经济体制的建立是出于对苏联模式的借鉴，但发展过程并未“一刀切”，仍旧保留了传统经济特征，发展了“中国特色”。我国传统的计划经济模式具有一定的灵活性与变通性，也正是由于这些因素的存在，才为经济体制转型提供了条件。

（2）社会主义市场经济理论同马克思主义政治经济学中商品经济基本原理并不矛盾

马克思在《资本论》中指出：“商品生产和商品流通是极不相同的生产方式都具有的现象，尽管它们在范围和作用方面各不相同。”① “分工是商品生产存在的条件，虽然不能反过来说商品生产是社会分工存在的条件。在古代印度公社中就有

① 马克思. 资本论：第一卷［M］. 中共中央马克思恩格斯列宁斯大林著作编译局，译. 北京：人民出版社，1975：133.

社会分工，但产品并不成为商品。或者拿一个较近的例子来说，每个工厂内都有系统的分工，但是这种分工不是通过个人交换他们个人的产品来实现的。只有独立的互不依赖的私人劳动的产品，才作为商品互相对立。”[①]列宁也说过：“社会分工是商品经济的基础。”[②]恩格斯在《反杜林论》中则进一步提出，“一旦社会占有了生产资料，商品生产就将被消除”[③]，斯大林强调必须按照《反杜林论》全文的意思理解，恩格斯这里所讲的社会占有的生产资料应该是“一切生产资料”“全部生产资料”[④]。根据这些经典论述及相关论著，我们理解马克思主义政治经济学关于商品经济和市场经济的含义及其存在的原因的基本原理，主要包括以下两个方面：一方面是市场经济与商品经济的联系和区别，另一方面是商品经济和市场经济存在的必要条件。

首先，商品经济是以商品生产和商品交换为基本特征的经济形式，生产的直接目的是交换，追求的是价值。商品经济总的来说是与比较高的生产力发展水平和劳动生产率、比较发达的社会分工相适应的高级经济形式。早在原始社会末期就已经出现了萌芽，经历了简单商品经济和成熟的或发达的商品经济两大发展阶段。简单商品经济是以手工技术、个体劳动和私有制为基础的商品经济，存在于资本主义社会以前的社会形态里，在社会经济中占统治地位的商品经济的最初形式。发达的商品经济是以机器大生产为基础，在社会经济中占统治地位的商品经济的高级形式。由于市场已经很发达，在整个社会的资源配置中已经发挥着基础性或者决定性作用。市场经济是商品经济高度发展的产物，但从本质上来说，两者都是以商品生产和商品交换为基本特征的经济形式，只是依据发展程度的差别特别是市场在社会资源配置中的作用不同来界定的同一种经济形式。只要有商品经济就必然有市场，只有商品经济成为占统治地位的经济形式，由市场对社会资源配置起基础性或者决定性作用的时候，商品经济才发展成为市场经济。

商品经济和市场经济的存在必须具备两个前提条件：一是社会分工，二是产品属于不同的所有者。商品经济的本质特征是为交换而生产，必须实行等价交换。社会分工决定单个生产者只能生产一种或者几种产品，而生活需要是多方面的，所以为了满足自己生活的需要，生产者必须互通有无、交换产品，生产的直接目的是交换。没有社会分工就没有交换，没有交换就没有商品生产，但是仅有社会分工还不够，还必须产品属于不同所有者、交换是有偿等价的，才是商品生产和商品交换。这里的不同所有者不一定必须是私有者，因为公有者与私有者之间、不同的公有者之间也存在利益差别，也需要等价交换，基本要求是一致的。只有同时具备这两个

---

① 马克思．资本论：第一卷［M］．中共中央马克思恩格斯列宁斯大林著作编译局，译．北京：人民出版社，1975：55.

② 列宁．列宁选集：第一卷［M］．中共中央马克思恩格斯列宁斯大林著作编译局，译．北京：人民出版社，1975：161.

③ 马克思，恩格斯．马克思恩格斯选集：第3卷［M］．中共中央马克思恩格斯列宁斯大林著作编译局，译．北京：人民出版社，1995：633.

④ 斯大林．苏联社会主义经济问题［M］．中共中央马克思恩格斯列宁斯大林著作编译局，译．北京：人民出版社，1961：8.

必要条件，社会生产才能成为商品生产，交换才能成为商品交换，社会经济也才能成为商品经济。市场经济本质上是商品经济，所以商品经济存在的这两个前提条件自然也是市场经济存在的必要条件。

市场经济存在的条件除了商品经济存在的一般条件之外，还必须具备一些特殊的条件，这就是商品生产必须在社会生产中占统治地位，必须基本形成完整统一的市场体系，商品和生产要素能够在市场价格信号的指引下在全社会范围内自由流动。只有同时具备这些条件，市场才能在社会资源配置中发挥基础性或者决定性作用，市场经济也才能存在。

资本主义经济完全具备这些条件，是市场经济。社会主义经济是否也可能是市场经济呢？事实上，只要存在上述这些条件，社会主义经济也可能是市场经济。中国社会主义经济发展70多年的实践告诉我们，在相当长的历史时期内，社会主义社会都将存在社会分工和多种所有制形式，不同所有制经济之间必须实行等价交换，是商品经济，即使是在公有制经济内部，产品也不能无偿调拨，必须实行等价交换。因此公有制经济的生产必然也是商品生产，公有制经济也是商品经济，商品经济在社会经济中处于统治地位。而且，社会主义社会还能够建立完整统一的市场体系，让商品和生产要素在全社会范围内自由流动，市场也可以在社会资源配置中发挥基础性或者决定性作用，所以社会主义经济完全可以是市场经济。

中国社会主义初级阶段的经济是商品经济或者市场经济的基本条件是存在社会分工和多种不同的所有制。在中国社会主义初级阶段的经济是商品经济或者市场经济的大背景下，即使在公有制经济内部，虽然全民所有制经济的产品或收益应该由全民共同享有，集体经济的产品或收益应该由集体成员共同享有，但是由于不同的公有制企业或者经济单位占用的资源数量、质量、品种不同，特别是职工努力的情况也有差别，所以产出和资源利用的效率不一样。为了鼓励企业提供更多更好产出，提高资源利用效率，必须允许公有制企业拥有相对独立的经济利益，社会不能无偿占用或者调拨拿走公有制企业的产出，公有制企业相互之间也必须实行等价交换，否则就会挫伤企业和职工的积极性，造成资源的低效利用甚至浪费，所以公有制企业的生产和交换也是商品生产和交换，公有制经济也是商品经济或者市场经济。由此可见，社会主义市场经济理论从学理上看同马克思主义政治经济学中商品经济基本原理并不矛盾。

（3）社会主义市场经济理论是对社会主义经济运行特征理论的发展

社会主义市场经济理论并不否定马克思主义政治经济学的计划经济的基本原理，而是发展、充实、完善了马克思主义政治经济学关于社会主义经济运行特征的基本理论。

在马克思恩格斯的经典理论中，社会主义生产是有计划的，计划性或计划调节是社会主义经济的本质特征。在《资本论》中，马克思指出："设想有一个自由人的联合体，他们用公共的生产资料进行劳动，并且自觉地把他们许多个人劳动力当作一个社会劳动力来使用。”[①]在《反杜林论》中，恩格斯指出：“一旦社会占有了生产资料，商品生产就将被消除，而产品对生产者的统治也将随之消除。社会生产内部的无政府状态将为有计划的自觉的组织所代替。”“这是人类从必然王国进入自由王国的飞跃。”[②]以经典作家的上述理论为依据，并结合当时的实际情况，社会主义制度形成了最初的经济体制模式，即高度集中的计划经济模式。高度集中的计划经济体制对于巩固新生的社会主义制度和进行快速的大规模的工业化发挥了至关重要的作用，其历史贡献不容抹杀。但事实证明，计划经济的实行需要具备诸多条件，而现实执行过程中，信息可获取性及激励的有效性的局限往往难以克服，使计划难以具有科学性、准确性和有效性，引起计划决策失误，造成产需脱节、供销脱节、积压与短缺并存，导致经济增长大起大落、资源配置不当、经济效益低下，不能有效地满足社会需求，严重束缚了生产力的发展。因此，从高度集中的计划经济体制向充满活力的社会主义市场经济的转变，是历史的必然。

但是，这种转变绝非自发性对自觉性、市场对计划的胜利。马克思、恩格斯所讲的商品生产消除、实行社会生产有计划的自觉的组织的经济，是全社会直接占有全部生产资料的高度成熟的社会主义经济或者共产主义经济。而目前我国处于社会主义初级阶段，还没有发展到全社会直接占有全部生产资料。社会主义市场经济只是中国社会主义初级阶段甚至可能还是中级阶段（实现社会主义现代化以后和达到共产主义之前的漫长时期）的经济形态。在社会主义经济发展成熟的高级阶段，当公有制经济发展到全社会直接占有全部生产资料以后，商品经济或者市场经济将走向消亡，社会经济将发展成为自觉做到有计划按比例协调发展的经济。

计划和市场都是经济手段，两者不是区别社会主义与资本主义的根本标志，也不是与社会制度完全无关的一种工具。在不同的社会制度下，计划与市场的性质、地位和作用不尽相同，计划经济不等于社会主义，资本主义也有计划；市场经济不等于资本主义，社会主义也有市场。但计划性对于社会主义来说并非可有可无，而是公有制经济的本质属性之一。[③]公有制下全体社会成员是生产资料的主人，社会生产的目的是满足其共同的利益，若没有社会的统一计划而任凭追求各自利益的经济主体之间盲目进行市场竞争，不仅不能实现社会的共同利益，还会使社会主义公有制蜕化为集团所有制，最后被私有制的汪洋大海所淹没。因此，公有制经济的发展必须依靠集体理性或社会的计划作为自己的实现形式。或许有人会说，资本主义国家也有国家干预，有的资本主义国家甚至还实施过经济计划，因此计划性并不是社会主义的本质。但是，资本主义国家对经济的干预是以私有制为基础的，始终面临着一个无法解决的矛盾：如果国家干预程度过轻，资本主义市场经济所固有的失

① 马克思．资本论：第一卷［M］．中共中央马克思恩格斯列宁斯大林著作编译局，译．北京：人民出版社，1975：95.

② 马克思，恩格斯．马克思恩格斯选集：第3卷［M］．中共中央马克思恩格斯列宁斯大林著作编译局，译．北京：人民出版社，2012：671.

③ 刘国光．关于中国社会主义政治经济学的若干问题［J］．政治经济学评论，2010（4）：3-12.

业、经济危机和贫富分化难以解决；如果国家干预程度过重，则会损害私有制神圣不可侵犯的原则，损害资本主义经济的活力。市场失灵与政府失效交织，是资本主义基本矛盾发展不可避免的后果。而在公有制条件下，全部生产的联系是“作为由他们的集体的理性所把握、从而受这种理性支配的规律来使生产过程服从于他们的共同的控制”[①]。这种对社会生产共同的控制就是社会主义经济中计划性的本质所在，社会主义市场经济中国家的宏观调控，就是以这种计划性为基础的，它与资本主义经济中的国家干预存在着本质区别。

第一，社会主义国家实行宏观调控的主要依据不是所谓的市场失灵，而是生产资料的公有制以及在此基础上产生的有计划按比例发展规律。无论市场失灵是否存在，只要公有制占据主体地位，国家都需要并且能够在全社会的范围内按照社会需要有计划地调节社会再生产过程，合理地配置社会资源。第二，社会主义国家宏观调控的主要目标不是保持总量的短期均衡，为市场机制的运行创造宏观条件，而是从经济社会发展的全局和长远利益出发制定和实施正确的经济发展战略，统筹兼顾各方面的重大比例关系，促进经济社会的持续稳定发展，满足人民日益增长的物质文化需要。第三，社会主义国家计划调节的手段不局限于间接的需求管理，即财政政策和货币政策，还包括许多由国家直接掌握和实施的调节手段，如制订发展计划、协调区域关系、创建战略性产业、监管国有资本、投资基础设施、推动科技创新、调整产业结构、调节收入分配等。

（二）中国经济转型的必要性

时至今日，很少有人怀疑传统计划经济体制改革的必要性。有学者试图从中国改革的初始外在条件入手分析中国经济体制改革。例如，认为中国内地有港澳资本的进入和进入港澳市场促成了改革向市场化方向的推进。实际上，这只是决定改革发展方向的外生变量。从根本上讲，经济体制转型是由内生变量决定的，这一切都根源于中国所处的特殊的发展时期与传统计划经济体制下造成的经济结构扭曲与社会秩序混乱。

传统的计划经济体制能够在备战或者战后恢复的历史时期发挥有效的作用，而在社会正常的发展状态下，计划经济体制并不能有效促进社会生产发展，相反，还能够引发巨大的经济问题。社会中的经济问题往往被计划经济体制下高度集中的政治权力所压制，社会矛盾并未完全显现，处于蛰伏期。权力的高度集中决定了社会经济受政治事态的强烈影响，当政治领域发生了动荡，作为政治附属和延伸的社会生产也将发生混乱。在失去了有效的行政管制和计划秩序以后，处于蛰伏状态的各种矛盾都将获得释放，并以极端的形式凸显出来。十年浩劫，通过疾风暴雨似的剧烈方式，使计划经济本身固有的，但在“正常时期”被高压压制而表现不太充分的各种内在矛盾浮出水面，它以极端的形式和惨重的代价刺激了那个时代绝大多数中

① 马克思，恩格斯．马克思恩格斯选集：第2卷［M］．中共中央马克思恩格斯列宁斯大林著作编译局，译．北京：人民出版社，2012：510.

国人的神经，其结果是计划经济的改革刻不容缓、势在必行。以邓小平为代表的新一代中央领导层开始认真审视过去的经验教训，对传统社会主义、计划经济的合理性和有效性产生了怀疑，为了探索新的社会主义发展道路，他们逐步提出了突破旧体制，对经济体制进行系统改革的问题。比如，按照生产力标准，邓小平对过去的旧路线、旧体制作出了否定的判断："社会主义制度优越性的根本表现，就是能够允许社会生产力以旧社会所没有的速度迅速发展，使人民不断增长的物质文化生活需要能够逐步得到满足。按照历史唯物主义的观点来讲，正确的政治领导的成果，归根结底要表现在社会生产力的发展上，人民物质文化生活的改善上。如果在一个很长的历史时期内，社会主义国家生产力发展的速度比资本主义国家慢，还谈什么优越性？"[①] "经济长期处于停滞状态总不能叫社会主义。人民生活长期停止在很低的水平总不能叫社会主义。"[②]在谈到四个现代化的目标时，他指出，实现四个现代化"既要大幅度地改变目前落后的生产力，就必然要多方面地改变生产关系，改变上层建筑，改变工农业企业的管理方式和国家对工农业企业的管理方式，使之适应于现代化大经济的需要……各个经济战线不仅需要技术上的重大改革，而且需要进行制度上、组织上的重大改革"[③]。在《解放思想，实事求是，团结一致向前看》中，他指出：只有"解放思想"才能"正确地改革同生产力迅速发展不相适应的生产关系和上层建筑"[④]，在谈到管理方法时又指出"如果现在再不实行改革，我们的现代化事业和社会主义事业就会被葬送"[⑤]。

1978年12月召开的党的十一届三中全会反映了这种认识变化，这次会议以党的决议形式确认了对旧路线、旧体制的否定，提出了改革开放的问题。虽然此时的否定还不彻底，改革还没有明确的方向而且也不成系统，但毕竟动摇了旧路线、旧体制的权威，为新路线和新体制的确立打开了缺口。从此，改革成为探索新的社会主义发展道路的必要手段，为了更快、更好地发展，计划经济体制再没有什么不可触碰的禁忌，包括经济体制在内的整个社会生活的彻底变革即将到来。因此，虽然"文化大革命"的代价是惨重的，但它从反面宣告了旧路线、旧体制的破产，它迫使人们不得不突破旧的观念和体制束缚，开始探索新的发展道路。正如1988年邓小平在《总结历史是为了开辟未来》中所指出的："我们根本否定'文化大革命'，但应该说'文化大革命'也有一'功'，它提供了反面教训。没有'文化大革命'的教训，就不可能制定十一届三中全会以来的思想、政治、组织路线和一系列政策。"[⑥]

在1978年改革之初，改革标的是清楚的，即要对包括计划经济体制在内的苏联模式的社会主义进行改革。但是改革的目标模式却是不明确的，当时中国并没有

---

① 邓小平．邓小平文选：第二卷［M］．北京：人民出版社，1994：128.
② 邓小平．邓小平文选：第二卷［M］．北京：人民出版社，1994：312.
③ 邓小平．邓小平文选：第二卷［M］．北京：人民出版社，1994：135.
④ 邓小平．邓小平文选：第二卷［M］．北京：人民出版社，1994：141.
⑤ 邓小平．邓小平文选：第二卷［M］．北京：人民出版社，1994：150.
⑥ 邓小平．邓小平文选：第二卷［M］．北京：人民出版社，1993：272.

什么“一揽子的改革方案”。改革只有在摸索中前进，在能够确保政治局面稳定的前提下，只要是有利于国民经济的恢复和发展，有利于人民生活水平的改善，都可以大胆地试、大胆地闯。这就是中国改革的“摸论”和“猫论”。但是，探索不等于完全没有根据。由于思想解放而得以重新确立的生产力和人民利益标准成为指引中国改革的明灯。正因为如此，中国的改革之路才能越走越明、越走越宽，最终得以突破思想上和体制上的束缚，开创出社会主义市场经济的发展道路。

中国的经济发展现实告诉我们，中国处于社会主义初级阶段，还做不到全社会直接占有全部生产资料，还不可能也不应该实行单一的公有制，也不可能完全做到国民经济自觉地有计划按比例协调发展。但作为社会主义国家，为了保证社会主义性质不变，我们要始终以公有制为主体，发展公有制经济。迄今的实践也证明市场经济比传统计划经济更能有效地配置资源，推动社会经济发展，中国必然要发展市场经济。因此，公有制与市场相结合是中国经济发展的必经之路。

二、计划经济到市场经济转型过程

（一）经济体制改革的争论与实践

1978年党的十一届三中全会的召开，具有划时代的历史意义，它标志着中国走上了改革开放道路，揭开了中国经济体制改革的序幕，改革在争论中不断摸索前进。

1.经济体制改革的初步尝试

“文化大革命”结束之后，理论界开始拨乱反正，强调尊重经济规律，承认规律的客观性和价值规律的调节作用。孙冶方重提价值规律第一条的思想，批评消灭商品和货币的观点，提出利用市场活跃商品贸易。胡乔木指出要按规律办事，遵守价值规律，实现国家、企业和个人利益的统一，这使得经济活动开始走向正轨，人们对价值规律的认识步入一个新的阶段。在对价值规律正确认识的基础上，李先念提出了“计划经济与市场经济相结合”的命题，1979年邓小平在会见美国客人时指出：“说市场经济只存在于资本主义社会，只有资本主义的市场经济，这肯定是不正确的。社会主义为什么不能搞市场经济，这个不能说是资本主义，我们是计划经济为主，也结合市场经济，但这是社会主义的市场经济。”①1980年《关于经济体制改革的初步意见》中指出：“我国经济体制改革的原则和方向应当是：在坚持生产资料公有制占优势的条件下，把单一的计划调节改为在计划指导下，充分发挥市场调节的作用。”1982年中共十二大提出社会主义经济要遵从“计划经济为主，市场调节为辅”的原则。1984年中共十二届三中全会确立社会主义计划调节为主，市场调节为辅的经济体制。

从1978年到1984年，改革主要在农村进行，农村改革始于安徽省凤阳县小岗

① 邓小平．邓小平文选：第二卷［M］．北京：人民出版社，1994：236.

村，对农民实行包产到户，农民拥有土地的生产经营权，国家对自留地、农民副业不予干预，家庭联产承包责任制成为生产经营的主要方式，大大调动了农民的生产积极性，解放了农村生产力，推动了农业的发展。同时，非农业也得到迅速发展，农村的改革也加速了农业的发展，为中国经济的发展带来了契机，乡镇企业迅速崛起，改变了农村的经济结构，推动了市场的发展，农产品的丰富也带来了商品交换和贸易自由的繁荣，这些都强化了市场在计划经济体制中的作用，并引领着中国经济体制改革的深度发展。

2.经济体制改革的逐步展开

1984年中共十二届三中全会通过的《中共中央关于经济体制改革的决定》是在实践经验总结的基础上作出的正确方针决策，指出社会主义经济体制是有计划的商品经济，明确了中国市场改革的方向，是指导中国进行经济体制改革的纲领性文件。它突破了计划经济与商品经济对立起来的传统观点，认为商品经济是社会主义经济发展不能超越的阶段，商品经济与社会主义具有内在的统一性，商品经济是内在于社会主义经济之中的，是客观存在的。规定了改革的任务是要不断加强企业的活力，发展商品经济，完善市场体系，建立新的经济管理制度。中国经济体制改革也是围绕这一目标和任务进行的。随着改革的不断深入，非公有制经济日益壮大，1984年又进行了第二次开放。国有企业在计划的束缚下缺乏活力，这些都要求对“计划经济为主，市场调节为辅”的方针进行改革，于是，1987年中共十三大的召开，确立了社会主义有计划的商品经济体制的方针。

从党的十二届三中全会到十三大，这一时期经济体制的改革以城市为中心逐步展开。推动企业改革，国有企业实行承包责任制，企业内部实行厂长负责制，注重企业内部的经营管理。改革价格机制，发挥价格在市场中的调节作用，对价格实行中央、省、市、县和企业的五级管理体制。国家对经济的管理转向以经济手段和间接调控为主，缩小计划指令的范围。改革统购统销的体制，促进生产资料市场的发展，同时发展金融市场、劳务市场和技术市场等。在对外贸易方面，实行政企分开，赋予一部分企业更多的商品进出口经营权，扩大外贸经营自主权。在对外开放上，形成了经济特区-沿海开放城市-沿海经济技术开发区-内地这样一个多层次、有重点的对外开放格局。在这一时期，经济体制改革取得不少成绩，经济蓬勃发展。

3.经济体制改革的回潮与反复

经济体制改革一方面使社会主义经济的各个领域都充满生机和活力，另一方面仍存在着与旧体制的碰撞。总的来说，这一时期经济体制改革出现了回潮与反复。

经济的高速增长与国家宏观调控的不平衡导致投资与消费失控，流通秩序混乱，中央曾多次治理，但成效不显著。由于政府管理的滞后，负面影响愈演愈烈。1988年，党的十三届三中全会提出治理整顿经济环境和经济秩序的措施，在治理整顿期间，一些反对市场改革的理论者和政治家又重新活跃起来，重新探讨计划与市场的关系问题。1989年国内发生了政治风波，1990年到1991年东欧剧变，苏联解体，世界格局发生了重大变化。面对复杂的国际国内形势，一些人又把计划与市场的问题同社会主义意识联系起来，他们把改革出现的问题归于市场和商品经济，认为市场经济是资本主义的东西，发展市场经济就是资产阶段自由化的表现，提出改革要问问姓“社”姓“资”的问题。一时间，改革受阻，指令性计划又被提到更高的地位，计划经济体制又被视为是社会主义的基本经济制度。

1990年2月，中央召开了负责人谈话，共同探讨计划与市场的问题，邓小平做了重要发言，他指出，“必须从理论上搞懂资本主义与社会主义的区分不在于是计划还是市场这样的问题”，“不要以为搞点市场经济就是资本主义，没有那么回事”[①]。1990年7月，中央又举行了经济学家座谈会，座谈会围绕“计划取向”和“市场取向”进行讨论，主张计划的人认为计划经济是社会主义的根本特征，市场只能起辅助作用，主张市场的人强调要坚持党的十一届三中全会以来的经济路线、方针、政策。反对“计划取向”最有影响的是皇甫平发表的《改革开放要有新思想》一文，文章指出：“计划与市场只是资源配置的两种手段和形式，而不是划分社会制度的标志。资本主义有计划，社会主义有市场。”1991年10月到12月，中央又召开了十多次经济学家座谈会。通过国家领导人以及经济学家的讨论与发言，反驳了改革倒车论，澄清了错误的思想认识，捍卫了改革的正确方向。

从党的十一届三中全会到“南方谈话”前，中国的经济体制改革经历了曲折的发展道路，虽然没有彻底改变计划经济体制，但指令性计划的范围已经大大缩小，市场的作用在逐渐扩大，市场化改革的趋势已不可逆转。

（二）社会主义市场经济体制的建立

1.确立社会主义市场经济体制改革的目标

1992年1月到2月，邓小平视察了武昌、深圳、珠海、上海等地，针对改革中的问题和争论发表了重要讲话，称为“南方谈话”。以“南方谈话”为标志，中国的经济体制改革进入了一个新阶段。在“南方谈话”中，邓小平阐述了计划与市场的关系，他认为：“计划多一点还是市场多一点，不是社会主义与资本主义的本质区别，计划经济不等于社会主义，资本主义也有计划，市场经济不等于资本主义，社会主义也有市场。计划和市场都是经济手段。”[②]他还提出“三个有利于”的判断标准，认为一切有利于发展社会主义国家的生产力，增强社会主义国家的综合国力，提高人民生活水平的生产方式和组织方式，都可以而且应该用来为社会主义服务。他还指出：“中国要警惕右，但主要是防止‘左’。”[③]。邓小平的论断，指明了改革的方向，解放了人们的思想。

在“南方谈话”的指导下，中国共产党把建立社会主义市场经济作为社会主义

① 邓小平. 邓小平文选：第三卷［M］. 北京：人民出版社，1993：364.
② 邓小平. 邓小平文选：第三卷［M］. 北京：人民出版社，1993：373.
③ 邓小平. 邓小平文选：第三卷［M］. 北京：人民出版社，1993：375.

经济改革的目标。1992年10月，中共十四大正式提出："我国经济体制改革的目标是建立社会主义市场经济体制"，就是使市场在社会主义国家宏观调控下对资源配置起基础性作用。随后，又将国家实行社会主义市场经济写入宪法，将建立社会主义市场经济体制上升到一个新的高度。至此，计划与市场的争论基本结束，社会主义市场经济体制改革的目标终于确立。

2.构建社会主义市场经济体制的基本框架

1993年，党的十四届三中全会通过了《中共中央关于建立社会主义市场经济体制若干问题的决定》，进一步确立了社会主义市场经济体制的框架。

第一，建立现代企业制度。转变企业经济管理机制是市场经济的基本要求，市场经济要求在国家宏观调控的基础上，使市场在资源配置中发挥基础性作用，要实现这个目标，就要建立适应市场需求的现代企业制度。基本要求是产权清晰，权责明确，企业自主经营、自负盈亏，政企分开，政府不再干预企业的生产经营活动，管理科学，建立科学的企业管理制度。

第二，进一步发挥市场在资源配置中的基础性作用。建立统一开放的市场体系，打破城乡之间、国内与国外之间的市场界限，重点发展金融市场、技术市场和信息市场等。

第三，转变政府职能。政府管理经济以间接手段和宏观调控为主，国家制定宏观调控政策，创造平等有序的经济发展环境，反对不正当竞争，为保证国家经济的健康发展提供条件。

第四，建立社会保障制度和个人收入分配制度。个人收入分配以按劳分配为主，多种分配方式并存，体现效率优先和兼顾公平的原则，打破平均主义，多劳多得，允许一部分人和一部分地区先富起来。社会保障制度是多层次的，包括社会保险、社会救济、社会福利等。根据实际情况提供不同的保障措施，维护社会的稳定和促进经济的发展。

（三）社会主义市场经济体制的完善与发展

1.市场在资源配置中起决定性作用

市场决定资源配置是市场经济的一般规律，即市场价值规律。马克思主义认为，在共同的社会生产中，国民经济要实行有计划按比例的发展。有计划按比例发展就是人们自觉安排的持续、稳定、协调发展，它不等同于传统的行政指令性的计划经济。改革开放后，我们为适应社会主义初级阶段的国情，建立了社会主义市场经济体制，尊重市场价值规律，但是不能丢掉公有制下有计划按比例发展的经济规律。因此，在社会主义初级阶段，社会主义市场经济要遵守的不仅是市场价值规律，还要遵守有计划按比例发展规律。这就是在社会主义市场经济中，计划和市场、自觉的调节和自发的调节、"看得见的手"和"看不见的手"都要用的理论根据。

党的十四大报告指出，"我国经济体制改革的目标是建立社会主义市场经济体制"，并强调"我们要建立的社会主义市场经济体制就是要使市场在社会主义国家宏观调控下对资源配置起基础性作用"[①]。随后党的文献中一直强调市场在资源配置中起基础性作用。2013年，习近平总书记在2013年3月6日参加十二届全国人大一次会议上海代表团审议时强调指出：更加尊重市场规律，更好发挥政府作用。而党的在十八届三中全会中通过的《中共中央关于全面深化改革若干重大问题的决定》将"基础性作用"改为"决定性作用"，强调"经济体制改革是全面深化改革的重点，核心问题是处理好政府和市场的关系，使市场在资源配置中起决定性作用和更好发挥政府的作用"。发挥"两个作用"，不仅直接关系到促发展、转方式、调结构、稳速度、增效益，也直接关系到完全的竞争性市场机制能否真正解决高房价、高药价、乱涨价、低福利、贫富分化、就业困难、食药品安全、行贿受贿、劳资冲突频发、教育和城镇化的质量不高等民生领域的迫切问题。提出双重调节思想的重要意义在于，今后需要将市场决定性作用和更好发挥政府作用看作一个有机的整体。既要用市场调节的优良功能去抑制"国家调节失灵"，又要用国家调节的优良功能来纠正"市场调节失灵"，从而形成高效市场即强市场和高效政府即强政府的"双高"或"双强"格局。这样，既有利于发挥社会主义国家的良性调节功能，同时在顶层设计层面又避免踏入新自由主义陷阱和金融经济危机风险。

2.着力构建市场机制有效、微观主体有活力、宏观调控有度的经济体制

"着力构建市场机制有效、微观主体有活力、宏观调控有度的经济体制"[②]正是习近平总书记在党的十九大报告中描绘的新时代经济体制蓝图。换言之，切中的正是社会主义市场经济体制。同时，习近平总书记在党的十九大报告中同时指出"贯彻新发展理念，建设现代化经济体系"[③]，因此，新时代下，我国要构建的是现代化经济体制，这里的"现代化"意指社会主义市场经济既不同于传统计划经济体制，又不同于西方市场经济体制。一方面，我国引进了市场机制，发挥了价值规律作用，充分调动了生产者的积极性，增强了经济活力和效率；另一方面，在经济实践中实现公有制与市场经济的结合。同时，当下中国道路已经在提出新发展理念、缩小贫富差距和处理政府与市场关系上，实现了对西方理论的超越。

另外，突出社会主义市场经济的体制优势，实现政府与市场之间的有效互动和有机融合，在更高起点上打造开放型经济，坚定不移走中国特色社会主义道路。面对当前严峻的国际形势，我国要继续发挥我国经济体制优势，发挥"社会主义基本制度"和"市场经济"的优势，在人口红利逐渐消失、实体经济转型升级的关键时期，强化有效市场、有为政府，保持国家竞争优势。中国崛起既在于将静态比较优势如丰富廉价的劳动转换为具有竞争力的制造业产品，更在于借助动态比较优势的

---

① 佚名．中国共产党第十四次全国代表大会文件汇编［M］．北京：人民出版社，1992.

② 习近平．决胜全面建成小康社会 夺取新时代中国特色社会主义伟大胜利——在中国共产党第十九次全国代表大会上的报告［M］．北京：人民出版社，2017.

③ 习近平．决胜全面建成小康社会 夺取新时代中国特色社会主义伟大胜利——在中国共产党第十九次全国代表大会上的报告［M］．北京：人民出版社，2017.

变化，发挥政府宏观调控职能，通过产业政策的有效引导，推动经济实现从劳动力密集型向资本密集型和技术密集型转型升级。此外，中国的发展离不开世界。对此，要处理好“改革”与“开放”的关系，面对在数百年时间里形成的发展差距事实，后发国家要实现经济赶超不仅要依靠新古典增长理论，还要在全球化的外部条件中获益并转化为自己的内生优势，实现较快的增长。同时，要注重市场化与国际化之间的相互推动，旗帜鲜明反对单边主义和保护主义，促进贸易和投资便利化，共同引导经济全球化朝着更加开放、包容、普惠、平衡、共赢方向发展。

三、社会主义市场经济的基本特征

（一）公有制为主体、多种所有制经济共同发展，按劳分配为主体、多种分配方式并存，社会主义市场经济体制等共同构成我国的基本经济制度

在党的十九届四中全会中，党中央将分配制度与社会主义市场经济体制共同纳入基本经济制度范畴，形成了公有制为主体、多种所有制经济共同发展，按劳分配为主体、多种分配方式并存，社会主义市场经济体制等社会主义基本经济制度。事实上，社会主义市场经济体制以所有制结构和分配方式为基础，保证公有制经济与按劳分配在社会主义市场经济运行中的主体地位。

中国特色的社会主义建设表现为对自身弊端和缺陷的改革与对资本主义国家文明成果的大胆借鉴和吸收的过程。在所有制结构上，社会主义市场经济实现了对单一资本主义私有制和苏联模式社会主义单一公有制的超越，将整个社会经济建立在以公有制为主体、多种经济成分共同发展的混合所有制基础之上，并且按照现代产权理论逐步实现多种所有制成分的交叉、置换、重组和融合，走向所有权社会化，从而探索出一条能够逐步实现在生产资料共同占有基础上重建个人所有制的道路。与所有制结构以公有制为主体、多种所有制共同发展相适应，社会主义市场经济的分配制度实行按劳分配为主体、多种分配方式并存。这种分配方式超越了资本主义的按资分配和计划经济名义上的按劳分配。一方面，按劳分配肯定了劳动在价值创造中的主要作用，调动了劳动者的劳动积极性；另一方面，多种分配方式并存肯定了除劳动以外的其他生产要素，如资本、土地、技术等在价值形成中的作用，确保了市场机制的充分发挥，使各种经济资源得到充分合理的运用，从而积极地促进社会生产，增加社会财富。

（二）实行计划与市场双重经济调控手段

自由放任市场经济的资源配置完全依靠“无政府”市场的“盲目”调节，带来了周期性的经济危机和巨大的贫富差距。鉴于此，计划经济用国家的计划调节代替了市场的自发力量，但由于资源配置的不合理，又造成了经济结构的扭曲、效率的低下与资源的浪费。社会主义市场经济则既要充分发挥市场在资源配置上的效率又要克服其自发性、盲目性和滞后性，既要改革计划配置在微观经济领域中的主观随

意性，又要肯定其在宏观领域中指导经济发展的战略意义。政府既要当好市场经济的“守夜人”，也要通过计划、财政和货币政策甚至必要的法律和行政手段积极影响经济的发展，要使国家和市场、自觉和自发力量相互配合、相得益彰。就目前来讲，最重要的是要实现国家各级政府的职能转变和机构改革，要改革过去计划经济体制下不管微观还是宏观、长远发展还是短期效益，政府都运用单一的行政手段对国民经济实行全面管制的做法，要学会放手让市场在资源配置中起基础性作用，要在“放”的基础上，在“放”的过程中锻炼、加强运用经济手段或者必要的法律行政手段进行宏观调控的能力。

（三）实现人的全面发展和社会成员共同富裕

共同富裕是劳动人民的共同愿望，是经济发展的根本目标，也是社会主义的本质要求。邓小平曾指出：“社会主义的本质，是解放生产力，发展生产力，消灭剥削，消除两极分化，最终达到共同富裕。”[①]关于社会主义本质论，实际上分别对应了生产力、生产关系、生产目的三个层面。生产目的决定生产方式，显示经济发展规律。社会主义的生产目的，是满足人民物质和文化生活需要，最终达到共同富裕。共同富裕不是同时同步富裕，而是有一个发展变化过程。由于经济发展不平衡，允许一部分地区发展快一些，先富起来；由于个人劳动能力有差别，允许一部分人通过诚实劳动、合法经营先富起来；先富带后富，逐步实现共同富裕。为了实现共同富裕，邓小平提出了“三步走”发展战略，第一步解决温饱问题，第二步达到小康水平，第三步实现共同富裕。进入21世纪，走过第二步，总体上达到小康水平。

第三节　社会主义市场经济的评价

社会主义市场经济的创立给中国社会带来了全面、深刻的变化。正确认识这些变化对于促进中国经济转型、推动经济高质量发展具有重要意义。

一、对当前社会主义市场经济基本性质的判断

（一）社会主义市场经济有效地促进了我国社会生产力的发展

社会主义市场经济体制正是基于并适应于社会主义初级阶段这一“最大的实际”的一项伟大的体制创新。我国处于社会主义初级阶段，生产力水平有待进一步提高，历史赋予我们的任务只能是发展商品经济，在社会主义条件下实现通常是由资本主义完成的市场经济的充分发展。因而，社会主义市场经济诞生于历史的需

① 邓小平．邓小平文选：第三卷［M］．北京：人民出版社，1993：373.

要，具有历史必然性。

社会主义市场经济是与我国的社会生产力相适应的，这使社会生产力的发展有了可靠的体制基础。社会主义市场经济所实现的生产力的发展是持续的，其不同于计划经济，生产的发展靠的是外部行政命令的强制，而是源于社会主义初级阶段生产方式内在的矛盾运动。计划经济时代的生产关系与生产力是不相适应的，生产力水平远远低于生产关系。“优越的”生产关系非但没有能够促进现实生产力的发展，反而成为其发展的根本障碍，使社会生产发展失去了内在动力。社会主义市场经济体制逐步建立的过程就是逐步改革过去拔高了的生产关系，使其逐步回落到与现实生产力发展水平相适应的过程。这样，以生产力实际水平为基础，重建生产方式内部的对立统一关系，激活生产发展的内在动力，从而推动生产的持续发展。

社会主义市场经济实现的生产力发展是快速的、跨越式的，它使得改革开放后中国的经济社会发展仅用了几十年的时间就走完了西方发达国家过去几百年才走完的过程。这种跨越式的高速发展也是社会主义市场经济所实现的对自由放任市场经济和计划经济的辩证综合的必然结果。社会主义市场经济是对计划体制弊端的克服和市场机制在更高水平上的复归。社会主义市场经济利用市场有效地解决了计划经济所存在的信息和激励问题，同时保留了社会主义国家在宏观调控、计划指导和长远规划上的积极作用，基本形成了一套既能确保微观经济活力又能保证宏观经济平衡，既能尊重微观经济主体的自主决策又能保证长远战略目标有效实施的经济体制。日趋合理的制度安排，为中国与国际、与时代接轨，学习国外先进技术和管理经验，并在消化吸收的基础上实现创新提供了平台。此外，社会主义市场经济对内、对外全面开放的要求，促进了中国政治、经济、文化、社会各领域交往的扩大。交往的发展为生产力的发展提供了更为广阔的空间，从而缩小了发展所需的时间。中国日益广泛而深入的对外开放使社会主义市场经济融入了世界市场，中国社会生产力发展可资利用的资源、信息和资本空间进一步扩展到国际范围，我们能够在更加广阔的平台上充分利用、吸收各国发展所取得的文明成果，促进生产力跨越式的发展。

（二）社会主义市场经济有利于促进人的自由全面发展

一方面，改革开放以来，我国生产力得到了解放和发展，经济繁荣、社会稳定，人们的生活质量得到了显著提高。从国内发展水平来看，1978年至今，按照可比价格计算，中国国内生产总值年均增长约9.5%，从低收入国家跨入中等偏上收入国家行列，14亿中国人民的生活水平实现了质的飞跃；从全球经济贡献来看，1978年中国国内生产总值占世界的比重仅为1.8%，40年后则达到15.5%，对世界经济增长的贡献率达到近30%。在人均GDP方面，我国在2000年达到854美元，比1978年翻了两番多，2018年人均GDP已达到9 780美元。随着收入的增加，人们的消费结构也逐渐优化，恩格尔系数逐年下降。1978年，农村居民恩格尔系数高达67.7%，处在贫困阶段，1989年降至54.8%，由贫困转向温饱，2003年则进一步降至45.6%，已经步入小康。1978年城镇居民恩格尔系数为57.5%，仅仅能维持温饱，1994年跌破50%大关，开始进入小康，2003年降到37.1%，由小康转向富裕。

改革开放40多年的发展，对中国长期以来的城乡二元结构形成了强力的冲击，特别是20世纪90年代以来，改革开放促使经济要素在城乡间实现更加有效配置的体制和机制更加完善，农村劳动力大量进城，高速公路、铁路、电网、互联网等基础设施以及教育、医疗等公共服务快速向农村延伸，城乡一体化发展不断取得突破性进展，城乡均衡发展格局总体上已基本形成。伴随着城乡二元结构的突破，中国农村的力量与要素加速成为推进城镇化发展的新生动力，加上制约城镇化发展的体制机制障碍在改革过程中有了很大削弱，中国城镇化率从1978年的18%的水平跃升到了2017年年底59%的水平，40年间正好以每年提高一个百分点的速度加快推进，从而中国快速地实现了从农村社会向城镇社会的转型。目前，在新型城镇化建设框架下，农民工的市民化进程也在加快推进，同时城市公共服务水平和能力、城市能源利用效率、城市社会治理能力也得以不断提升，城市低碳发展、绿色发展等方面也取得了积极进步。

另一方面，社会主义市场经济有利于促进人的个性自由发展。社会主义市场经济承认个人的物质利益，鼓励人们通过诚实劳动、合法经营去追求自己的物质利益。从而，在经济关系上，也在最基础、最根本的社会关系领域确立了人的独立人格，将人们从过去计划经济时代那种外在的、狭隘的、固定的人格依附关系中解放出来。市场是天生的平等派，作为交换的主体，人们之间的关系都是平等的。市场也是天生的自由派，它要求作为市场主体的人们能够自由自主地决定自己的生产、销售以及消费，要求包括劳动力在内的各种经济资源能够自由流动，它本能地排斥诸如指令、行政命令、长官意志等外在强制的干扰。独立、平等、自由人格的形成与发展在观念上的反映便是主体自我意识的形成与增强，从而逐步“使权位观念向能力观念转变；个人依附观念向个人独立自主观念转变；自给自足观念向开拓创新观念转变；等级特权观念向平等民主观念转变；守旧保守观念向革新进取观念转变；平均观念向竞争观念转变；人情观念向规范观念转变；小农观念向交往观念转变；应付观念向责任观念转变，如此等等”①。随着具有主体自我意识的独立个人的形成与发展，个人的独特性也得到了丰富和增强。为了在激烈的市场竞争中取得并保持优势，人们不得不积极主动地去发展个人的能力，促使个人的自觉能动性、自主性和创造性得到不断的提高。模式化、标准化的个人正在消亡，拥有个人独特的人格特点、社会形象、个人追求和能力体系的个性化的人正日益发展。

社会主义市场经济肯定个人的自由个性，但是否定自由放任市场经济极端的个人主义，反对脱离集体、与集体相对立，甚至侵犯集体利益的个人行为。社会主义

① 韩庆祥. 社会主义市场经济与人的塑造［J］. 中国社会科学，1995（3）：118-131.

市场经济要实现个人与集体的辩证统一：个性张扬的个人首先是集体中的个人，集体利益建立在尊重个人合理利益的基础之上。只有在集体中，个人才能获得发展自身、丰富自身的社会资源，同时，社会财富的涌流需要个人积极性、创造性的充分发挥。二者唇齿相依，一荣俱荣，一损俱损。

二、当前社会主义市场经济的不足

自社会主义市场经济体制逐步创立以来，中国的经济社会建设取得了举世瞩目的成就。从经济濒临崩溃到世界第二大经济体，中国仅仅用了近40年的时间就实现了经济发展质的飞跃，这一发展获得了世界的赞誉，中国人民为“中国奇迹”“中国道路”而欢欣鼓舞。但是，社会主义市场经济体制到目前为止并不完善，它所实现的对市场和计划的辩证综合还是初步的、尝试性的，还有一些缺陷亟待完善。

（一）社会主义市场经济的“去计划经济化”还不彻底

不论从中国，还是从全球的范围来看，计划经济体制的历史都不长。但是，由于它第一次在人类历史上以极端的形式阻断了人类社会自发演进的历史路径而对后世影响深远。它虽然在与自发演进的竞争中败下阵来，但是它所展现出来的对整个政治经济生活全面的、强有力的控制和支配能力让一些掌权者或既得利益者多少有些欲罢不能。以社会主义市场经济为目标的体制改革虽然最终目标是尝试着对市场与计划的辩证综合，但就现阶段的中国发展来讲，主要的历史任务还是一个“去计划经济化”的问题。从这个意义上说，现在社会主义市场经济发展的主要矛盾还是计划经济的体制特征与社会主义市场经济之间的矛盾：

第一，政府仍然拥有资源配置的权力。改革开放以来，市场在资源配置中的作用得到了增强，但不是在一个完整、统一的市场体系内的全面增强。市场真正能发挥决定性作用的领域仅仅限于商品市场和劳动力市场，要素市场并未实现完全市场化。地方政府在政治激励与财政激励的双重作用下，不仅掌握着辖区内土地、资本等重要的经济资源的配置权，还将通过行政手段对资源配置进行干预和控制。这不可避免地出现经济歧视，大量资源流向一些本应被淘汰的国企，而民营企业却享受不到这样的“国民待遇”，一旦遇到外部经营环境恶化或者资金链断裂等问题便发生“倒闭潮”。如果政府手握重要经济资源不放，对市场交换进行压制和控制，就会造成腐败寻租，进而造成收入分配不公和贫富分化严重，极大影响社会稳定。

第二，行政体制有待深入推进。社会主义市场经济体制的建立和完善，要求实现政府的职能转变，建设服务型政府。当前中国进入全新的历史时期，社会主要矛盾的转化对政府职能转变提出了新要求。随着经济的高速发展与财富的迅速增长，多年积累下来的问题也逐渐凸显，一是由于发展不平衡不充分，以及体制机制上的缺陷而导致的财富和资源增长的分配问题；二是公众对公共服务和产品的需求同政府经济增长目标之间的矛盾。“父爱主义”作用下的“全能政府”仍然发挥作用，政府出于对辖区内地区生产总值增长的追求，各级财政支出的相当部分投向竞争性行业，而对公共服务和产品以及那些回报率较低的行业投入仍然不足，严重制约了行政体制与政府职能的转变。

第三，传统“强制增长”模式亟待扭转。改革开放40多年来，我国取得了巨大的经济发展成就，社会生产力无论从量上还是从质上都发生了飞跃，这个不容置疑。但是必须指出的是，我国所实现的增长，在很大比例上仍然是靠要素投入而实现的粗放式的外延增长。从表2-1中我们可以清楚地看到，1978—2008年间，要素投入对经济增长的贡献率达到70.167%，是典型的要素依赖性的投入型增长。并且，自1998年以来，这种依赖性还明显增强。相反，全要素生产率及其对经济增长的贡献率却呈下降趋势。虽然，在工业化进程中，特别是在中低发展阶段，依靠要素投入拉动经济增长，有其必然性，但由于投资报酬率递减规律的影响，也由于资源限制和环境承载力等硬性约束，这种增长方式是不可能长期维持下去的。

表2-1 **TFP增长率及其对产出的贡献（%）**[①]

阶段划分	1978—2008年	1978—1997年	1998—2008年
GDP年均增长率	9.798	9.927	9.751
TFP的平均增长率 其对经济增长的贡献率	2.873 29.833	4.234 43.619	0.429 4.382
要素投入对经济增长的贡献率	70.167	56.381	95.618
其中自然资源平均增长率 其对经济增长贡献份额	5.932 17.184	5.013 14.409	8.553 24.400
资本的平均增长率 其对经济增长贡献份额	8.504 50.334	6.585 38.673	11.973 69.785
劳动的平均增长率 其对经济增长贡献份额	1.692 2.649	2.123 3.299	0.929 1.433

（二）社会主义市场经济体制还不完善

自1978年算起，我国经济体制改革仅40多年的时间，如果从1992年党的十四大算起，建设社会主义市场经济体制也仅仅30年，再如果从20世纪末21世纪初社会主义市场经济体制初步建立算起，社会主义市场经济才只有20年的时间。相对于西方发达国家花费数百年的时间才获得相对完善的市场经济体制来说，我国的社会主义市场经济建设还处于起步阶段，它不仅先天不足，而且后天发育的时间也太短，不可避免地还存在很多问题。

第一，市场经济的法律和道德基础比较薄弱，从而存在市场无序化的现象和问

① 张军，施少华. 中国经济全要素生产率变动：1952—1998［J］. 世界经济文汇，2003（2）：17-24.

题。市场经济是一种法治经济和契约经济，市场的有效运行和市场机制的有效发挥作用，需要完善的法律体系的规范和保障，也需要相应的契约道德精神的维护。然而，由于我国建设市场经济的历史和时间不长，一方面法治建设明显落后于市场经济实践的发展，另一方面契约精神和信用伦理比较缺乏，从而导致许多经济主体的行为无序化，这不仅降低了资源配置效率，而且严重损害了社会公平。在我国资本市场发展中、城市化和房地产业发展中、资源开采业发展中等各个领域都还比较突出地存在这方面的问题。由于市场行为的不规范，不仅产生了大量侵害百姓生命和健康的假冒伪劣商品以及对生态环境的严重破坏，而且滋生了大量权钱交易从而损害社会公平的各种现象。

第二，市场机制的作用还没有得到全面充分的发挥。虽然我国已经初步建立了社会主义市场经济体制，市场在资源配置中发挥了“基础性作用”，但是，还没有完全起到“决定性作用”，主要表现在：首先，由于政府与市场的关系并没有完全理顺，政府在资源配置中的某些方面的作用和功能仍然过于强大，特别是各级地方政府片面追求GDP增长率，而疏于市场监管和社会服务；其次，我国各地方仍然存在程度不同的地方保护主义，市场分割明显，企业在地区之间的竞争不充分，制约了市场机制在全国范围内充分发挥作用；同时，相对于产品市场，我国生产要素市场，尤其是资本、土地市场的发展明显滞后，要素市场化改革滞缓，要素价格扭曲，极大地限制了市场机制的作用范围和程度，图 2-1 展示了中国 2005—2018 年要素市场化配置的基本情况；再次，就资本和企业在行业间的竞争来看，由于依然存在过多的行业准入限制，各类企业的资本并不能完全自由地在应该开放的一些行业间投资和转移，从而使企业和资本在行业间的竞争很不充分，并形成了不合理的行业间的利润率差别和收入差别；最后，由于受我国经济发展水平的制约，我国金融市场化特别是利率市场化以及人民币汇率市场化程度都还有待进一步提高。

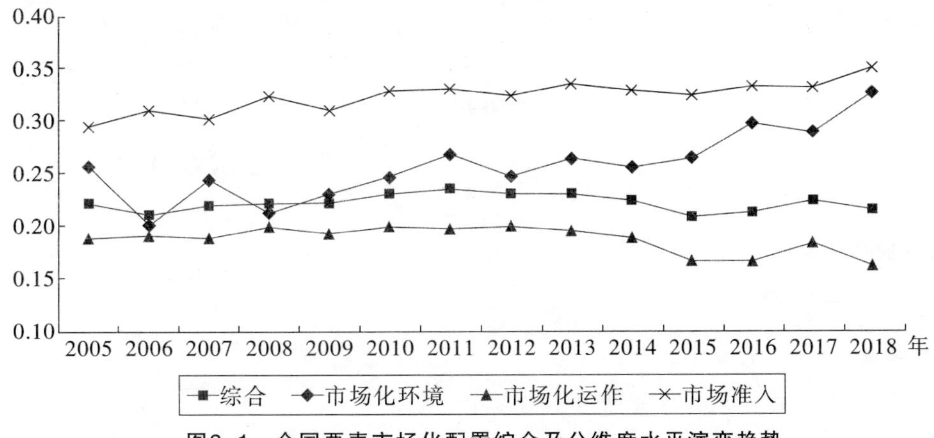

图2-1 全国要素市场化配置综合及分维度水平演变趋势

注：转引自卢现祥，王素素．中国要素市场化配置水平的南北差异及形成机理［J］．数量经济技术经济研究，2021（11）．

第三，在一些方面仍然存在不应该有的或过度市场化的现象和问题。众所周知，市场主要是存在于经济领域的一种经济机制，它主要应该在经济资源的配置中发挥决定性作用。但是，在我国现阶段，一方面存在经济领域中的市场作用还不够充分的问题，另一方面又存在市场机制在一些不应该发挥决定性作用的领域被滥用的现象，物的依赖性还难以完全克服。其中包括在我国教育事业、医疗卫生事业以及政府行政管理事业等各种属于提供“公共物品”的领域，都不同程度地存在这方面的问题。

[本章小结]

关于计划经济与市场经济的争论持续了一个世纪之久，世界历史和本国实践证明，尽管存在市场失灵，但市场经济对资源配置的高效性不可磨灭。由于中国处于社会主义初级阶段的基本国情，发展市场经济是提高生产力与资源配置效率的必要手段。因此，中国要实现社会主义与市场经济的结合，这是市场与计划辩证综合的特殊形式。一方面，社会主义市场经济要求继承和凸显社会主义的根本原则，强调公有制的主体地位，保障社会主义市场经济的性质不变；另一方面，要在“去计划经济”的过程中发展和引导市场经济，发挥市场经济活力，两者协调互动，相互促进，共同推动我国生产力水平的进步与发展。

需要说明的是，我国的社会主义不同于苏联模式的社会主义，而是发展中的中国特色的社会主义；市场经济也不是自由放任的市场经济，而是与中国的社会主义基本制度结合在一起的市场经济；对计划“体制”的抛弃不等于对计划作用、对自觉控制人类社会生产努力的放弃。社会主义市场经济就是要在市场发展与否定计划“体制”的这一动态过程中，寻找市场与计划的均衡点。

从社会主义市场经济的实际运行效果来看，可以肯定地说，它取得了初步的成功。至于经济社会中实际存在的问题，譬如，贪污腐败、贫富差距扩大、资源浪费、环境污染等，基本上不应归咎于社会主义市场经济本身。准确地说，这些问题都是发展中的问题，是封建的、计划体制的残余阻碍了社会主义市场经济成长、完善的结果，而绝不是改革方向的错误。因此，继续推进经济体制改革，进一步完善社会主义市场经济体制才是解决这些问题的根本途径。

[课后习题]

1. 简述“兰格模式”的历史意义和现代启示。
2. 论述社会主义市场经济的理论逻辑。
3. 简述社会主义市场经济的基本特征。
4. 思考我国基本经济制度的内涵逻辑。
5. 简述社会主义市场经济的主要特征与现实挑战。

[第三章]

经济体制转型模式的选择：渐进式VS激进式

第一节　激进式改革的运行逻辑与基本特征

一、俄罗斯的激进式改革

（一）激进式改革的理论基础

激进式改革的理论基础是“华盛顿共识（Washington Consensus）”。最初，这种观点是针对20世纪80年代拉丁美洲危机提出来的，是在华盛顿由国际货币基金组织（IMF）和世界银行等国际组织与美国财政部同意的一项政策建议。它主张“尽可能最大限度的自由化，尽可能最快的私有化，并且在财政、金融方面采取了强硬的措施”[①]。科勒德克指出，“华盛顿共识”原来针对的不是后共产主义国家的危机，但由于国际金融组织的赞同而对东欧和苏联的经济转型产生了很大的影响。在以上共识的基础上，形成了以新古典经济学为理论基础的激进转型命题：

（1）转型是一种涉及制度、体制和机制转变的全面改革，它们是相互联系、相互制约的，局部的、零碎的改革是不起作用的，甚至会起反作用。

（2）转型过程是利益的重新分配过程。为了避免处于收缩部分的既得利益集团的阻力，必须实行足够迅速的并且是根本性的变革，以形成支持新体制的既得利益集团，它比原来的既得利益集团要更强大。

（3）转型是规则的再造。新的游戏规则必须尽可能迅速、清晰、规范地建立起来，填补因旧体制消失而产生的制度真空，以避免不确定性、不一致性和社会经济的混乱。

（4）市场力量必须规避官僚政治。局部改革使得新旧体制并存，摩擦与冲突增

① 科勒德克. 从“休克”失败到“华盛顿共识”[J]. 经济体制比较，1992（2）：3-5.

强，经济租金范围日益扩大，导致寻租活动盛行，乃至产生权钱交易，腐败滋生。

（5）剧变后新政府应充分利用选民给予的一段短暂的时间尽可能快地采取有效措施树立形象，并使变革过程不可逆转。

以上述转型为依据，激进改革的倡导者向俄罗斯和东欧国家提出了以下激进改革的政策建议：

（1）除非私人产权得到确立，否则企业不可能对市场信号给出正当的反应。这要求原计划经济中的传统国有生产部门必须进行大规模的关闭，过渡过程中经济增长主要依靠私有的中小企业配置效率的提高。

（2）增长主要通过使价格信号充分反映才能够达到。根据新古典经济学的逻辑，除非价格自由地对市场供给与需求作出相应的调整，否则市场将不会发展起来，对于原计划经济的国家，价格的完全自由化是最重要的改革内容之一。

（3）速度是最重要的。改革政策的各种配置部分，必须一揽子付诸实施，而且越快越好。也就是说，改革要一步到位，不可分步进行。

（4）除非与世界经济充分一体化，否则经济发展将会受到阻碍。与世界经济一体化，意味着尽快在外汇和贸易方面与世界市场接轨，汇率要调整到市场业绩水平，大多数部门进入世界市场的竞争。

上述政策建议常被冠以"大爆炸"的改革理论，或被称为"休克疗法"。"休克疗法"本是医学上的术语，后来被经济学家们借用来比喻治疗恶性通货膨胀的一系列严厉的经济措施。它最早由美国哈佛大学的著名经济学教授杰弗里·萨克斯创立和倡导。1990年"休克疗法"被波兰政府采用，并被广泛宣传为把国家社会主义转为资本主义的最佳途径。苏联解体后，萨克斯受聘为俄罗斯的经济顾问，在俄时任总统叶利钦的大力支持下，他与激进改革派和自由派主流经济学家共同制定了俄罗斯激进改革战略—— "休克疗法"方案。根据新古典经济学理论，依照"华盛顿共识"，他们对苏联计划经济体制内在的逻辑所作的分析是：政府各项决策是在一个集权的结构中作出的；生产和分配是由集中计划来进行的；通过计划的压力最大限度地调动资源；全面的计划配给；全面的价格控制；系统决策缺乏可塑的反应能力，特别是缺乏真正的货币；对已有的经济关系缺乏合法的替代；绩效的评价由上级部门绝对或严格控制；不存在微观层次上的有效的激励结构。在这么一个体制系统内，这个经济的逻辑被认为是完整的，因此局部改革是远远不够的，只有全面改革计划经济体制的上述所有元素，才可能为市场体制留下有效的空间。所以，计划经济体制逻辑的完整性对改革的含义是：改革必须是跳跃性的、大规模的，必须全部抛弃原来所有的经济、社会和政治制度，分步走的改革方式不可能成功。因此，计划经济国家的市场化改革政策，必须抛弃"市场社会主义"或"计划+市场"指导的原则，进行彻底的、完全的自由化和市场化运动。

（二）激进式改革背景

苏联长期实行的是高度集中的计划经济体制。到第二次世界大战后，苏联模式的局限性和弊端越来越明显，其中最主要的是体制问题。为了解决苏联经济中的种种问题，从赫鲁晓夫到安德罗波夫进行了多次经济改革，但都没有成功。1985年，戈尔巴乔夫当选为苏共中央总书记后，继续进行改革。但是，由于改革遇到各种阻力，戈尔巴乔夫提出政治体制改革，经济改革方案没有得到实施就中断了。但需要指出的是，尽管与之前相比，改革已有了明显的进步，但这充其量是由直接指令性计划经济体制过渡到间接指导型计划经济体制，并没有跳出计划经济框架。

1989年12月，苏共中央全会和苏联第二次人民代表大会通过了政府经济健康化计划。该计划旨在实行一种以行政命令为主、以经济杠杆调节为辅、把计划与市场相结合的“计划市场经济”。1990年2月，苏共中央全会提出了“争取确立有效的计划-市场经济”的行动纲领草案。该草案强调要以计划-市场经济来进行根本经济改革，取代命令主义的分配制度。以上这种先稳定经济后再向市场经济过渡的设想遭到激进派的反对，苏联总统委员会也将“计划-市场经济”改为“可调节的市场经济”。

随后，由于党内激进派与温和派的激烈斗争，渐进式改革方式被激进派否认，取而代之的是“加速改革与直接过渡”，“400天计划”和“500天计划”相继问世。围绕上述计划，戈尔巴乔夫向苏维埃提出的《稳定国民经济和向市场经济过渡的基本方针》遭到了叶利钦的强烈反对。自1990年11月1日起俄罗斯独自实行“500天计划”。戈尔巴乔夫执政后期的所有纲领和计划，由于陷入方案之争，成为政治斗争的牺牲品，全都没有付诸实施。

随后，伴随着一场场强烈的政治大地震，东欧国家相继发生剧变，并由此纷纷开始了其剧烈而艰难的社会转型。苏联作为世界上第一个社会主义国家和计划经济的发祥地，独立伊始，俄罗斯便在叶利钦、盖达尔等民主派急先锋的领导下，聘请西方顾问杰弗里·萨克斯为指导，以新自由主义理论为基础，开始了其激进的经济转轨。自1992年年初开始，俄罗斯便确立了“休克疗法”的改革方案，并以此作为激进经济转轨的模式，急剧向市场经济过渡。

二、激进式改革的实施原因与主要内容

（一）激进式改革的实施原因

首先，“休克疗法”的实施主要是出于政治上的需要。叶利钦等人为了走西方自由经济和政治多元化的道路，必须实行一套过激的政策使西方式的政治和经济制度成为一种既定事实，因而“休克疗法”具有明显的政治目的。叶利钦政权对过去的苏联社会主义理论的实践基本上持否定态度。他主张彻底与旧体制决裂，建立以西方式三权分立的法治国家、以私有制为基础的西方式的资本主义发展道路。为了防止其反对者将社会主义制度回归，叶利钦选择了“休克疗法”改革方案，并颁布了一系列激进经济改革的法令。在他们看来，“这是摧毁共产党人赖以东山再起的

经济基础的必不可少的决定性步骤”[①]。

其次，“休克疗法”的示范效应使俄罗斯充满信心。俄罗斯经济转轨的指导思想受到了西方新自由主义的影响，但实践中的“样板”则是“休克疗法”在拉美、东欧一些国家所取得的成效。在拉美的玻利维亚，萨克斯设计的“休克疗法”方案把40000%的通货膨胀率降低到15%；在东欧的波兰，也是萨克斯设计的方案使波兰消除了经济短缺现象，成为“欧洲正在升起的明星”。在俄罗斯看来，波兰模式就是俄罗斯的模式。波兰等东欧国家推行“休克疗法”的初步成效，给正在寻找出路的俄罗斯改革者和理论界以极大的影响，加上西方政府和舆论的支持和宣扬，在一定程度上增强了俄罗斯采取“休克疗法”的决心[②]。

最后，俄罗斯国内经济衰退迫使“休克疗法”的实施。一方面，延续了70多年的高度集中的计划经济体制，虽然一度促进了社会经济的飞速发展，但计划经济体制下的平均主义使得社会长期忽视效率，使社会整体的资源使用效率非常低下。这些体制缺陷造成苏联经济从20世纪70年代开始落后于西方发达市场经济国家。到1990年，苏联经济出现了和平时期的首次负增长，与冷战对手美国的经济差距迅速扩大。另一方面，在经济转轨前，俄罗斯经济面临着巨大的压力：通货膨胀居高不下，财政赤字不断扩大，国内生产总值急剧下降。鉴于这样的经济形势，俄罗斯经济转轨的首要任务就是制止通货膨胀和稳定卢布的价值。这就是“休克疗法”方案的实质。俄罗斯从历史中得到教训：采取渐进的转轨方案难免不重蹈苏联改革的覆辙。因此，只有同过去决裂、破釜沉舟，用“休克疗法”来医治俄罗斯，敢于豁出去、孤注一掷，才能绝路逢生[③]。

（二）激进式改革的主要内容

俄罗斯迫切需要解决三大经济问题：第一，经济自由化和宏观稳定问题。第二，经济制度问题，也就是要建立一种基于私有产权关系的发达经济体制。第三，俄罗斯经济长期增长面临的结构问题。因此，围绕俄罗斯社会当时存在的上述三大问题，“休克疗法”的政策设计在被用于俄罗斯的经济转型时，它不再仅仅是以遏制通货膨胀为目的，而且主要包括了体制全面转轨的内容。概括来讲，它是由宏观经济稳定、经济自由化和产权私有化三个主体部分和消除中央资源配置的残余因素以及拆除国际自由贸易和投资的壁垒五个部分组成的一套完整的改革体系。其中，实现经济稳定是必要条件，产权私有化是基础，而经济自由化是核心。它的基本思路是把经济转轨看作一项“社会工程”，用快速而彻底的方法强制性地推倒旧的制度藩篱（计划经济体制的各项制度安排），然后在旧制度的废墟上迅速而果断地建立起资本主义的市场经济大厦。

俄罗斯实施激进式改革方案分三步走：一是实施宏观经济稳定计划，二是建立

---

① 薛君度，陆南泉. 新俄罗斯：政治、经济、外交［M］. 北京：中国社会科学出版社，1997：31.
② 朱显平. 对“休克疗法”的再认识［J］. 东北亚论坛，1998（3）：3-5.
③ 叶利钦. 总统笔记［M］. 李垂发，等译. 北京：东方出版社，1995：215.

适应市场经济需要的各项制度，三是调整经济结构。从时间上说，每一段时间以完成一个步骤为主。然而，每个步骤的实施过程又不是完全分离的，特别是第一、二步的实施过程，有时相互交织，相互发生影响。按照激进式改革方案的要求，第一步、第二步的实施应在较短的时间内完成，而第三步的实施不能用激进的“休克疗法”来完成。

1.宏观经济稳定计划的主要内容及其实施

一般来说，转轨时期会发生过高的通胀率，俄罗斯政府把抑制通货膨胀作为整个经济改革的重点，时任俄罗斯总统经济顾问的萨克斯认为，政府可采取一揽子彻底的全局性措施来加以控制，这一揽子措施就是通常所说的宏观经济稳定计划，它包括一系列互相联系的财政和货币信贷政策和措施①。稳定计划通常包括以下具体措施：减少政府开支（通常包括减少政府补贴）；增加税收；降低向商业银行的贷款总量；增加国库券的发行、国外借款总量和社会保障方面的开支，这些措施只有一个目标，即降低货币总量的增长速度，相应地减缓通货膨胀的速度。宏观经济稳定计划的另一个组成部分就是稳定本国货币的汇率，政府可在稳定计划一开始设定一个固定汇率，银行一方面要减少钞票的发行，另一方面要拥有一定量的美元储备量，以此作为稳定汇率的能力。

2.建立适应市场经济需要的各项制度

从计划经济向市场经济过渡是一项复杂的系统工程，其核心是制度创新，这是俄罗斯向市场经济过渡中实施激进式改革方案的第二大步。制度创新涵盖了产权制度、宏观经济调控制度和社会保障制度的改革。俄罗斯在产权制度变革中，最重要的环节就是实施私有化计划。私有化被认为是向市场经济过渡的基本手段。俄罗斯实行私有化最初采取证券私有化形式，这种私有化形式不能对企业注入新的资金，在短期内，企业难以摆脱亏损低效的困境，在国企转轨过程中对生产具有相当大的副作用，主要表现为无偿分割国有资产和国有资产大量流失等方面。在宏观经济调控体系变革中，俄罗斯主要在价格、金融、财税和对外经贸体制改革方面迈出重大步伐，如一次性放开物价、建立二级银行体系、扩大地方财政职能、进行税制改革、实现对外贸易自由化等。在社会保障制度改革方面，俄罗斯取消高补贴，变“暗补”为“明补”；社会保障事业变国家管理为社会管理。社会保障制度改革的内容包括：养老保障制度、社会保障基金、失业保障基金、医疗保险基金的改革等。

3.经济结构改革

俄罗斯从苏联继承下来的是畸形的经济结构，具体表现为产业结构落后、重轻工业结构比例失衡、进出口结构不合理、国民经济军事化等。俄罗斯经济结构的前期调整（1992—1996年）主要集中在三个方面：一是对三大产业关系的调整，二是对重轻结构的调整，三是军转民的调整。这次调整成绩并不显著，唯一发生变化

---

① 萨克斯．俄国与市场经济［M］．莫斯科：经济出版社，1995.

的是，经济结构开始呈现二元特征，一方面第三产业发展迅猛，另一方面重轻结构仍旧畸形，主导产业仍然是工业化时期形成的基础工业，产业级次仍然停留在资本密集型阶段。而在此之后，1997年俄罗斯进入了一个经济结构改革的新阶段。俄罗斯政府承认经济结构改革必须采用渐进式方法进行，需要建立一个适应市场经济要求的经济结构。

（三）激进式改革的基本特征

第一，在改革方式上，俄罗斯整体、全面、快速地推进改革，以最短的时间完成改革的任务。“激进式制度变迁”认为人们可以设计、构建出一种合乎理想的“制度模式”，当最终目标确定后，旧的制度应该以尽可能快的速度过渡到新的制度，并且人们对制度变迁的过程具有完全的知识和信息，可以通过“一揽子计划”一步到位地实现新、旧制度的转换。在“激进式制度变迁”看来，经济制度是一个完整的体系，不能分步进行变革。其主要特点就是把原有的体制完全推倒，尽可能为市场体制开拓一个完整有效的发展空间，全面发挥企业之间相互竞争的作用。

第二，在改革内容上，俄罗斯经济转轨的指导思想受到了西方新自由主义的影响，根据西方标准的市场经济体制要求，进行包括政治、经济和意识形态等全面的改革。在政治上否定共产党的一党制和苏维埃制度，主张建立西方式三权分立的法治国家；在经济上，主张废除以公有制为基础的社会主义计划经济，主张建立以私有制为基础的西方式的资本主义发展道路，与此同时，在建立相应经济基础的条件下，继续民主改革。

第三，在改革成本与阻力方面，由于激进式改革采取“一刀切”的方式，要求全面迅速、一步到位地实现制度转换，完成改革任务，因而导致改革成本与阻力在改革初期较大，改革难度较高，社会认同感较低，易引起社会动荡与群众不满，阻碍改革的进行。而伴随改革的推进，改革的摩擦成本将降低，改革阻力将会减小。

三、激进式改革失败原因

激进式改革实施的初衷是扭转俄罗斯经济下滑，在全国范围内建立市场经济体制。然而，在改革的推动下，俄罗斯经济并未出现好转，反而如同开启了“潘多拉魔盒”，一夜之间，社会经济遭遇重创，政治危机频频发生，百姓不满情绪日益高涨。尽管俄罗斯选择激进式改革是迫于政治经济发展的现实选择，但由于改革遵循了一条错误的逻辑主线，理论上的错误认识导致了实践对现实情况的偏离，使人民对改革的热情与认可度不高，诸多因素叠加造成改革效果并不理想，改革被迫终止。

首先，俄罗斯的激进式改革错误地照搬西方经济模式、违反经济转轨规律、脱离俄罗斯实际国情。俄罗斯的经济转轨是在计划经济的废墟上进行的，单就所有制结构而言，国有经济所占的比重就超过了85%，且俄罗斯缺乏市场经济的传统和经验，这些都无法与“休克疗法”取得成效的、受过市场熏陶的玻利维亚和波兰相比。就经济规律而言，俄罗斯“休克疗法”的出发点违反了经济学上的禁忌，其主要政策措施与当时的经济条件完全对立。它是在商品短缺的条件下一次性全面开放价格，在生产力下降的条件下实行货币紧缩政策，在缺乏原始资本的条件下推行大规模私有化，在外汇枯竭的条件下把汇率放开，给俄罗斯经济带来了严重的后果[①]。同时，“休克疗法”不但背离了俄罗斯的国情，也违反了经济发展的连续性、渐进性及突变的条件性的一般规律。向市场经济过渡需要耐心与时间，否则悲剧就会发生。“休克疗法”使俄罗斯实现了“休克”，但并没有解决俄罗斯的实际问题。改革的结果是经济全面衰退。如果把脱离国情认定为“休克疗法”失败的根本原因，那么，此种激进、突击式的改革方式便是失败的直接原因。

其次，市场不是万能的，国家对市场关系施加影响是必要的，也是必需的。“休克疗法”迷信市场万能，将利用市场机制的自发作用看成是发展经济的唯一途径，主张最大限度地减少国家、政府对经济活动的干预，甚至要求国家退出经济领域。实践证明，特别是经济体制转轨国家的实践证明，这种极端的“市场论”十分有害。俄罗斯要建立以美国为代表的自由市场经济模式，而问题在于，“休克疗法”的实施者们步入了下述两大误区。一是所谓的美国市场经济模式是经历了百年的历史才最终建立起来的，而俄罗斯则仅仅处于转轨过渡期，即俄罗斯的任务不是医治或改良市场经济，而是建立市场经济。在这里，“休克疗法”的改革家们把结果与过程混淆了起来。二是所谓的自由市场经济，只是一个相对的概念，世界上不存在一个无限制的、绝对的自由市场，美国亦然。所以，不论是在向市场经济过渡之时，还是建立了市场经济以后，国家对市场的干预都是必要的和必需的。“俄罗斯民主派们看到了一小部分西方和资本主义的历史……他们作为天真的新教徒把市场所建议的一切东西都认为是真理”[②]，错误地认为，只要遵循市场自由的原则，一切都会各就各位。事实证明，“不重视国家的调节作用，甚至要求国家退出经济领域，是市场浪漫主义初期的特点。这使社会生活出现了可怕的犯罪化趋势，产生了变形的、强盗式的资本主义，并使国家的生产和科技潜力遭到了史无前例的破坏”[③]。

再次，从制度角度看，改革过程中的制度结构非效率是造成俄罗斯失败的重要原因。俄罗斯“休克疗法”之所以失败，是因为俄罗斯经济转型开始后，逐步滑入了一个制度结构的非效率均衡状态。制度结构非效率表明现有的制度安排阻碍了社会经济的发展，制约了经济人利用潜在的获利机会，因而必须对制度进行创新。但制度创新阻力过大、成本过高，因而使创新变得不可能。俄罗斯长期以来的发展模式使非效率制度结构被锁定，经济发展水平被非效率制度均衡固化。无论是宏观制

① 李静杰，海运．叶利钦时代的俄罗斯：经济卷［M］．北京：人民出版社，2001：30.
② 基耶萨．别了，俄罗斯！［M］．徐葵，等译．北京：新华出版社，2000：79.
③ 博戈莫洛夫．俄罗斯的过渡年代［M］．张弛，译．沈阳：辽宁大学出版社，2002：135.

度环境还是中观制度规则，抑或是微观制度安排，俄罗斯的制度结构均体现一种相对稳定性。无论机制如何变迁，总体框架始终呈现相对稳定的特征。国家的制度保留了大范围的专制，对社会造成了极强的不确定性，为滋生腐败提供了土壤。企业的制度结构呈现出明显的“内部人控制”特征，在私有化进程中政府经济能力被大大削弱，国有资产大量流失。微观市场制度层面，形式上的私有化和实际上的企业重组滞后，企业经营机制并没有发生根本性变化。另外，俄罗斯非效率制度结构还表现为相对稳定性。1992—1993年俄罗斯处于摧毁旧的计划经济制度阶段，市场制度建设由于激烈的政治斗争的影响还未能启动，出现了严重的制度真空。俄罗斯的市场制度结构尽管发生着实施机制的悄悄的变迁，但总体制度结构框架是相对稳定的。这种稳定的制度结构一直表现出恒定的非效率特征。这种非效率的制度结构，不但没有明显促进资源配置效率的提高，反而延迟了俄罗斯经济的复苏。

最后，如果抛除经济因素，而从文化的角度审视，以村社精神和东正教伦理为代表的俄罗斯传统文化是导致“休克疗法”在俄罗斯失败的一个不可忽视的原因。一方面，农民村社是俄国一种特殊的社会现象，它不仅是农业经济组织，而且是一个无所不包的政社合一的组织。该组织经过长期的历史积淀，最终内化成以“平均主义”和“集体主义”为主要特质的村社精神，这种精神已在俄罗斯人民心理上留下了深深的烙印，也造成了人们排外和保守的思想。另一方面，俄罗斯是一个正统的东正教国家。俄罗斯文化是在东正教思想的哺育下成长起来的，俄罗斯人的精神支柱是上帝的感召、耶稣的教诲和天国的存在，他们所追求的是理想的、“应有的”生活[①]。由此可见，俄罗斯民族是一个富于幻想、注重理想和精神享受的民族，因而俄罗斯人的商业理念并不那么浓厚，这使其对以物质利益为中心的西方实用主义文化的反对格外强烈。东正教伦理与村社精神在一定层面上有共同之处，这就是，“东正教的伦理严厉谴责追逐暴利的企图，甚至谴责财富本身；东正教倡导大公无私、仁慈善良、造福大众、彼此信赖和自我牺牲”[②]。村社精神与东正教的一些伦理观念相融合，也能迸发出反西方的力量。“俄国的下层一直保持和发扬集体主义和平均主义的思想传统，而上层则顽强地表现着专制主义的传统。下层的集体主义传统与东正教的普济主义、救贫思想相结合，成为抵御西方资本主义和‘工具理性’主义的有力武器”[③]。

俄罗斯不同于西方国家，俄罗斯人的经济基础、民族文化认同也不同于西方，“休克疗法”没有考虑国情，也并未从传统的民族历史价值观角度引起俄罗斯人的共鸣，人民对于改革的抵制情绪日益加深，改革潜力始终无法充分释放。2000年全俄民意调查中心进行的民意测验结果显示，对“俄罗斯的改革最应借鉴谁的经

① 安启念．俄罗斯向何处去：苏联解体后的俄罗斯哲学［M］．北京：中国人民大学出版社，2003：19.

② 麦德维杰夫．俄罗斯往何处去：俄罗斯能搞资本主义吗？［M］．徐葵，译．北京：新华出版社，2000：44.

③ 雷丽平．俄国现代化的几个问题［J］．西伯利亚研究，2002（3）：37-40.

验”这一问题的回答，仅有14%的人主张借鉴美国、西欧国家的经验，63%的大多数人则主张俄罗斯不应该模仿任何别人的模式，应该深刻地研究俄罗斯的历史经验并遵循其历史传统和特征。由于转型过程中俄罗斯人的民族文化认同发生了危机，俄罗斯失去了能够增强民族凝聚力以及动员全社会力量来支持改革的国家思想，而支撑俄罗斯国家思想的正是俄罗斯的传统文化，缺少了这一点，俄罗斯的激进经济转轨改革便失去了精神动力的支持，“休克疗法”被人民拒斥并最终被抛弃也就在情理之中了。面对20世纪90年代俄罗斯的经济危机，叶利钦总统在其执政晚期幡然醒悟，意识到了思想文化的重要性，并于1997年动员号召所有的俄罗斯学者和政治家寻找、创造或想出能把全国人民团结起来的新的国家思想。普京上任伊始，就立即发表了《千年之交的俄罗斯》，并以此作为其治国的思想和纲领性文献。普京灵活务实的“第三条道路”的提出不仅突出反映了俄罗斯的“新欧亚主义”文明内涵，也标志着俄罗斯新自由主义激进经济改革的失败和经济转轨战略的重大变迁。

第二节 渐进式改革的运行逻辑与基本特征

一、中国的渐进式改革

（一）渐进式改革的理论基础

改革开放以来，中国成为世界上经济增长最快的国家，经济与综合国力迅速崛起，一跃成为世界第二大经济体。尽管我国与苏联同样实行计划经济体制，但我国没有照搬“华盛顿共识”基础上的改革与发展模式，而是探索出了一条符合自己国情的渐进式改革与经济持续快速增长的发展道路——“渐进式改革”。这是一种相对于激进式改革的改革方式。在新制度经济学的制度变迁理论视野中，渐进式改革的依据不外乎以下两方面：

1.非正式制度安排与诱致性变迁

由于非正式安排是指意识形态、道德等的约束，其变迁是单个人自发进行的，会产生较少的外部性，但却不会发生“搭便车”行为，因为它只是个体行为，不存在集体行动，因此，非正式安排创新不需要国家干预，政府也不可能对非正式安排实施创新，诱致性变迁才是非正式制度创新赖以进行的形式。

一旦由于某些原因，制度出现不均衡并使现有制度之外的潜在利益增大，个人或团体便为得到这笔利益而组织实施制度创新，正式制度可能更快地随着创新成功而较早形成，但其被接受程度还取决于非正式约束的相应变迁和调整程度。新的非正式安排的接受完全取决于创新所带来的效益和费用的个人计算，然而，这种费用除了创新过程所花费的时间、努力和资源等形式之外，更重要的是取决于与社会的相互作用，创新者的费用主要来自围绕着他的社会压力。正因为如此，非正式制度安排显示出一种比正式制度安排更难以变迁的趋势。尽管如此，当制度不均衡所带来的预期收益大到足以抵消所有费用时，个人会努力接受新的价值观、道德等非正式规则。这是一种诱致性的变迁。

另外，意识形态作为一种人力资本，它帮助个人对他和其他人在劳动分工、收入分配和现行制度结构中的作用作出道德评判。并且，“个人的意识形态是相对稳定的，收入分配、劳动分工或其他制度安排的变迁，并不立即引起个人意识形态的变迁”[①]。这就是说，作为非正式制度的意识形态改变是个渐进的过程。可见，非正式安排变迁中费用、条件的特殊性和相应的诱致性变迁路径决定了整个制度结构的变迁是要花费时间的，制度变迁是一个渐进的过程。

2.有限理性、制度继承、制度扩散

由于人的社会科学知识储备和认知能力的有限性，对制度变迁的方向、过程、目标和方法等方面的认识是不全面的，只有“边干边学”才能逐渐提高相关知识，从而更好地接受、实施新制度，因而制度变迁是个渐进过程。正如林毅夫所说：“如果人心的理性是无界的，且建立制度安排是不花费用、不花时间的，那么社会在对制度不均衡作反应时，会立即从一种均衡结构直接转到另一种均衡结构。然而，人心的理性是有限的，建立新制度是一个消费时间、努力和资源的过程。”[②]

况且，当制度出现不均衡时，具有不同经验和在结构中具有不同作用的人在他们有限的理性范围内，对不均衡的程度和原因的感觉是不同的。他们会寻求不同的方式分割变迁的收益，要使一套共同的规则被接受和采用，个人之间需要谈判并取得一致。因此，“当发生不均衡时，制度变迁过程最大可能是从一个制度安排开始，并只能是渐渐地传到其他的制度安排上去”[③]。这是一个由历史确定的过程。制度也像历史遗产一样具有继承性，有人将此叫作“制度记忆”，即从过去的制度中受益的人，会在新的制度安排出现并代替旧制度后的一段时期内，对过去的安排保存记忆。“制度记忆”使制度创新的发生及其作用的真正发挥相对滞后，制度变迁往往是渐进进行的。“制度变迁过程中，大多数制度安排都可以从以前的制度结构中继承下来。虽然某个制度结构中的基本特征，在个别制度安排变迁累积到一个临界点时会发生变化，但制度变迁的过程仍类似于一种进化的过程。”[④]

在原来的旧制度基础上单独发展、创造出新制度，这只是制度创新的一种形式，制度创新可能更多地以制度移植、制度扩散形式实现。也就是说，在借鉴同一社会中相类似安排模式的前提下，组织设计出新制度，或通过将另一国家、地区、社会中的相关制度引进移植，并使其与本地其他制度安排相适应，从而实现制度创

① 科斯．财产权利与制度变迁［M］．刘守英，等译．上海：格致出版社，2014：381.
② 科斯．财产权利与制度变迁［M］．刘守英，等译．上海：格致出版社，2014：389.
③ 科斯．财产权利与制度变迁［M］．刘守英，等译．上海：格致出版社，2014：390.
④ 科斯．财产权利与制度变迁［M］．刘守英，等译．上海：格致出版社，2014：390.

新。由于一定社会环境中的各种制度是彼此依存、相互联系的，是个制度结构整体，因此制度扩散、制度移植必须注意到新制度与制度环境的协调适应，尤其是与本地的非正式制度中的意识形态、文化、道德相适应，新制度只有经过一段与其他安排的“磨合期”，才能“嵌入”制度结构，成功实现创新功能。

非正式安排及其诱致性变迁特征，人在制度变迁中的有限理性以及制度继承、制度扩散等因素，共同说明了制度变迁更合适的路径是以渐进式进行的。

（二）中国的渐进式改革的理论内涵

改革开放以来，中国经济得到巨大的发展，国际地位明显提高。相较于东欧国家，我国并未将“华盛顿共识”作为改革的理论指导，也并未效仿其他国家实行激进式改革。我国另辟蹊径，在原有计划经济体制的基础上实行渐进式改革，以一种温和的改革方式将中国经济引入正轨。

中国的渐进式改革是一种演进式的分步走的改革方式，这种渐进性主要体现在一系列过渡性环节的运用上，这些过渡性体制并没有一个可借鉴的模式，它是随着各个阶段改革总体目标的产生而产生、变化而变化的。除此之外，还具有在时间、速度和次序选择上的渐进特征。渐进性改革方式中所呈现出的一些过渡性环节并不是计划好、安排好的。所谓“摸着石头过河”的渐进式改革，就是以现有的条件为基础，并以现实的问题为导向，在现实的可能中不断试错探索的循序渐进式改革。

显然，中国的经济改革具有特殊性，诸多学者把中国的渐进式改革看成是既不认同计划经济，又不接受“华盛顿共识”，而探索发展的“第三条道路”。美国高盛公司咨询顾问乔舒亚·库珀·拉莫（Joshua Cooper Ramo）在2004年5月发表的论文中，把中国改革开放的经验概括为“北京共识”。他指出，“北京共识”具有艰苦努力、主动创新和大胆实验（如设立经济特区），坚决捍卫国家主权和利益（如对待台湾问题上），循序渐进（如“摸着石头过河”）、积聚能量和具有不对称力量的工具（如积累4 000亿美元外汇储备）等特点。它不仅关注经济发展，同样注重社会变化，也涉及政治、生活质量和全球力量平衡等诸多方面，体现了一种寻求公正与高质量增长的发展思路。中国与世界其他地区的发展模式不同，这种发展模式与“华盛顿共识”的陈旧思路有着本质的区别。通过这种发展模式，人们看到了中国崛起的力量源泉。“北京共识”的核心内容，是在全球化环境下创造一种能够保障国家独立自主的增长模式。一个国家在开放的同时必须保护本国经济命脉与发展环境，这样才能真正实现适度均衡、可持续的发展。一些西方经济学家也认为，没有足够的证据证明，与全球经济接轨“本身”将能够改善经济增长方面的表现[①]。一国经济的持续增长，不仅仅来自对外开放，依靠解除贸易与资本流动的限制，更重要的是能够建立有效克服外部负面冲击的适宜体制与制度安排；不仅仅来自取消高度集权的计划经济，依靠政府职能的转变，更重要的是能够建立有效克服内部失序

① 罗德里克．新全球经济与发展中国家［M］．王勇，译．北京：世界知识出版社，2004：9.

的宏观调控机制。

我国渐进式改革的成功实践与经验也为其他发展中国家提供了借鉴。拉美国家在忽视自身发展国情，接受倡导新自由主义的“华盛顿共识”后，“市场原教旨主义”盛行，国家干预走向退化，社会经济失去控制，陷入“拉美陷阱”。中国经济的崛起在于自身发展道路的创造性与独特性，“中国模式”是中国特色社会主义道路与经验，中国人民在中国共产党的领导下，不盲从西方国家与国际经济机构专家的意见，而是根据中国的实际情况由易入难、由外到内进行改革，发展进程中始终坚持国家利益。实践证明，渐进式改革凝聚了中国领导人的智慧，凝结着广大中国人民的力量。

二、渐进式改革的实施原因

第一，经济体制改革是中国经济发展的必由之路。由于传统计划经济体制存在产权及契约执行障碍，导致体制运行效率低下。立足于新制度经济学的产权理论视域对传统体制下国有产权安排的高成本问题进行分析，我们发现，中国原有的经济体制是一种交易成本很高的制度安排，而造成这些高交易成本的原因在于：领导人与一般工作人员之间的信息不对称；社会成员的机会主义行为；权力与责任义务的不对等；个人损益与社会损益的不一致。旧体制的低效率，一方面在于事实上产权的模糊性，另一方面在于计划经济体制下契约执行的困难。产权的模糊性并不仅指每个社会成员切实感受到的权利的模糊，更重要的是在公有制下，社会成员没有退出权，结果当事人无法惩罚违规者，以致违规行为蔓延，这是公有制低效率的关键原因。从契约执行的角度看，如果把计划经济体制看作一个多层委托代理关系，那么每一层都会导致代理成本，委托代理层次越多，体制的总代理成本就越大，换而言之，计划经济体制中初始委托人的监督积极性和最终代理人的工作努力水平会随公有化程度的提高和公有制经济规模的扩大而递减。

第二，中国过宽的“制度鸿沟”为改革方式的选择提供依据。社会主义国家由计划经济向市场经济的过渡面临着一条过宽的“制度鸿沟”，因为计划经济体制与市场经济体制在决策机制、信息机制和动力机制等重要方面都存在着显著差异。更为重要的是，两种体制下人们的行为方式、价值观念和社会习惯都大相径庭。在这种情况下，由计划经济向市场经济转变的速度越快，对社会造成的冲击就越强，如果这种冲击的强度超过了社会承受的极限，那么社会的稳定性将受到威胁，为此可能要付出高昂的代价。若对传统的国有经济进行“一揽子”、激进的改革，就可能使大批企业倒闭，大批工人被解雇，从而导致大规模失业。为了维护社会稳定，政府就必须对失业人员进行补贴，以维持他们的基本生活，同时政府还必须组织失业人员进行职业培训，并提供贷款，使得他们有能力再就业。显然这些政府开支耗费巨大，但这是为了改革取得成功所必须付出的成本。这种成本的数量取决于现行经济制度与理想状态的差距（即“制度鸿沟”）以及制度变迁的速度，“制度鸿沟”

越宽，变迁速度越快，对社会造成的冲击越大，则变迁的成本也就越高。在这种情况下，“渐进式变迁”方式是可取的。

第三，儒家文化作为中国的主流文化对中国改革方式的选择具有引导作用。从封建社会起，儒家思想作为主流意识形态的正统地位从未根本地动摇，儒家思想的“一脉相承”的轮廓也十分清晰。尽管近代以来，传统儒家文化受到猛烈冲击，特别是五四时期激进的反传统运动以及后来的“文化大革命”的浩劫，但不仅没有把儒家文化传统扫进历史的垃圾堆，反而证明了传统文化是中国人走向现代化的行程中所必须背负的行囊。首先，儒家意识形态强调“中庸之道”或“过犹不及”。这一特点意味着我们既不会把原有的经济体制和政治体制看得一无是处，也不会采取不顾历史传统而全盘照搬任何国外的现成的市场经济体制模式的过激做法。其次，儒家意识形态严于阶层之分和迷恋等级秩序，讲究“定于一尊”，强调政治秩序在社会结构中的中心位置，这就决定其不会不重视转轨过程中的政府作用，也不会采用完全自由放任的市场经济模式。尽管儒家文化具有中央集权倾向，但当中也蕴含着民本思想和人文取向，主张“民贵君轻”，强调统治阶级应该行“仁政”和“因民之利而利之”，因此在进行改革和维护政治统治的过程中，既不可能不重视经济发展或经济效率的提高这样的直接的经济目标，也不可能无视全体人民共同富裕或社会公平这样更为根本的价值取向，而是倾向于在这两者之间取得平衡。同时，儒家意识形态缺乏法治传统，强调德治和人与人之间的相互依赖，重实质正义而不重形式正义，重非正式关系而不重正式制度。这便为儒家在改革过程中采取一些非正式性或过渡性的制度安排创造了文化条件[①]。

第四，马克思历史唯物主义和辩证唯物主义方法论决定了渐进式改革倾向。马克思主义对中国渐进式改革方式选择的影响是多方面和深刻的。一方面，马克思认为社会是不断发展变化的，人类历史的发展不过是有目的的人的活动。马克思主张进行社会变革要遵循历史发展的路径依赖。他说：“人们自己创造自己的历史，但是他们并不是随心所欲地创造，并不是在他们自己选定的条件下创造，而是在直接碰到的、既定的、从过去承继下来的条件下创造。一切已死的先辈们的传统，像梦魇一样纠缠着活人的头脑。”[②]另一方面，马克思关于事物发展乃至历史发展的辩证否定（即“扬弃”）的观点，也很容易使人得出进行社会变革不能采取对过去的一切进行全盘否定的结论。换言之，承继历史又推陈出新的渐进式改革方法，是正统的马克思主义所主张的最好的社会变革方法。同时，中国进行的经济体制变革以及政治体制变革，并使这种结构性变革服从和服务于解放和发展社会主义社会的生产力的现实要求，正是遵循了马克思主义基本原理所规定的体制变革指向和路径。

---

① 樊纲．渐进改革的政治经济学分析［M］．上海：上海远东出版社，1996：242.

② 马克思，恩格斯．马克思恩格斯选集：第1卷［M］．中共中央马克思恩格斯列宁斯大林著作编译局，译．北京：人民出版社，1995：603.

三、渐进式改革的主要内容与基本特征

第一，在改革路径上，采取了自上而下与自下而上相结合的方式。首先，从整体来看中国的经济体制改革是在中国共产党的领导下为完善社会主义制度而进行的自上而下的制度变迁，党和政府的政策和法令主导着改革的方向和路径，政府调节着经济和社会的整体发展。但中国经济体制改革的特征和成功之处，并不在于单纯的强制性，而在于强制性与诱致性的结合，在自上而下强制推进改革的同时，充分发挥了自发性改革和基层单位的主动性与创造性。其表现在：改革的发动虽然是自上而下的，但这不过是对社会生活中早已存在的改革要求的一种承认；改革是在统一领导下进行的，但各具体部门、地区和单位的改革措施、内容和步骤却各种各样；改革中提倡大胆创新、大胆试验，有意识地允许、特许或默许局部的"犯规"或"越轨"行为，并在实践证明是合理的情况下加以普遍推广；个人、企业和其他基层单位为了实现自身利益的最大化而在制度创新中发挥了空前的主动性和创造性；完美的设计、精确的计算和全面的规划，往往还没有形成就被实践抛到了后面，"摸着石头过河"却具有更大的指导意义。中国经济持续迅速发展的事实和中国渐进式改革成功的经验证明：虽然社会是复杂的，但并不是完全不可知的；社会的进化是有序的，但不是不可以干预的；以高度社会化生产为基础的现代市场经济，是一种有组织的、有调节的市场经济，如果没有政府的强制性推动及自上而下的协调和组织，现代市场经济的形成是不可能的，特别是对于落后国家来说，政府的作用更是不可低估的；然而如果没有基层组织自下而上地为政府提供改革探索，可能会爆发一系列社会矛盾冲突对冲改革效应。因此，自觉性和自发性并不是完全对立的，而是相互统一的，对于自发秩序的完全否定或过分崇拜，都不符合人类文明进步的事实。

第二，在改革进程上，采取先局部推进后整体协调的方式。中国的经济体制改革虽然也是在政府的整体协调下进行的，但这种整体协调是通过分领域、分部门、分地区、分企业等一个个局部性的变化实现的，不同部分之间在改革的进度上存在很大的差别，从而形成从农村到城市、从沿海到内地、从非国有经济到国有经济、从增量到存量，最后实现经济体制整体转换的独特道路。这种从局部到整体的改革方式是符合经济体制变化的内在逻辑的。由于经济体制和经济发展是不均衡的，改革的主客观条件也不一样，因而整体均衡推进的改革战略必然会面临巨大障碍，付出巨大的成本。相反，先从那些改革成本较低、收益较高的部门开始改革，阻力小而收益大，很容易取得实际效果。例如，中国的改革首先从农村承包制改革入手，绕开了传统计划经济的核心部门，调动了农民的积极性，提高了农业产值，获得了巨大成功；企业改革首先从扩权让利入手，在阻力很小的情况下引入了市场机制，解决了企业动力不足的问题，使各方面都获得了较大的收益。同时，一些部门率先

改革还可以产生连锁效应，为其他部门和整个经济体制的改革创造条件，推动其他部门改革的深入。例如，农村改革的成功，为城市提供了广阔的市场、充足的劳动力和良好的示范作用，从而推动了城市的改革；非国有经济的发展，创造了竞争的市场环境，从而推动着国有经济的改革；沿海地区在改革开放和经济发展方面先行一步，带动了内陆地区的改革与发展。中国的改革是在社会主义宪法制度的基础上进行的，它必然要求自上而下与自下而上的结合。这就要求在进行局部性改革的同时，政府需要对改革过程进行全局性规划、组织与协调，以防止在经济与社会变迁中出现问题。

第三，在改革顺序上，采取体制内与体制外相结合的方式。中国渐进式改革的成功不是仅仅依靠非国有经济的发展取得的，而是靠体制外推进与体制内改革相互结合，两条腿走路。由于非国有经济与市场机制存在着天然的一致性，它们自主经营、自负盈亏，以市场为导向，以竞争为动力，不存在政企不分和“铁饭碗”“大锅饭”的弊端，因而，积极发展非国有经济对于推进市场化的进程显然具有非常直接和根本性的作用。非国有经济的大量存在，还可以对市场竞争的形成产生积极影响，而市场竞争的形成又会对国有企业改革产生积极的推动作用，迫使它们按照市场经济的要求进行生产经营活动，改革内部管理体制，逐步走向市场化。非国有经济获得迅猛发展是中国经济体制改革和经济发展获得成功的一个十分重要的因素，但绝不能忽视国有经济在改革和发展中的巨大作用。与非国有经济相比，国有经济市场化的速度较慢，这固然不利于市场化的进程，但可以使大量经济资源特别是关系国民经济命脉的部门处于政府直接控制之下，这不仅有利于维护社会政治和经济的稳定，有利于消解转轨中的各种矛盾，而且能够在市场机制还不完善的情况下，通过政府的调节弥补市场的不足，充分发挥政府导向的作用，保证国民经济的正常运转。国有企业不仅对于稳定和发展具有决定性的意义，而且对于市场化改革的推进也起到了巨大的作用。虽然国有企业的改革存在许多问题，但是与原有的国有经济体制相比，经过改革后的国有制在适应市场机制的要求方面已经取得了根本性的进展，国有经济在国民经济中发挥着主导作用。体制内改革与体制外推进的结合，保证了改革、发展与稳定的协调进行。

第三节　激进式改革与渐进式改革的比较与客观评价

一、激进式改革与渐进式改革的比较

（一）改革速度与性质

人们之所以把中国的改革称为渐进式改革，把俄罗斯和东欧国家的改革称为激

进式改革，主要是因为它们在改革的推进方式和推进速度方面存在着差异。激进式改革又被称为“休克疗法”或“震荡疗法”，是一种大爆炸式的跳跃性的制度变迁，改革速度快、规模大。相比之下，渐进式改革是一种过渡性的分步走的改革方式，改革更为温和缓慢。而这种改革推进方式和推进速度上的差异实际上是难以准确概括这两种改革方式的根本差别的，甚至无法衡量两国在改革中取得的成果。因此，很多人不同意激进式改革和渐进式改革这种提法。有人将它们称为增量改革和存量改革。其实，这两种改革方式的差别不仅体现在推进的方式和速度上，更重要的是表现为改革的性质和目标的不同。

俄罗斯和东欧国家的激进式改革是在根本否定社会主义制度的基础上向西方资本主义社会制度的过渡。其真实目的是“转型与转向”并举，即在由计划经济转向市场经济的同时，建立资本主义制度，是资本主义性质的改革。中国的渐进式改革是在坚持社会主义道路的基础上，通过强制性与诱致性改革的辩证统一、局部性与整体性的辩证统一、增量性与存量性的辩证统一进行的以社会主义市场经济体制为目标的市场化改革，最终实现社会主义制度的自我发展和自我完善。

（二）改革适用条件

改革方式的选择主要源于改革的初始条件。苏联在以往高度集中的计划经济体制下形成了专业化分工和职能部门，在此基础上形成了“条条结构”，也被称为U型组织。中国经济的发展更多是基于地区原则来组织的（即所谓“块块结构”），亦被称为M型组织。相较于苏联，中国改革的初始条件并不优越，整体经济发展情况较其他国家来说，无论在制度安排还是在社会意识形态方面，距离市场经济的实现都存在难以跨越的鸿沟，“大爆炸”式的改革方式对中国社会来说无异于灾难，因而唯有通过过渡式的改革模式实现市场经济的构建。中国国有经济比重与中央集权程度均低于苏联，因此，相对来说，中国走向市场经济较为容易，渐进式改革更适于中国国情，分权化改革的实施使各地区拥有了更大的控制权；分灶吃饭使各地区有了发展经济的更大动力。地区之间相互竞争、相互模仿，为中国走向自发的市场化道路提供了条件。而这种渐进式发展模式在苏联严密的等级分工体系的影响下收效甚微，国家各种复杂的协调最终都集中在中央各部委手中，局部式与渐进式改革始终难以对苏联经济产生影响，人民对渐进式改革的信心降低，激进式改革成为苏联经济能实现自由化与市场化的必要途径。

（三）改革成本

渐进式改革由于实施温和的改革方案，开始时阻力成本较小，但随着时间的推进，改革的阻力成本会不断增大，这是因为在改革逐渐深化的情况下，会触及深层次的难点。而摩擦成本在改革开始时较小，但随着改革的深入，新旧体制矛盾加剧，摩擦成本也存在不断上升的趋势。因此，渐进式改革的阻力成本和摩擦成本都是时间的正函数。在渐进式改革初期，改革总成本较小，但随着改革的推进，总成本会不断增长。需要指出的是：渐进式改革将在相当一段时间内面临不断增加的总成本。渐进式改革一旦克服了中、后阶段改革的难点，总成本会大幅度下降。在改革初期，由于实施阻力较小的改革方案，在保留原有体制的基础上发展新体制，因此，经济增长不仅不会受到明显影响，而且由于新体制各种因素的加入，部分克服了旧体制中的弊端，经济增长出现加速趋势，改革的总收益会明显增加。但是随着新旧体制摩擦加剧，经济体制运行效率下降，总收益增长开始缓慢，甚至会出现停滞或负增长的局面。这种状况要求实施新一轮改革方案，以使渐进式改革向纵深方向发展。在改革顺利进行的情况下，一般说来，后一轮改革收益总量要明显高于前一轮改革收益总量。当新体制完全建立时，总收益会大幅度增长。因此，渐进式改革总收益曲线呈“小波浪形”。

激进式改革采取的是一步到位的改革方案，开始阶段阻力成本较大，随着改革的顺利进行，阻力成本逐渐下降，阻力成本是时间变量的反函数。另外，由于新旧体制并存时间较短，改革开始阶段存在摩擦成本较大的现象，但旧体制很快被新体制所代替，摩擦成本会急剧下降。需要指出的是，新体制运行过程中仍存在摩擦成本。在新体制占据统治地位后，旧体制的习惯势力还经常会与运行中的新体制发生矛盾。可见，激进式改革的初始阶段，由于阻力成本和摩擦成本都较大，因此，一次性支付的总成本也较大。随着时间的推移，阻力成本和摩擦成本呈下降趋势。激进式改革由于对旧体制实行大手术，经济体制运行暂时失去连贯性，经济发展会受到影响，经济增长会明显减缓、停滞，甚至负增长。一旦新体制占据主导地位，并理顺了经济关系，改革收益将大幅度增加。因此，激进式改革总收益曲线呈“大波浪形”。

渐进式改革有助于降低调整成本，激进式改革则因同时损害多数人的利益，甚至会使他们结盟，而阻止改革。而且，在激进式改革中，由于失业率提高，政府不得不给予已经私有化的企业以补助，而这与激进式改革的事先主张是不一致的，从而降低了改革的可信度。

（四）改革绩效

中国在渐进式改革的推动下，经济得到了巨大的发展，世界政治经济地位也有了显著提高。渐进式改革始终将稳定作为基础，在维护大局稳定的基础上实行市场经济转轨、改善政府宏观调控体系。中国的渐进式改革较好地协调了改革、稳定与发展之间的关系，使得国民经济在过去40多年中取得了令人惊喜的增长。同时，中国改革开放的成功实践与经验，至少为发展中国家提供了一个不同于西方新自由主义模式的发展模式。需要特别指出的是，中国的渐进式改革也具有局限性。伴随着中国经济进入新常态，改革难度与阻力逐渐加深，摩擦成本也日益加大，改革红利亟须进一步挖掘。如若旧体制核心部分的改革久拖不决，渐进式改革的“帕累托改进”与“卡尔多改进”性质将会消失殆尽。

俄罗斯在激进式改革的作用下，传统的计划经济体制被推翻，新的政治制度与经济制度框架开始确定，尽管相伴而来的是社会生产力遭到破坏，国有资产大量流失，社会经济遭遇衰退，但总体来说，改革使俄罗斯实现了彻底转轨，走上了政治多元化和经济自由化的道路。在政治领域，激进式改革摧毁了社会主义的经济基础，使俄罗斯改革进程不可逆转，从而实现了叶利钦等人所追求的西方式所谓“民主自由”目标。在经济领域，尽管激进式改革带来了社会经济动荡，但其积极成果不可磨灭，在激进式改革的作用下，市场经济改革道路逐步推进，价格与竞争机制日益发挥作用，所有制结构日趋多元化。这些相较于其之前的在计划经济体制框架之内的渐进式改革来说，收效显著。

二、激进式改革与渐进式改革的客观评价

（一）激进式改革的评价

对于俄罗斯的“激进式改革”，国内外学者的评价贬多于褒。俄罗斯本国的经济学家和政治家们普遍认为俄罗斯的激进式改革引起了深刻的危机，并造成社会生活的混乱。在由沙塔林牵头，俄罗斯科学院经济学部和国际改革基金会共同起草的《论索罗斯社会经济改革战略》报告中明确指出，俄罗斯要迅速地、彻底地改变其领导人已执行的方针[①]，对经济改革方针应进行根本性的转变。美国经济学家弗里德曼尽管主张激进式改革，但并不认为在任何时候都采用“休克疗法”。他认为，“向自由过渡不可能一下子完成”，“向繁荣的和有竞争力的资本主义社会过渡必然要花上若干年，而不是几个月”[②]。匈牙利经济学家科尔奈主张对“短缺经济”的中央计划经济进行彻底改革，但同样强调并非在所有方面都要搞“休克”[③]。作为“休克疗法”的发明人的萨克斯直到1995年才承认“休克疗法”在俄罗斯失败了，但其认为失败的原因是俄罗斯没有贯彻到底，而不是“休克疗法”本身的错误[④]。

在我国，大多数学者对俄罗斯“休克疗法”持否定态度。他们普遍认为，在实施“休克疗法”的前几年，俄罗斯国内经济秩序紊乱，物价暴涨，通货膨胀加剧，经济萧条与恶性通货膨胀交织，人民生产水平普遍大幅度下降。同时，贫富分化加剧，“基尼系数”从1992年的0.289上升到1999年的0.394[⑤]，给俄罗斯社会的稳定造成了很大危害。迅速的私有化改革政策没有给经济发展带来预期的效益，而给俄罗斯国民经济体系造成了极大的震荡和无序。私有化方式的非规范性和企业内部人控制使私有化企业在一定时期内缺乏效率。尤为严重的是，大量国有资产流失。“根据专家估计，由于低价出售国有资产，国家损失至少1万亿美元”[⑥]，形成了以金融资本为代表的新俄罗斯金融寡头，极大地影响了国家的政局和经济的正常发

① 沙塔林．政权危机有没有出路？需要从下面重建联邦［N］．（俄）独立报，1993-04-08.

② 弗里德曼．通向自由的四步［J］．（苏）社会科学与当代，1991（3）：17-18.

③ 科尔奈．通向自由经济之路［M］．太原：山西经济出版社，1993.

④ 吴敬琏．渐进与激进——中国改革道路的选择［M］．北京：经济科学出版社，1996.

⑤ 许新．转型经济的产权改革——俄罗斯东欧中亚国家的私有化［M］．北京：社会科学文献出版社，2003：394.

⑥ 许新．转型经济的产权改革——俄罗斯东欧中亚国家的私有化［M］．北京：社会科学文献出版社，2003：391.

展。尽管激进式改革给俄罗斯经济带来了极大的负面影响，但总的来说，对于改革的评价并不能一概而论，而是要从不同的视角出发，客观地认识改革的历史必然性与改革实行的作用与影响。

"休克疗法"是以新自由主义和现代货币主义思想作为其理论基础的，这种放任自由的经济理论存在很大缺陷，但绝不意味着"休克疗法"一无是处，经济转轨意味着要付出代价，"休克疗法"只是一种应急措施。"休克疗法"的实施既有经济需要，也有政治需要。实事求是地说，"休克疗法"取得了一些积极成果。一方面，俄罗斯长期计划经济体制被打破，所有制结构发生根本变化，市场主体实现了多元化。随着市场经济体制的确立，企业受市场影响程度大大提高，竞争机制初步形成，国家行政干预减少，市场这只"无形的手"开始发挥作用。另一方面，价格机制在资源配置中居于主导地位，尽管出现了通货膨胀，但是俄罗斯商品匮乏的局面得到了改善，形成了自由的商品市场。同时，现代金融体系和财政体系基本形成，对外开放经济格局也日益完善，这些都为俄罗斯的长期稳定发展创造了良好的国内与国外环境。

俄罗斯经济形势的恶化并不完全是"休克疗法"造成的。把全部责任归咎于"休克疗法"，这种认识是片面的，大大夸大了俄罗斯改革的成本。不得不说，实行"休克疗法"之前，苏联一直有经济危机压力，一直存在通货膨胀。1992年1月一次性全面放开物价，发生通货膨胀是情理中的事，从2月开始，通胀率逐月降低，这说明"休克疗法"对于治理通货膨胀是有效的。同时，苏联解体对于其经济也有巨大的负面影响，贸易中断、经济联系遭到破坏，众多产业出现瘫痪，都对俄罗斯经济的恶化产生了推波助澜的作用。

（二）渐进式改革的评价

渐进式改革创造了世界瞩目的"中国奇迹"，这个成就的取得受益于中国改革的渐进式路径选择及其进程中的制度变迁，尤其是以体制外的增量改革和经济改革为主线、政治体制改革相配合的特点更值得重视。制度变迁的多样化使中国改革没有出现大面积的"制度真空"而保持了社会有序，其绩效已为中国发展所证实。中国在渐进式改革过程中逐步建成和完善市场经济体制，不断优化政府和市场、公有制经济和非公经济的关系，同时，在改革的推动下，中国的科研水平与科技实力得到明显提高。对于渐进式改革，不论是从学理上还是从中国的改革实践角度，学界大多持肯定态度。科勒德科（Kolodko）认为转型的过程包括三条主线：第一，自由化和稳定；第二，制度建设；第三微观重建。他认为自由化和稳定的过程，可以采用激进的方式，但是比自由化和稳定更为重要的是制度建设，而制度建设从本质上讲，必然是一个渐进的、长期的过程，通过激进式改革方法转型是不可取的。[①] Stiglitz（1998）则从信息的角度分析渐进式改革与激进式改革，认为改革过程中存

① 科勒德科．向市场经济转轨：渐进主义与激进主义［J］．财经科学，2004（6）：15-19.

在由垄断、不对称信息、不完全产权和机构改革速度慢等因素导致的失败。根据这种观点，他认为适度的改革应该是相对较慢、实验型、渐进式的。[①]

尽管诸多学者对渐进式改革予以肯定，中国经济确实在渐进式改革的推动下取得了成效，然而渐进式改革存在缺点的事实不可忽略，不能单纯地从中国改革成果的角度来分析问题，中国渐进式改革成果的取得建立在初始条件的基础上，具有特殊性与偶然性。樊纲（1993）从改革成本角度入手，认为激进式改革和渐进式改革在实施成本和摩擦成本的比较中各有利弊。渐进式改革的优越性体现在摩擦成本上，渐进式改革在整个制度变迁过程中一直注重过程的可控性和稳健性，强调各社会利益集团之间的利益均等和利益补偿机制，使得各社会利益集团在整个制度变迁过程中基本达到其福利的帕累托改进，从而为渐进式改革赢得广泛的社会支持，有效降低了摩擦成本，减轻了社会动荡和经济滑坡的程度。而在实施成本上，激进式改革要低于渐进式改革，渐进式改革因经济长期处在信号扭曲的状态之中，这种信号扭曲会造成经济主体对未来形成不稳定的预期，总体的经济损失会超过激进式制度变迁[②]。林毅夫等（1993）认为，渐进式改革中“试验推广”的局部性改革方式尽管在某种程度上降低了改革风险，保证了整个改革过程的可控制性和稳健性，但是局部性改革本身的推广依赖于国家对不同领域和不同地区的强制性与行政性的隔离与割裂，从而在不同地区和不同经济部门造成了竞争机会和市场环境的不平等，割裂了市场机制的整体性，导致不同地区和经济领域的发展与改革的不均衡与收入不均等。

三、改革方式的选择

对于上述两种改革方式，并不能简单地以改革成果来衡量得失，更不能以此为标准来判断哪种改革方式更为优越。渐进式改革和激进式改革的选择，主要取决于改革的初始条件和当时的具体环境。不论选择何种改革道路，一旦上路，就会遵循各自的内在逻辑进行。两种改革方式的根本区别有二：一是渐进式改革是先在旧体制旁边或周围发展起一个新体制或新的经济成分，并随着它的不断壮大来逐步取代旧体制；而激进式改革是先打破旧体制，为新体制的成长铺平道路。二是激进式改革是先确立新体制的基本框架和基础性制度，然后逐步去充实和运行；而渐进式改革则把新体制基本框架和基础性制度的建立放在改革的中后期，在旧体制框架下先培育新体制的因素。尽管中国自改革开放以来取得了不错的成绩，渐进式改革方式具有很强的稳定性，且短期内改革成本低、实施阻力小，有利于改革的推进。但不可忽略的是，伴随着改革的逐步推进，改革成本将越来越大，改革难度也在逐渐加强，未来改革过程中将面临巨大挑战。而对于激进式改革，大多数学者认为俄罗斯

① Stiglitz .More Instruments and Broader Goals: Moving toward the Post-Washington Consensus [D]. Helsinki: World Institute for Development Economics Research Annual Lecture, 1998.

② 樊纲. 两种改革方式和两种改革成本 [J]. 经济研究, 1993 (1): 3-15.

经济衰退、大量国有资产流失、社会秩序混乱、贫富差距加大都是改革方式不当所致，而对于计划经济体制的破除、市场经济制度的建立、价格机制等改革成果却予以忽视。以一国的成功或失败来肯定或否定一种模式的好坏在逻辑上是片面的。对两种改革方式的客观评价需要在更长一段时间内考察这两种方式的代表国家中国和俄罗斯的表现，客观地认识不同改革方式下的得与失。

对于两种改革方式，不能以中国经济的发展为由支持“渐进主义”模式，更不能因俄罗斯经济衰退而反对“激进主义”模式。改革道路的选择应是一个国家国情的产物，是特殊的经济、政治结构，特殊的历史文化传统，以及特殊的改革路线的产物，正如苏联和东欧国家的经验不可能完全适用于中国一样，中国改革的经验也不一定完全适用于苏联和东欧国家。但与此同时，改革模式在拥有特殊性的同时，也应当包含普遍性意义。如经济体制改革中应当重视政治和社会的稳定，应当把自觉性与自发性、局部与整体、改革与发展结合起来，在市场化和自由化的过程中应当尽可能地利用传统的组织资源，改革不能仅从理性和主观愿望出发，而应当从各国的实际出发等。从这一点来看，激进式改革首先也是苏联和东欧国家内部经济、政治和历史条件演化的产物，是特殊的，而不是普遍的。但是，在这种改革方式中同样也包含了转型过程中的普遍因素，如宏观的稳定化、微观的自由化等，值得我们深入研究和借鉴。中国经济模式向人们提供了这样一种启示，那些看似相互对立的因素如何相互补充、融合、渗透、促进和发展，包括公有与私有、效率与公平、国家与市场、自由与和谐、集权与分权、经济与社会、发展与稳定、传统与现代、自主性与全球化、新体制与旧体制等。归根结底，中国模式的根本意义在于，要在理论上推倒资本主义现代化的目的论，从区别工业化、现代化、市场化与资本主义化入手，得出现代化和市场化的转型未必要以资本主义的工业化和市场经济为标准的结论，挑战资本主义优越性和普遍性的意识形态，实现社会主义与市场经济的历史性结合。①

[本章小结]

迫于国家政治经济发展的现实压力，俄罗斯选择了一条并不符合基本国情的发展道路。激进式改革标榜追求经济自由化、私有化及稳定化，这种改革以“大爆炸”的方式一夜之间完成政策的扭转，对于社会经济活动具有较强的冲击力。然而改革并未扭转俄罗斯政治经济局面，相反，俄罗斯在政策的驱动下，经济出现了大幅下滑，社会动荡不安。在激进式改革的推动下，传统高度集中的计划经济体制全面崩溃，市场经济体制得以确立和发展，这也为俄罗斯现代经济体系的构建打下了基础。而相比之下，中国选择了一条温和的渐进式改革道路，渐进式改革凭借改革初期成本低、改革阻力小的优势迅速推动经济体制转轨，40多年来，我国通过分

① 林春．“中国模式”议［J］．政治经济学评论，2010（4）：64-72.

步改革的方式实现了中国基本经济制度的改革，建立起以公有制为主体、多种所有制经济共同发展，以按劳分配为主体、多种分配方式并存以及社会主义市场经济体制的基本经济制度，与此同时，国有企业改革也在逐步推进，政府与市场关系也在不断改善。在改革过程中，中国的经济模式已形成并取得了举世瞩目的光辉成就，但是这一模式还不完善，还存在不少尖锐的矛盾和严重问题，未来改革过程中还面临更加严峻的挑战。一是经济能否持续繁荣，二是经济能否与社会、政治、自然协调发展。在以往粗放式的发展模式下，虽然实现了经济的飞速增长，却不可避免地带来经济增长的不可持续性，尤其近年来经济增速放缓、经济进入新常态，相伴而来的是生态环境破坏加剧、贫富差距扩大等现象，未来中国应当如何应对，如何转变经济发展模式以促进经济向高质量发展，是现阶段国家所要解决的重要课题。

[课后习题]

1. 简述激进式与渐进式改革的内在逻辑。
2. 论述中国选择渐进式改革方式的原因。
3. 简述激进式改革与渐进式改革的基本特征。
4. 简述两种改革方式的区别及各自优缺点。
5. 渐进式改革转型模式在未来会如何影响改革红利？

[第四章]

所有制结构转型：由单一到混合

第一节 所有制结构转型的理论依据：社会主义初级阶段理论

一、马列经典作家的人类社会发展阶段思想

（一）人类社会发展阶段划分

对于人类社会发展的阶段的划分，传统理论教科书基本依据斯大林的观点，认为“历史上有五种基本类型的生产关系：原始公社制的、奴隶占有制的、封建制的、资本主义的、社会主义的”①。这一划分把社会主义生产方式作为资本主义之后的生产方式，从历史角度来看，这意味着后一社会形态的生产力总是高于前一社会形态的生产力。而事实上，世界上已建立社会主义制度的国家的社会生产力发展水平仍落后于资本主义国家，也就是说，按照斯大林的思维框架划分，存在理论与现实的巨大矛盾。

列宁指出：“只有把社会关系归结于生产关系，把生产关系归结于生产力的高度，才能有可靠的根据把社会形态的发展看作自然历史过程。”②斯大林的划分的问题在于它停留在前一个“归结”。马克思对人类社会发展三大阶段的划分，是由前一个“归结”达到后一个“归结”的科学概括。这三大阶段是：“人的依赖关系，起初完全是自然发生的，是最初的社会形态，在这种形态下，人的生产能力只是在狭窄的范围内和孤立的地点上发展着。以物的依赖性为基础的人的独立性，是第二大形态，在这种形态下，才形成普遍的社会物质变换、全面的关系、多方面的

---

① 斯大林．列宁主义问题［M］．中共中央马克思恩格斯列宁斯大林著作编译局，译．北京：人民出版社，1964：649.

② 列宁．列宁选集：第一卷［M］．中共中央马克思恩格斯列宁斯大林著作编译局，译．北京：人民出版社，1972：8.

需求以及全面的能力的体系。建立在个人全面发展和他们共同的社会生产能力成为他们的社会财富这一基础上的自由个性，是第三个阶段。”①

“人的依赖关系”阶段即自然经济阶段。在这个阶段，“人都是互相依赖的……物质生产的社会关系以及建立在这种生产的基础上的生活领域，都是以人身依附为特征的”②。人们进行物质生产、生活的前提是各个人通过某种依赖性的联系结合在一起。与这种个人不独立的社会关系相对应，人的生产能力只是在狭窄的范围内和孤立的地点上发展着。在这种条件下，人与自然的物质变换受到他们生存活动范围的限制，社会经济生活表现为自然经济。

“以物的依赖性为基础的人的独立性”阶段即商品经济阶段。人对人的依赖关系必然为人对物的依赖关系所代替。“物的依赖关系无非是与外表上独立的个人相对立的独立的社会关系，也就是与这些个人本身相对立而独立化的、他们互相间的生产关系”③，即以货币为媒介的商品关系。这种关系的发展，打破了在人的依赖关系下自然物质变换的狭窄性和孤立性，产生了一种扩大的生产力，形成了普遍的社会物质变换，形成了人的全面的社会关系、多方面的需求和全面的能力体系。

“建立在个人全面发展和他们共同的社会生产能力成为他们的社会财富这一基础上的自由个性”阶段即产品经济阶段。在这一阶段，生产资料归全社会所有，人们共同的社会生产能力成为他们的社会财富，联合起来的生产者在他们的共同控制下合理调节与自然的物质变换，生产表现为人的自由个性的发展。

马克思社会经济形态理论的这一概括根据生产力发展逻辑，揭示了人类社会由自然经济到商品经济、由商品经济到产品经济发展的必然性。从马克思有关著作来看，与自然经济阶段相对应的是前资本主义的亚细亚所有制社会、奴隶社会和封建社会④，与产品经济阶段相对应的是共产主义社会，与商品经济阶段相对应的是资本主义社会似应无疑。马克思在《〈政治经济学批判〉序言》中所概括的四形态即把资本主义生产方式放在封建生产方式之后⑤，而在《哥达纲领批判》中又把资本主义生产方式放在共产主义生产方式之前，共产主义第一阶段即是“刚从资本主义社会里产生出来的”形态⑥。资本主义社会确与商品经济阶段对应，但与商品经济阶段相对应的并非只有资本主义社会，还有社会主义社会。

（二）我国社会主义社会的定位的几种解释

我们使用的“社会主义社会”是马克思主义文献中所赋给它的含义。这是列宁

① 马克思，恩格斯．马克思恩格斯全集：第46卷上．中共中央马克思恩格斯列宁斯大林著作编译局，译．北京：人民出版社，1979：104.

② 马克思，恩格斯．马克思恩格斯全集：第23卷．中共中央马克思恩格斯列宁斯大林著作编译局，译．北京：人民出版社，1972：94.

③ 马克思，恩格斯．马克思恩格斯全集：第46卷上［M］．中共中央马克思恩格斯列宁斯大林著作编译局，译．北京：人民出版社，1979：111.

④ 这一概括中的第一大社会形态“人的依赖关系”，是指向资本主义演进的三个私有制对抗性形式的所有制社会形态，并不包括非对抗性形式的公有制的原始社会。

⑤ 马克思，恩格斯．马克思恩格斯选集：第2卷［M］．中共中央马克思恩格斯列宁斯大林著作编译局，译．北京：人民出版社，1972：83.

⑥ 马克思，恩格斯．马克思恩格斯选集：第3卷［M］．中共中央马克思恩格斯列宁斯大林著作编译局，译．北京：人民出版社，1972：12.

在《国家与革命》中最初明确地使用的，即指共产主义社会的第一阶段[①]。列宁在《国家与革命》中作过这样的解释："马克思把通常所说的社会主义称作共产主义社会的第一阶段或低级阶段。"[②]长期以来，我们据此把正在建设的社会主义社会理解为马克思设想的共产主义社会第一阶段。依据这种解释，我们建立的社会主义生产方式就是与产品经济阶段相对应。但实践证明，这种理解是不科学的。

按马克思、恩格斯的设想，共产主义社会第一阶段有这样几个基本特点：(1) 全社会占有生产资料，"一切生产部门将由整个社会来管理"[③]。(2) 消除商品生产，生产者"耗费在产品生产上的劳动……不表现为这些产品的价值"，他们"并不交换自己的产品"，个人的劳动"直接地作为总劳动的构成部分"[④]。(3) 社会对生产的调整是不以市场调节为中介的计划调节，这种调整不是"通过商品价格的变动来实现"，而是"通过社会对自己的劳动时间所进行的直接的自觉的控制"[⑤]。(4) 实行以"证书"而不是以货币为媒介的按劳分配，劳动者"从社会方面领得一张证书，证明他提供了多少劳动……而他凭这张证书从社会储存中领得和他所提供的劳动量相当的一份消费资料"[⑥]。

我们现在正在建设的社会主义社会显然远未达到马克思、恩格斯设想的这一阶段。第一，它远未达到生产资料归整个社会所有。它的所有制结构是公有制为主体的包括个体经济和私营经济的多种所有制的经济结构；公有制经济本身也有全民所有制、集体所有制、全民所有制和集体所有制联合建立的公有制等不同形式。第二，它远未达到消除商品生产。相反，它必须大力发展商品生产，以实现生产的社会化、现代化。第三，它远未达到对生产直接的计划调节。它的调节机制是以市场调节为中介的计划调节。第四，它也远未达到以"证书"实行按劳分配。它的分配方式是以按劳分配为主体的包括凭债权取得利息、股份分红、风险补偿等非劳动收入的多种分配方式；按劳分配也不是以"证书"而是以货币实现的。

这两者之间有一个很大的生产力水平差距：前者建立在资本主义充分发展的基础上，已具有发达资本主义所达到的生产的商品化、社会化和现代化的物质前提；后者则是建立在远远落后于西欧、北美资本主义先进国家的只有一定程度的资本主义的东方专制的亚细亚所有制社会[⑦]的基础上，生产力水平离中等发达国家尚有很大差距。所以，不能根据列宁说的"社会主义即共产主义第一阶段"，以为我们现

---

① 于光远．重温马克思主义创始人关于私有制社会后社会发展阶段的理论——研究我国社会主义初级阶段问题的笔记 [J]．社会科学，1988 (1)：2-11.

② 列宁．列宁选集：第三卷 [M]．中共中央马克思恩格斯列宁斯大林著作编译局，译．北京：人民出版社，1972：255.

③ 马克思，恩格斯．马克思恩格斯选集：第1卷 [M]．中共中央马克思恩格斯列宁斯大林著作编译局，译．北京：人民出版社，1972：217.

④ 马克思，恩格斯．马克思恩格斯选集：第3卷 [M]．中共中央马克思恩格斯列宁斯大林著作编译局，译．北京：人民出版社，1972：10.

⑤ 马克思，恩格斯．马克思恩格斯选集：第4卷 [M]．中共中央马克思恩格斯列宁斯大林著作编译局，译．北京：人民出版社，1972：365.

⑥ 马克思，恩格斯．马克思恩格斯选集：第3卷 [M]．中共中央马克思恩格斯列宁斯大林著作编译局，译．北京：人民出版社，1972：11.

⑦ 马克思，恩格斯．马克思恩格斯选集：第2卷 [M]．中共中央马克思恩格斯列宁斯大林著作编译局，译．北京：人民出版社，1972：67.

在建立的社会主义生产方式对应于产品经济阶段，而应实事求是地认识到它是对应于商品经济阶段。

有一种观点认为："社会主义和资本主义是相互并存的而不是前后相继的两种生产方式"①，也就是说资本主义生产方式和社会主义生产方式都对应于商品经济阶段。这种看法未注意到社会主义不同阶段的区别。准确的说法应当是：资本主义生产方式和社会主义初级阶段的生产方式是相互并存的两种生产方式，都属商品经济阶段；资本主义生产方式和社会主义高级阶段的生产方式则是前后相继的两种生产方式，前者属商品经济阶段，后者则属产品经济阶段。我们现在建设的社会主义，即是处于商品经济阶段的社会主义初级阶段。

二、社会主义初级阶段的理论与现实依据

（一）社会主义初级阶段的理论依据

社会主义初级阶段的生产方式与资本主义生产方式是相互并存的两种生产方式，这也就是说，第二大阶段——商品经济阶段向第三大阶段——产品经济阶段过渡有两条道路：一条是资本主义道路，另一条是社会主义道路。

前一条道路即是马克思、恩格斯基于对当时英、法等资本主义发达国家的分析而揭示的，即资本主义充分发展到共产主义社会第一阶段（社会主义社会高级阶段），再到共产主义社会高级阶段。其根据在于：商品经济的高度发展，必然向产品经济过渡。商品经济形成普遍的社会物质变换、人的全面的社会关系、多方面的需求和全面的能力的体系，这正是第三大社会形态即产品经济的社会得以建立的前提。所以马克思特别指出："第二个阶段为第三个阶段创造条件。"②这个必然性在马克思的政治经济学的科学论著，特别是《1857—1858年经济学手稿》和《资本论》中得到充分论证。历史也必将证明这一点。当代美、英、法等发达资本主义国家不论它们的商品经济还将会有一个怎样的发展，终究要向产品经济过渡。尽管这一转变的节点现在尚未到达，但必然要到达。那种看到马克思的设想与我们实践的社会主义有很大差距，就以为马克思的设想具有空想性质的观点，是错误的。因为这两者借以建立的前提是不同的：前者的前提是发达资本主义所达到的生产力水平，而后者的前提是远远落后于发达资本主义的生产力水平。

俄国、中国等国的实践证明了历史的发展还有后一条道路：由社会主义初级阶段经中级阶段，再向高级阶段即共产主义第一阶段和共产主义高级阶段发展。

马克思在他的晚年，通过对俄国问题的研究而后展开的人类学研究和历史学研究，提出了东方落后国家可以跨越资本主义"卡夫丁峡谷"的理论。这一理论论证

① 顾乃忠．马克思三大社会形态理论和社会主义社会经济性质［J］．南京师范大学学报，1988（1）：7-10.

② 马克思，恩格斯．马克思恩格斯全集：第46卷上［M］．中共中央马克思恩格斯列宁斯大林著作编译局，译．北京：人民出版社，1979：104.

了在世界历史发展面临时代转折的条件下，东方落后国家跨越资本主义“卡夫丁峡谷”的应然性，也就论证了与商品经济阶段相对应的并非只有资本主义，还有跨越资本主义“卡夫丁峡谷”而建立的“吸取资本主义的一切肯定成果”的社会主义[①]。

在马克思的社会主义理论中，与第三阶段对应的是共产主义第一阶段的社会主义，而与第二阶段对应的是“吸取资本主义的一切肯定成果”的社会主义。也就是说，马克思指明：商品经济阶段向产品经济阶段过渡并非只有资本主义道路，还有社会主义道路。

俄国十月革命的意义就在于它证实了马克思的这一预想，开辟了这条新路。它证明了历史的发展并非只有“西欧资本主义和资产阶级民主发展的这条固定道路”[②]，可以首先用革命手段取得达到发达资本主义国家生产商品化、社会化、现代化水平的前提，然后在社会主义制度的条件下吸取资本主义的肯定成果，追上发达资本主义国家生产力所达到的高度。

考茨基等第二国际理论家曾执着于社会主义革命必须有待于资本主义的充分发展，他与第二国际的其他领导人对俄国十月革命提出责难：俄国“还没有成长到实现社会主义的地步”，“还没有实现社会主义的客观的经济前提”，“俄国生产力还没有发展到足以实现社会主义的水平”[③]。在他们看来，要达到这个“经济前提”，只有“西欧资本主义和资产阶级民主发展的这条固定道路”[④]，即经过资本主义的充分发展。列宁对此做了反驳：“既然毫无出路的处境十倍地增强了工农的力量，使我们能够用与西欧其他一切国家不同的方法来创造发展文明的根本条件，那又怎样呢？”“我们为什么不能首先用革命的手段取得达到这个一定水平的前提，然后在工农政权和苏维埃制度的基础上追上别国人民呢？”[⑤]

实践证明了列宁论断的正确。苏联、中国和其他社会主义国家的实践证明了可以用“不同的方法”即不同于西欧资本主义发展的另一条道路——通过革命，跨越资本主义“卡夫丁峡谷”，建立“吸取资本主义肯定成果”的社会主义，再向高于发达资本主义生产力水平的社会主义过渡[⑥]。

（二）社会主义初级阶段的现实依据

一方面，马克思通过对俄国的研究提出了落后国家能够跨越资本主义“卡夫丁峡谷”的合理性，而苏联实践也证明了通过社会主义道路进入到共产主义的可能

---

① 马克思，恩格斯．马克思恩格斯全集：第19卷［M］．中共中央马克思恩格斯列宁斯大林著作编译局，译．北京：人民出版社，1963：430-451.

② 列宁．列宁选集：第四卷［M］．中共中央马克思恩格斯列宁斯大林著作编译局，译．北京：人民出版社，1972：690-691.

③ 列宁．列宁选集：第四卷［M］．中共中央马克思恩格斯列宁斯大林著作编译局，译．北京：人民出版社，1972：690-691.

④ 列宁．列宁选集：第四卷［M］．中共中央马克思恩格斯列宁斯大林著作编译局，译．北京：人民出版社，1972：690-691.

⑤ 列宁．列宁选集：第四卷［M］．中共中央马克思恩格斯列宁斯大林著作编译局，译．北京：人民出版社，1972：690-691.

⑥ 张凌云．马克思的历史唯物主义与中国特色社会主义［J］．上海：东方出版中心，2011：56-61，70-73，136-139.

性。这些都为中国的社会主义初级阶段论断提供了理论与现实支撑；而另一方面，中国传统的历史文化与政治经济发展状况也决定了社会主义初级阶段是中国社会主义发展特有的阶段，是不可逾越的。

首先，社会主义初级阶段是由中国历史发展道路所决定的。中国具有5 000年的文明史，中国社会有自己独特的发展道路。世界历史的发展是有共同路线和一般规律的，而这个一般规律在各个国家历史发展中的表现，又因为具体历史条件的不同而必定要带上自己的特色。马克思曾经多次论述过，中国社会是亚细亚生产方式的代表，中国社会与西方社会有很大的区别：（1）国家从中国文明史的出现之日就起着十分重要的作用；（2）重视群体的作用；（3）拒斥商品经济，以农为本，重农抑商；（4）从来没有把发展生产置于中心任务；（5）东方社会的基本经济要素的结构长期停滞，东方社会是自给自足的自然经济，这种经济结构给生产力的发展提供的经济空间十分有限。对于这种区别，普列汉诺夫讲过一段话："雅典社会的制度不同于中国的制度，西方的经济发展进程根本不同于东方的经济发展进程。"这种经济结构无法孕育出资本主义的生产关系。中国的社会主义制度不是脱胎于资本主义充分发展的社会，而是脱胎于半殖民地半封建社会。

中国在1840年鸦片战争后进入半殖民地半封建社会。半殖民地半封建这一社会性质在整个世界史上，除中国之外，没有第二个国家经历过。中国在半殖民地半封建的基础上，越过资产阶级统治、资本主义充分发展的历史阶段，经由新民主主义社会而进入社会主义，这是中国特色社会主义的一个重要内容。跨越资本主义社会，是近代世界和中国的历史条件决定的，是中国人民在这种历史条件下，在中国共产党领导下不懈奋斗的结果。资本主义充分发展的阶段在中国可以逾越，但并不意味着中国可以不经过生产力的巨大发展，就立即进入成熟的社会主义阶段。正是因为我们逾越了资本主义充分发展的历史阶段，就必然要经历一个不可逾越的特定的社会主义初级阶段，在这样一个阶段中，去实现别的许多国家在资本主义条件下已实现的工业化和生产的商品化、社会化、现代化。

其次，社会主义初级阶段是由中国过渡时期的特点所决定的。中国的过渡时期有自己的特点，我们是从新民主主义社会向社会主义社会过渡的。在这一过渡时期，中国存在着多种经济成分，既有国有经济，也有资本主义经济、个体经济、私营经济。在过渡时期，我们用和平的方式完成了对资本主义工商业和农业、手工业的社会主义改造，确立了社会主义公有制的主体地位。在过渡时期，我们恢复了遭受战争破坏的国民经济，并提出了逐步实现国家的社会主义工业化。这样一个过渡时期决定了在过渡时期结束之后的社会主义社会有两个基本特点：一是建立了社会主义基本的经济与政治制度；二是建设社会主义的起点是比较低的，生产力水平、工业化程度都比较低。这样一个社会所处的阶段就是社会主义初级阶段。

最后，社会主义初级阶段是由中国现实发展情况所决定的。经过几十年的社会主义建设，特别是改革开放以来，我国经济增长迅速，综合国力不断提高，成为世界第二大经济体；与此同时，中国已全面建成小康社会，整体步入中等收入国家之列。但从整体上讲，我国还没有摆脱不发达状态，就生产力水平而言，远远落后于发达国家。我们的生产力水平总体上还有待提高，劳动生产率与发达国家相比有很大差距；我国的生产力结构不平衡，既有少量的现代化大生产，又有大量落后的生产力；人均产值、人均国民收入在世界上所排的位次都比较低，尽管绝对贫困问题已消除，但相对贫困问题仍亟待解决。中国的问题是，无论财力、物力总量多么可观，人均水平却是很低的状态。中国的这种生产力状况反映到生产关系上，表现为以社会主义公有制为主体、多种经济成分共同发展局面的存在，表现为公有制有多种实现形式，尽管这与社会主义本质相悖，但鉴于生产力水平有待继续提高，只能通过兼容资本主义因素的方式，而这一切都说明我们的社会主义还是初级阶段的社会主义。

三、社会主义初级阶段理论的形成与发展

毛泽东在中国社会主义建设的过程中，对社会主义发展阶段也进行过有益的探索，但由于他的这些有益的探索在20世纪50年代中期没有能够坚持和发扬下去，因而也就没有形成社会主义初级阶段理论。

社会主义初级阶段理论是在党的十一届三中全会以后，在改革开放新的历史条件下逐步形成和发展的，是邓小平建设中国特色社会主义理论的重要内容，是邓小平对社会主义社会阶段划分理论的重要贡献。从1978年到现在，社会主义初级阶段理论的发展可以划分为四个阶段：

第一个阶段：初步提出阶段（1979—1986年）。1979年，叶剑英同志在庆祝中华人民共和国成立30周年大会上的讲话中提出，我国“社会主义制度还处在幼年时期”，“在我国实现现代化，必然要经历一个由初级到高级的过程”。1981年6月，《关于建国以来党的若干历史问题的决议》中明确指出：“我们的社会主义制度还是处于初级的阶段。”这是在中国共产党的历史文献中第一次正式提出中国处在社会主义初级阶段。1982年党的十二大报告明确提出：“我国的社会主义社会现在还处在初级发展阶段。”1986年党的十二届六中全会说明了社会主义初级阶段的一些特征。

第二个阶段：系统形成阶段（1987—1992年）。在党的十三大召开前夕，邓小平同志多次在重要的谈话中论述“社会主义初级阶段”理论。1987年8月29日，他在会见意大利共产党领导人约蒂和赞盖里时说：“我们党的十三大要阐述中国社会主义是处在一个什么阶段，就是处在初级阶段，是初级阶段的社会主义……一切都要从这个实际出发，根据这个实际来制订规划。”[①]根据这一思想，党的十三大把社会主义初级阶段作为立论基础，对之进行了详细论述。报告指出，社会主义初级阶段是我国在生产力落后、商品经济不发达条件下建设社会主义必然要经历的特

① 邓小平．邓小平文选：第三卷［M］．北京：人民出版社，1993：252.

定阶段。在这个阶段，我们所面临的主要矛盾，是人民日益增长的物质文化需要同落后的社会生产之间的矛盾。

第三个阶段，完善阶段（1992—2002年）。党的十四大以来，以江泽民同志、胡锦涛同志为代表的第三、第四代中央领导集体在实践中不断完善社会主义初级阶段理论。十四大报告在阐述建设中国特色社会主义理论时，将初级阶段理论作为“中国特色社会主义”理论的重要内容。党的十五大报告对社会主义初级阶段理论又有了新的完善：将五个特征进一步扩展成九个特征，深化了对社会主义初级阶段的认识。党的十七大进一步指出，经过中华人民共和国成立以来特别是改革开放以来的不懈努力，我国取得了举世瞩目的发展成就，从生产力到生产关系、从经济基础到上层建筑都发生了意义深远的重大变化，但我国仍处于并将长期处于社会主义初级阶段的基本国情没有变，人民日益增长的物质文化需要同落后的社会生产之间的矛盾这一社会主要矛盾没有变。要科学判断和全面把握我国将长期处于社会主义初级阶段的基本国情，正确认识和妥善处理社会主要矛盾，紧紧抓住经济建设这个中心不动摇，正确处理好改革发展稳定的关系，推动物质文明、政治文明和精神文明协调发展，不断增强综合国力，逐步实现全体人民共同富裕。通过社会主义和谐社会、社会主义新农村的建设以及创新型国家的战略的实施来为社会主义初级阶段的发展注入新元素与活力。

第四个阶段，进一步发展阶段（党的十八大以来）。党的十八大以来，以习近平同志为核心的党中央在党的十六大、十七大的基础上，进一步提出了完善社会主义市场经济体制，健全开放型的利用国际国内两个市场和两种资源的现代市场体系，全面建成和谐的小康社会的宏伟蓝图，进一步深化和发展了社会主义初级阶段之承上启下阶段——全面建成小康社会阶段的理论。党的十九大报告指出目前我国的主要矛盾转化为人民日益增长的美好生活需要和不平衡不充分的发展之间的矛盾，但我国处于社会主义初级阶段的最大国情并未改变。对此，习近平总书记提出：“全党要牢牢把握社会主义初级阶段这个最大国情，牢牢立足社会主义初级阶段这个最大实际，更准确地把握我国社会主义初级阶段不断变化的特点。”既要看到初级阶段发展目标实现的长期性和复杂性，又要看到改革开放以来我国日新月异的发展变化。

第二节　所有制结构转型过程

一、中华人民共和国成立初期的所有制结构

中华人民共和国成立以前我国经济极端落后，经济命脉和主要生产资料掌握在

外国资本、封建地主和官僚资本的代表手中。受腐朽落后的生产关系束缚和长期战乱的破坏，生产力的发展落后于世界发达国家百年以上。中华人民共和国诞生之后，首要任务就是解决旧的生产关系与生产力之间的矛盾，其中最主要的一个环节就是变革生产资料所有制。

以毛泽东同志为核心的中国共产党的第一代中央领导集体，将马克思主义的普遍原理同中国革命的具体实践相结合，探索中国发展的正确道路。早在1947年12月，毛泽东就明确提出新民主主义革命的三大经济纲领："没收封建阶级的土地归农民所有，没收蒋介石、宋子文、孔祥熙、陈立夫为首的垄断资本归新民主主义的国家所有，保护民族工商业。"在这一纲领的指引下，随着解放战争的进展，中国人民解放军和人民政府没收和接管了属于国民党国家垄断资本的金融和工商企业，从而构成了中华人民共和国最初的国有经济的主要组成部分，向建立国营经济领导下的多种经济成分并存的新型经济体制迈出了重要的一步。

实现了新民主主义革命的三大经济纲领之后，新民主主义经济主要由国营经济、合作社经济、国家资本主义经济、私人资本主义经济、个体经济五种经济成分组成。在这五种经济成分中，国营经济处于领导地位，掌握国家的经济命脉。1949年，在工业总产值中，国营、合作社营工业占34.7%，公私合营工业占2%，私营工业占63.3%。

在1949—1952年的国民经济恢复时期，我国实施"公私兼顾、劳资两利、城乡互助、内外交流"的基本经济政策，使各种经济成分在国营经济领导下"分工合作、各得其所"。国家优先发展国营经济，积极扶持合作经济，鼓励国家资本主义经济。对于国营经济，政府在接管官僚资本的过程中贯彻"原职、原薪、原制度"的政策，较好地调动了管理人员和职工的积极性，并在此基础上实行民主改革，使国营企业的劳动生产率有了较为明显的提高。对于私营经济，一方面，实行以"节制资本"、统制贸易和加强计划为主要内容的管理政策，在活动范围、税收政策、市场价格、劳动条件诸方面对私营经济不利于国计民生的方面予以限制；另一方面，国家通过调整工商业，开展城乡物资交流，活跃市场流通，并且扩大了对私营工业的加工订货和产品收购，从而使私营经济获得正常利润，能够继续进行生产和扩大再生产。这些政策措施调动了多种所有制成分的积极因素，促进了多种经济成分的共同发展和国民经济迅速恢复。1952年，在工业总产值中，国营、合作社营与公私合营企业产值所占的比重已达50%以上，与其他经济成分比较已占优势。

二、计划经济时期的所有制结构

改革开放前，我们从马克思主义经典作家关于"未来社会"设想出发，尤其是受苏联社会主义模式、斯大林理论和苏联政治经济学教科书的影响，把社会主义所有制理解为纯粹的公有制，认为一旦进入社会主义社会就不能有任何非公有制经济存在，只能搞单一的公有制。这就从根本上否定了包括私有制在内的其他所有制形式的存在，并且认为生产力和生产关系可以通过“大跃进”来实现，片面追求“一大二公三纯”的所有制结构，混淆了全民所有制和集体所有制、社会主义和共产主义的界限。此外“赶英超美”的口号以及“社会主义建成之日，就是共产主义到来之时”等认识带有明显的理想色彩，其实是超越社会主义初级阶段的不切实际的认识。总的来说，在社会主义最初20年间，我们对本国国情和历史方位的认识不清晰、不准确。实践证明，这种超越生产力发展水平的片面追求公有水平高、公有程度纯的所有制结构，阻碍了社会主义生产力的发展，影响了社会主义经济发展的活力，以至于社会主义优越性难以具体而充分地发挥出来。

在由新民主主义社会向社会主义社会前进的过程中，存在着一个过渡时期。经过充分的酝酿，中共中央于1952年年底提出了过渡时期总路线，其核心是“一化三改”，即在一个相当长的时间内，逐步实现国家的社会主义工业化，并逐步实现国家对农业、手工业和资本主义工商业的社会主义改造。自1953年开始，对农业、手工业和资本主义工商业的社会主义改造成为贯彻过渡时期总路线的重要组成部分。三大改造的完成，是一件具有历史意义的事情，但在改造过程中存在脱离生产力发展实际状况、过急过猛的问题。自1953年至1957年，我国经济成分渐趋单一，特别是1955年下半年以后，公有化的速度加快，1957年参加农业生产合作社的农户比重达97.5%，私营工业已全部公私合营，批发与零售商业中，私营成分分别仅占0.1%和2.7%。

当时认为，总路线的实质，就是使生产资料的社会主义公有制成为我国国家和社会的唯一的经济基础，这种只提公有制为“唯一的经济基础”的说法，显然是与社会主义初级阶段的生产力发展状况不相适应的。

党和国家领导人于1956年对这些问题有所认识，并且于1957年制定了有关政策设法纠正，试图“以苏为鉴”，建立适合中国国情的经济管理制度。但是这一探索很快就被中断了。相反，1958年又对个体工商业者采取更加严厉的限制和改造措施：一是组织入社。个体手工业户，除极个别的特种工艺手工业户外，都要组织加入手工业合作社。二是把集体工商业并入或转为国营企业。1958年和1959年两年中，绝大部分的集体工商业者已经转为国营，留下的少量合作店、合作组也基本上只保留了形式，实际上也都归口国营企业统一核算，或按照国营企业的管理办法统负盈亏。在农业方面，到1956年年底，参加农业合作社的农户已达96%，其中土地等主要生产资料归集体公有的高级社占88%。1957年，参加农业合作社的农户占97.5%，其中高级社占96.2%，个体农户不足3%。到1959年，农业合作化后保留下来的3%的个体农户也都强令加入比高级社规模更大、公有化程度更高的农村人民公社。经过“大跃进”和农村人民公社化运动，非公有制经济已所剩无几。1961年，全国个体经济从业人员大约只有100万人。“文化大革命”期间，更加盲目和片面地追求“纯之又纯”的公有制形式。一方面，排斥公有制以外的其他经济成分，非公有制经济被作为“资本主义尾巴”割掉。另一方面，片面强调全民所有制的优越性，低估集体所有制存在和发展的必然性，混淆全民所有制和集体所有制的界限，搞所有制的“升级”“穷过渡”和“合并”运动，将“一大二公”作为判断所有制形式先进与否的标准，即认为社会主义的公有制的范围越大越好，公有化的程度越高越好。至1978年，在全国工业总产值中，全民所有制企业占77.6%，集体经济占22.4%，个体私营经济几乎不存在。我国的经济结构基本上只剩下全民所有制和集体所有制两种公有制成分，生产资料所有制结构已成为单一的公有制。

单一公有制的所有制结构脱离了中国国情，束缚了生产力的发展。在这种所有制的基础上，建立起来的是高度集中和统一的计划管理体制，否定了市场机制的作用。企业无法成为自主经营、自负盈亏的独立的经济实体，经济失去了协调发展的动力与活力。

三、改革开放以来的所有制结构变迁

党的十一届三中全会后，我们党在改革开放新的历史条件下，开始重新认识什么是社会主义，提出中国处于社会主义初级阶段的重要论断。我国社会主义初级阶段就是逐步摆脱贫穷、摆脱落后的发展阶段。在社会主义初级阶段，必须围绕解放、发展社会生产力这个根本任务。社会主义初级阶段理论的重大意义，就在于坚持从中国的具体国情出发来制定和执行改革发展的路线、方针和政策，探索适合自己特点的社会主义发展道路。在我国建设社会主义，必须根据我国处于社会主义初级阶段的现实国情，科学总结中华人民共和国成立以来我们党在社会主义所有制探索方面的经验教训，从所有制多元结构而不是单一结构对社会主义公有制进行新的认识。

那么，我国社会主义初级阶段多元所有制结构是怎样形成的？马克思主义唯物史观认为，生产力是一切社会发展的最终决定力量，因而决定所有制关系变更和所有制结构形成的决定性因素，是社会发展阶段的生产方式及其发展水平，而不是人们的意志。改革开放以来，我国所有制结构的变化其实就是随着非公有制经济兴起和发展，公有制经济与非公有制经济构成和比例的变化。我们通过公有制经济与非公有制经济构成和比例的变化来考察所有制结构的变化，全面深入认识基本经济制度的形成。

第一，公有制经济和非公有制经济由“对立”到“必要补充”的转变。

党的十一届三中全会明确提出，社员自留地、家庭副业和集市贸易是社会主义经济的必要补充部分，任何人不得乱加干涉①。个体经济因而得到了恢复和发展。1979年4月，国务院批转了《关于全国工商行政管理局长会议的报告》，这是党中

---

① 中共中央文献研究室．三中全会以来重要文献选编：上［M］．北京：人民出版社，1982：7.

央、国务院批准的第一个有关发展个体经济的报告，改革开放后第一次提出了恢复和发展私营经济。1981年6月，党的十一届六中全会通过的《关于建国以来党的若干历史问题的决议》指出，国营经济和集体经济是我国基本的经济形式，一定范围的劳动者个体经济是公有制经济的必要补充[①]。在农村和城市，都要鼓励劳动者个体经济在国家规定的范围内和工商行政管理下适当发展，作为公有制经济的必要的、有益的补充。这是党首次提出个体经济是公有制经济的必要补充。1982年9月党的十二大指出，由于我国生产力水平总的说来还比较低，又很不平衡，在很长时期内需要多种经济形式同时并存。1984年，党的十二届三中全会通过的《中共中央关于经济体制改革的决定》强调，我国现有的个体经济是和社会主义公有制相联系的，不同于和资本主义私有制相联系的个体经济，是社会主义经济必要的有益的补充，是从属于社会主义经济的[②]。1987年10月召开的党的十三大指出，私营经济、中外合资合作企业和外商独资企业等非公有制经济，是公有制必要的和有益的补充。同时还指出，在不同的经济领域，不同的地区，各种所有制经济占的比重应当允许有所不同。党对社会主义所有制结构的认识由个体经济作为必要的补充，逐步发展到私营经济、“三资”企业等非公有制经济都是公有制经济必要的有益的补充。党的十三大报告对个体、私营经济问题的论述，是我们党对非公有制经济认识上的一个重要发展阶段，发展个体、私营经济已成为建设中国特色社会主义的重要内容。

第二，公有制经济和非公有制经济由“必要补充”到“共同发展”再到“基本经济制度”的发展。

1992年春，邓小平的“南方谈话”带来了民营经济发展的“第二个春天”。在“南方谈话”中，邓小平提出的“三个有利于”标准和对计划和市场关系的创造性论述[③]都是对传统理论的重大突破，也为民营经济纳入体制之内，发挥平等竞争作用提供了重要的理论基础。1992年10月，党的十四大明确了建立社会主义市场经济体制的总目标，同时指出，社会主义市场经济体制是同社会主义基本制度结合在一起的。在所有制结构上，以公有制包括全民所有制和集体所有制为主体，个体经济、私营经济、外资经济为补充，多种经济成分长期共同发展，不同经济成分还可以自愿实行多种形式的联合经营。国有企业、集体企业、私营企业和其他企业都进入市场，通过平等竞争发挥国有企业的主导作用[④]。党的十四大首次强调非公有制经济与公有制经济共同发展。非公有制经济由“必要补充”转变为“共同发展”，标志着我们党对非公有制经济的认识进入了一个比较成熟的阶段。1993年11月十四届三中全会通过的《中共中央关于建立社会主义市场经济体制若干问题的决定》首次明确提出了“鼓励”非公有制经济发展的政策。《中共中央关于建立社会主义

① 中共中央文献研究室．三中全会以来重要文献选编：下［M］．北京：人民出版社，1982：786-787.
② 中共中央文献研究室．十二大以来重要文献选编：中［M］．北京：人民出版社，1986：580.
③ 邓小平．邓小平文选：第三卷［M］．北京：人民出版社，1993：372-373.
④ 江泽民．江泽民文选：第一卷［M］．北京：人民出版社，2006：226-227.

市场经济体制若干问题的决定》指出，建立社会主义市场经济体制，就是要使市场在国家宏观调控下对资源配置起基础性作用。为实现这个目标，必须坚持以公有制为主体、多种经济成分共同发展的方针。[①]在积极促进国有经济和集体经济发展的同时，鼓励个体、私营、外资经济发展，并依法加强管理。国家要为各种所有制经济平等参与市场竞争创造条件，对各类企业一视同仁。

1997年9月，党的十五大对私营经济的认识实现了历史性的突破，明确了个体、私营等非公有制经济是社会主义市场经济的重要组成部分[②]。对个体、私营等非公有制经济要继续鼓励、引导，使之健康发展。要健全财产法律制度，依法保护各类企业的合法权益和公平竞争，并对它们进行监督管理。非公有制经济的地位由“补充”上升到了“重要组成部分”，对非公有制经济的政策由“方针”上升到了“基本制度”，个体私营等非公有制经济与公有制主体的关系由“有益补充”变成“社会主义初级阶段的一项基本经济制度”，把非公有制经济纳入了社会主义初级阶段的基本经济制度之中，由“制度外”进入“制度内”。这不仅是所有制理论的历史性突破，而且是党对非公有制经济政策的一次本质意义上的突破，对非公有制经济的发展有着决定性的意义，标志着我们党对非公有制经济的认识更加成熟。

第三，公有制经济和非公有制经济由基本经济制度到“两个毫不动摇”的推进。

2002年11月，党的十六大第一次提出了“两个毫不动摇、一个统一”的思想，即必须毫不动摇地巩固和发展公有制经济；必须毫不动摇地鼓励、支持和引导非公有制经济发展；坚持公有制为主体，促进非公有制经济发展，统一于社会主义现代化建设的进程中[③]。这就彻底摒弃了把公有制经济与非公有制经济对立起来的认识，从经济、政治、意识形态等领域全面地对非公有制经济进行定位。2003年10月，党的十六届三中全会通过的《中共中央关于完善社会主义市场经济体制若干问题的决定》明确提出，个体、私营等非公有制经济是促进我国社会生产力发展的重要力量[④]，要大力发展和积极引导非公有制经济发展。2004年9月，党的十六届四中全会决定把“正确处理公有制为主体和促进非公有制经济发展的关系”作为首要关系确定下来。这是经济体制改革中一个根本性、全局性的问题。只注重发展公有制经济不是社会主义，只注重发展非公有制经济也不是社会主义，只有两者协调发展，避免片面性，才能确保改革朝着社会主义市场经济发展的方向前进。2007年10月，党的十七大在重申并强调两个“毫不动摇”的基础上提出，坚持平等保护物权，形成各种所有制经济平等竞争、相互促进新格局[⑤]。这“两个平等”是党的十七大在所有制理论上的亮点。

① 中共中央文献研究室. 十四大以来重要文献选编：上［M］. 北京：人民出版社，1996.
② 江泽民. 江泽民文选：第二卷［M］. 北京：人民出版社，2006：20.
③ 江泽民. 江泽民文选：第三卷［M］. 北京：人民出版社，2006：548.
④ 中共中央文献研究室. 十六大以来重要文献选编：上［M］. 北京：中央文献出版社，2005：466.
⑤ 胡锦涛. 胡锦涛文选：第二卷［M］. 北京：人民出版社，2016：633.

第四，公有制经济和非公有制经济由“两个毫不动摇”到“两个都是”的深化。

2012年11月，党的十八大在继续强调“两个毫不动摇”的基础上指出，要毫不动摇巩固和发展公有制经济，推行公有制多种实现形式，深化国有企业改革，完善各类国有资产管理体制，推动国有资本更多投向关系国家安全和国民经济命脉的重要行业和关键领域，不断增强国有经济活力、控制力、影响力。毫不动摇鼓励、支持、引导非公有制经济发展，保证各种所有制经济依法平等使用生产要素、公平参与市场竞争、同等受到法律保护①。2013年11月，党的十八届三中全会通过的《中共中央关于全面深化改革若干重大问题的决定》作出新突破，把非公有制经济的地位和作用提到了一个新的高度，在“两个毫不动摇”的基础上提出“两个都是”，即公有制经济和非公有制经济都是社会主义市场经济的重要组成部分，公有制经济和非公有制经济都是我国经济社会发展的基础②。“两个都是”的提出，丰富了“两个毫不动摇”，完善了基本经济制度理论。“两个都是”的提出表明，我们党对非公有制经济的认识达到了一个新的高度。过去我们也讲“非公有制经济是我国社会主义市场经济的重要组成部分”，但把公有制经济和非公有制经济并列起来讲还是第一次。这种以党的文件形式来肯定非公有制经济地位的举措是空前的，也为非公有制经济提供了更有力的外部环境和更广阔的发展空间。继党的十八届三中全会提出“两个都是”之后，党的十八届四中、五中全会推出了一系列扩大非公有制企业市场准入、平等发展的改革举措，主要有：鼓励非公有制企业参与国有企业改革，鼓励发展非公有资本控股的混合所有制企业，各类市场主体可依法平等进入负面清单之外领域，允许更多国有经济和其他所有制经济发展成为混合所有制经济，国有资本投资项目允许非国有资本参股，允许具备条件的民间资本依法发起设立中小型银行等金融机构，允许社会资本通过特许经营等方式参与城市基础设施投资和运营，鼓励社会资本投向农村建设，允许企业和社会组织在农村兴办各类事业等。我国非公有制经济是改革开放以来在中国共产党的方针政策指引下发展起来的，是在中国共产党领导下开辟出来的一条道路。公有制经济、非公有制经济应该相辅相成、相得益彰，而不是相互排斥、相互抵消。

从本质上说，公有制为主体、多种所有制经济共同发展的基本经济制度形成、发展的历程，也是我们党对公有制经济、非公有制经济二者关系认识不断深化的过程。公有制经济和非公有制经济二者关系是贯穿我国整个社会主义初级阶段的基本问题，是我国社会主义初级阶段基本经济制度形成、发展的一条主线。改革开放以来，我们党从实践和理论两个层面不断探索公有制经济和非公有制经济二者的关系，总结公有制经济与非公有制经济关系发展的特点，提升对二者辩证发展的掌控能力。坚持公有制为主体、多种所有制经济共同发展，这是我国发展社会主义市场

---

① 胡锦涛．胡锦涛文选：第二卷［M］．北京：人民出版社，2016：629.
② 中共中央文献研究室．十八大以来重要文献选编：上［M］．北京：中央文献出版社，2014：515.

经济的国情要求，也是马克思主义政治经济学理论的重大发展。

四、混合所有制改革的内容与理论逻辑

2013年11月，党的十八届三中全会明确提出，国有资本、集体资本、非公有资本等交叉持股、相互融合的混合所有制经济，是基本经济制度的重要实现形式①。这里把混合所有制经济作为基本经济制度的重要实现形式，就是说，公有制为主体、多种所有制经济共同发展的重要实现形式是混合所有制经济。这是在党的文件中首次将混合所有制经济提高到基本经济制度的重要实现形式的高度来认识，并强调要积极发展，从而深化了对坚持和完善基本经济制度的认识，丰富了社会主义基本经济制度的内涵，是我们党在基本经济制度认识上的新突破。

所有制结构的变化，推动了非公有制经济成为社会主义基本经济制度的构成内容；公有制经济实现形式的多样化，促进了混合所有制成为社会主义基本经济制度的重要实现形式。无论是所有制结构的变化，还是公有制实现形式的多样化，都是不同所有制经济混合发展的过程，其结果是社会主义初级阶段基本经济制度的发展和完善。只不过有的混合是宏观层面、外在的，有的混合是微观层面、内在的。不同所有制经济的混合是一个从宏观到微观、从制度外到制度内的演化过程。改革开放初期，对原有公有制特别是国有制进行改革的同时，允许体制外非公有制经济发展，是一项成功的增量改革，有效推动了非公有制经济快速发展。非公有制经济成分的生成和发展，是中国混合所有制经济形成的前提条件。在此基础上，才有不同所有制性质和资本在企业内部的“混合”，由此使公有制经济和非公有制经济的混合由企业外部转到企业内部。

经过40多年改革开放，非公有制经济从“是社会主义经济的必要补充”，到“公有制为主体、多种所有制共同发展”，再到“混合所有制作为基本经济制度的重要实现形式”，是社会主义初级阶段基本经济制度不断完善和发展的体现。党的十四大确立了建立社会主义市场经济体制的改革目标。党的十四届三中全会通过的《中共中央关于建立社会主义市场经济体制若干问题的决定》首次提出“混合所有制”一词。党的十五大在确立社会主义初级阶段的基本经济制度的同时，明确提出混合所有制经济，阐述了公有制和股份制的关系。党的十五大报告提出，公有制经济不仅包括国有经济和集体经济，还包括混合所有制经济中的国有成分和集体成分。股份制是现代企业的一种资本组织形式，有利于所有权和经营权的分离，有利于提高企业和资本的运作效率，资本主义可以用，社会主义也可以用。不能笼统地说股份制是公有还是私有，关键看控股权掌握在谁手中。国家和集体控股，具有明显的公有性，有利于扩大公有资本的支配范围，增强公有制的主体作用②。这就是

① 中共中央文献研究室．十八大以来重要文献选编：上［M］．北京：中央文献出版社，2014：515.
② 江泽民．江泽民文选：第二卷［M］．北京：人民出版社，2006：20.

说，能否科学地、积极地发展混合所有制经济，关键看企业资本的控股权掌握在谁手中。混合所有制只要国家和集体控股，就有利于巩固和发展社会主义基本经济制度。党的十五届四中全会明确指出，国有大中型企业尤其是优势企业，宜于实行股份制的，要通过规范上市、中外合资和企业相互参股等形式，改为股份制企业，发展混合所有制经济。党的十六大报告提出，除极少数必须由国家独资经营的企业外，应积极推行股份制，发展混合所有制经济[①]。党的十六届三中全会提出，要适应经济市场化不断发展的趋势，进一步增强公有制经济的活力，大力发展国有资本、集体资本和非公有资本等参股的混合所有制经济，实现投资主体多元化，使股份制成为公有制的主要实现形式[②]。党的十七大提出，要以现代产权制度为基础，发展混合所有制经济[③]。

党的十八届三中全会明确提出，混合所有制经济是“基本经济制度的重要实现形式”，既是对以往关于基本经济制度论述的继承，又是新时代基本经济制度理论认识的深化。公有制为主体、多种所有制经济共同发展的基本经济制度，是中国特色社会主义制度的重要支柱，也是社会主义市场经济体制的根基。国有资本、集体资本、非公有资本等交叉持股、相互融合的混合所有制经济，是基本经济制度的重要实现形式。这有利于国有资本放大功能、保值增值、提高竞争力，有利于各种所有制资本取长补短、相互促进、共同发展。党的十八届三中全会强调，允许更多国有经济和其他所有制经济发展成为混合所有制经济。国有资本投资项目允许非国有资本参股。允许混合所有制经济实行企业员工持股，形成资本所有者和劳动者利益共同体[④]。把混合所有制经济看作我国基本经济制度的重要实现形式，是党的十八届三中全会关于基本经济制度理论的重要贡献。党的十八届五中全会提出了从两个方面发展混合所有制经济的问题。一方面强调推进国有企业混合所有制改革，坚定不移地把国有企业做强做优做大；另一方面也强调鼓励民营企业依法进入更多领域，引入非国有资本参与国有企业改革，激发非公有制企业经济活力和创造力。2015年，中共中央、国务院发布的《关于深化国有企业改革的指导意见》，对混合所有制经济改革作出了“顶层设计”。2016年年底召开的中央经济工作会议进一步指出，混合所有制经济改革是国有企业改革的重要突破口。2017年党的十九大把混合所有制经济确定为“深化国有企业改革”和“促进民营企业发展”的重大举措和关键环节。

混合所有制作为基本经济制度的重要实现形式这一论断，反映了社会主义市场经济深入发展的客观要求，是我们党在所有制和基本经济制度理论上的重大创新。混合所有制经济从本质上说就是股份制经济，是一种富有活力和效率的资本组织形式。我国的股份制特点是不同性质的资本融合的混合所有制的股份制经济，也就是

---

① 江泽民. 江泽民文选：第三卷［M］. 北京：人民出版社，2006：549.
② 中共中央文献研究室. 十六大以来重要文献选编：上［M］. 北京：中央文献出版社，2005：466.
③ 胡锦涛. 胡锦涛文选：第二卷［M］. 北京：人民出版社，2014：633.
④ 中共中央文献研究室. 十八大以来重要文献选编：上［M］. 北京：中央文献出版社，2014：515.

混合所有制经济。积极发展这样的混合所有制经济，有利于改善国有企业、集体企业和非公有制企业的产权结构，推动企业建立适应市场经济发展的现代企业制度；有利于推动各类所有制企业产权的流动和重组，优化资本配置，使效益最大化；有利于依托多元产权架构和市场化的运营机制提高国有经济或公有制经济效益；有利于非公有制经济进入基础设施、公用事业等更多领域，拓展发展空间。

第三节　所有制结构的优化与完善

一、坚持公有制的主体地位，发挥国有经济的主导作用

（一）国有企业在市场经济中的两难定位

公有制为主体、多种所有制经济共同发展是我国基本经济制度的重要内容之一。其中，坚持公有制的主体地位，必须准确认识和科学把握其内涵。公有制经济不仅包括国有经济和集体经济，还包括混合所有制经济中的国有成分和集体成分。公有制的主体地位主要体现在两个方面：一是公有资产在社会总资产中占优势，二是国有经济控制国民经济命脉。

一方面，公有资产在社会总资产中占优势是公有制主体地位的基本保证。因为作为主体地位的经济成分，一定是在社会的各种经济成分中具有数量优势的经济成分，也就是说，要保证公有制经济的主体地位，必须使公有资产在社会总资产中占优势地位。现在的问题是，伴随着非公经济的不断发展，非公经济所占的比重越来越高，原本作为辅助社会经济发展而存在的非公经济出现了反客为主的趋势，同时，社会经济在市场作用下日益繁荣，非公经济的作用开始被放大，而公有制经济的作用开始被忽视。

另一方面，以公有制为主体要求国有经济控制国民经济命脉，对经济发展起主导作用。国有经济起主导作用，主要体现在控制力上，对于关系国民经济命脉的重要行业和关键领域，国有经济必须占支配地位。然而伴随近些年市场经济体制的不断改革与完善，国有企业作为公有制经济的代表，其定位以及作用也引发了热烈的讨论，关于“国进民退”还是“民进国退”的声音一直不绝于耳。按照西方经济学的分析范式，如果市场是完美的，那么在充分竞争的条件下一定会形成一种自然秩序，在市场这只“看不见的手”的作用下，经济人对个人利益的追求将会自动达到资源配置的帕累托最优，实现社会福利最大化。沿着这个逻辑，没有产权明晰的市场主体，就没有市场机制，也就没有市场效率。也就是说，国有企业只有通过私有化才能有效率。而如果按照马克思主义政治经济学的分析范式，劳动者的个体利益只有在整个工人阶级获得整体解放时才能实现最大化，而这只有通过消灭私有制、

建立公有制才能达到。

理论上的冲突无法掩盖一个基本事实，那就是两大理论体系对于国有企业在社会主义市场经济体制中到底应该扮演什么样的角色都不能作出清晰的判断。而在现实的改革逻辑下，我们既想让国有企业体现公有制占主体的制度基础，同时又希望通过改革使其成为自主经营、自负盈亏的市场主体；既让国有企业追求社会目标，承担国家的政策性负担与社会负担，又让国有企业参与市场竞争，追求利润最大化。因而在这样的目标定位下，如何评价国有企业在整个国民经济中的贡献一直缺乏客观有效的共识性指标。同时，既要提高微观效率，又要顾及宏观效益，也导致国有企业无所适从，社会各界对国有企业的评价褒贬不一。

（二）深化国有企业改革

1.明确市场改革目标，确定客观分类标准，推动国有经济合理布局

我们既要坚持国有经济的主导地位，又要大力推进国有企业的产权制度改革。“市场机制有效、微观主体有活力、宏观调控有度”是现代化经济体系的重要特征，为此就必须加快完善社会主义市场经济体制。中共十九大报告指出：“经济体制改革必须以完善产权制度和要素市场化配置为重点，实现产权有效激励、要素自由流动、价格反应灵活、竞争公平有序、企业优胜劣汰。”①为此，既要强化对民营经济的产权界定与产权保护，为民营经济的大力发展创造制度性条件与市场环境，同时又要在市场化背景下深化国有企业改革。让国有企业在该发挥作用的领域进一步做强做优做大，在适宜民营经济发展的领域国有资本应不再谋求控股，也可以逐步退出，为此就需要把分类标准科学化和客观化。根据客观的分类标准，加快国有经济的布局优化、结构调整、战略性重组。国有资本主要集中在关涉国家安全、国民经济命脉，提供公共产品和公益类服务的重要行业和关键领域。除了在提供公共产品及基本的公益类服务的领域主要采取国有独资方式外，对于处于自然垄断行业的国有企业，在保持国有控股的条件下，应积极推进混合所有制改革，改革国有资本的监管体制，做强做优做大国有资本，培育一批具有全球竞争力的世界一流企业，提升企业的国际竞争力，实现国有资本的保值增值。

2.分类推进国有企业混合所有制改革

国有资本与民营资本相混合被大量的事实证明是一个“双赢”的改革。国企与民企相互入股，既可以将民营企业灵活的经营机制移植到国有企业，达到改善国有企业效率的目的，也可以让民营企业从垄断性国有企业那里获得某些市场支配势力或者融资优势，改变民营企业在市场竞争中的劣势。一般性的竞争性国有企业进行混合所有制改革的障碍相对小一些，既可以在产权多元化条件下进行“混改”，也可以在国有资本参股甚至退出的情况下进行“混改”，而目前我国混合所有制改革的重点与难点应该集中在处于自然垄断行业中的国有企业。我们应该根据“分类”

① 习近平．决胜全面建成小康社会，夺取新时代中国特色社会主义伟大胜利——在中国共产党第十九次全国代表大会上的报告［M］．北京：人民出版社，2017：33.

“分层”的原则推进自然垄断型国有企业的混合所有制改革。

第一，为了有效推进“混改”，不仅应有宏观分类概念，而且应有微观分类概念。我们不仅要根据国有企业所处行业与所提供产品性质的不同进行分类，还要对进行了多元化经营后的国有企业进行内部的产业分类。我们应在明确“微观分类”的前提下推进央企的“混改”，加快央企的“主辅分离”，对于央企中处于国计民生领域的主业进行国有资本占控制地位的“混改”，而对于处在一般性竞争领域的辅业进行产权多元化的股份制改造或实行民营资本控股。

第二，分类推进央企总部与子公司的混合所有制改革。混改应该触及央企总部，或者进行类似于中国联通那样的整体混改，总部也实行国有股控股条件下的产权多元化，或者央企总部按照国有资本授权经营模式进行改革，让其成为追求国有资产保值增值的主体，通过股权对控股子公司贯彻股东的利益，真正从管资产向管资本转变。子公司也可通过加大引入社会资本的力度，通过产权多元化实现产权关系的明晰化。

第三，逐步扩大员工持股制度的试点范围。员工持股制度作为混合所有制改革的一种形式，既可以推进产权多元化，改善国有企业的股权结构，也可以通过股权激励经营者与员工，还可以从利益上激发员工从公司内部监督经营者行为。但需要指出的是，在自然垄断性企业子公司持股员工很容易获得来自母公司的垄断性收益，出现不公平情形。因此，在引入员工持股制度之前，先要进行央企的主辅分离，把垄断性行业和竞争性行业分开，推行市场导向下的“混改”，然后再试行员工持股制度。

第四，进一步放开管制，鼓励民营资本入股国企。尽管民企入股国企的“混改”对国有资本和民营资本都有好处，但在实践中似乎国企与民企的热情都不高。国企领导人担心与民企“混”会被人戴上“国有资产流失”的帽子；民企则担心想“混”的企业不让进入，能进入的领域不给“话语权”。对此，为进一步推进民企入股国企，一方面，要放松管制，降低民企入股垄断性国企的门槛；另一方面，不要禁止民企在与竞争性国企混合中成为有话语权的股东，甚至成为控股者。

二、鼓励、支持和引导非公有制经济发展

（一）非公经济的发展并非社会主义初级阶段的权宜之计

社会主义市场经济的成功实践是对原有社会主义公有制计划经济模式的根本突破。随着改革开放的推进和我们认识的深化，民营包括私有经济也从社会主义的有益补充、组成部分到成为基本经济制度的有机构成。尽管改革开放40多年来，经济与生产力均得到快速提高，社会主要矛盾发生改变，而我国处于社会主义初级阶段的基本国情并未改变，非公经济始终是推动社会经济建设、生产力发展的重要力量，公有制经济与非公经济共同构成了党和国家的经济和政治基础。新时代下，有

必要与时俱进，进一步明确各种所有制的平等地位和平等保护，明确多种所有制结构的存在不是社会主义初级阶段的权宜之计，而是社会主义市场经济的所有制基础，与社会主义社会共始终，与政党与国家共始终。

非公有制经济不仅是市场经济体制进一步完善的必备条件，也是现代混合经济发展的历史趋势。不仅如此，作为当前中国经济发展的主要驱动力量，其还承担着促进中国经济进一步快速发展的历史使命。从理论上讲，非公有制经济发展是完善社会主义市场经济体制的应有之义。市场经济是由市场通过价格引导资源实现合理配置的体制机制，而价格引导资源实现合理配置的核心是竞争，因此，从某种程度上讲，市场经济就是充分竞争的经济。从经济理论上讲，驱使竞争的动力是经济主体的自利行为，即通过降低成本、提高效率从而实现利润或效用的最大化。这无疑要求经济主体的分散化，也就是说市场经济内在要求多种经济成分共存，只有这样才能展开有效的市场竞争，实现资源的有效配置。虽然传统公有制经济中也存在着不同的企业，但从本质上讲，这些所谓的企业并不是根据市场而是根据计划来配置资源的，因此，发展非公有制经济就成为社会主义市场经济体制完善的重要内容。从现实来看，非公有制经济为改革开放以来中国经济社会发展作出了巨大贡献，承担着进一步促进经济社会快速发展的重担。改革开放以来非公有制经济为中国经济社会发展作出了巨大贡献，在支撑增长、促进创新、扩大就业、增加税收等方面具有重要作用。在经济从高速增长向中高速增长转变的过程中，非公经济将作为经济发展的主要动力继续发挥作用。然而非公有制经济发展面临的制约还很多，既有非公有制经济自身的问题，也有外部政策制度环境制约，还有经济发展的阶段性特征影响等。因而要促进非公经济的发展，就必须克服弊端。

（二）促进非公经济健康发展

第一，坚持存量调整与增量改革相结合，促成宏观混合经济形成与微观混合所有制企业的不断壮大。中国经济改革开放的成功在于坚持循序渐进的增量改革的逻辑。调整所有制结构，特别是促进非公有制经济向资源能源、垄断以及基础设施等社会公共事业领域发展，不可避免地会触及原有利益格局。因此，要通过增量改革与存量调整并举的方式以化解阻力。一方面，通过产权结构调整，将国有企业等公有制经济进行股权多元化改革，吸引非公有资本进入，发展非公有制资本控股的混合所有制企业，从而在原有领域引入非公有制资本；另一方面，要消除各种隐性壁垒，切实放宽市场准入，消除“玻璃门”“弹簧门”赖以存在的基础，要坚持权利平等、机会平等、规则平等，构建公平竞争的市场环境。存量调整的好处在于稳定市场运行节奏，减小全面放开造成的阻力；但其缺点也比较明显，对就业、税收等促进作用小、见效慢。在人们逐渐适应存量调整后的格局后，要鼓励增量改革，即通过消除各种壁垒实现企业进入。这种增量改革有助于就业、税收等增加，同时有助于形成不同行业的公平合理的竞争格局，从而有助于中国混合经济运行。

第二，坚持放权与加强监管相结合，处理好市场与政府关系。经济理论与各国经济发展经验表明，无论是市场还是政府都不是万能的，既存在市场失灵，也存在政府失灵，这就意味着一国经济要良性发展就必须合理界定政府与市场的边界。而处理好市场与政府边界的前提之一是要有一个统一开放、竞争有序的市场体系，并且市场能够真正在资源配置中发挥决定性作用。二是构建一个高效的服务型政府，要简政放权，深化改革当前行政审批制度，最大限度减少政府对微观事务的管理，强化政府宏观调控与社会服务职能，将原有的政府直接的生产服务推向市场，也就是说，国家完全可以通过市场监管与外包来实现公共产品等的供给，这就要求正确对待公有与非公有制经济，通过市场供给和政府约束，提高资源配置效率和公平性。

第三，企业自我完善与转型升级相结合，顺应经济发展规律。确定市场与政府的边界、统一增量改革与存量调整离不开发育良好、制度健全的非公有制企业。但从现实情况看，中国非公有制企业确实参差不齐，既有信息透明、制度完善、机制健全的上市企业，也有规模小且为数众多的产权混乱、管理落后的家族式企业，而且这些企业是非公有制经济的主体。因此，必须区别对待，鼓励有条件的私营企业建立现代企业制度。这就要坚持政府政策引导与企业自我完善相结合的路径。一方面，通过财税、补贴以及政策咨询等方式，由政府扶持广大中小非公有制企业，促进中小企业的内部机制完善，提高管理水平，摆脱落后的管理模式；另一方面，企业自身通过吸引人才、内部激励机制建设以及股权改造等，逐渐发展成为现代企业，提升企业核心竞争力。

三、“国进民退”抑或“民退国进”?

（一）关于“国进民退”抑或“民退国进”的争论

自2003年以来，大规模的“国退民进”进程基本结束，国有经济步入以优化国有经济布局和结构为核心的新阶段，但国有经济在国民经济中的地位仍处于下降的总体趋势并没有改变。由于政策上缺乏定量描述，因此面对国有经济在国民经济中不断下降的局面，人们不禁要思考：“国退民进”是不是要一直进行下去？如果不是，国有经济要“退”到什么程度才会停止？如果是，任由这种“国退民进”无限度地发展下去，公有制的主体地位必然会让位于非公有制经济，其必然的结果是动摇社会主义的根基。

现存的主流思想和舆论似乎并不支持这种“限度”存在的必要性。坚持市场原教旨主义的学派对“国退民进”战略实施的结束是不满的。进入2009年以来，在经济学界、舆论界掀起了一股质疑、批评“国进民退”的热浪。有学者认为“国进民退”是改革的倒退；有的认为“国进民退”只是暂时现象；有的认为不存在“国进民退”，而是“国民共进”等。随着争论的不断深入，对“国进民退”的认识也更加清晰。与“国退民进”相比，“国进民退”的内涵更加丰富。有时指宏观经济结构总体变化趋势，即国有经济占经济总量的比重上升；有时指个别企业或行业的案例，即国有企业进入“不应进入”或“不必进入”的新领域。前期的争论，批评“国进民退”的学者往往将个别国有企业或个别领域国有资本的扩张夸大为整个经济体普遍面临的现象；否认存在“国进民退”的声音则主要从宏观数据上进行反驳，认为“国退民进”的趋势并没有改变。随着认识的深入，学者们开始认识到“国退民进”的总体趋势与“国进民退”案例并存并不矛盾。[①]虽然部分国有企业不断扩张，但民营企业发展更快；国有企业“有进有退”，一些国有企业退出了没有竞争优势的领域，一些国有企业凭借自身经营优势扩展经营领域。

一些学者认为国有企业就是“行政垄断”“低效率”等的代名词，国有企业的扩张必然损害国家经济的健康发展，因此国有经济只能“退”不能“进”。面对这些质疑，虽然政府官员几乎一致否认存在“国进民退”现象，但这种简单否认的做法却证据不足。究其原因，是对“国退民进”认识不清。“国退民进”原本是特殊历史阶段的产物，但却使大家形成了一种不利于国有经济发展的思维定式：只有“国退民进”，才能优化“所有制结构”。支撑这种思维方式的核心思想是：公有制经济的效率必然低于非公有制经济的效率。按这种思路，所有制结构不合理就表现为“国有部门比重太大，占有资源太多”；似乎只有不断地“国退民进”，才是一种积极的现象。

实际上，所谓的国有企业存在的巨大危害都不是产权性质的直接结果，而且“国进民退”案例的背景各有不同，很难笼统地下一个肯定或否定的结论。有些案例是政府投资战略性新兴产业，环境条件特殊，很难作出倾向性判断[②]。另外，尽管有些整合对经济来讲是优化过程，但采用的方式却是非市场化的。因此，需要反思的是政府如何能按市场规则规范自身行为，摆脱计划经济遗留的行政命令式的管控经济的方式。不仅如此，用来批评国有企业的论据也并不充分，在学术界也存在较大争议，而且随着对发达国家自20世纪90年代后一直持续到21世纪初的“私有化浪潮”不断反思，对国有经济的认识也不断深化。

（二）是否存在一种可以依国情而定的最佳所有制结构

时至今日，国有经济在国民经济中的比重仍在持续降低，从各个主要领域不断退出，但究竟国有经济到底应“退”向何方呢？坚持市场原教旨主义的学者根据所谓的“国际经验”，最初给出的答案是“退出一般性竞争领域”，现在给出的答案是“国有企业应仅仅成为公共物品的提供者”。

且不说衡量“竞争性产业”的标准是什么的问题，“国有企业应退出竞争性领域”的提法，并没有广泛的国际经验支持，因为所谓的竞争性领域是一个很模糊的概念。可以说，除美国模式之外，几乎没有哪个国家把经济效率作为国有经济进退的唯一标准，也没有哪个国家国有企业真的从“竞争性”领域完全退出，而只提供公共产品，更没有哪个国家真的将国有企业规模降到国民经济的10%以下。真实

---

① 马骏．我国总体趋势上不存在“国进民退”[J]．红旗文稿，2010（2）：15-17.
② 马骏．“国进民退”五大案例背后[J]．中国经济周刊，2010（12）：35-37.

的情况是，不同国家根据自身发展阶段的特点，选择了一个最适合本国经济、社会发展所需的国有企业的规模，且分布领域相当广泛。从世界范围看，20世纪，从第二次世界大战结束到70年代是国有企业发展的鼎盛时期。在这一时期，许多经济学家把国有企业视为促进经济发展的有效方式。即使是在私有化浪潮之后，许多OECD成员中仍然存在大量的国有企业，而且这些部门由于其规模、经济影响及其在行业中的战略性而地位显著。在许多非OECD成员中，虽然在这时期也发生了大规模的私有化运动，国家所有权仍然具有更重要的意义。

这就给我们以极大的启示，经济发展至当前这一阶段，单独的私有制或大一统的公有制对一国经济而言都不是最佳选择，而由国有与私有共存的混合经济形态是经济、社会发展的必然。具体到国有企业应该占有多大比重，则应视经济发展阶段、历史、政治及意识形态等具体情况而定。这就意味着，各国国有经济存在一个适应本国经济发展阶段及社会、政治结构的最佳比重。

就我国的情形而论，决定国有经济最佳比重的主要因素在于公有制地位以及国有企业在经济运行中起到的作用，具体概括为以下四点：

第一个因素是中国制度的社会主义性质。每一种经济制度都带有其自身独有的特征，这类特征是区别社会主义与资本主义的实质性标准。虽然人们在不同时期对社会主义基本经济制度的认识有差异，但有一点是始终不变的，即公有制是其核心制度。

第二个因素是国有企业是促进社会经济发展的工具。具体看，通过公共投资，可以促进具有自然垄断性质的基础设施产业（电信、铁路、公路等）和具有战略意义的关键产业（银行、能源、电力、航空、某些高新技术产业等）及国家安全的军工产业的发展。

第三个因素是国有企业是促进社会公平的工具。例如，国有企业经营“公用事业”，可降低低收入者生活必需品的价格。国有经济的发展，可推动收入分配改革。国有企业在初次分配和再分配领域进行改革具有所有制优势，从理论上说可减少在推动初次分配和再分配改革的进程中受到来自非国有经济等特殊利益集团的阻力。

第四个因素是把国有企业作为稳定宏观经济的工具。国有银行的存在和一定规模的公共部门投资，是实施反经济周期政策的重要基础。对政府而言，引导非国有企业进行投资只能依据产业政策，而要引导国有企业投资，除产业政策外，更重要的是行政力量。虽然政企分开是国有企业改革要实现的目标之一，但在特殊的历史时期，可通过特定的程序实现反周期的调控政策的意图。

综合这些因素而论，我国国有经济的比重为多大才最优？这是一个有待进一步论证的问题。目前来看，国有经济似乎呈现出一种趋于稳定的状态，这在某种程度上就意味着所有制调整进入了一个较为适宜的状态。另外，既然社会主义初级阶段的基本经济制度是“公有制为主体、多种所有制经济共同发展”，那么，国有经济的比重至少也不应低于法、奥等国在其国有企业鼎盛时期的比重，否则是很难让人信服我们国家的社会主义性质的。

[本章小结]

过去，我国对于自身的发展阶段存在误解，根据马克思主义经典作家对人类社会发展阶段的描述，我们将社会主义理解成纯粹的公有制，而否定其他所有制形式的存在。为早日实现共产主义，我国提出了一系列不符合国情的改革和口号，而事实上，这种超越生产力发展水平的片面追求公有水平高、公有程度纯的所有制结构，阻碍了社会主义生产力的发展，影响了社会主义经济发展的活力，以至于社会主义优越性难以具体而充分地发挥出来。

党的十一届三中全会以来，中国共产党以前所未有的理论和实践勇气探索社会主义经济改革的道路，通过一系列制度变革建立了中国特色社会主义市场经济体制，确立了社会主义初级阶段的基本国情与社会主义基本经济制度。为实现"卡夫丁峡谷"的跨越，促进生产力水平实现飞跃，我国经历了由单一所有制向多元所有制转变的过程。伴随着社会主义市场经济体制的逐步完善，非公有制经济由过去作为"公有制经济的补充"发展为"与公有制经济具有同等地位"。当下，中国特色社会主义进入新时代，经济步入高质量发展阶段，发展理念、要素条件及外部环境皆发生了系统性变化，改革面临瓶颈，国有企业与民营企业之间的矛盾与争论愈演愈烈。对此，一方面，党和国家要探索所有制的实现形式，通过混合所有制结构改革推动经济向高效发展；另一方面，协调好政府与市场的关系，政府应进一步完善市场规制，打破市场进入壁垒，为市场行为主体提供良好的发展环境，同时，发挥市场在资源配置中的决定性作用，给予市场行为主体充分的发展活力，开拓企业家精神，实现社会经济的发展。

[课后习题]

1.如何理解社会主义初级阶段理论的含义与性质?

2.简述我国所有制结构变迁过程。

3.如何理解社会主义的混合所有制结构?

4.论述如何理解公有制经济与非公有制经济的关系。

5.如何看待"国进民退"和"国退民进"两种说法?

[第五章]

收入分配制度转型：公平与效率的统一

第一节　社会主义基本分配制度

一、按劳分配的基本内涵

（一）马克思按劳分配的内涵与实质

马克思的“按劳分配”理论经历了一个从萌芽到成熟的发展过程，在《1857—1858年经济学手稿》中提出了与“按劳分配”相关的最初表达，《资本论》则完成了这一分配原则从空想到科学的变革，《哥达纲领批判》的问世标志着马克思“按劳分配”思想的全面确立，正是在批判哥达纲领关于分配问题的错误根源、实质以及危害的基础之上，马克思逐步形成并分析了按劳分配理论。

马克思设想的按劳分配是在产品经济中实现的，有其特定的历史内涵。具体地说，包括以下几个方面：按劳分配的主体是社会，马克思设想的未来社会是单一的公有制社会，全社会就是一个统一的分配单位，每一个劳动者直接把他的劳动贡献给社会，然后由一个社会中心（国家）根据各个劳动者提供的劳动量直接分配给他们相应的个人消费品。按劳分配的尺度是劳动者提供的劳动时间，由于未来的社会不存在商品、货币关系，个人劳动直接表现为社会劳动，“各个生产者的个人劳动时间就是社会劳动日中他所提供的部分”[①]。按劳分配的实际内容是：每一个生产者在做了各项扣除之后，从社会方面正好领回他所给予社会的一切，这种按劳分配以劳动实践为尺度，劳动者获得的消费品和他所提供的劳动量成正比。换言之，他给予社会的是他个人的劳动量，领回的是相当于其劳动量的部分。按劳分配的具体

① 马克思，恩格斯．马克思恩格斯选集：第3卷［M］．中共中央马克思恩格斯列宁斯大林著作编译局，译．北京：人民出版社，1995：304.

实现形式可以是“劳动券”“纸的凭证”或“证书”。劳动者在劳动过程结束后，“从社会方面领得一张证书，证明他提供了多少劳动（扣除他为社会基金而进行的劳动），而他凭这些证书从社会储存中领得和他所提供的劳动量相当的一份消费资料”[①]。这里虽然只提到了劳动的量，而没有说明劳动的质，但我们决不能认为马克思不强调劳动的质，而应该理解为这种量中以一定的质作为既定前提，因为马克思谈劳动的量是以社会劳动为尺度，以生产某种产品所花费的时间来计量的，包含质的要求。按劳分配仍符合等价交换的原则，通行的是商品等价物的交换中也通行的同一原则，即一种形式的一定量的劳动可以和另一种形式的同量劳动相交换，不存在剥削问题。

但是，在社会主义社会里，尽管按劳分配的实质仍然贯彻了上述原则，但这与资本主义社会的劳动力商品出卖存在着本质区别，就劳动的内容来说工人做工不再是出卖劳动力，而是为自己、为社会劳动，就其形式而言，不是用货币支付个人的工资和劳动力的价值，而是按照劳动量的“凭证书”领取生活必需品。此时，按劳分配的“内容和形式都改变了”[②]，这种变化是因为社会主义社会消灭了私有制，每一个社会成员都是平等的，人人只有凭借自己的劳动领取相当于劳动量的生活资料，除了个人的消费资料，没有任何东西可以成为个人的私有财产，这种分配方式取消了资本的特殊权利，因此，从本质上说，马克思的按劳分配的内容和形式都是破天荒的平等权利，在人类历史上它让广大劳动人民第一次享受到贡献多少回报多少的平等待遇。

（二）按劳分配与市场经济

马克思在《哥达纲领批判》中提出的按劳分配，是以不存在商品货币关系为前提的。但他同时提出了这样一个新的重要的观点，即在共产主义的低级阶段消费资料的分配中，“通行的是商品等价物的交换中通行的同一原则，即一种形式的一定量劳动同另一种形式的同量劳动相交换”[③]，这个原则是“调节商品交换（就它是等价的交换而言）的同一原则”[④]。既然马克思在这里已经承认在共产主义低级阶段还要实行等价交换的原则，为什么还坚持对商品货币关系的否定态度呢？他对这一问题的说明是，因为内容和形式都变了，“在改变了的情况下，除了自己的劳动，谁都不能提供其他任何东西，另一方面，除了个人的消费资料，没有任何东西可以转为个人的财产”[⑤]，“因为这时，同资本主义社会相反，个人的劳动不再经

---

① 马克思，恩格斯．马克思恩格斯选集：第3卷［M］．中共中央马克思恩格斯列宁斯大林著作编译局，译．北京：人民出版社，1995：304.

② 马克思，恩格斯．马克思恩格斯选集：第3卷［M］．中共中央马克思恩格斯列宁斯大林著作编译局，译．北京：人民出版社，1995：304.

③ 马克思，恩格斯．马克思恩格斯选集：第3卷［M］．中共中央马克思恩格斯列宁斯大林著作编译局，译．北京：人民出版社，1995：363.

④ 马克思，恩格斯．马克思恩格斯选集：第3卷［M］．中共中央马克思恩格斯列宁斯大林著作编译局，译．北京：人民出版社，1995：363.

⑤ 马克思，恩格斯．马克思恩格斯选集：第3卷［M］．中共中央马克思恩格斯列宁斯大林著作编译局，译．北京：人民出版社，1995：363.

过迂回曲折的道路，而是直接作为总劳动的组成部分存在着”[①]。然而，如果我们对马克思的观点进行一些逻辑和经验上的推演，就不难发现，商品关系和市场机制在他的理论中已经呼之欲出了。

劳动者之间的等量劳动交换意味着，首先，他们的劳动至少在个人消费品范围内具有私人性，个别劳动与社会劳动即使在公有制条件下仍然是有差别的；其次，等量交换需要某种社会尺度，这种社会尺度只能是抽象的社会劳动，这一点已经类似于商品的交换价值了；最后，从实践的角度看，即使不考虑生产和消费的复杂多变，公有制经济中具有私人性质的个别劳动也不能像马克思和恩格斯所设想的那样，不经过曲折迂回的途径而无条件地直接转化为社会劳动，而必须经过一个抽象化、平均化和社会化的过程，具有独立经济权益的生产者根据自己的利益按照市场的需要进行生产，并通过市场机制交换各自的产品，是实现等量劳动交换最为可行的途径。因此，商品货币关系的出现绝不是外在于社会主义公有制的，它虽然与公有制经济中的按劳分配或等量劳动交换关系存在着本质的差别，但却是这一关系的一种必然的表现形式。

不过，由于马克思设想的公有制和按劳分配是以消灭商品货币和市场机制为前提的，因而，一旦我们把按劳分配与市场经济联系在一起，它的内容和形式就必然会产生重大变化。从表面上看，劳动创造价值，按劳分配与按价值分配没有什么大的区别，其实不然。在市场经济中，社会必要劳动决定价值的规律是作为一种盲目的趋势而存在的，价格与价值、价值与劳动的相符只是偶然的事情。既然劳动不能直接计算，那么现实中的按劳分配只能是按在市场中实现了的商品的价值或经营收入分配，而经营收入的大小又受供求、竞争和价格波动多种因素的影响。这样，企业和个人的收入就要在很大程度上取决于与人的主观努力无关的市场因素，纯粹意义上的按劳分配显然大大变形了，按劳分配因此而具有了新的含义。

但是，我们不能由此得出结论说，按劳分配在市场经济条件下是不可能和不现实的。应当把按劳分配的本质和按劳分配的实现形式区别开。按劳分配的实质是反对剥削，反对平均主义，承认能力和贡献上的差别及对收入分配的影响，按劳分配的形式则涉及的只是这一原则的实现方式问题。从马克思非市场型的按劳分配发展成为市场型的按劳分配不是对按劳分配本质的否定，而是在市场经济条件下更好地实现了按劳分配原则。在市场型的按劳分配中，一方面，消灭了阶级剥削，消灭了靠生产资料的私人垄断无偿占有剩余价值的私有制分配关系，实现了生产资料占有上的平等；另一方面，找到了现实可行的符合市场经济要求又体现按劳分配本质的劳动计量方式，使按劳分配与市场机制有机地结合在了一起，不仅有利于按劳分配的实现，而且有利于社会主义市场经济的形成和发展。

---

① 马克思，恩格斯．马克思恩格斯选集：第3卷［M］．中共中央马克思恩格斯列宁斯大林著作编译局，译．北京：人民出版社，1995：363.

二、按生产要素分配的基本内涵

（一）生产要素分配理论

所谓生产要素，是指商品生产过程中不可或缺的各种因素的总和。社会生产过程中最基本的生产要素是劳动、土地和资本三要素。但是，随着生产过程的不断发展和日益复杂化，生产要素的外延呈现出日益扩大的趋势，不少学者把企业家才能、科学技术、经营管理、服务、知识、信息等内容都纳入到生产要素的范畴中来。现下，随着数字经济的不断发展，数据也作为一种生产要素参与到生产当中。然而，所谓的按生产要素分配指的是这样一种经济现象，即在市场经济中，劳动、土地、资本、技术等生产要素的所有者都要根据对生产要素的占有参与收入分配，获得相应的报酬，表现为劳动者获得工资，土地所有者获得地租，资本所有者获得利润或利息。这简称为要素分配理论，这一理论最早可以追溯到斯密教条。亚当·斯密认为商品价值都可以最终分解为三种收入：工资、利润和地租，进而认为商品价值是由三种收入构成的。这个观点被后来的萨伊所继承，进一步发展成“三位一体公式”。但是，这三种要素的报酬如何进行测算，一直困扰着西方经济学家们。直到19世纪和20世纪之交，美国的经济学家克拉克在边际效用价值论的基础上建立了要素边际生产率分配理论，第一次为不同生产要素的报酬测算，提供具体的历史依据及其计算方法。他认为由于全部国民产出是土地、劳动和资本等生产要素相互作用的结果，但是，它们在生产过程中相互依赖，才使得每一种生产要素如何取得相应的报酬，成为非常复杂的问题。如何解决呢？他认为由于各生产要素在参与产品生产过程中，普遍存在着生产率递减规律。因此，他主张用计算追加每一个单位要素能增加多少边际产品量的方法求解。具体方法是，如劳动报酬即工资的确定，首先计算每追加一个劳动力所能增加的边际产品量（MP）；其次，用边际产品量与市场价格（P）相乘，求得边际产品收益（MRP=MP×P），在完全竞争的条件下，市场价格与边际收益（MR）相等，边际收益产品又等于边际收益与边际产品量的乘积（MRP=MR×MP）；最后，按照利润最大化或成本最小化的要求，确定最后一个工人的边际产品收益，作为支付给每一个工人的工资标准。资本、土地等其他生产要素的报酬，都可以以此类推求解。以上就是要素收入分配理论的基本内容及其简要的演进过程。

（二）按生产要素分配并不是要素价值论

“三位一体公式”的倡导者认为马克思的劳动价值论已经过时，应该用要素价值论或财富论取而代之，对此，马克思在《资本论》第三卷第四十八章专门对“三位一体公式”进行了分析批判。马克思认为，三位一体公式掩盖了新创造价值的源泉，抹杀了资本主义经济关系的历史性质，颠倒了资本主义经济关系的本质和现象。近百年来，马克思主义经济学一直对“三位一体公式”持批判的态度。

社会主义市场经济体制建立以来，在我国分配方式逐渐改革的过程中，学界对于要素分配出现了不同的看法，其中最有代表性的是生产要素共同创造价值，简称要素价值论。这种观点认为，谁创造价值，谁就分配该价值。劳动者付出劳动就应分配到工资，资本所有者投入资本就应分配到利润，土地所有者出了土地就应分配到地租。这是典型的庸俗经济学家萨伊的“三位一体公式”。该公式混同了商品的使用价值和价值，混淆了不变资本和可变资本、资本和生产资料等，把商品的价值看成是由效用决定的，这就把价值创造和价值分配混淆了。事实上，二者是两个完全不同的范畴。按生产要素分配，不是因为它们创造了新价值，而是因为这些生产要素是在价值创造过程中必不可少的条件，没有它们就不可能创造使用价值，因而也不可能创造价值。加之这些生产要素的稀缺性，生产要素的所有者要凭物质要素的所有权，从分配中取得相应的份额。按生产要素分配是要素所有者的所有权在经济上的实现形式，具体实现形式与衡量标准是生产要素按贡献参与分配，即要素在生产过程中发挥作用的“质和量”。按生产要素分配，准确地说是生产要素参与收益分配，不等于生产要素本身创造了价值，也不能理解为商品价值由生产要素价值构成，从而推导出按生产要素分配是由生产要素的价值决定的结论。资产阶级经济学家提出的要素价值论与马克思的劳动价值论和剩余价值论相对抗，其根本为否认资本主义剥削，维护资本主义制度，是一种反马克思主义的意识形态。

三、我国的基本分配制度

（一）按劳分配为主、多种分配方式并存的分配制度

1. 在生产资料社会主义公有制范围内，必须实行按劳分配的原则

在公有制条件下，生产资料归全体劳动者共同所有，在生产资料占有方面劳动者都是平等的所有者。“全体公民在同整个社会的生产资料的关系上处于同等的地位，这就是说，全体公民都有利用公共的生产资料、公共的土地、公共的工厂等进行劳动的同等的权利。”①这就排除了个人凭借生产资料所有权无偿地占有他人剩余劳动产品的可能，从而为消灭剥削、消除两极分化奠定了基础。生产资料的公有制，一方面使得人们向社会提供的，“除了自己的劳动，谁都不能提供其他任何东西，另一方面，除了个人的消费资料，没有任何东西可以转为个人的财产”②。人们不能不劳而获，只能凭借自己的劳动从社会领得消费品。

然而，在社会主义条件下，由于生产力还不够发达，还没有达到充分满足社会全体成员的生活需要和生产需要的程度，因而消费品还不可能按照劳动者的实际需要进行分配，即不能实行按需分配原则。加上社会主义是“刚刚从资本主义脱胎出

① 马克思，恩格斯．马克思恩格斯选集：第3卷［M］．中共中央马克思恩格斯列宁斯大林著作编译局，译．北京：人民出版社，1995：304.

② 马克思，恩格斯．马克思恩格斯选集：第3卷［M］．中共中央马克思恩格斯列宁斯大林著作编译局，译．北京：人民出版社，1995：304.

来的在各方面还带着旧社会痕迹的”社会[①]，旧的分工依然存在，城市与乡村之间、脑力劳动与体力劳动之间、复杂劳动与简单劳动之间的差别还没有消灭，劳动还不能成为人们生活的第一需要，而仅仅是谋生的手段。在这种条件下，劳动者取得物质生活资料的多少，同他们付出的劳动之间，必然具有内在的数量依存关系，要以劳动为尺度来分配个人消费品。正如马克思所说的，劳动者“以一种形式给予社会的劳动量，又以另一种形式领回来”[②]。这就叫按劳分配。

从上面的论述我们可以看到，按劳分配有两个含义。第一，任何人只能凭借劳动取得生活资料，其他生产要素都不能参与分配，“不劳动者不得食”。尽管在物质生产过程中，生产资料是不可缺少的生产要素，它在使用价值的创造中有着自己的贡献，但却不是参与分配的一个要素，因为生产资料是共同占有的，任何人不能凭借生产资料分得消费品。在社会主义社会里，社会所生产的总产品，在扣除用来补偿消耗掉的生产资料的部分，用来扩大生产的追加部分，用来应付不幸事故、自然灾害等的后备基金或保险基金以后，全部按照劳动的数量和质量在劳动者之间进行分配。这是同私有制基础上的，尤其同资本主义的分配方式根本不同之处。第二，劳动者获得消费资料的多少，不是根据他们实际生活的需要，而是与他们向社会提供的劳动量成比例。按劳分配，劳动成为消费品分配的唯一标准，这在形式上是平等的。但人的劳动能力有强有弱，赡养的家庭人口有多有少，按劳动数量和质量获得消费品，必然使得实际生活水平产生差异，因而这种分配方式实际上还是不平等的。在形式上平等、实际上不平等的分配方式下，“平等的权利按照原则仍然是资产阶级权利”[③]。但这一“弊病”在社会主义条件下是不可避免的，这是同共产主义分配原则不同之处。

可见，按劳分配这种分配方式，是由社会主义的客观经济条件，首先是由生产资料公有制决定的。只要这些客观条件存在，它就具有不依人们意志为转移的客观必然性。当然，在社会主义的不同发展阶段上，根据不同国家的具体国情，按劳分配的具体实现形式是会有区别的，但在公有制范围内必须实行按劳分配原则，这一点是不能也不会改变的。

2.在非公有制经济范围内，必然实行按要素分配的原则

非公有制经济成分是建立在私有制基础上的。私有制的存在，使得生产资料所有者有可能而且必然凭借生产资料的所有权来参与劳动产品的分配。这是因为任何物质资料的生产活动都是生产资料与劳动力这两种生产要素的结合。在生产资料公有制的条件下，劳动者共同占有生产资料，劳动者同时也是生产资料所有者，任何个人都不可能利用生产资料所有权来参与劳动产品的分配。生产资料是参与物质生

---

① 列宁. 列宁选集：第三卷［M］. 中共中央马克思恩格斯列宁斯大林著作编译局，译. 北京：人民出版社，1995：194.

② 马克思，恩格斯. 马克思恩格斯选集：第3卷［M］. 中共中央马克思恩格斯列宁斯大林著作编译局，译. 北京：人民出版社，1995：304.

③ 马克思，恩格斯. 马克思恩格斯选集：第3卷［M］. 中共中央马克思恩格斯列宁斯大林著作编译局，译. 北京：人民出版社，1995：304.

产的要素，但不是参与消费品分配的要素。而在生产资料私有制条件下，情况则不同。撇开个体经济不说，一切私有制经济的特点都是生产资料与劳动力相分离。这时，社会分成两极：生产资料所有者、丧失生产资料的劳动者。在这种条件下，只有通过生产资料所有者以不同方式奴役劳动者才能实现生产资料与劳动力的结合，才能进行生产。这种必须以生产资料所有者作为中介的生产资料与劳动力的间接结合方式，使得生产资料所有者在经济活动中处于优势地位，从而能凭借其所占有的生产资料迫使劳动者为他们提供剩余产品。这样，参与劳动成果分配的，不仅有劳动力，而且有生产资料，各种生产要素都参与分配。可见，私有制决定了劳动成果按生产要素进行分配的这种分配方式。

私有制的不同形式导致按要素分配的不同形式。在我国，私有制形式有个体经济、民营企业、外资企业以及中外合资企业中的外资部分等几种。在个体经济中，个体所有者既是劳动者又是私有者，因而无论劳动所得还是生产资料所得，均为个体所有者的收入。在民营企业和外资企业中，由于生产资料归企业主私人所有，工人不占有生产资料，只能靠出卖劳动力为生。资本家在市场上按劳动力价值购买劳动力，然后驱使工人在生产过程中进行劳动，并把工人劳动创造的产品占为己有。生产领域中这种经济关系，决定了在分配领域中必然实行资本获得利润、工人获得工资的分配方式。在中外合资企业中，如果中方股份属于国家或集体所有，情况就比较复杂。外方企业主凭借投资获得利润，这是按要素分配。而职工的收入则具有两重性：一方面就公有股份来说，由于职工是公有股份的主人，在此范围内职工的收入具有按劳分配的性质；另一方面就外商的股份来说，职工与外商的关系是雇佣关系，在此范围内，他们的收入又是劳动力价值的反映，具有按要素分配的性质。

毫无疑问，除了个体经济外，目前我国在私有制基础上产生的按要素分配，是带有资本主义性质的分配方式，它反映了资本所有者对工人的剥削关系。从本质上讲，这与资本主义社会的剥削关系没有原则区别。这种分配方式归根结底是由生产力比较落后这种状况客观决定的，在社会主义初级阶段具有不可避免性。但是应该看到，按要素分配只存在于非公有制经济中。我国所有制结构是公有制为主体、多种所有制经济共同发展，相应地在分配领域必然是按劳分配与按要素分配相结合，以按劳分配为主体，按要素分配处于辅助地位。在我国，按要素分配不应该也不可能成为分配的主要方式。这种分配方式受到整个社会主义的经济、政治环境的制约，不仅它的适用范围是有限度的，而且它要服从于、服务于我国社会主义经济发展的需要。这一点，是我国存在的按要素分配与资本主义社会的不同之处。

（二）按劳分配、按要素分配在社会主义市场经济条件下的实现形式

1.社会主义市场经济条件下按劳分配的实现形式

在社会主义市场经济条件下，公有制经济在分配领域仍实行按劳分配原则，这

种分配方式，分配的基本性质和原则并没有也不会发生变化，因为按劳分配原则是由生产资料公有制决定的，而与交换、经济运行机制没有关系。分配的性质、基本原则不会随着计划经济转变为市场经济而发生变化。但是，交换领域的改革却对按劳分配的具体实现形式有着重大的影响。

按劳分配原则是马克思在《哥达纲领批判》中分析未来社会主义社会的分配方式时提出来的。马克思设想的按劳分配的具体实现形式是，社会主义社会的全部产品在做了必要的扣除以后，可以在全社会范围内用劳动券的形式，直接按照每一个人的劳动数量和质量进行分配。这一设想是以消灭了商品货币关系和分配主体是整个社会为前提的。在社会主义市场经济条件下，这两个前提是不存在的，因此，按劳分配的具体实现形式必然呈现出与马克思设想不同的特点。

第一，按劳分配要通过商品货币形式来实现。在市场经济条件下，每个人的劳动还不是直接的社会劳动，人们提供的劳动是否符合社会的需要，是否真正成为，以及在多大程度上成为社会劳动，还需要根据所生产的商品的实现情况，即商品在市场交换中能不能卖出去、按什么价格卖出去来确定。因此，按劳分配的实现过程，就不可能由社会直接按照劳动者个人实际提供的劳动数量和质量，以劳动券的形式把消费品分配给个人，而是一个间接的迂回的过程，即要借助于商品交换来实现。商品交换作为连接生产和分配的中间环节，在质上检验劳动是否符合社会需要，即是否是社会必要的劳动；在量上将个别劳动量转化为社会必要劳动量，使社会必要劳动量成为消费品分配中衡量劳动的尺度。

第二，按劳分配不是在全社会范围内按统一的标准实行，而主要是以企业为单位进行的，即不是一级分配，而是两级分配。在社会主义市场经济条件下，企业是相对独立的商品生产者和经营者，是自主经营、自负盈亏的经济实体。因此，实现按劳分配的过程是分两个阶段进行的：首先企业以自己的生产经营活动从市场上获得收入，然后再由企业将收入分配给个人。在市场机制作用下，各个企业绩效不同，经济收入不同，因而企业的个别劳动耗费转化为社会必要劳动耗费的程度也不同，根据按劳分配原则获得的总收入也会有明显差别。这种状况使得国家不可能实行全社会统一的工资标准，只能通过宏观调控，规定一些指导性的工资政策以防止企业间工资差距过大。过去我国的分配制度是以国家为主体的，无论企业经营好坏，国家规定统一的工资标准、等级以及工资增长幅度等，这显然是计划经济体制的产物。市场经济条件下，按劳分配的这种实现形式已经行不通。企业必须在市场竞争中通过生产经营活动获得经济收入，然后再由企业按照每个劳动者的劳动数量和质量分配给个人。至于企业内部的分配办法以及分配水平和标准，应由企业自主决定。企业应是按劳分配的主体，这正是社会主义市场经济条件下按劳分配的特点，也是与计划经济条件下按劳分配的不同之处。

第三，按劳分配的实现要考虑不同劳动的贡献。在社会主义市场经济条件下，随着劳动市场、技术市场等各种市场的建立和完善，劳动力的配置不再通过计划来安排，而是通过市场来实现，不同工种的劳动力可以自由流动。因此，各个企业在根据按劳分配原则具体规定工资制度、奖励标准时，必须考虑到每一个人的实际贡献，以便调动和发挥各方面的积极性，促进企业经济效益的提高。因此，规定按劳分配的具体实现形式时，要确立各种属于劳动范围的生产要素（包括管理、技术等）按对使用价值生产的贡献参与分配的原则。

2.社会主义市场经济条件下按要素分配的实现形式

对按要素分配的具体实现形式有重大影响的因素有两个：一是劳动力价值本身的巨大弹性，二是由供求关系影响的劳动力价格波动。由于这两个因素的影响，工人获得的作为劳动力价值表现的工资的具体数额，要通过劳资双方的博弈来确定。马克思在《工资、价格和利润》中指出，生产的最终成果分为工资和利润两部分，两者互为消长。工资不能低于劳动力再生产的纯粹生理需要的界限，低于这一界限，劳动力无法实现再生产，资本主义生产就不能维持；因而我们虽然能确定工资的最低限度，却不能确定工资的最高限度。当然利润不能低到零，否则资本家将停止生产。但利润有一个最高限度，假定工作日长度和工资是既定的，“利润的最高限度受生理上所容许的工资最低限度和生理上所容许的工作日最高限度的限制。显然，在最高利润率的这两个界限之间可能有许多变化”[①]。资本家总是想把工资降到生理上所容许的最低限度，把工作日延长到生理上所容许的最高限度，而工人则在相反的方面不断地对抗。马克思得出结论，工资数额的确定，“归根到底，这是斗争双方力量对比的问题”[②]。

在社会主义社会里，只要存在资本主义性质的经济，其分配方式就必然是资本家获得利润、工人获得工资；只要实行市场经济，工人获得的工资也必然要通过工人与资本家之间的斗争才能确定。但是，社会主义市场经济与资本主义市场经济有着原则的区别。我国的基本经济制度包含公有制为主体、多种所有制经济共同发展，按劳分配为主体、多种分配方式并存，社会主义市场经济三部分内容，因而按要素分配并不同于资本主义国家。

实行按要素分配，允许和鼓励非劳动要素参与分配，有利于调动各方面的积极性，更好地利用资源，提高生产效率，具有按劳分配所不具备的新特点：（1）市场机制调节分配。生产要素直接受市场配置资源的影响，在市场的作用下以尽可能少的投入获得尽可能多的产品产出。（2）分配形式多种多样。由于要素品种呈现出多样性，我国要素分配市场上出现多种不同的分配形式，如经理人年薪制、期股期权、股息红利、技术入股或职工持股等多种形式。（3）分配结构多元化。过去我国实行按劳分配的主体是劳动者个人，按要素分配的主体则是各个不同的要素。（4）分配呈多层次性。受劳动生产率及市场不确定因素影响，分配水平具有一定的

① 马克思，恩格斯．马克思恩格斯选集：第2卷［M］．中共中央马克思恩格斯列宁斯大林著作编译局，译．北京：人民出版社，1995：94.

② 马克思，恩格斯．马克思恩格斯选集：第2卷［M］．中共中央马克思恩格斯列宁斯大林著作编译局，译．北京：人民出版社，1995：95.

弹性。

此外，按要素分配除了受上述两个因素影响外，还受要素的一些特点所影响，如生产要素的生产有用性、普遍稀缺性、产权明确性、使用增值性、发展变化性等。生产诸要素的结合在形式、内容和效果上都受生产力发展状况的影响，更受现代科学技术的深刻影响。目前，我国要素分布格局表现为低端劳动力丰富，高端劳动力及资本、技术等生产要素相对稀缺，企业为了更多地创造财富，必须按生产要素现代结合方式的客观规律组织生产，使生产要素的资源配置达到最优组合，只有这样，才能使企业在不断的技术创新中迅速发展。

第二节　我国的分配制度的转型过程

一、分配政策的转型过程

社会主义初级阶段实行以按劳分配为主体、多种分配方式并存的基本分配制度，体现了政治经济学理论逻辑与中国特色社会主义历史逻辑的统一。从政治经济学理论逻辑看，分配关系的基本性质是由生产关系特别是所有制关系决定的，有什么样的所有制关系，就有什么样的分配关系。从中国特色社会主义历史发展的逻辑及其展开看，分配制度和分配关系是随着我国经济改革尤其是所有制改革与市场化改革的逐步推进而逐渐形成和不断完善的。

（一）恢复按劳分配原则：1977—1986年

改革开放早期围绕分配问题展开的讨论侧重于重新确立社会主义按劳分配原则。改革开放以前所确定的按劳分配方式被“文化大革命”所破坏，分配关系实际上具有平均主义和“大锅饭”性质。经过拨乱反正，人们逐步认识到恢复和坚持社会主义按劳分配原则的重要性。1977年8月，中共十一大报告提出：“对于广大人民群众，在思想教育上大力提倡共产主义劳动态度，在经济政策上则要坚持实行各尽所能、按劳分配的社会主义原则。”五届全国人大政府工作报告中提出：“在整个社会主义历史阶段，必须坚持不劳动者不得食、各尽所能、按劳分配的原则。执行这个原则，要坚持无产阶级政治挂帅，加强思想政治工作，教育人们树立共产主义劳动态度，全心全意地为人民服务。在分配上，既要避免高低悬殊，也要反对平均主义。实行多劳多得，少劳少得。”与此同时，国家计委经济研究所、中国社会科学院经济研究所等在经济学界发起了按劳分配的理论大讨论，逐渐明确了对按劳分配关系的基本思想的认识，比如，按劳分配是社会主义的分配原则，体现了国家、集体和个人三方利益的结合，是促进社会主义生产发展的重要因素；按劳分配具有多种形式，如工资、奖金、津贴等。1978年5月5日，在邓小平的指导下，国务院政治研究室撰写了《贯彻执行按劳分配的社会主义原则》一文，并以“特约评论员”的名义发表在《人民日报》上，按劳分配原则由此得到正名。1978年5月7日，国务院发出了《关于实行奖励和计件工资制度的通知》，在分配制度中恢复和确立了按劳分配原则。1982年，党的十二大提出，“在经济和社会中坚持按劳分配制度和其他各项社会主义制度”。1984年党的十二届三中全会通过的《中共中央关于经济体制改革的决定》不仅明确提出我国实行有计划的商品经济，还要求破除平均主义思想，贯彻按劳分配原则，指出“由于一部分人先富起来产生的差别，是全体社会成员在共同富裕道路上有先有后、有快有慢的差别，而绝不是那种极少数人变成剥削者，大多数人陷于贫穷的两极分化。鼓励一部分人先富起来的政策，是符合社会主义发展规律的，是整个社会走向富裕的必由之路”。

（二）分配关系发生深刻变化：1987—2001年

1987年党的十三大正式确立了社会主义初级阶段理论，在所有制领域提出：“以公有制为主体发展多种所有制经济，以至允许私营经济的存在和发展，都是由社会主义初级阶段生产力的实际状况所决定的。”在分配领域提出：“社会主义初级阶段的分配方式不可能是单一的。我们必须坚持的原则是，以按劳分配为主体，其他分配方式为补充。”

从这一时期开始，影响我国分配关系的基本因素出现了两个重大变化：一是社会主义初级阶段所有制结构和所有制形式的变化，公有制经济实行多种形式的经济责任制[①]，同时个体经济、乡镇经济以及中外合资经营、中外合作经营、外商独资企业等私营经济逐渐兴起和不断壮大。二是社会主义商品经济关系得到大力发展，不仅在不同所有制经济之间，而且在公有制经济内部也建立起了商品经济关系。党的十三大报告提出国有企业要“实行所有权与经营权分离，把经营权真正交给企业，理顺企业所有者、经营者和生产者的关系，切实保护企业的合法权益，使企业真正做到自主经营，自负盈亏，是建立有计划商品经济体制的内在要求”。经济成分和分配方式的变化引起实际分配关系发生了相应改变，主要体现为居民和企业在国民收入中所占的份额的变化。1986年，居民最终所得份额比1978年增加了11.7个百分点[②]。

1992年党的十四大明确提出“经济体制改革的目标，是在坚持公有制和按劳分配为主体、其他经济成分和分配方式为补充的基础上，建立和完善社会主义市场经济体制”。1993年党的十四届三中全会通过的《中共中央关于建立社会主义市场经济体制若干问题的决定》提出“建立以按劳分配为主体，效率优先、兼顾公平的收入分配制度，鼓励一部分地区一部分人先富起来，走共同富裕的道路”。1997年党的十五大提出，“公有制为主体、多种所有制经济共同发展，是我国社会主义初

① 主要包括农村集体经济中的家庭联产承包责任制和国有企业的承包经营责任制。

② 中国经济体制改革研究所宏观经济研究室．改革中的宏观经济：国民收入的分配与使用［J］．经济研究，1987（8）：16-28.

级阶段的一项基本经济制度”，“公有制的实现形式可以而且应当多样化”。在分配问题上，“坚持按劳分配为主体、多种分配方式并存的制度。把按劳分配和按生产要素分配结合起来，坚持效率优先、兼顾公平”。同时，“要正确处理国家、企业、个人之间和中央与地方之间的分配关系，逐步提高财政收入占国民生产总值的比重和中央财政收入占全国财政收入的比重”。

（三）深化分配制度改革：2002年至今

进入21世纪，尽管我国经济保持了持续的高速增长，区域、行业以及居民个人之间仍呈现出收入差距不断扩大、收入分配不均的问题。2002年党的十六大提出了全面建设小康社会的奋斗目标，为解决分配问题，提出了深化分配制度改革的要求，具体包括“调整和规范国家、企业和个人的分配关系。确立劳动、资本、技术和管理等生产要素按贡献参与分配的原则，完善按劳分配为主体、多种分配方式并存的分配制度”。按照效率优先、兼顾公平的原则，“既要反对平均主义，又要防止收入悬殊。初次分配注重效率，发挥市场的作用，鼓励一部分人通过诚实劳动、合法经营先富起来。再分配注重公平，加强政府对收入分配的调节职能，调节差距过大的收入。规范分配秩序，合理调节少数垄断性行业的过高收入，取缔非法收入。以共同富裕为目标，扩大中等收入者比重，提高低收入者收入水平”。党的十六大还提出“建立健全同经济发展水平相适应的社会保障体系”。2003年通过的《中共中央关于完善社会主义市场经济体制若干问题的决定》提出：“以共同富裕为目标，扩大中等收入者比例，提高低收入者收入水平，调节过高收入，取缔非法收入。加强对垄断行业收入分配的监管。”2007年党的十七大从维护社会公平正义出发，进一步提出“初次分配和再分配都要处理好效率和公平的关系，再分配更加注重公平”，明确提出提低、扩中、调高的改革措施，一方面逐步提高居民收入在国民收入分配中的比例，另一方面提高劳动报酬在初次分配中的比例。

2012年党的十八大进一步强调“要坚持社会主义基本经济制度和分配制度，调整国民收入分配格局，加大再分配调节力度，着力解决收入分配差距较大问题，使发展成果更多更公平惠及全体人民，朝着共同富裕方向稳步前进”。党的十九大报告提出贯彻共享发展新理念，坚持公平正义，推动收入分配体制机制改革和创新，促进收入分配更合理、更有序。这是我国进入新时代以来收入分配制度改革的又一重大实践和创新发展。党的十九届四中全会，将基本经济制度内容进行扩充，将公有制为主体、多种所有制经济共同发展，按劳分配为主体、多种分配方式并存，社会主义市场经济体制共同作为基本经济制度，既体现了社会主义制度的优越性，又同我国社会主义初级阶段社会生产力发展水平相适应，是党和人民的伟大创造[①]。

① 习近平．中共中央关于坚持和完善中国特色社会主义制度　推进国家治理体系和治理能力现代化若干重大问题的决定［M］．北京：人民出版社，2017．

二、分配政策转型的基本经验和特点

（一）分配政策转型的基本经验

收入分配改革顺应生产力与生产关系发展的内在规律，以收入分配制度改革为契机，为提高和发展社会主义生产力注入内在激励机制和发展动力。生产力决定生产关系，什么样的生产力发展阶段就需要什么样的生产关系与之相适应。改革开放初期，我国提出社会主义仍然处在初级阶段，而初级阶段的根本任务就是要解放和发展生产力，需要发挥激励机制为生产力发展和提高注入新的动力。顺应社会生产力发展的规律要求和初级阶段的根本任务，我们提出改革原有的传统的具有平均主义特点的收入分配体制机制，真正恢复和贯彻按劳分配原则，实行多劳多得；允许一部分人一部分地区通过诚实劳动和合法经营，先富裕起来，先富带动后富，逐步实现共同富裕。无论是改革一开始的家庭承包责任制，还是后来城市企业承包经营，本质上就是通过改革利益分配关系，形成差异化的利益分配机制，发挥收入分配的利益激励机制，为加快发展生产力注入新的动力机制。

收入分配改革适应社会主义市场经济发展规律，坚持市场化导向，既体现市场化效率发展的工具理性，又体现社会主义公平正义的价值理性，促进公平与效率的统一。中国收入分配制度改革，坚持立足社会主义市场经济发展要求，积极发挥市场竞争机制规律、价格竞争机制规律的作用，实现市场配置资源和效率提升。收入分配制度改革既坚持按劳分配为主，又实行与要素分配相结合，体现生产要素在初次分配中的价值和贡献，允许除了劳动要素以外，也让资本、技术等要素参与收入分配，极大地推动了收入分配多元化和收入来源多样化发展，把收入分配制度创新与资源有效配置有机结合起来，极大地推动了中国经济高速高效发展。

收入分配改革顺应经济全球化发展规律，大力推动中国对外开放，按照国际化规则和管理推动收入分配制度改革。改革开放40多年，也是中国顺应全球化发展规律，积极参与全球化，参与国际分工，开展国际贸易和国际资本投资发展的一个历史过程。在这个过程中，资本流动参与收益报酬、国际贸易参与收益分配必然会对国内收入分配产生深刻影响；在国外贸易和参与国际分工、全球价值链体系中，根据中国自身的比较优势，获得比较收益，国内收入分配体系由此也受到全球化收益分配机制的深刻影响。地方政府围绕GDP竞争，吸引外资，扩大开放，通过税收优惠等政策倾斜性的收入分配政策，推动中国加快参与全球化和实施进一步对外开放新战略。也正是因为中国劳动力资源比较优势、政策优惠等利益分配政策，有利于外资流入中国获得更多的回报和收益，进而也加速了中国对外开放的历史进程和融入全球化的发展过程。从这一点来说，中国收入分配体制机制改革一开始就是顺应全球化导向，在参与国际化和国际市场分工中加速经济发展，奠定收入分配的国际化基础。

（二）分配政策转型的特点

收入分配的理论创新与实践发展相统一。中国特色收入分配理论及其创新发展的历史表明，任何理论创新的动力和活力都来自实践发展本身，这符合马克思主义实践导向和问题导向的方法论。中国特色收入分配理论坚持马克思主义按劳分配基本原则，同时又紧密结合中国特色社会主义发展实践，遵循社会主义初级阶段生产力和社会主义市场经济的发展规律，从实践发展和要求出发，立足解决实践问题，推动收入分配改革更加符合社会主义初级阶段和社会主义市场经济发展的实践要求。改革实践过程始终坚持实事求是，探索马克思主义基本分配理论与当代中国特色社会主义实践发展相结合，不断推动理论创新，并以创新的分配理论指导分配实践发展；与此同时，收入分配改革坚持开放性原则，积极吸收和借鉴国外收入分配理论和政策实践的合理经验，丰富和创新中国特色分配理论和实践发展。可以说，中国特色分配理论集中体现了马克思主义实事求是的方法论原则，是马克思主义基本理论与中国发展实践相结合，并吸收西方发展经验的集大成，为推动马克思主义理论创新发展提供了先行先试的经验和典范。

分配制度的顶层设计与基层实践创新相结合。中国特色分配理论的一个重要创新特色就是来自顶层设计，无论是提出打破平均主义大锅饭，还是提出“共同富裕”乃至提出“深化收入分配制度改革方案”等，每次重大的理论创新首先来自收入分配的指导思想的演变，进而推动和指导分配实践发展；与此同时，收入分配实践发展又能够注重发挥基层实践的创新和试点，注重发挥基层群众的首创精神和探索精神，把每一次关于收入分配指导思想的顶层设计与农村改革、城市改革等基层实践创新有机结合起来，全国不搞一刀切，这也是中国特色分配制度改革与创新发展的动力与活力所在，是中国特色收入分配理论创新发展的重要特色。

分配制度的渐进式改革与经济增长激励性内在动力相结合。中国收入分配理论创新和改革，始终坚持以调整利益关系为出发点，遵循先易后难和渐进式改革的规律和特点，把分配制度改革与培育经济发展的内在激励机制有机结合起来，使得每次收入分配改革都能够成为推动其他领域改革与经济社会发展的内在动力。坚持渐进式改革和先易后难的方法，有助于降低收入分配制度改革与利益关系调整引发的社会震荡，有利于稳中求进，稳中突破；把分配改革与激励型机制培育结合起来，为收入分配改革找到了一个“锚”，避免了简单化围绕分配问题进行改革，从而有利于更好地处理收入分配与经济发展的关系。

分配制度改革坚持历史唯物主义和辩证唯物主义的科学方法。中国特色分配制度改革始终坚持“以人民为中心”的原则，运用生产力与生产关系、经济基础与上层建筑的基本原理和方法，指导并推进收入分配制度改革与创新发展；坚持以人民为主体，以人民群众的实践创造为基础，首先允许一部分人一部分地区通过诚实劳动和合法经营先富起来，先富带动后富，逐步实现全体人民共同富裕。在此过程中，运用唯物主义辩证法，强调在经济增长的同时提高居民收入，在劳动生产率提高的同时提高劳动者报酬，科学辩证地看待经济增长与收入分配的内在关系。

三、分配政策转型的理论与现实意义

（一）丰富了马克思主义分配理论，是中国特色社会主义政治经济学体系的重要构成部分

中国特色分配理论坚持和创新了马克思主义按劳分配理论，在中国特色社会主义实践发展中真正体现马克思按劳分配的基本原则，使得马克思主义分配理论从苏联政治经济学教科书的错误和教条中解放出来，获得理论和实践发展的新生。一方面，中国特色分配理论立足社会主义初级阶段，坚持推动分配理论从单一的按劳分配到以按劳分配为主体、多种分配方式并存的新阶段，这一创新与发展既体现了“生产资料所有制决定生产过程和生产成果的占有支配方式和权利”这一马克思主义基本分配理论，又创造性地提出“按劳分配与按要素贡献大小分配相结合”，使得按劳分配原则建立在社会主义市场经济实践发展的基础上，获得了丰富生动的实现形式和实现方式。因此，中国特色分配理论极大地丰富和创新发展了马克思主义按劳分配理论和原则。另一方面，建立在“以生产资料公有制为主体、多种所有制共同发展”的基本经济制度基础上的“以按劳分配为主体、多种分配方式并存”的分配制度，推动公有制实现形式多样化发展，构建社会主义市场经济下共赢的劳动关系、实现共同富裕的价值目标、完善政府再分配政策等，均有助于我们科学认识并解决当下中国如何防止异化劳动、剥削问题、剩余价值分配等现实问题。显然，中国特色分配理论也注定是中国特色社会主义政治经济学的组成部分，将随着中国特色社会主义经济改革和实践的不断发展而继续深化并得到丰富。中国特色分配理论的不断创新和发展，也必将为中国特色社会主义政治经济学注入创新活力和内在动力。

（二）推动新古典经济学分配理论重构，为国际范围内解决不平等问题提供中国方案与中国智慧

长期以来，主流经济学的分配理论，遵循所谓的边际生产力分配即生产要素边际产出决定要素报酬假说，基于要素供求关系决定的均衡价格，进而形成的“三位一体”理论等，其背后的逻辑都是市场竞争机制决定要素价格，并且假设市场机制会自动实现所有生产要素报酬均衡，因此不会出现收入差距扩大问题，即使出现差距也是短期现象，最终会依靠市场自动均衡和收敛。而这些理论仅仅是一种理论假说，现实中并不会出现。

中国特色分配理论从公有制为主体出发，这就使得西方式的劳动-资本关系从利益对抗的阶级矛盾，转化为劳动与资本的收入分配问题，矛盾的性质在中国特色分配理论框架下发生转化，即对抗性的劳动-资本关系实质上成为劳动-资本的收入分配差距问题；而就收入分配差距来说，中国特色分配理论主张两个“同时”和“同步”提高的理论，解决劳动与资本要素的报酬份额和居民收入增长问题。此

外，中国特色分配理论摈弃所谓的“报酬均衡”假说，立足收入分配非均衡发展模式和手段，实现各类要素主体及其收益协调发展，即非均衡式、协调式增长理念，实现共享式发展。中国特色分配理论强调市场决定资源配置、更好发挥政府作用，本质上是政府和市场的二元调节模式，与西方主流经济学提出的二次调节模式不同，因此中国特色分配理论也是通过完善要素市场价格机制和社会主义市场经济模式以及政府职能转型，进而实现一次分配更有效率，二次分配更加公平的发展目标。显然，中国特色分配理论对反思新古典经济学收入分配理论及其政府和市场在收入分配领域中的关系等具有重要的启发和意义。中国特色分配理论的主张和政策方案对于解决西方国家分配问题和全球性不平等加剧等也具有重要的参考和启示，体现了中国特色社会主义实践经验对国际发展提供的中国方案和中国智慧。

（三）对于认识中国经济奇迹提供新视角，对于推动新时代全面深化改革具有现实意义

改革开放以来，在渐进式改革模式的逐步推进下，中国经济呈现极高的增长速度，出现经济增长奇迹。分配理论与政策的演变为中国经济增长奇迹提供了研究视角。中国特色收入分配制度改革与创新的实践表明，分配改革始终为经济高速增长提供内在的激励。一方面，分配制度的演变鼓励人们通过合理、合法的方式取得收入，肯定了创业形式的多样性，鼓励一部分人先富起来，同时也通过再分配政策对收入分配进行调节，缓解社会收入不公与贫富差距过大情况的发生。另一方面，分配理论与制度的演变引导人们对激励作出正确的反应，实际上，这是中国经济高速增长的内在秘密，也是中国经济实现从高速增长向高质量发展转型的关键所在。经济发展迈向高质量新时代，核心就是创新驱动发展和经济转型升级，而创新驱动与转型升级则需要内在的激励机制和动力，这就必然要求进一步加快收入分配体制机制改革，为新时代中国经济高质量发展提供创新驱动的激励机制。这一点也许是总结40多年我国收入分配制度改革与中国经济成功发展的最大经验，也是新时代中国经济持续且成功发展的重要启示。①

第三节　实现公平与效率的统一

一、公平与效率的政策下社会贫富差距扩大

（一）公平与效率关系演变

从公平和效率的定义看，公平与效率是两个不同经济运行过程的运行原则。公

---

① 权衡. 中国收入分配改革40年：实践创新、发展经验与理论贡献［J］. 中共中央党校学报，2018（5）：33-41.

平更多从属于分配过程，是分配过程应遵循的评价原则，其作用功能是以公平定收入，它贯穿收入分配的全过程；而效率更多存在于生产过程，是生产过程应遵循的评价原则，其作用功能是以效率判断一个经济体是否健康运行，它贯穿生产的全过程。

改革开放以来，先是思想界，后是政府，都推出效率优先、兼顾公平这一指导思想，它是针对“大锅饭”、平均主义带来效率低下这一传统体制的弊端，用按劳分配和按生产要素分配的办法，促进效率提高和经济发展，旨在建立市场经济体制。这一指导思想与让一部分人、一部分地区先富起来的政策相一致，是对过去一直处于被压制状态的生产力的巨大释放，为社会主义初级阶段的所有制关系和分配制度提供理论依据，在当时具有一定的科学性、合理性。但是，我国特定的历史背景使我们在理论上对效率过分强调而导致对这一指导思想的理解出现偏差。“以经济建设为中心”“发展是硬道理”“先要把蛋糕做大”，其逻辑推论是：发展首要的是经济增长，而经济增长又主要靠效率的提高。只有效率提高了，经济增长了，蛋糕做大了，才能兼顾到公平的问题。于是兼顾公平就成了无意义的后缀，“效率优先，兼顾公平”的指导思想，被理解为效率第一，公平必须为效率让道。尽管指导思想已内在规定了效率与公平之间的辩证关系，然而人们往往在片面强调效率的优先地位时，基本上放弃了对公平的兼顾，一开始就出现对指导思想的片面理解，兼顾公平在更多的情况下被曲解为放弃公平。

党的十七大报告提出：“初次分配和再分配都要处理好效率和公平的关系，再分配更加注重公平。”这是党的重要文献中首次提出初次分配体现公平问题，对于正确认识收入分配的公平具有重要意义。虽然党的十七大调整了原有提法，但仍然将效率问题主要放在分配领域。效率同时也是生产领域的问题，发展经济既要重视效率又要重视公平，是生产和分配的关系，是做大蛋糕和分好蛋糕的关系。我们发展经济要把效率和公平统一起来，也就是把生产的效率同分配的公平统一起来，不是在分配领域把两者统一起来。党的十九大报告既讲提高效率与效益，又强调公平与公正，是将两者放在经济社会发展的总领域中讲，而不是放在分配领域中讲。

（二）社会贫富差距扩大化

改革开放以来，中国在追求“共同富裕”目标的过程中，贫富差距逐渐拉大；贫富差距扩大不断影响着中国的经济发展，甚至引起了许多相关的社会问题。1978年，中国的基尼系数是0.317，较为合理；而改革开放以后基尼系数上升至0.467，这表明中国贫富差距朝着扩大化的方向不断发展。表5-1展示了近年来我国可支配收入基尼系数的基本情况。2003年至2008年中国基尼系数波动不断，2008年前后达到最高点后开始下降，但仍然超过0.4的警戒线，2017年的基尼系数为0.467。这表明中国的收入差距悬殊，财富分配较为不合理。目前，中国贫富差距扩大化主要体现在三个方面。

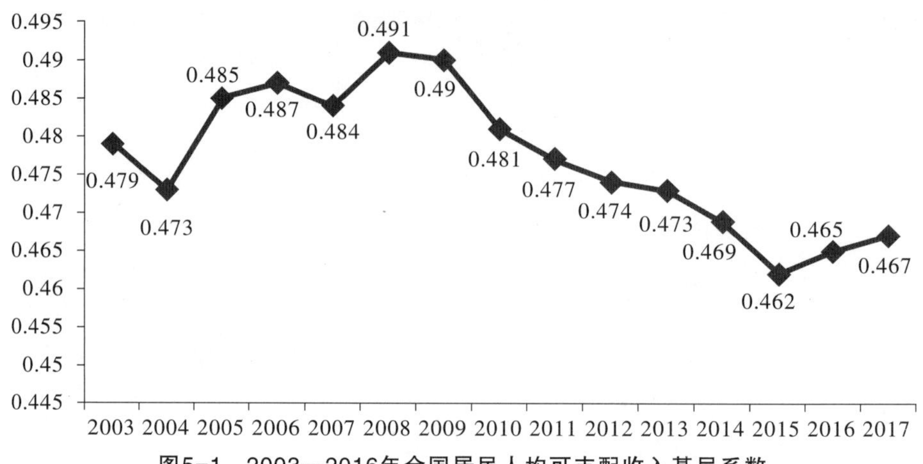

图5-1 2003—2016年全国居民人均可支配收入基尼系数

第一，城乡发展差距大。国家统计局数据显示，从收入水平来看，2013年至2017年全国居民人均可支配收入不断增长，2017年全国居民人均可支配收入为25 974元，其中城镇居民人均可支配收入为33 834元，而农村居民人均可支配收入为11 969元，农村居民人均可支配收入仅为城镇居民人均可支配收入的1/3。从消费水平来看，2017年城镇居民消费水平为24 445元，而农村居民消费水平为10 955元，不到城镇居民消费水平的一半。可见，农村居民的整体收入状况低于城镇居民。

第二，社会资源分配不均。数据显示，2016年东部地区人均可支配收入为30 654.7元，中部和西部分别为20 006.2元和18 406.8元；分地区居民人均可支配收入中，东部地区最高的上海为54 305.3元，最低的安徽为19 998.1元，而西部地区最高的重庆为22 034.1元，与东部地区最低地区相差无几。因此，中国的地域发展呈现出东部地区最发达，其次是中部地区，最后是西部地区，越往内陆越欠发达。西部地区因交通、教育等先天条件的限制，资源难以物尽其用，因此不足以拉动整个地区的发展，影响了居民收入水平。

第三，各阶层收入差距大。我国目前工人、农民、知识分子、企业主、个体劳动者、贫困人口、失业人口等社会各阶层，收入存在很大差距。统计数据显示，2016年按职业划分，城镇单位就业人员平均工资最高的职业是信息传输、软件和信息技术服务业，为122 478元，最低的是农、林、牧、渔业，为33 612元，二者之比为3.640。20世纪80年代，中国行业间的工资收入差距比基本保持在1.8左右，而世界大多数国家行业间的工资差距比在1.5～2.0，可见，中国各阶层收入差距较大。

二、初次分配和再分配都要处理好效率与公平的关系

（一）坚持按劳分配原则，完善按要素分配的体制机制

结合新时代我国社会主义初级阶段的发展特点，提出在社会初次分配环节“坚

持按劳分配原则，完善按要素分配的体制机制，促进收入分配更合理、更有序”[①]。这既是社会主义基本经济制度的必然要求，也是实现人民共享的必由之路。

第一，坚持两个“毫不动摇”。“毫不动摇巩固和发展公有制经济，毫不动摇鼓励、支持、引导非公有制经济发展。推动各种所有制取长补短、相互促进、共同发展，同时公有制主体地位不能动摇，国有经济主导作用不能动摇，这是保证我国各族人民共享发展成果的制度性保证，也是巩固党的执政地位、坚持我国社会主义制度的重要保证。”[②]。要积极探索国有经济的发展模式，厘清产权责任，完善国有资产管理，不断增强国有经济活力、控制力、影响力，推动按劳分配的公平、效率，实现发展成果由人民共享。社会主义制度下的按要素分配要求加强对非公有制经济的引导，规避非公有制引发两极分化问题。这要求完善政府、工会、企业间的协商协调机制，积极构建和谐的劳动关系，鼓励增加合法收入，规范合法经营，严厉打击非法收入，通过产权制度和财产制度保护要素所有者的各项权利，激发要素所有者的热情与发展动力。

第二，健全市场机制。对于按劳分配来说，市场机制的完善能够最大限度激发劳动者的积极性、主动性、创造性，因为市场经济的价格机制能最有效“外化”社会必要劳动时间。劳动的多少、要素的价格都可以看作商品的价值量的具体化。市场机制越完善，社会必要劳动时间越准确，衡量劳动量的大小就越准确，进而可以更为有效地配置社会经济资源，实现按劳分配的公平、效率，实现人民共享。对于按要素分配来说，市场机制借助于价格机制、竞争机制和供求机制传递市场信号，进行生产要素的合理有效配置。优质的市场信号能准确反映供求关系和生产关系，进而能最有效配置资源，发挥社会主义市场经济的优势。真实有效的市场价格才能将劳动及其他生产要素进行最佳配置，推动社会主义生产力的不断发展。社会主义市场经济最大的活力就在于生产要素可以借助市场机制进行最有效配置。健全市场机制不仅是社会主义生产的重要内容，也是收入分配的重要内容。健全的市场机制是收入分配公平、合理、有序的制度前提。

第三，完善要素市场。十九大报告创新性地将“完善按要素分配的体制机制”作为收入分配的内容，表明新时代中国特色社会主义收入分配理论在坚持按要素分配的同时，还将完善市场体系、健全市场机制问题纳入其中。“完善按要素分配的体制机制”，具体表现为完善要素市场、健全市场机制两方面。按要素分配，首先就要求生产要素能够在市场上进行自由流动、交换。因此应尊重要素所有者的权利，“保证各种所有制经济依法平等使用生产要素、公平参与市场竞争、同等受到法律保护……国家保护各种所有制经济产权和合法利益，坚持权利平等、机会平

① 习近平．决胜全面建成小康社会，夺取新时代中国特色社会主义伟大胜利———在中国共产党第十九次全国代表大会上的报告［M］．北京：人民出版社，2017：46-47.

② 习近平．立足我国国情和我国发展实践 发展当代中国马克思主义政治经济学［N］．人民日报，2015-11-25.

等、规则平等，废除对非公有制经济各种形式的不合理规定，消除各种隐性壁垒，激发非公有制经济活力和创造力”①。2020年4月9日，党中央出台的《关于构建更加完善的要素市场化配置体制机制的意见》明确了要素市场化改革的目的、总体要求和基本原则，并就进一步落实要素市场化配置部署，实现要素市场化配置提出了重要指导意见和改革措施。社会主义市场经济中，只有健全各种要素参与分配的渠道，使生产要素在价格机制的引导下实现所有权的转移，弥补社会主义初级阶段生产要素的相对不足，才能充分激发市场主体活力，推动生产力水平提升。

（二）再分配：缩小收入差距，加强公共服务

收入分配除了生产领域的初次分配外，还有一个更广的层次，就是再分配。再分配是政府主导的，是更加突出社会主义本质的环节。重视再分配环节的公平、公正是习近平新时代中国特色社会主义经济思想的重要特点。党的十八大以来，习近平总书记在讲话中多次提到民生、提到政府再分配调节问题，强调社会公共服务均等化问题，这些都是收入再分配问题。坚持人民主体是习近平新时代中国特色社会主义思想的核心，满足人民对美好生活的需要是所有工作的目标，具体到收入分配环节表现为人民共享。为实现人民共享，政府在社会再分配环节具有多重使命。

第一，坚持新发展理念，全面深化改革。习近平新时代中国特色社会主义经济思想的一个突出特点就是在人民共享目标统领下，更加重视政府在再分配领域中的主导作用，更加强调分配的公平、公正。政府在社会主义分配中应积极发挥主导作用，“一是充分调动人民群众的积极性、主动性、创造性，举全民之力推进中国特色社会主义事业，不断把‘蛋糕’做大。二是把不断做大的‘蛋糕’分好，让社会主义制度的优越性得到更充分体现，让人民群众有更多获得感”②，推动实现共同富裕，决胜全面建成小康社会。“发展是解决我国一切问题的基础和关键”③，发展对于收入分配来说就是“把蛋糕做大”，是提升人民生活质量的前提，也是缩小收入差距的前提，“把蛋糕做大”需要政府坚持科学发展理念，全面深化改革。

“改革既要往有利于增添发展新动力方向前进，也要往有利于维护社会公平正义方向前进，注重从体制机制创新上推进供给侧结构性改革，着力解决制约经济社会发展的体制机制问题，把以人民为中心的发展思想体现在经济社会发展各个环节，做到老百姓关心什么、期盼什么，改革就要抓住什么、推进什么，通过改革给人民群众带来更多获得感。”④全面深化改革，不断提升发展质量和效益，增强经济社会发展活力，积累更多的物质财富；全面深化改革，提升国家治理能力，不断完善中国特色社会主义制度；全面深化改革，使社会主义收入分配理论更加有序合

① 习近平．毫不动摇坚持我国基本经济制度，推动各种所有制经济健康发展［N］．人民日报，2016-03-09.

② 习近平．习近平在省部级主要领导干部学习贯彻党的十八届五中全会精神专题研讨班上的讲话［N］．人民日报，2016-05-10（02）．

③ 习近平．决胜全面建成小康社会，夺取新时代中国特色社会主义伟大胜利——在中国共产党第十九次全国代表大会上的报告［M］．北京：人民出版社，2017：21.

④ 习近平．改革既要往增添发展新动力方向前进 也要往维护社会公平正义方向前进［N］．人民日报，2016-04-19.

理，不断满足人民日益增长的美好生活需要，实现人民共享。

第二，坚持收入分配制度改革，缩小收入分配差距。习近平新时代中国特色社会主义收入经济思想坚持人民共享核心，注重再分配环节的公平、公正问题。“收入分配制度改革是一项十分艰巨复杂的系统工程，各地区各部门要充分认识深化收入分配制度改革的重大意义，把落实收入分配制度、增加城乡居民收入、缩小收入分配差距、规范收入分配秩序作为重要任务，着力解决人民群众反映突出的问题。”①

首先，通过税收、财政政策促进形成橄榄型分配格局。习近平新时代中国特色社会主义经济思想认为，政府应针对社会存在较为突出的收入差距过大问题制定合理的税收、财政政策进行规范和矫正，“鼓励勤劳守法致富，扩大中等收入群体，增加低收入者收入，调节过高收入，取缔非法收入”②，形成较为合理的橄榄型分配格局。

其次，实施精准扶贫，实现全面小康。“农村贫困人口脱贫是最突出的短板。虽然全面小康不是人人同样的小康，但如果现有的七千多万农村贫困人口生活水平没有明显提高，全面小康也不能让人信服……把农村贫困人口脱贫作为全面建成小康社会的基本标志，强调实施精准扶贫、精准脱贫，以更大决心、更精准思路、更有力措施，采取超长举措，实施脱贫攻坚工程，确保我国现行标准下农村贫困人口实现脱贫、贫困县全部摘帽、解决区域性整体贫困。”③通过政府主导的精准扶贫，让贫困人口和贫困地区同全国一道进入全面小康社会。

再次，推进乡村振兴政策，缩小城乡差距。在政府引导下制定科学的乡村振兴战略规划，健全城乡融合发展体制机制，清除阻碍要素下乡各种障碍。推进农业供给侧结构性改革，坚持质量兴农、绿色兴农，农业政策从增产导向转到提质导向。深化粮食收储制度改革，让收储价格更好反映市场供求，扩大轮作休耕制度试点。通过乡村振兴政策，增加农民收入，缩小城乡差距，推进共同富裕。

最后，推进区域协同发展，缩小地区差距。政府通过顶层设计“深化改革加快东北等老工业基地振兴，发挥优势推动中部地区崛起，创新引领率先实现东部地区优化发展，建立更加有效的区域协调发展新机制。以城市群为主体构建大中小城市和小城镇协调发展城镇格局，加快农业转移人口市民化”④。通过区域协调发展，加强地区间的经济合作与共赢，缩小地区差距，实现共同富裕。

（三）加强社会保障体系建设

新时代中国特色社会主义收入分配理论认为，政府履行好再分配调节职能的一个重要方面就是在公共服务方面下足功夫，“把促进社会公平正义作为核心价值追

---

① 习近平．在党的十八届二中全会第二次全体会议上的讲话［N］．人民日报，2013-03-01.

② 习近平．决胜全面建成小康社会，夺取新时代中国特色社会主义伟大胜利——在中国共产党第十九次全国代表大会上的报告［M］．北京：人民出版社，2017：46.

③ 习近平．在党的十八届五中全会第二次全体会议上的讲话［J］．求是，2016（1）.

④ 习近平．决胜全面建成小康社会，夺取新时代中国特色社会主义伟大胜利——在中国共产党第十九次全国代表大会上的报告［M］．北京：人民出版社，2017：32-33.

求，把保障人民安居乐业作为根本目标”[①]，积极推进基本公共服务均等化，加强社会保障体系建设，积极保障和发展民生，“坚持人人尽责、人人享有，坚守底线、突出重点、完善制度、引导预期，完善公共服务体系，保障群众基本生活，不断满足人民日益增长的美好生活需要，不断促进社会公平正义”[②]。

政府加强社会保障体系建设，应“按照兜底线、织密网、建机制的要求，全面建成覆盖全民、城乡统筹、权责清晰、保障适度、可持续的多层次社会保障体系”[③]。全面实施全民参保计划，“完善城镇职工基本养老保险和城乡居民基本养老保险制度，尽快实现养老保险全国统筹”[④]。“完善失业、工伤保险制度，建立全国统一的社会保险公共服务平台。”[⑤]“统筹城乡救助体系，完善最低生活保障制度。完善社会救助、社会福利、慈善事业、优抚安置等制度。”[⑥]习近平新时代中国特色社会主义经济思想认为，政府应始终以人民共享为核心，积极为广大人民提供全方面、立体化的社会保障，想人民之所想，为人民解除后顾之忧，满足人民对美好生活的需要。

习近平新时代中国特色社会主义经济思想，以人民共享为核心，坚持按劳分配原则，完善按要素分配的体制机制，为社会主义市场经济提供充足的发展动力和广阔空间，强调政府主导的再分配，倡导社会公平正义，完善以人民为中心的社会保障体系建设，致力于满足人民美好生活需要和共同富裕。习近平新时代中国特色社会主义经济思想丰富和发展了马克思主义政治经济学，是中国共产党人对社会主义市场经济的崭新探索，是新时代社会发展的理论结晶，是指引全国人民全面决胜小康社会的理论武器。

三、共同富裕是中国特色社会主义现代化的鲜明特征

（一）马克思主义是中国特色社会主义共同富裕思想的理论根基

马克思主义是中国特色社会主义共同富裕思想的理论根基，坚持马克思主义是我国不断创新和发展中国特色社会主义共同富裕思想的方法论前提。马克思和恩格斯在深刻地剖析资本主义生产方式内在矛盾的基础上，创立了科学的社会主义，为构建社会主义制度和实现让所有社会成员共享美好生活的理想提供了坚实的理论基础。马克思和恩格斯的共同富裕思想来自于他们在批判资本主义过程中对未来社会的逻辑推演和科学构想，指出共同富裕是共产主义的基本特征，并提出了实现共同

① 习近平．习近平谈治国理政［M］．第二卷．北京：外文出版社，2014.

② 习近平．决胜全面建成小康社会，夺取新时代中国特色社会主义伟大胜利——在中国共产党第十九次全国代表大会上的报告［M］．北京：人民出版社，2017：45.

③ 习近平．决胜全面建成小康社会，夺取新时代中国特色社会主义伟大胜利——在中国共产党第十九次全国代表大会上的报告［M］．北京：人民出版社，2017：47.

④ 习近平．决胜全面建成小康社会，夺取新时代中国特色社会主义伟大胜利——在中国共产党第十九次全国代表大会上的报告［M］．北京：人民出版社，2017：47.

⑤ 习近平．决胜全面建成小康社会，夺取新时代中国特色社会主义伟大胜利——在中国共产党第十九次全国代表大会上的报告［M］．北京：人民出版社，2017：47.

⑥ 习近平．决胜全面建成小康社会，夺取新时代中国特色社会主义伟大胜利——在中国共产党第十九次全国代表大会上的报告［M］．北京：人民出版社，2017：47.

富裕的制度基础和发展过程。

马克思和恩格斯认为，“无产阶级的运动是绝大多数人的、为绝大多数人谋利益的独立运动”[①]，未来社会的生产不再源于一部分人对剩余价值的无限追求，而是以全体社会成员的共同富裕为目的。恩格斯在《共产主义原理》中一再强调，未来社会中生产的发展是为了满足所有人的需要，“超出社会当前需要的生产过剩不但不会引起贫困，而且将保证满足所有人的需要”，工业的发展 “将给社会提供足够的产品以满足所有人的需要”，社会主义社会“由社会全体成员组成的共同联合体来共同地有计划地利用生产力；把生产发展到能够满足所有人的需要的规模；结束牺牲一些人的利益来满足另一些人的需要的状况”[②]。“通过社会生产，不仅可能保证一切社会成员有富足的和一天比一天充裕的物质生活，而且还可能保证他们的体力和智力获得充分的自由的发展和运用。”[③]

因此，马克思是从生产关系的演进和生产力的发展两个角度阐明共同富裕实现的必要前提，即社会主义制度和生产力的高度发展。未来社会的生产力将发展到很高的水平，“社会生产力的发展将如此迅速……生产将以所有人的富裕为目的”[④]。他们指出，无产阶级夺取政权建立起社会主义国家以后，也要大力发展生产力，使物质财富快速地丰富起来，只有这样才能有足够的物质条件，“集体财富的一切源泉都充分涌流之后———只有在那个时候，才能完全超出资产阶级的狭隘眼界，社会才能在自己的旗帜上写上：各尽所 能，按需分配”[⑤]，共同富裕才能得以实现。

马克思和恩格斯认为，资本主义制度和生产资料私有制只能导致贫富的两极分化，而所有人的共同富裕和全面自由发展必须在建立社会主义制度以后才能实现。在生产资料私有制的条件下，无产阶级除了自身劳动以外一无所有，只能通过出卖劳动力的方式实现与生产资料的结合，并通过被剥削获得维持生存的必要消费资料，在这样的生产方式下，变富有的只是生产资料的所有者，无产阶级只能处于相对贫困状态，根本不可能实现共同富裕。只有在社会主义制度下，生产资料全部由全社会成员共同占有，所有社会成员都自觉参与劳动，生产力发展和社会财富的增加将带来所有社会成员富裕程度的共同提高。“通过社会生产，不仅可能保证一切社会成员富足的和一天比一天充裕的物质生活，而且还可能保证他们的体力和智力获得充分的自由的发展和运用”，[⑥]社会主义生产发展的结果必然是共同富裕。

---

① 马克思，恩格斯．马克思恩格斯选集：第1卷［M］．中共中央马克思恩格斯列宁斯大林著作编译局，译．北京：人民出版社，1995：283.

② 马克思，恩格斯．马克思恩格斯选集：第1卷［M］．中共中央马克思恩格斯列宁斯大林著作编译局，译．北京：人民出版社，1995：242-243.

③ 马克思，恩格斯．马克思恩格斯选集：第3卷［M］．中共中央马克思恩格斯列宁斯大林著作编译局，译．北京：人民出版社，1995：633.

④ 马克思，恩格斯．马克思恩格斯全集：第31卷［M］．中共中央马克思恩格斯列宁斯大林著作编译局，译．北京：人民出版社，1998：104.

⑤ 马克思，恩格斯．马克思恩格斯选集：第3卷［M］．中共中央马克思恩格斯列宁斯大林著作编译局，译．北京：人民出版社，1995：305-306.

⑥ 马克思，恩格斯．马克思恩格斯选集：第3卷［M］．中共中央马克思恩格斯列宁斯大林著作编译局，译．北京：人民出版社，1995：633.

马克思和恩格斯对未来社会发展阶段的划分，表明了共同富裕将经过不同发展阶段，经历不同层次。在共产主义的“第一阶段”或“低级阶段”，即社会主义阶段，消费品将按照劳动者的劳动贡献进行分配，虽然劳动者的收入还会受限于个人天赋和劳动能力，但不会出现过大的贫富差距。进入共产主义高级阶段后，一切物质财富都极大丰富起来，按需分配成为可能，人的全面自由发展得以实现，此时达成的将是更高层次的共同富裕。

（二）中国特色社会主义共同富裕的多维内涵

1.政治内涵：实现共同富裕是关系党的执政基础的重大政治问题

共同富裕是党的初心，是党对人民的庄严承诺，是党带领全体人民沿着中国特色社会主义道路团结奋斗的旗帜。习近平总书记指出：“共同富裕，是马克思主义的一个基本目标，也是自古以来我国人民的一个基本理想。”①中国共产党的初心和使命，就是为人民谋幸福，为民族谋复兴。毛泽东同志从参与领导土地革命到新中国成立后，一直在理论和实践上探索共同富裕的道路。邓小平同志（1993）指出：“社会主义的本质，是解放生产力，发展生产力，消灭剥削，消除两极分化，最终达到共同富裕。”江泽民同志（2006）指出：“实现共同富裕是社会主义的根本原则和本质特征，绝不能动摇。”胡锦涛同志（2007）指出，要“走共同富裕道路，促进人的全面发展，做到发展为了人民、发展依靠人民、发展成果由人民共享”。

党的十八大以来，习近平总书记提出以人民为中心的发展思想和新发展理念，明确强调“共同富裕是中国特色社会主义的根本原则”，实现共同富裕“是关系党的执政基础的重大政治问题”。我们坚持走中国特色社会主义发展道路，坚持以人民为中心的发展思想，坚持人民至上，坚持发展为了人民、发展依靠人民、发展成果由人民共享。新时代现代化建设新征程中所着力推进的共同富裕，将充分激发全体人民的能动性和创造力，创造出日益发达、领先世界的生产力水平，并能让全体人民共享发展带来的幸福而美好的生活。这样的美好前景将鼓舞全体人民，凝聚起现代化建设的磅礴力量。

2.经济内涵：人民共创共享日益丰富的物质精神财富

共同富裕不是一部分人和一部分地区的富裕，而是全体人民共同富裕、共享发展成果、共同过上幸福美好的生活。这首先意味着生活水平差距不能过大，全体人民享受同等的基本公共服务，不能形成贫富严重分化、阶层固化的局面。但共同富裕也不意味着同等程度的富裕，不意味着生活水平差距越小越好，更不意味着平均主义，而是生活水平差距介于适度范围内，并与对社会所作的贡献相关联。

共同富裕的基础是物质生活的富裕，但也包括精神的自信自立自强，还包括环境的宜居宜业，社会的和谐和睦，公共服务的普及普惠，文化产品的丰富共享。多

① 习近平．在省部级主要领导干部学习贯彻党的十八届五中全会精神专题研讨班上的讲话［EB/OL］．［2016-01-18］．http：//www.xinhuanet.com/politics/2016-05/10/c_128972755.htm.

维度的幸福生活为每个人的全面发展创造良好条件。社会生产力水平的提高为共同富裕的实现提供了物质基础，新时代的共同富裕不仅意味着纵向比较意义上的生产力进步，还意味着横向比较意义上较之资本主义国家更快的生产力进步，以满足人民群众对美好生活的日益提高、丰富和多样化的需求。这一定程度上依赖于我国基本经济制度的建设与完善。习近平总书记指出："以公有制为主体、多种所有制经济共同发展，以按劳分配为主体、多种分配方式并存，社会主义市场经济体制等社会主义基本经济制度，既有利于激发各类市场主体活力、解放和发展生产力，又有利于促进效率和公平有机统一、不断实现共同富裕。"①

3.社会内涵：中等收入阶层在数量上占主体的和谐稳定的社会结构

共同富裕的健康形态不是整齐划一的平均主义，而是要形成中间大、两头小的"橄榄型"分配结构，要求中等收入阶层在数量上占主体。这是一种和谐而稳定的橄榄型社会结构，大部分人口有体面、稳定、高质量的就业，有较高的收入和消费水平，享有良好的社会保障。城乡区域差距基本消失，人口流动基本上限于一定比例的更换就业岗位者，不再有大比例人口常态化地异地迁徙和流动。

促进全体人民共同富裕，是一个包括解决我国发展不平衡不充分问题、缩小城乡区域发展和收入分配差距、改善人民生活品质等问题的内涵十分广泛的目标，需要从诸多方面着眼和着力。目前，我国中等收入群体约有四亿人，大约占全国人口的 30% ，占全球中等收入群体的 30% 以上。共同富裕的实现要求扩大中等收入群体比重。要进一步增加这个群体的比重，建议实施中等收入群体倍增行动，到 2035 年，中等收入群体争取达到八亿到九亿人。因此，要想方设法推动城乡居民收入普遍增长。要鼓励企业家创新创业，鼓励员工持股。需要增加低收入者收入，争取有更多的低收入者逐步上升到中等收入群体。尽管已经消灭了绝对贫困，但返贫的风险依然存在，要加大普惠性人力资本投入，促进基本公共服务均等化，提升低收入群体自我发展 的能力，加强对少数低收入群体的"兜底"；需要合理调节高收入，依法保护合法收入，鼓励高收入人群和企业回报社会，完善慈善公益事业各项制度；坚决取缔非法收入，对于不合理收入要清理规范。

（三）新时代中国特色社会主义共同富裕理论体系的发展

1.精准扶贫和乡村振兴是推进共同富裕的坚实基础

全面建成小康社会是党的十八大以来我国在共同富裕发展道路上取得的重要阶段性成果，精准扶贫和对口帮扶是中国共产党重要的理论和实践创新。2013 年 11 月，习近平总书记在湘西考察时首次作出了"实事求是、因地制宜、分类指导、精准扶贫"的重要指示，此后，我国将"精准扶贫"作为了新时代消除绝对贫困的指导思想和关键举措。2015 年，中共中央、国务院发布《关于打赢脱贫攻坚战的决定》，提出了"六个精准"和"五个一批"，明确了精准扶贫的基本思路。东西部扶

① 习近平在看望参加全国政协十三届三次会议的经济界委员时强调：坚持用全面辩证长远眼光分析经济形势 努力在危机中育新机于变局中开新局［N］. 人民日报，2020-05-24.

贫协作和对口支援是实现先富带后富、最终实现共同富裕的大举措。脱贫攻坚是乡村振兴的基础和前提，乡村振兴是脱贫攻坚的巩固和深化，两者紧密联系。取得脱贫攻坚的全面胜利后，党中央进一步提出巩固脱贫成果，统筹做好脱贫攻坚与乡村振兴的有效衔接。从产业入手，做好发展衔接；从机制入手，做好政策衔接；从治理入手，做好服务衔接，让农业成为有奔头的产业，让农民成为有吸引力的职业，让新时代新农村成为共同富裕重要的实践成果。

精准扶贫把贫困问题、民生问题和共同富裕联系起来，是新时代实现全面小康的理论进路[①]。共同富裕是精准扶贫思想形成并深化的理论基础，新时代背景下，精准扶贫政策成为实现共同富裕的重要治理手段，将贯彻新时代人民群众美好生活需要作为共同富裕的评价标准，有利于构建共建共治的扶贫机制，提高共同富裕建设水平。精准扶贫思想注重走可持续发展道路，统筹东西部、城乡区域协调发展，兼顾效率与公平的辩证关系，推动我国共同富裕从追求数量的增多转变为质量的提升。前贫困地区正处于由精准扶贫向乡村振兴的过渡阶段，一方面需要完善政策机制，持续提高群众收入，巩固精准扶贫的成果；另一方面需要调整工作重心，从个体精准扶贫向乡村精准振兴转变，全面部署乡村振兴战略。

2.新发展理念是扎实推动共同富裕的思想引领

习近平总书记在党的十八届五中全会上明确提出了“创新、协调、绿色、开放、共享”的新发展理念，集中表达了我国在新发展阶段的发展动力、方式、路径、目的。其中，共享发展理念体现了社会主义的本质要求，表明中国特色社会主义的经济发展必须更加注重共同富裕问题，发展成果应更加公平地惠及全体人民。共享发展理念包含全民共享、全面共享、共建共享、渐进共享四个维度，这四个维度全面回答了共享发展的参与群体、内容、途径及其实现过程。共享发展的内涵与共同富裕是高度契合的，以共享发展理念为引领确保了共同富裕是通过全体社会成员的共同努力实现的生活水平的普遍、不断提高，是包含物质充裕、精神富足、生态环境优美、社会保障完善等的全面共同富裕，是随着社会主义现代化进程逐步提升层次的渐进式共同富裕。

新发展理念把发展的目标锚定于人民群众的根本利益，这与共同富裕的价值追求具有内在一致性。其中既涵盖了经济发展的路径选择，彰显了对效率问题的新思考和新解答，又体现了分配公平的评价准则。新发展理念的提法开启了社会主义现代化的新征程，强化了发展的起点是共同富裕的社会主义定位，以及发展的目标是全体人民对生活作出满意的评价。牢牢把握新发展理念的核心要义，是追求共同富裕奋斗征程上的根本原则。

3.解决社会主要矛盾是实现共同富裕的必然要求

共同富裕的内涵是历史的范畴，随着时代的发展而发展。对社会矛盾变化的准

---

① 李先伦，李建民，房晓军．习近平精准扶贫思想的战略创新［J］．现代经济探讨，2017（3）：35-39.

确把握有助于理解共同富裕内涵的纵深发展和维度变迁。我国社会主要矛盾变化标志着人民需求层次的拓展和提升、经济发展表现出新的时代特点。同样地，共同富裕不仅需要满足人民的基本物质文化需要，还要满足人民对美好生活的追求，为人民群众提供更富足的物质财富、更充实的文化产品、更优美的生活环境、更和谐的社会氛围，逐步实现全体人民的全面自由发展；当前走共同富裕发展道路需要着力解决发展的不平衡、不充分问题，提高全要素生产率，平衡区域、城乡发展，加快完善"先富"带动"后富"的有效机制。在新的社会主要矛盾视阈下认识共同富裕，可以发现人民美好生活需要更加要求经济发展质量的提升，必须坚持高质量发展，满足人民群众个性化、多样化的需求。改变过去主要侧重物质财富的评价方法，注重不断满足人民日益增长的美好生活需要的过程，就是更好推动人的全面发展和实现共同富裕的过程。

4.高质量发展是实现共同富裕的根本途径

习近平总书记在中央财经委员会议第十次会议上指出，在高质量发展中促进共同富裕，要提高发展协调性、平衡性、包容性，扩大中等收入群体规模，促进基本公共服务均等化，实现物质生活和精神生活的共同富裕等。经过改革开放40多年的高速发展，过去以投资驱动的粗放发展模式难以为继，向高质量发展转变是我国的必然选择，只有高质量发展才能为实现共同富裕创造必要的物质基础。同时，能否有效推动共同富裕也是评价经济是否实现了高质量发展的最高标准，因为高质量发展是适应我国社会主要矛盾变化和建设社会主义现代化国家的必由之路，是贯彻新发展理念的根本体现，这些都表明高质量发展的结果必然是实现共同富裕。可以说，高质量发展是推进共同富裕的根本途径，共同富裕是经济高质量发展的最终目标，在高质量发展中促进共同富裕，是道路与目标的有机统一。

对此，我们要继续通过深化改革激发新动能，解放、发展和保护生产力。在"做大蛋糕"的同时也要"做优蛋糕"，以高质量发展为主体，做强、做优、做好共同富裕的经济基础。同时，完善分配制度是在实现高质量发展中促进共同富裕的重要环节。既有的收入分配格局在一定程度上对发展成果人民共享产生了制约影响，要实现高质量发展，必须提高劳动报酬在收入分配中的比重，让劳动要素与其他要素共享分配成果。加快解决新发展格局下居民收入分配和城乡收入差距问题。

[本章小结]

我国社会主义初级阶段实行的是以按劳分配为主体、多种收入分配方式并存的收入分配制度，其内涵是按劳分配和按生产要素贡献分配结合，其价值取向是实现公平和效率的统一。这一分配制度是同我国以公有制为主体、多种所有制经济共同发展的所有制结构相适应的，体现了社会主义初级阶段生产关系的特征和要求，也体现了发展社会主义市场经济和发展新时代中国特色社会主义的客观要求。改革开放40多年来，我国的分配制度也经历了漫长的探索过程，经历了由单一按劳分配发展为按劳分配为主体、多种分配方式并存的分配制度。然而，城乡二元结构、贫富差距过大等情况层出不穷。对此，深化收入分配制度改革，对于完善社会主义基本经济制度和社会主义市场经济体制，促进我国社会经济长期稳定增长和社会利益结构的均衡，实现共享发展和共同富裕，有着重大的意义。因此，必须完善收入分配制度，坚持按劳分配为主体、多种分配方式并存的制度，把按劳分配为主体和按生产要素所有权分配结合起来，处理好政府、企业、居民三者之间的分配关系。同时，共同富裕是中国特色社会主义的根本原则，对此，要深入贯彻新发展理念，坚持以人民为中心的发展思想，实现共享发展，实现发展成果真正归全民共享。只有这样，才能切实推进中国特色社会主义收入分配制度的形成，实现完善国家治理、缩小分配差距、理顺分配结构、推进多元参与、规范分配秩序的多重目标。

[课后习题]

1. 简述我国分配政策转型过程。
2. 思考按要素分配在市场经济条件下可能出现的问题。
3. 如何理解我国公平与效率关系的演变？
4. 思考我国收入差距扩大的原因。
5. 我国如何实现从国富优先转向民富优先？

[第六章]

二元结构转型：由城乡分割到城乡融合

第一节　我国的二元经济结构

一、二元经济结构含义、理论模型与发展

（一）相关概念的厘定

“城乡二元结构”是城乡关系的核心问题，这种二元结构在多数发展中国家都存在，主要表现为产业结构的城乡差异[①]。那么，究竟什么是“二元经济结构”？经济的二元性主要是指传统部门（农业部门）和现代部门（非农业部门）的对立[②]，换言之，“二元经济结构”就是采用现代技术的现代部门与采用传统技术的传统部门并存[③]。当然，这种“并存”主要存在于发展中国家。因此，“二元经济是指发展中国家国民经济中现代部门和传统部门并存的状况。一国经济中现代部门与传统部门并存的状况，被称为二元经济结构”[④]。可见，“二元经济结构”最基本的标志就是发展中国家当中“农业部门”与“非农业部门”的分立。综观世界上各发展中国家经济社会的发展史，有一个显而易见的共同点，即各发展中国家的传统部门主要集中在广大农村，以传统的自给自足的农业为主。而现代部门则主要集中在城市，以现代化的工业为主。这样一来，城市与农村便形成鲜明的对比，尤其是二者的经济状况形成剧烈的反差。可见，“二元”之为“二元”，就在于传统农业部门与现代工业部门的并立，在于广大落后农村与现代化城市之间的分野。说到

① 林辉煌，贺雪峰．中国城乡二元结构：从“剥削型”到“保护型”［J］．北京工业大学学报，2016（6）：1-10．

② 李勋来，王晓燕．我国城乡二元经济结构变化特征与消解对策［J］．青岛科技大学学报，2015（4）：27-31．

③ 逄锦聚，洪银兴，等．政治经济学［M］．北京：高等教育出版社，2009：317．

④ 张维达．政治经济学［M］．北京：高等教育出版社，2004：340．

底，这是工农业发展水平还不够高的表现[①]。

需要指出的是，学界通常将“城乡二元结构”和“城乡二元经济结构”这两个概念混用。严格说来，这两个概念并非一码事。实际上，“城乡二元结构”包含“城乡二元经济结构”，而“城乡二元经济结构”只是“城乡二元结构”的一种。因为城乡关系是一个集合的范畴，囊括城乡经济关系、城乡政治关系、城乡文化关系、城乡社会关系、城乡教育关系诸多方面和领域。因此，“城乡二元结构”也是一个宏阔的谱系，“城乡二元经济结构”只是这个谱系中的一员。

（二）理论模型与发展

经济增长是二元经济结构产生的逻辑起点。亚当·斯密（1776）是把经济增长作为研究中心的第一个经济学家。后来，很多学者对工业化进程中各种制约经济增长的因素进行了研究。马尔萨斯在《人口论》（1798）一书中揭示了人口对经济增长的制约作用。他认为，人类生育孩子的天性使人口按指数率繁衍，而粮食生产受固定自然资源禀赋特别是土地的制约只能按算术级数增长。由于粮食供给超过生存水平的余量最终都将被所增长的人口消耗掉，从而绝大多数人的生活水平长期维持在超过最低生存水平是不可能的。马尔萨斯仅仅强调人类行为受动物本能所驱动的一面，忽视了资本积累、技术进步和制度创新等经济增长决定性因素的作用，其理论严格来讲还不是一种经济增长理论。李嘉图在《政治经济学及赋税原理》（1817）中揭示自然资源禀赋对经济增长的制约作用：由于农业生产无法摆脱报酬递减规律，在各等级土地面积固定的条件下，人口增长会导致粮食价格上升与工业工资上升，以致无法为追加投资提供激励，迫使经济处于“停滞状态”。这种制约工业化初期经济增长的固定土地资源禀赋机制，被大多数经济学家称为“李嘉图陷阱”，舒尔茨（1953）则称其为“粮食问题”。

韦伯创立了社会分类学，他在20世纪初运用传统与现代的二元分类法，将社会分为传统社会与现代社会，传统社会被视为落后的，现代社会则被视为进步的，其间的社会只是一个过渡的非常规类型。此后，二元分析成为社会科学广为沿用的分析范式。刘易斯（Lewis，1954，1958）将二元结构分析与工业化进程结合起来，在深化李嘉图理论的基础上，构建了一个二元经济模型，作为发展中国家的经济发展理论[②③]。刘易斯从古典经济学的劳动力无限供给假设出发，认为发展中国家在经济发展过程中，必然会出现传统农业部门和现代工业部门并存的局面，相对于资本与自然资源来说，传统部门人口众多从而劳动的边际生产力十分低下，资本积累是制约经济增长的唯一因素；工业部门只需支付略高于农村人口维持生计水平的工资，就会诱使农业剩余劳动力向现代工业部门转移，促进农业

① 马克思，恩格斯．马克思恩格斯全集：第1卷［M］．中共中央马克思恩格斯列宁斯大林著作编译局，译．北京：人民出版社，1972：223．

② Lewis W A.Economic Development with Unlimited Supply of Labor［J］．The Manchester School of Economic and Social Studies，1954，41（3）：131-191．

③ Lewis W A.Unlimited Labor：Further Notes［J］．The Manchester School of Economic and Social Studies，1958（1）．

部门的劳动边际生产力提高。当现代部门的就业创造速度超过农业中产生剩余劳动力的速度时，农业剩余劳动力不再具有无限弹性，而变得相对稀缺，农业劳动边际生产力开始为正数，在经济发展的这一阶段就容易出现李嘉图和舒尔茨所讲的粮食短缺点。因为这时对农产品的需求弹性大于1，农业发展会导致工业部门实际工资提高，工业部门的利润率可能急剧下降，资本积累逐渐停滞下来。粮食短缺点之后，农业劳动力的工资率虽然存在逐步上升的发展趋势，但由于农业劳动力的工资率仍低于现代工业的制度工资率，农业劳动力依然会向现代工业继续转移。当农业部门的剩余劳动力被吸收殆尽，其劳动边际产出与现代部门相等时，整个社会的劳动工资率都由劳动的边际生产力决定，农业就成为现代经济的组成部分，二元经济结构就被单一的现代经济结构所替代，传统农业改造的任务得以完成。

刘易斯二元经济模型彻底改变了经济学界长期以来借用新古典经济学来研究发展中国家经济发展的倾向，创立了发展经济学自身的研究范式，从此二元经济结构分析方法成了发展经济学的基本分析方法。然而，刘易斯模式只探讨了现代工业部门的扩张过程，忽视了农业部门自身发展，并且把农业剩余劳动力的转移看成二元结构转换的关节点，认为当所有农业剩余劳动力都被工业部门吸收后，传统农业部门就自动成为现代经济的组成部分。刘易斯自身也认识到其理论的不足："如果农业生产得不到同时增长，生产再多的工业品也是无用的。这正是工业革命和农业革命为什么总是同时爆发的原因，也是为什么农业停滞的经济中看不出工业发展的原因。"[①]拉尼斯和费景汉（Ranis G 和 Fei C H，1961）也发现了这一点，他们在刘易斯二元经济模型框架之内，明确指出了农业生产率是二元经济结构转换的关节点，认为农业劳动率的提高，不仅可以提高农业部门劳动的边际产品，防止粮食短缺点的到来，还能改善工农业的贸易条件，促进工业利润的增长，缩短现代工业部门和农业部门劳动边际产品相等时拐点到来的时间。[②]拉尼斯和费景汉的理论与刘易斯模型一样，都是从无限剩余劳动力供给与不变工资等新古典经济学假定出发，分析的主题都是二元经济结构问题，所不同的只是二元经济结构转换途径的差别，因而又被合称为"刘易斯-拉尼斯-费模型"。

乔根森（Jorgenson D W，1961）和托达罗（Todaro M P，1969）后来对二元经济模型进行了修订。乔根森放宽了"刘易斯-拉尼斯-费模型"的约束条件，其理论不是建立在无限剩余劳动力供给与不变工资假设的基础之上，也不承认农业存在着边际生产力等于零的剩余劳动，认为人口增长取决于人均粮食供给，如果粮食供给是充分的，人口增长率将达到生理最大量。当人均粮食供给增长率大于最大人口增长率时，农业剩余就产生了。农业剩余驱动着农业劳动力向工业部门转移，农业剩余越大，劳动力转移规模就越大。因而，乔根森把农业剩余增长看

① 刘易斯. 二元经济论 [J]. 施炜，等译. 北京：北京经济学院出版社，1991：31.
② Fei C H，Ranis G.A Theory of Economic Development [J]. American Economic Review，1961 (1).

成二元经济结构转换的关节点[①]。托达罗不同意“刘易斯-拉尼斯-费模型”和乔根森模型关于农业存在失业的假设，而是从广大发展中国家城市高失业率的现实出发，认为吸引农村迁移者的是城乡预期工资之差，要控制农村劳动力向城市流动的规模和速度，以解决日益严重的城市失业问题。把农村发展作为二元经济结构转型的关节点，认为消除发展中国家二元经济结构不是依靠农村人口不断流入城市，而是提高农业生产能力，改善农村生活条件，使工农差别与城乡差别不断缩小[②]。

二元经济模型提出后在很长一段时间内并没有被西方主流经济学所认可[③]。刘易斯获诺贝尔经济学奖后，伴随着发展经济学逐渐融入西方主流经济学阵营，二元经济模型也就被许多人用来解释发展中国家的经济发展。可是，理论界在二元经济模型的研究上存在着完全否定或者完全肯定的两种错误倾向。不少学者认为，二元经济模型的约束条件（边际生产力为零假设与不变工资假设）过于严格、研究对象过于狭窄（仅分析了农村剩余劳动力转移，忽视了土地、技术等其他生产要素的作用）、研究结论过于片面（如忽视了农业自身的发展），将研究重点主要集中于揭示二元经济模型的局限性，而对二元经济模型在经济学发展史上里程碑式的意义普遍认识不足。另外，我国还有相当大一部分学者完全照搬照抄二元经济模型来解释中国的实际经济问题。显然，如何恰当地认识二元经济模型的学术价值，对于推动今后中国经济学的发展和保证当前城乡一体化进程的实践沿着正确的轨迹发展，都具有十分重要的意义。

二、近代以来中国城乡二元结构的内容扩展

（一）近代以来中国二元结构的扩展过程

中国城乡二元结构内容的特殊性在于它不仅仅局限于二元经济结构的层面，而是渗透到政治、社会、文化等方面。近代以来中国城乡二元结构扩展的路线图如下：城乡二元经济结构—城乡二元政治结构—城乡二元社会结构—城乡二元文化结构。

第一，城乡二元经济结构的形成与扩展。1840年鸦片战争爆发，西方国家的商品、资本及其所承载的工业文明、商品经济文化和市场经济逻辑开始冲击中国传统的农业文明、小农经济文化和自然经济逻辑。随着一次次战败后国门逐步洞开，中国商品市场逐步扩大（见表6-1）。城乡间维持了几千年的模糊边界被逐渐划分开来，城乡分离趋势越来越明显，程度也越来越深。1870年后，官僚资本和民族资本也加入到分离中国城乡的队伍中。第一次世界大战前后的10年间，中国民族

---

① Jorgenson D W，The Development of A Dual Economy [J]. Economic journal，1961（11）.

② Todaro M P.A Model of Labor Migration and Urban Unemployment in Less Development Countries [J]. American Economic Review，1969（3）：138-198.

③ Ranis G.ArthurLewis'Contribution to Development Thinking and Policy [D]. New Haven：Yale University Economic Growth Center Discussion Paper，2004（8）：891.

资本有了长足发展，城市经济进一步壮大。1912年之后，官僚资本、买办资本、外国资本三股资本势力继续冲击原本就脆弱的中国城乡关系，城乡进一步分离。农村逐渐成了城市工业部门的生产要素来源地，也是城市工业部门产品的去路之一。这样，中国城乡二元经济结构逐步形成。这时虽然出现了城市人和乡村人的差别，甚至在农村中的士绅阶层也逐渐壮大，但城乡二元结构主要局限在经济领域，并未向政治和社会领域扩展。

表6-1　　1895年与1913年中国商品市场扩大情况对比

	1895年	1913年	增加倍数
铁路里程（千米）	364	9 618	25.4
铁路货车（辆）	5 937	10 652	0.8
通商口岸进出船只（艘）	37 132	190 738	4.1
通商口岸货运量（千吨）	29 737	93 335	2.1
内河船只（艘）	2 117	2 163	0.02
内河货运量（千吨）	54	120	1.2
进口贸易值（千两）	171 679	570 163	2.3

资料来源：汪敬虞．中国近代工业史资料第二辑（1895—1914年）：下册［M］．北京：科学出版社，1957：1096.

第二，城乡二元政治结构的形成与固化。中华人民共和国成立后，为了配合优先发展重工业的国家战略，在劳动力流动方面国家制定了严格的户籍制度，将公民分为农村户籍与城市户籍，对人口在城乡间的流动、城市招工范围、农转非的途径等做了极其详细的规定。一方面将农民钉在土地上，强制他们完成为城市工业部门和城市建设提供积累的任务；另一方面将广大农民享受城市较充裕的粮食供给、较高的工资与福利待遇、较完备的公共产品提供的权利剥夺了。同时，户籍制度还带来了空间、历史差距、二元部门和社会地位四重锁定效应。即使农民再有管理能力，也没有渠道进入公务员行列，更不用说通过自己的努力成为有领导职务的公务员。这样，在很长一段时间内，中国农民为国家工业化战略作出了巨大牺牲与贡献，但却不能享受与他们的贡献相匹配的收入水平和生活水平。而且随着时间的推移，户籍制度不断完备，不断被强化（见表6-2）。由此，中国城乡二元政治结构完成了由形成到固化的过程。

第三，城乡二元社会结构的产生与表现。伴随着城乡二元经济结构的不断形成与深化，计划经济下城乡二元政治结构的逐步形成与固化，中国城乡二元社会结构也逐渐形成，主要表现在以下三方面：一是城乡居民享受社会保障的水平存在较大

表6-2 计划经济时代户籍制度变迁大事

时间	事件
1954年9月	第一届全国人民代表大会第一次会议通过的首部《中华人民共和国宪法》中规定公民有“居住和迁徙的自由”
1954年12月	内务部、公安部、国家统计局发出联合通知，要求建立农村户口登记制度
1956年3月	全国第一次户口工作会议要求，在短时期内建立一套比较严密的户口管理制度以便“发现和防范反革命和各种犯罪分子活动”
1957年12月	中共中央、国务院发布《中共中央 国务院关于制止农村人口盲目外流的指示》，要求进一步加强户口管理，控制人口流动
1962年4月	公安部发出《关于处理户口迁移问题的通知》，指出“对农村迁往城市的必须严格控制；城市迁往农村的应一律准予落户不要控制”
1975年1月	第四届全国人大第一次会议通过的第二部《中华人民共和国宪法》，删除了“居民有居住和迁徙的自由”的条款
1977年11月	国务院批转《公安部关于处理户口迁移的规定》，强调“从农村迁往市、镇由农业户口转为非农业户口”，从此“农转非”一词开始流行起来

资料来源：求是论坛.

差异。近代以来，在中国享受社会保障就是城市人的专利，将农民排斥在外。中华人民共和国成立后，这种状况并没有多大改变，1951—1966年，国家陆续制定和颁布了《中华人民共和国劳动保险条例》《革命工作人员伤亡褒恤暂行条例》《国家机关工作人员病假期间生活待遇试行办法》《国务院关于工人、职员退休处理的暂行规定》《卫生部、财政部关于改进公费医疗管理问题的通知》《劳动部、全国总工会关于改进企业职工劳保医疗制度几个问题的通知》等一系列政策法规，在城市建立起了水平虽低但却完备的社会保障体系，但在农村却几乎是一片空白。在改革开放40多年后的今天，欠发达地区农民最基本的社会保障也并未得到满足。其进步只在于：农村社会保障从无到有，城市社会保障锦上添花。以医保差距为例，2011年，三项基本医疗保险制度覆盖了95%以上的城乡居民，参保人数增加到12.95亿人。其中，新农合参保8.32亿人，城镇居民医保参保2.16亿人，职工医保参保2.47亿人。但是，新农合与城镇居民医保和职工医保的质量和水平差距是巨大的。二是以教育机会不平等为代表的城乡机会不平等问题十分突出。教育扩张并不能导致教育机会分配的平等化，相反，只要处于优势地位的群体还有可能去提高他们的教育机会，教育机会不平等就会维持，这就是关于教育扩张与教育不平等之间的著名假设——最大化维持不平等假设。不幸的是，中国的现实印证了这一假设。中国重点大学农村学生比例自1990年起不断滑落，如北京大学农村学生所占比例从1978—

1998年的30%落至2000年以后的10%，清华大学2010级农村生源仅占17%①。三是农村居民通过努力成为城市人和富人的渠道不畅通。在计划经济年代，这条渠道因为户籍制度等的锁定效应，几乎是封闭的。改革开放之初到20世纪90年代中期，社会舆论对成功的评判标准较为单一，即致富，那时农民通过兴办乡镇企业、进城打工、考取大学等方式致富或进入城市，规模很大，渠道畅通。然而，由于长期的城市中心论，大量资源向城市倾斜，社会阶层分化成为必然结果。加之户籍制度改革进展滞缓，城市人和乡村人分野明显，城乡间的二元分化越来越演化为一种循环累积因果效应。

第四，城乡二元文化结构的存在与强化。城乡二元文化结构自中国城乡差别形成之初就存在了，并在数千年中变化甚小。但在1978年开始进行市场化取向改革后，中国城乡二元文化结构则呈现加速分离的趋势。一是城市市场经济文化和农村自然经济文化的差异逐渐扩大。改革开放后，市场经济文化逐渐渗透到城市人的生活中，人们的自主理念、竞争理念、创新理念、开放理念逐渐形成，这与农村自然经济文化形成了鲜明对比。在中国农村，尤其是中西部地区的农村，依赖理念、同情弱者理念、封闭理念至今仍在人们意识中占据一定地位。二是城乡思维方式的差异明显。一个形象的说法是：在中国现阶段，“城市人偏好关注自己的明天，而农村人喜欢关注别人的昨天”，即由于市场经济的发展，城市人的生存压力很大，要不断考虑自己明天如何发展、在哪里谋生；而一定程度的自然经济存在使农村人生存压力较小，有更多的时间去议论别人，谈论是非。三是城市人和乡村人生活方式的差异逐渐扩大。城市居民越来越崇尚健康、休闲、享受型消费，他们运动健身、休闲娱乐、出境旅游、购买奢侈品，而对于中国绝大多数农民来说，这样的生活方式还很遥远②。

（二）中国四重城乡二元结构的内在作用机理

从整体上看，中国城乡二元结构在内容上的扩展，经历了由城乡二元经济结构到城乡二元政治结构，再到城乡二元社会结构，直至城乡二元文化结构。那么，中国城乡二元结构的四方面内容之间的作用机理是什么呢？我们可以从时间、空间和关系三个方面进行分析：

第一，四重二元结构在时间上不是完全继起的。城乡经济、政治、社会、文化四个二元结构的扩展在时间上并不是完全先后继起的，四个过程虽然有相互重叠的部分，但产生和发展在时间上又不完全重合。可以说，城乡二元经济结构贯穿中国城乡关系发展的整个历史阶段；城乡二元政治结构则是中华人民共和国成立后由于实行以户籍制度为代表的计划经济体制所造成的特殊的、比别的国家更加明显的城乡对立局面；城乡二元社会结构则是城乡二元经济结构和政治结构共同作用的结

---

① 佚名．农村学生难入名牌大学，北大占比从三成跌至一成［EB/OL］．（2011-08-07）．http：//edu.163.com/11/0807/11/7ARNFT2K00293L7F.html.

② 白永秀．城乡二元结构的中国视角：形成、拓展、路径［J］．学术月刊，2012（5）：67-76.

果；城乡二元文化结构则处在一个不断被强化的螺旋式累积增长通道之中。

第二，四重二元结构在空间上是并存的。一方面，在中国的每个地区、城乡关系演变的每个阶段，四重城乡二元结构几乎同时存在；但另一方面，在不同地区，四重城乡二元结构又不是完全一致的，其中有些二元结构在这些地区占主导地位，而在另一些地区只是处于从属地位。如在中国现阶段，东部发达地区的城乡二元经济结构和社会结构已经有了一定程度的改善，东部地区的主要任务是破解城乡文化二元结构，推进城乡文化一体化。而西部地区的城乡二元经济结构占主导地位，西部地区的主要任务是统筹城乡经济发展，推进城乡经济一体化。

第三，四重二元结构在关系上是互动的。城乡经济、政治、社会、文化四个二元结构互为条件、相互促进，形成了比较稳定的格局。城乡二元经济结构居于基础性地位，从物质基础上决定了其他三个二元结构的形成和发展。城乡二元社会结构则是在城乡经济、文化、政治二元结构联合作用下，所表现出的中国城市和农村、城市人与乡村人在社会发展上的二元差异。城乡二元政治结构是由于实行计划经济体制而引致的中国比其他国家更为突出的体制性二元结构，对其他三方面二元结构也起到了强化和固化作用。城乡二元文化结构是中国特殊城乡二元结构形成的文化和哲学根源，而且城乡二元文化也是四重二元城乡结构中最顽固、最难以转变的一个。中国传统的小农文化、自然经济文化，时至今日仍影响着相当一部分城市人和绝大多数农村人。他们在思维方式上受这两种文化的影响，行为方式上自觉不自觉地受这种文化支配。而且，不同于经济、政治和社会因素，文化的稳定性和传承性决定了其转变的困难性和滞后性，中国小农文化和自然经济文化转变的困难与滞后又会使城乡经济、政治和社会二元结构的破解面临更大的困难和不断反复的危险①。

第二节　我国由城乡分割到城乡融合转型过程

一、我国城乡一体化发展的理论基础和现实背景

（一）马克思、恩格斯对于城乡关系的科学设想

自社会分工导致农业和工商业两相分离以来，人类社会就出现了城市和乡村这两种存在形态。这两种形态在多个方面都具有差异，而这种差异在资本主义社会尤为明显。马克思和恩格斯在对资本主义社会生产方式进行考察的过程中，没有绕过对城乡关系的研究，形成了有关城乡关系的系统理论，认为走向融合是未来社会主义社会城乡关系的必然趋势。

① 白永秀. 城乡二元结构的中国视角：形成、拓展、路径［J］. 学术月刊，2012（5）：67-76.

一方面，马克思和恩格斯认为，生产力的发展是城乡关系变化的原动力，生产力是不断向前发展的，城乡关系也将随之不断变化。他们指出，在早期人类社会，生产力的落后使得分工尚未形成，也就没有城市和乡村的分别。随着劳动生产率的不断提高，产生了旧的分工：一部分从事农业生产的劳动者开始积累个人财富，为手工业的发展提供了资本；同时生产技术的不断提升，为手工业的发展提供了技术支持，从而城乡关系趋于分离。对此，恩格斯认为："财富在迅速增加，但这是个人的财富；织布业、金属加工业以及其他一切彼此日益分离的手工业，显示出生产的日益多样化和生产技术的日益改进；农业现在除了提供谷物、豆科植物和水果以外，也提供植物油和葡萄酒，这些东西人们已经学会了制造。如此多样的活动，已经不能由同一个人来进行了。"[①]农业和手工业的分离，带来了城乡的分离，但这一对立的城乡关系是旧分工的体现。在旧的分工下"任何人都有自己一定的特殊的活动范围，这个范围是强加于他的"[②]，农业和手工业者都有强加于他的固定的活动范围，这是城乡对立的直接原因。而旧的分工又是当时的生产力水平所决定的。那么，资本主义社会对生产力的显著发展，将革命地改变旧的分工的存在条件，也将摧毁城乡对立的基础，促使城乡关系随之变化。在马克思和恩格斯看来，"那些将消灭旧的分工以及城市和乡村的分离、将使全部生产发生变革的革命因素已经以萌芽的形式包含在现代大工业的生产条件中"[③]。

另一方面，马克思、恩格斯认为，城乡关系的最终趋势是走向融合，城乡融合是未来共产主义社会的重要特征。私有制与旧分工同属于资本主义生产关系的范畴，其中私有制是资本主义生产关系的根基。革命地改变旧分工的存在条件，就是要通过革命改变资本主义的私有制，"由社会全体成员组成的共同联合体来共同地和有计划地利用生产力；把生产发展到能够满足所有人的需要的规模；结束牺牲一些人的利益来满足另一些人的需要的状况，彻底消灭阶级和阶级对立；通过消除旧的分工，通过产业教育、变换工种、所有人共同享受大家创造出来的福利"[④]，这实际也就使城乡关系走向了融合。马克思和恩格斯进一步从联合体的物质资料生产的角度指出，城乡的融合是未来共产主义社会存在的重要特征，"城市和乡村之间的对立也将消失。从事农业和工业的将是同一些人，而不再是两个不同的阶级，单从纯粹物质方面的原因来看，这也是共产主义联合体的必要条件"[⑤]。

（二）中国共产党对城乡关系的早期探索

中国共产党是用马克思主义武装起来的政党，自成立起就坚持将马克思主义的

---

① 马克思，恩格斯．马克思恩格斯选集：第4卷［M］．中共中央马克思恩格斯列宁斯大林著作编译局，译．北京：人民出版社，1995：163.

② 马克思，恩格斯．马克思恩格斯选集：第1卷［M］．中共中央马克思恩格斯列宁斯大林著作编译局，译．北京：人民出版社，1995：85.

③ 马克思，恩格斯．马克思恩格斯选集：第3卷［M］．中共中央马克思恩格斯列宁斯大林著作编译局，译．北京：人民出版社，1995：648.

④ 马克思，恩格斯．马克思恩格斯选集：第1卷［M］．中共中央马克思恩格斯列宁斯大林著作编译局，译．北京：人民出版社，1995：243.

⑤ 马克思，恩格斯．马克思恩格斯选集：第1卷［M］．中共中央马克思恩格斯列宁斯大林著作编译局，译．北京：人民出版社，1995：294.

科学思想运用于社会主义革命和建设中。一直以来，党理解和践行马克思、恩格斯的城乡思想，关注中国的城乡关系问题，致力于将中国建设为城乡融合的社会主义国家。

在1923年党的第三次全国代表大会上，中央通过党的历史上第一个《农民问题决议案》明确了“三农”在我国的重要地位，认识到了保护农民之权益对于中国革命和建设的重要意义，开始了党对城乡关系的理论探索。之后，无论是在大革命时期、土地革命战争时期、抗日战争时期还是解放战争时期，党都十分重视“三农”的基础性地位，认为中国的革命实质是农民的革命，将农村作为革命的根据地，将农业作为革命和建设的基础。

在中华人民共和国成立前夕，随着掌握的城市不断增多，我们党的工作重心由农村转向了城市，并正式提出了“城乡兼顾”的思想。党的七届二中全会对这一思想进行了阐述：“城乡必须兼顾，必须使城市工作和乡村工作，使工人和农民，使工业和农业，紧密地联系起来。绝不可以丢掉乡村，仅顾城市，如果这样想，那是完全错误的。”[①]党在这一时期提出的“四面八方”经济基本政策，也将“城乡互助”作为重要内容。

在社会主义早期建设和探索时期，在全国以重工业为建设重点的背景下，我们党提出了优先发展重工业的同时正确处理工农城乡关系的思想。如毛泽东在《论十大关系》中说道，在重点建设重工业之外，“重工业和轻工业、农业的关系，必须处理好”[②]。在《关于正确处理人民内部矛盾的问题》中，毛泽东还将实现农业现代化纳入“建成一个工业国”的目标之一，明确了处理好工农城乡关系的重点是要实现产业的融合发展。之后，党在发展农村工业、工业支持农业、发展农村文教卫生等方面，对正确处理工农城乡关系进行了科学的设计和部署。

可以看到，党自成立之初就一直重视城乡问题，形成了有关城乡关系的一系列理论成果，始终将正确处理城乡关系作为领导社会主义革命和建设的目标之一。

（三）改革开放推进城乡一体化发展的现实背景

经过中国共产党人和全国劳动人民的艰辛探索和勤劳建设，至20世纪70年代，我国已经具备了马克思和恩格斯所言的城乡融合的两个基本前提。第一个前提是生产力得到一定程度的发展。马克思和恩格斯提出：“消灭城乡之间的对立，是共同体的首要条件之一，这个条件又取决于许多物质前提，而且任何人一看就知道，这个条件单靠意志是不能实现的。”[③]而至1978年，我国已经建立了独立的比较完整的工业体系和国民经济体系，全国粮食产量“比一九四九年增长一点七倍，棉花产量增长三点九倍……全民所有制企业的固定资产达到三千二百亿元，相当于

---

① 毛泽东. 毛泽东选集：第四卷［M］. 北京：人民出版社，1991：1427.
② 毛泽东. 毛泽东文集：第七卷［M］. 北京：人民出版社，1999：24.
③ 马克思，恩格斯. 马克思恩格斯选集：第1卷［M］. 中共中央马克思恩格斯列宁斯大林著作编译局，译. 北京：人民出版社，1995：294.

旧中国近百年积累起来的工业固定资产的二十五倍”[①]，生产力水平得到了大幅提高，摆脱了“一穷二白”的面貌。第二个前提是资本主义私有制的瓦解。马克思和恩格斯认为“城乡之间的对立只有在私有制的范围内才能存在”[②]，而实现城乡融合就必须瓦解这一所有制基础。在中华人民共和国成立后的30年里，“我们消灭了剥削制度，改造了小生产者的私有制度，全面建立了生产资料的社会主义公有制，初步实行了‘各尽所能，按劳分配’的原则”[③]，在所有制的层面打下了城乡融合发展的基础。

但基本前提的满足并不意味着城乡就会自动走向融合。实际上，尽管我们党力求兼顾乡村的发展，但由于优先发展重工业的战略选择，乡村在中华人民共和国成立后的一段时间内都扮演支持者的角色。在中华人民共和国成立后的近30年内，国家“通过各种途径与方式（如粮食征购、工农业产品‘剪刀差’等），从农民身上获取的积累达6 500亿至8 000亿元人民币”[④]。与这一经济战略相应的一系列制度，包括生产资料和生活资料供给制度、户籍制度、就业制度、教育医疗制度等，导致城乡之间存在相当程度的差距隔离，农业发展受到相当程度的抑制。同时农民生活水平也相对较低，以1980年为例，全国仅有约128万人从农村进入城镇就业，到1981年这一数字下降到了约92万，而农民人均纯收入仅为191元，仅为城镇居民人均工资的25%[⑤]。还有很多诸如社会治理水平、文明程度等数据难以体现的城乡差距。它们已经成为影响国民经济健康发展和人民生活水平提高的因素。

正是在这样的背景下，党开始了城乡一体化发展的艰辛探索，在马克思主义科学方法论的指引下，寻求在社会主义国家实现城乡融合的具体路径[⑥]。

二、中国城乡一体化发展进程与阶段性特征

（一）第一阶段（1978—2003年）：前改革时代“级差式”发展方式和“分离化”改革措施加速了中国城乡分离与对立

我们将1978年改革开放开始至2003年“科学发展观”提出的改革阶段称为“前改革时代”。[⑦]前改革时代“级差式”发展方式和“分离化”的改革措施加速了中国城乡的分离与对立。“级差式”发展方式是通过拉大收入差距来激励人们的致富欲望，从而刺激经济发展的方式，这种方式因为采取激励型发展而引致了中国经济长期较快发展。“分离化”改革措施是指在前改革时代，有能力的人从一般人群中分离出来先富起来；拥有特殊资源的地区通过政策先富起来；与市场结合紧密的

① 中共中央文献研究室．三中全会以来重要文献选编：上［M］．北京：人民出版社，1982：212.
② 马克思，恩格斯．马克思恩格斯选集：第3卷［M］．中共中央马克思恩格斯列宁斯大林著作编译局，译．北京：人民出版社，1995：104.
③ 中共中央文献研究室．三中全会以来重要文献选编：上［M］．北京：人民出版社，1982：211.
④ 段若鹏，钟声，等．中国现代化进程中的阶层结构变动研究［M］．北京：人民出版社，2002：69.
⑤ 数据根据相关年份《中国统计年鉴》整理计算得出。
⑥ 蒋永穆，周宇晗．改革开放40年城乡一体化发展：历史变迁与逻辑主线［J］．贵州财经大学学报，2018（5）：1-10.
⑦ 白永秀．由“前改革时代”到“后改革时代”［J］．西北大学学报，2010（2）：5-9.

行业首先发展起来。在城乡关系方面，“级差式”发展方式和“分离化”改革措施则表现为城市利用自身优势和国家优惠的政策先富起来，由此加剧了中国本来就存在的“城乡二元结构”，以至于中国在改革过程中形成了“三元结构”“四元结构”。具体表现在以下三个方面：

第一，城市化水平远远落后于工业化水平。亨德森将城市化速度的滞后作为中国城市发展中的第一项重要特征加以指出，中国城市人口的年均增长率仅为3.5%左右，明显低于其他发展中国家经济高速增长期5%～6%的城市人口增长率，当中国的城市化水平为46%时，与中国有着相同实际人均收入的代表性国家的城市化水平已达到55%，发达国家的城市化水平则达到70%～85%[①]。2010年，中国第二、第三产业所占GDP的比重已经接近90%，但城镇人口所占总人口的比重却只有49.68%[②]。换言之，与其他国家相比，中国城乡融合速度远远低于工业化发展速度，中国有更多的人不能充分分享工业化带来的好处[③]。

第二，城乡收入差距持续扩大。改革初期的制度复归效应（指家庭联产承包责任制对最早土改制度的复归）、价格政策和技术进步在提高农业生产率进而带动农民增收方面起到了立竿见影的效果，使得1978—1984年城乡收入差距呈现缩小趋势；这6年间中国农民年均增收达到16.5%，快于城市居民人均收入的增长速度（仅为12.2%）。1983—1984年，城乡居民收入比下降到1.8。此后，改革重点逐渐转向城市，农村经济制度复归带来的增长效应逐步释放，农民收入增长率下降，甚至出现了1989年的绝对负增长（-1.6%）。1985—1994年这10年间，农民收入年均增长仅为4.35%，而城乡居民收入比开始拉大，1989年为2.3，1994年为2.9。随后，中国迎来乡镇企业大发展时期，出现“三元结构”，城乡收入比连续4年下降，自1994年的2.9下降到1998年的2.5。但此后城乡收入差距持续扩大，自2004年达到3.21后，便一直徘徊在3.2～3.3。

第三，城市内部的“二元社会”开始形成，进而形成中国经济的“四元结构”。在时间方面，城市内部“二元社会”分割体现为不同身份的人享受城市公共服务的先后有严重区别；在空间方面，体现为城市中有大量“城中村”出现；在劳动力待遇方面，体现为劳动力市场上的种种分割和歧视；在生活方式方面，流入的外来劳动力（主要是来自农村的劳动力）与城市户籍居民之间存在巨大的生活方式的差异。

（二）第二阶段（2003年至今）：后改革时代城乡关系出现既统筹又分离的趋势

我们将2003年“科学发展观”提出之后的改革时代称为“后改革时代”。在后改革时代，从党的十六大报告提出“统筹城乡经济社会发展”，到十六届三中全会

---

① Henderson J，Vernon.Urbanization in China：Policy Issues and Options［C］. Report for China Economic Research and Advisory Program，2009.

② 潘佳华，魏后凯．中国城市发展报告No.4（2011）［M］．北京：社会科学文献出版社，2011.

③ 陈钊．中国城乡发展的政治经济学［J］．南方经济，2011（8）：3-17.

提出“建立有利于逐步改变城乡二元经济结构的新体制”，推进“工业反哺农业、城市支持农村”的发展道路，再到党的十七大报告提出“形成城乡经济社会发展一体化”，再至党的十八大报告提出“推动城乡发展一体化”，中国整体经济实力的增加使得我们可以在乡村发展的道路上有所作为，但是以城市反哺农村的做法并不能真正实现城乡融合发展，农村自身力量的增加及城乡融合的发展方式才是中国特色农村发展的着力点，二元经济结构也呈现出既统筹又分离的趋势，呈现一些新动向[①]。具体表现在以下三方面：

第一，国家强化实施城乡统筹发展政策但改革累积效应使城乡差距扩大。在后改革时代，国家在处理城乡关系中城市偏向的政策有所改变，尤其是在2008年中共十七届三中全会作出《中共中央关于推进农村改革发展若干重大问题的决定》之后，更是将“三农”问题提升到了前所未有的高度。但由于改革累积效应和城市既得利益集团的影响，城市偏向的政策还很难改变。就改革的累积效应看，经过40多年的改革累积，城市的优势越来越明显，在城市的投资效益与生活舒适度越来越高，城市偏向的政策转变很难带来城市偏向的行为转变。就城市既得利益集团的影响看，当一个改革所带来的利益是确定或可以预见但又有限时，改革的设计者、政策的制定者就会将不属于自己的利益集团的群体排除在改革之外，剥夺部分人参与改革的机会和权利。在中国城乡关系上，表现为改革措施深化，一旦要降低城市居民的相对福利时，城市利益集团就会对政府施加压力以进行政策调整，或者对利益均等化改革进行抵制，或者将农民从改革获利群体中排除出去。

第二，国有企业战略重组使农村资源向城市集中，再次助推城乡分离。从企业角度看，大城市由于拥有基础设施、知识人才、信息等方面的优势，一直被企业所青睐，企业向城市的集聚未曾停止，城市逐步成了企业总部的所在地——总部经济由此诞生。在后改革时代，中国从政府与市场两个方面都加快了国有企业的战略性重组步伐，出现了一批企业“航空母舰”。企业“航母”的出现有利于中国企业提高国际竞争力，对转变经济发展方式也有积极作用。但从城乡关系角度看，这一趋势必然导致中国城乡分离被强化。一方面，原来在农村和小城市的一批企业，尤其是能源化工企业陆续搬进大城市，把促进经济发展的因素也带进城市；另一方面，把农村的生产要素，尤其是原料带到城市郊区加工。从某种程度上说，国有企业的战略重组导致了资源富集区农村的凋敝。从现实看，一是大城市集中了大量的大型企业集团。在2002—2011年的10年间，进驻北京、上海等20座大城市的中国500强企业多达679家。二是部分经济大省和企业大省已成为多个企业集聚的中心城市。部分省份已明显形成了“一省两核心”的城市经济圈，如山东的济南和青岛，浙江的杭州和宁波，辽宁的沈阳和大连。部分企业大省甚至形成了“多核”的城市经济圈，如江苏除南京和苏州外，还有无锡和常州；广东除广州和深圳外，还有佛

① 魏晓莎．从二元结构到城乡融合的中国特色农村发展道路研究［J］．农业经济，2019（2）：26-28.

山和东莞等。

第三，人力资本和知识资源向城市集中导致农村发展再次受限。经过前改革时代的25年，中国城市已取得了相当的发展。城市中有待遇较高的就业机会、较广的个人发展空间、优质的教育和医疗资源，尤其重要的是，城市中较高品质的生活和城市人的思维方式、生活方式，对农村人，尤其是农村年轻人有巨大的吸引力，必然加快农村人力资源向城市的集中过程。这些人虽几乎没有农业生产经验，他们流向城市不会对农业生产造成直接影响，但却有可能造成城乡关系的继续分离：随着拥有知识的青年劳动力逐渐离开，农村中剩下的都是老人和儿童；流出的青年人即便无法真正融入城市生活，他们也不愿意再回到农村去。这样，农村的人力资本无法累积，农村的后续发展缺少动力[①]。

党的十九大报告指出，中国社会的主要矛盾已经转化为人民日益增长的美好生活需要和不平衡不充分的发展之间的矛盾，而我国最大的不平衡发展的矛盾就是城乡发展不均衡，最大的不充分发展就是农村的不充分发展。习近平总书记指出“中国要强，农业必须强”，“中国要富，农民必须富”，面对我国城乡二元结构不断固化的现状，党的十九大提出乡村振兴战略，首次以中央文件的形式提出“城乡融合发展”理念，指出“建立健全城乡融合发展体制机制和政策体系”。在中国特色社会主义新时代的历史背景下，城乡融合的发展理念将使得中国走出一条独特的农村发展道路[②]。

三、中国城乡一体化格局与挑战

（一）城乡一体化格局

1.城镇化增速和市民化意愿下降

改革开放以来，我国经历了史无前例的人口城镇化过程。1978年改革开放之初，我国城镇人口规模只有1.72亿人，城镇化率仅为17.9%。到2017年，我国的城镇化率已攀升至58.5%，城镇人口规模达到了8.13亿人。过去40多年，我国城镇化率每年上升1个百分点，一年就有一千四五百万人成为城镇常住人口，这几乎相当于一个中等国家的规模。自2011年城镇化率越过50%的拐点之后，中国城镇化的推进速度已经逐步减缓，呈现出减速的趋势。2001—2005年，中国城镇化率年均提高1.35个百分点，2006—2010年为1.39个百分点，而2011—2014年已下降到1.21个百分点。尤其是经济较发达的东部地区，城镇化速度由2006—2010年的1.58个百分点下降到2011—2014年的0.98个百分点。预计在2030年之前，中国城镇化速度将进一步下降到0.8～1.0个百分点。数据显示，2020年中国城镇化率达到63.89%，2010—2020年间城镇常住人口比重上升14.21%。据预测，2021—2030年

① 白永秀．城乡二元结构的中国视角：形成、拓展、路径［J］．学术月刊，2012（5）：67-76．
② 魏晓莎．从二元结构到城乡融合的中国特色农村发展道路研究［J］．农业经济，2019（2）：26-28．

中国城镇化速度为0.81个百分点[①]；而据联合国在2015年的预测，2011—2020年为1.18个百分点，2021—2030年为0.77个百分点[②]。虽然这两种预测结果略有差异，但基本趋势是一致的。很明显，当前中国城镇化已经进入一个重要的战略转型期，未来城镇化速度将逐步放慢，由加速推进向减速推进转变，由速度型向质量型转变。推进速度下降已成为中国城镇化的新常态，而全面提升质量则是新型城镇化战略的核心任务。

值得注意的是，近年来随着城乡一体化的快速推进，农业转移人口的市民化意愿已出现下降的趋势。过去农民强烈希望进城，却因城乡二元户籍、社会保障等体制和政策障碍而进不来；现在，全国各地除少数特大城市外大都取消了农业户口和非农业户口的区分，实行城乡统一的户籍登记制度，尤其是中小城市大都放开了户籍，积极倡导农民进城落户，但农民却不太愿意进城，市民化意愿下降。之所以会出现这种转变，主要是由于随着中央明确赋予农民更多的财产权利以及农村公共服务水平提高，农民预期能够享受更多的利益，其居住选择的机会在增多，观念也在发生变化。农民市民化意愿下降将促使城镇化减速，并对城镇化格局产生重要影响。

2.城乡收入差距进入持续缩小时期

自改革开放以来，中国城乡居民收入差距出现了1984—1994年和1998—2003年两次大的提升，在经历了一段时期的基本稳定后，2009年之后开始出现稳定下降的趋势。2009—2014年，中国城镇居民人均可支配收入与农村居民人均纯收入之比从3.3下降到2.97，平均每年下降0.07。与1979—1983年和1995—1997年两次下降相比，这次城乡收入差距下降的幅度有所减少。之所以会出现这种情况，主要是由于农业生产成本不断提高以及农产品价格日益接近“天花板”，农民增收主要依靠工资性收入和转移净收入的增加，随着城镇化和市民化的不断推进，农民增收的难度将越来越大。

目前，中国城乡居民收入差距仍然处于高位，远高于改革开放以来1983年的最低水平，更远高于各发达国家的水平。即使按人均可支配收入计算，2014年，全国城乡居民收入比也达到2.75。2017年，我国城乡居民收入比缩小到了2.71：1，是进入21世纪以来的最低值。可以肯定的是，随着中国经济进入新常态，近年来这种城乡收入差距缩小将成为一种长期的稳定趋势，而并非像前两次那样只是一种短期波动。可以说，目前中国已经越过城乡收入差距“倒U型”变化的拐点，进入城乡收入差距持续缩小的时期。显然，这种转变是与中国经济发展的阶段性特征紧密联系在一起的。首先，随着工业化进入后期阶段，以城市为导向的工业对经济增长的驱动力已经趋于下降，而小城镇和农村地区日益显现的巨大潜力，为经济新常

① 魏后凯．走中国特色的新型城镇化道路［M］．北京：社会科学文献出版社，2014.

② United Nations. World Urbanization Prospects: The 2014 Revision［C］. New York: United Nations, 2015.

态下经济的持续中高速增长开辟了新的空间。其次，目前中国城镇常住人口规模已经超过农村，近年来大规模农业人口向城市迁移，既为农业适度规模经营创造了有利条件，也成为促进农民增收的重要途径。最后，随着发展水平的提高和经济实力的增强，政府有能力将更多的公共资源投向“三农”领域，促进农业增效、农民增收和农村繁荣。在经济新常态发展阶段，城乡收入差距的持续缩小已经成为确保经济长期中高速增长的重要前提条件。

3.要素从单向流动转向双向互动

长期以来，受传统二元体制和城市偏向政策的影响，中国城乡要素流动是单向的，即农村人口、资源和资金等要素不断向城市集聚，而城市人口被禁止向农村迁移[①]，城市公共资源向农村延伸、城市人才和资本向农村流动也处于较低水平。近年来，在各地推进城乡一体化的实践中，城市公共资源和公共服务向农村延伸的步伐明显加快，人才、资本和技术下乡也取得了较大进展。特别是在北京等发达地区，资本下乡、技术下乡和人才下乡均已达到一定水平，正处于双向城乡一体化初期阶段。

面对新常态，随着经济增速的放慢，加上工资快速上涨引致的资本对劳动力的替代，城市就业岗位增加乏力，城乡人口迁移出现了减缓的趋势。2012年以来中国外出农民工规模增幅的急剧下降就充分说明了这一点。2001—2002年，中国外出农民工数量平均每年增加1 311万人；2003—2012年，平均每年增加587万人；而2013—2014年，已下降到每年增加243万人[②]。相反，在政府引导和市场力量的共同作用下，近年来城市资本、技术、人才下乡的进程却在不断加快。特别是在珠三角、长三角等沿海发达地区，由于农村居民享有宅基地、集体分红等诸多好处，一些城市居民通过各种途径希望能够获得农村户口。从长远来看，城乡人口的双向自由迁徙将是发展的大趋势。因此，在深化农村产权制度改革和推进城乡基本公共服务均等化的前提下，允许城市居民按照自己的意愿选择到农村居住和生活，将是一个需要研究探讨的重大课题。

4.政策从城市偏向转向农村偏向

从工业化战略看，随着工业化水平的提高，各国政策大都经历了从“农业支持工业、农村服务城市”的城市偏向到“工业反哺农业、城市支持农村”的农村偏向的转变。2004年，中央提出中国已经进入“以工补农、以城带乡”的发展阶段，并逐年加大了对“三农”的支持力度。自此以后，中央连续发布13个“一号文件”聚焦“三农”，强调“三农”问题的重要地位。

但是，从机会均等和均衡配置的角度看，目前中国的公共政策仍然是一种城市偏向的政策，农村居民所获得的机会和人均占有的公共资源仍远低于城市居民。这

① 1968—1978年，全国开展了知识青年“上山下乡”运动，有近2 000万“知识青年到农村去，接受贫下中农的再教育”。这是一个例外。

② 根据国家统计局发布的全国农民工监测调查数据计算。

种城市偏向既是一种大城市偏向，也是一种行政中心偏向[①]。其结果是，那些远离大城市和高等级行政中心的小城镇和农村地区，发展机会和公共设施投入少，公共服务严重滞后，处于被剥夺、被挤压的状况。第三次全国农业普查数据显示，2016年全国农村有46.2%的家庭仍在使用普通旱厕，82.6%的村生活污水未得到集中处理。目前，中国建制镇、乡、村庄燃气普及率、污水处理率、生活垃圾处理率都极低，公共设施和公共服务十分落后。在新时代下，城乡居民能否享受均等化的基本公共服务和等值化的生活质量，将是经济结构优化和质量提升的关键所在[②]。

（二）城乡一体化发展面临的挑战

1.农民增收和市民化难度居高不下

长期以来，中国城乡居民收入增长呈现出“城高乡低”的不平衡增长格局。1986—2009年，城镇居民人均可支配收入年均增长7.4%，而农村居民人均纯收入仅年均增长5.0%。这种状况直到2010年以后才得到根本扭转。2010—2014年，农村居民人均纯收入年均增长10.3%，比城镇居民人均可支配收入增速高2.4个百分点。从农民增收的来源看，近年来农民增收越来越依赖外出打工的工资性收入，而过去在收入来源中占支配地位的家庭经营收入所占比重和增长贡献率均在急剧下降。与1991—1997年相比，2010—2013年工资性收入对农村居民家庭人均纯收入增长的贡献率由26.8%提高到52.5%，而家庭经营收入的贡献率则由67.9%下降到33.8%。2014年，农村居民人均可支配收入增长中有47.2%来自工资性收入，21.7%来自转移净收入，来自经营净收入和财产净收入的贡献率仅分别为28.5%和2.6%。在新常态下，进入城镇务工的农民工较大部分将逐步转变为市民，成为城镇居民的一部分，而经济增速减缓和资本对劳动力的替代将导致城镇对农民工的需求增长趋缓，由此影响到农民的非农就业机会，这样工资性收入和转移净收入对农民增收的贡献将趋于下降，农民增收将更多地依靠家庭经营收入和财产净收入。从农民家庭经营收入看，随着工资、土地租金、农资等要素成本的不断上涨，以及农产品价格“天花板”效应凸显，农产品价格上涨和盈利的空间都日益受到限制。在这种情况下，农民增收的难度将日益加大。

同时，新常态下农民工市民化和融入城市的难度也将逐步加大。一方面，当前需要市民化的农民工规模大，市民化程度低、成本高、难度大。2014年，中国户籍人口城镇化率为36.6%，比常住人口城镇化率低18.2个百分点，这表明全国城镇常住人口中尚有2.48亿农业户籍人口未完全实现市民化。这些农业转移人口的市民化程度2011年只有40%左右[③]。据估算，全国农业转移人口实现市民化的人均公共成本平均约为13万元，其中需要在短期内集中投入的约2.6万元[④]。另一

① 魏后凯．中国城市行政等级与规模增长［J］．城市与环境研究，2014（1）：4-17.
② 魏后凯．新常态下中国城乡一体化格局及推进战略［J］．中国农村经济，2016（1）：2-16.
③ 魏后凯，苏红键．中国农业转移人口市民化进程研究［J］．中国人口科学，2013（5）：21-29，216.
④ 潘家华，魏后凯．中国城市发展报告No.6——农业转移人口的市民化［M］．北京：社会科学文献出版社，2013.

方面，在新常态发展阶段，经济增速减缓将使就业压力加大，并对农民工就业产生重要影响。显然，农民工就业难题破解和全面融入城市将是一个长期的艰巨过程。

2.“乡村病”综合治理刻不容缓

近年来，随着城镇化的快速推进，农村人口老龄化、村庄“空心化”、农业劳动力质量退化、农村“三留守”和环境污染等问题日渐突出，形成了“乡村病”。第一，人口老龄化问题严重。由于大量农村青壮年劳动力到城市打工和安家落户，一些老人留守在农村，导致农村人口老龄化现象严重。2015年全国1%人口抽样调查的数据显示，农村60岁及以上人口占比为18.5%，而城镇为14.3%。农村青壮年劳动力过速非农化，加剧了“三留人口”和老龄化问题，制约了现代农业与乡村转型发展。第二，村庄“空心化”问题突出。随着城镇化的快速推进，农村人口大批向城镇迁移，使许多村庄人去房空，形成“空心村”。工业化与城镇化的发展不仅带动乡村人口的流失，还带动了农村经济结构和家庭结构的转型，农村住房消费需求旺盛，农村土地承担了本该由城镇提供的社会保障功能。由于土地制度与管理不善，农村大量土地出现了“建新不拆旧”“人走地不动”，产生大量空心村。第三，土地、人口等生产要素高速非农化现象频发。快速城镇化使耕地年均流失近300万亩，造成了超过1亿的失地农民，以及“离乡进城”的2.9亿农民工，乡村人地分离、人口城乡双漂、社会矛盾突出，农业农村难于稳定发展、多数农民难以安居乐业。第四，乡村贫困人口面临返贫风险。随着2020年底绝对贫困治理的历史性胜利，中国832个贫困县已全部完成脱贫摘帽，全国脱贫攻坚目标已经全面完成。然而中国农村整体发展仍然存在不少瓶颈，已脱贫人口中仍有近200万人存在返贫风险，而在边缘人口中也还有近300万人存在致贫风险。第五，环境污染日趋严重。当前，我国农村环境呈现点源污染与面源污染共存，生活污染和农业污染、工业污染并存，新旧污染叠加，工业及城市污染向农村转移的态势。据住建部测算，中国农村地区常住人口产生的生活垃圾一年就有约1.1亿吨，然而，对生活垃圾进行无害化和非无害化处理的仅占37%，全国村庄生活垃圾无害化处理率只有11%，远低于同期城市的生活垃圾处理水平。

3.城乡基础设施和公共服务不均

首先，我国农村的基础设施建设严重滞后于城市，具体表现为传统基础设施供给不适应，新型基础设施建设不充分。当前，我国农业基础设施建设对农业高质量发展的支撑力还不足，水利设施亟待提档升级，道路交通亟待升级，这些都严重阻碍了农业现代化进程和生产效益的提升。近年来，“新基建”越来越成为热点和社会关注的焦点，据数据统计，2019年全国农村电商近1 300万家，县域电商零售达30 961亿元，“直播带货”“内容电商”等新业态、新商业模式在农村地区广泛实践。但农村地区地形复杂、人口密度低、搭建成本高等问题限制了网络基础设施进一步向自然村和农户延伸，农村互联网普及率整体上落后于城镇地区36.2%个百分点，农村网络总体性能不及城镇的20%[①]，一定程度上限制了农村的发展。

其次，农村医疗、教育与社会保障等与城市依然有较大的差距。近年来，国家先后出台的系列优农惠农政策为提高广大农村居民生活质量奠定了坚实基础。但与最广大农村居民对美好生活的向往相比，仍然存在不少差距。首先，公共资源主要向城市倾斜，农村公共医疗卫生资源严重不足，Wind数据库显示，近二十年来，城乡每万人医疗卫生机构床位数基本保持在2.2：1，农村人均医疗卫生资源量只有城市的一半。其次，在农村办学条件方面，虽然农村中小学在人均校舍面积和图书数量方面与城镇已无明显差异，但从多媒体教室等现代化办学条件来看差距明显，2018年农村初中校园网覆盖率为54.6%，比城镇学校低将近20个百分点。最后，在社会保障方面，政府财政投入比例不高导致城乡社保差距较大。农村社保由地方政府与中央政府共同负担，不同地区之间由于经济发展水平不同因而导致各自地区农村社会保障标准存在较大差异性。同时，由于乡村振兴背景下农村社保政策同扶贫开发政策间缺少有效衔接机制，从而使双方政策无法形成合力，未能有效统筹配置实现资源共享。

第三节 “刘易斯拐点”与中国经济

一、“刘易斯拐点”遭遇人口红利衰减

（一）刘易斯拐点的理论含义

刘易斯拐点（Lewisian Turning Point）由美国经济学家刘易斯（Lewis W A，1954）提出，后经拉尼斯和费景汉（1961）等人扩展完善，用于反映一个经济体的劳动力是否由过剩转为短缺的转折点。一般来说刘易斯拐点包含两个点，当二元经济发展由第一阶段转变到第二阶段，劳动力由无限供给变为短缺，此时由于传统农业部门的压力，现代工业部门的工资开始上升，第一个转折点开始到来。在“刘易斯第一拐点”到来，二元经济发展到劳动力开始出现短缺的第二阶段后，随着农业的劳动生产率不断提高，农业剩余进一步增加，农村剩余劳动力得到进一步释放，现代工业部门的迅速发展足以超过人口的增长，该部门的工资最终将会上升。当传统农业部门与现代工业部门的边际产品相等时，意味着一个城乡一体化的劳动力市场已经形成，整个经济——包括劳动力的配置——完全商品化了，经济发展将结束二元经济的劳动力剩余状态，开始转化为新古典学派所说的一元经济状态，此时，第二个转折点，即“刘易斯第二拐点”开始到来。显然，“刘易斯第一拐点”与

① 贾小梅，于奇，王文懿，等．关于“十四五”农村生活污水治理的思考［J］．农业资源与环境学报，2020（5）：623-626.

“刘易斯第二拐点”的内涵是不同的，都具有标志性的象征意义，前者的到来为后者的实现准备了必要的前提条件，但后者的意义是决定性的。

发展中国家一般存在着较为发达的工业部门和相对落后的农业部门，农业部门一般有大量剩余劳动力，这些剩余劳动力为工业部门的发展提供了廉价的用工。但是随着经济的发展，一旦农业部门的剩余劳动力转移完毕，农业部门和工业部门的劳动力成本将逐渐趋于一体化。发展中国家在经济到达刘易斯拐点之后，工业部门要满足其增长的劳动力需求，就必须提高工资水平，或者说，整个经济继续增长，必然伴随着实际工资水平的显著提高。

（二）人口红利与经济增长

人口红利是人口结构演变过程中，在特定历史阶段下产生的一种特殊资源禀赋，对人类社会发展和经济增长产生显著的推动作用。中国改革开放以来的高速经济增长得益于特定历史阶段下由特殊人口结构所带来的人口红利。研究表明，中国改革开放早期的20年间经济增长的1/4是由人口红利所贡献的。中国的人口红利体现在两个层面：一是进入19世纪80年代以来，中国进入抚养率较低的人口机会期，劳动年龄人口占总人口比重较大，易形成高储蓄、高投资和高增长的增长态势；二是原有二元体制下，农村地区禁锢了大量剩余劳动力，在劳动力自由流动条件下，农业剩余人口大量涌入城镇，为工业提供了充裕的廉价劳动力，使得新古典增长理论中的资本报酬递减的假设被有条件地打破，进而推动了经济的持续高速增长。因此人口红利作为一种特殊的资源禀赋，对中国早期工业积累、经济起步以及现有增长模式的形成产生了巨大的影响。

然而进入21世纪以来，中国经济增长所倚重的人口红利似乎步入衰减期，连续多年的民工荒以及农民工工资上涨现象，使得低端加工制造企业越来越难以以低廉的工资雇用到足够的工人，昭示着中国经济学意义上刘易斯拐点的到来。两组数据可以证实这一判断：一是从长期劳动力供求关系看，2004—2011年全国劳动力人口的增量逐年减少13.6%；二是中国以城镇常住人口统计的城镇化率已由1980年的19.39%上升到了2011年的51.27%，城镇人口首次超过农村人口，这标志着农村剩余人口已大幅减少。两种因素的叠加使得中国劳动力不再呈现完全弹性的无限供给。自2016年中国迎来第三次婴儿潮后的又一个生育小高峰以来，人口净增长呈现逐年下降的趋势。国家统计局公布的数据显示，2021年全年出生人口1 062万人，净增长为48万人，净增人口创60年新低。因此，面对当前中国经济亟待转型的关键时期，长期劳动力供求关系日趋紧张，劳动力成本上涨以及招工困难也将成为常态。

二、中国是否临近刘易斯拐点？

对于中国的刘易斯拐点是否到来，学术界进行了广泛的讨论。目前，该问题存在较大争议，其原因在于刘易斯拐点在我国经济发展过程中的特点与经典刘易斯模型的描述不一致。具体来说，我国在经历“民工荒”和工业部门工资上升的同时，在农业部门还存在大量的剩余劳动力，而这两者并存在经典刘易斯模型中是不会出现的。学者之间的争论正是由于刘易斯拐点在我国的特殊表现而引起的。对于这一问题，学界的观点主要分为两派。

（一）认可“中国到达或者接近刘易斯拐点”的研究

蔡昉是国内最早关注中国人口红利和刘易斯拐点问题的学者，以蔡昉为代表的学者们认为中国刘易斯拐点已经到来。蔡昉指出，中国正在由劳动力过剩向劳动力短缺的时代转变，农村劳动力剩余数量已经大大减少，当一个国家经历刘易斯拐点的时候，经济发展即进入一个崭新的阶段，如果说刘易斯拐点并没有一个清晰的时点的话，可以说中国经济已经进入“刘易斯转折区间”①。城市的工资确实在不断上升，流入城市的农民工也在急剧地减少，从这些现象来看，中国确实抵达了刘易斯拐点。根据他的估算，我国内地可转移的农村剩余劳动力为0.52亿人，占农村户籍劳动人口的10.7%左右。在价格方面，他认为，城市正规劳动力市场（包括采掘、制造、建筑、交通运输邮电、批零餐饮、社会服务业等）实际工资水平自20世纪90年代末以来每年增长10%以上，五大样本城市的农村流动劳动力工资增速与本地劳动力相比要高60%以上，据此认为中国经济已到达刘易斯拐点②。

这一研究结论虽然引起了学术界的争议，但支持者不乏其人。其中，吴要武通过对我国城镇正规就业和非正规就业趋势的分析，认为我国内地经济已经进入刘易斯拐点，时间大约在2002—2004年之间③。另外，有大批学者认为我国已经越过刘易斯第一个拐点，正在向第二个拐点过渡④。同时，也有人指出，2003年以来中国农村劳动力供求市场上的种种迹象表明，中国农村劳动力城镇转移流动中的刘易斯拐点已经初现端倪，虽然受2008年国际金融危机影响，出现了农民工被迫返乡现象，但2009年下半年以来，随着经济的回暖，随即又出现了民工短缺。显然，中国农村劳动力供求状况已经跨入“刘易斯转折区间”，农村劳动力无限供给这一阶段性特征已发生实质性变化，劳动力市场面临重大转型⑤。中国劳动力过剩与刘易斯拐点同时存在，这意味着中国的劳动力短缺是结构性短缺。

（二）否定“中国到达或者接近刘易斯拐点”的研究

针对“中国到达或者接近刘易斯拐点”的观点，有不少学者提出反对意见。不少学者认为，“中国到达了刘易斯拐点”这一提法仍需商榷⑥。中国还存在大量的农民，因此，中国仍处于劳动力过剩阶段，只有农村劳动力在全国劳动力的比重占

---

① 蔡昉．中国就业增长与结构变化［J］．社会科学管理与评论，2007（1）：30-40.
② 蔡昉．中国人口与劳动问题报告［M］．北京：社会科学文献出版社，2007：95-111.
③ 吴要武．“刘易斯转折点”来临：我国劳动力市场调整的机遇［J］．开放导报，2007：（3）.
④ 张永丽，景文超．中国已跨越第一个刘易斯转折点——试论中国的人口转变、结构转型与刘易斯转折点［J］．调研世界，2012（12）：13-16，20.
⑤ 姚上海．刘易斯拐点突现：我国劳动力资源面临重大转型［J］．江南大学学报，2009（6）：96-102.
⑥ 文贯中．城乡收入差距拒不收敛的制度原因［EB/OL］．（2016-07-12）．http：//opinion.caixin.com/2016-07-12/100965550.html.

到了10%左右，才到了所谓的刘易斯拐点。从中国剩余劳动力的数量和社会经济发展的现实情况来看，农村劳动力转移就业问题仍是未来农村工作的重心①。中国出现的“民工荒”与“就业难”的情况只是短期的劳动力供需结构失衡现象，在没有制度变革和政府引导的情况下，刘易斯拐点不会到来②，而外部冲击、城镇化和工业化不匹配等现象的存在，是造成剩余劳动力与“民工荒”现象并存的主要原因③。尽管刘易斯拐点表现为劳动工资的上升，但是我国自1997年以来的工资数据表明，非农产业工资水平的上升，与农业劳动效率的提高与制度因素有关。在剔除制度因素后，无法断定非农劳动者工资是否显著提高，因此，我国经济并未达到刘易斯第二拐点④，且简单地把农民工工资上涨作为判断刘易斯拐点到来的依据则缺乏逻辑一致性⑤。

另有学者通过测算认为，我国各地区的发展是分阶段且分区域的。1997—2004年间，无论是全国还是局部区域均越过了刘易斯第一拐点，但2005—2012年各区域又返回到刘易斯第一阶段⑥。而如果从资本劳动匹配视角来看，中东部地区出现刘易斯拐点，资本深化加剧，中西部地区承接产业转移加速，“拐点”也已出现，只有东北地区出现劳动力净流出的现象，刘易斯拐点尚未到达⑦。另有学者对刘易斯拐点到达时间进行了估计，他们将我国农村从业人口平均耕地面积等资源禀赋、劳动力结构、经济结构等与各国的平均水平进行了比较，并按此标准对我国农村剩余劳动力进行了估计，认为进入刘易斯拐点的时间大约在2030年⑧。

三、面对刘易斯拐点中国政府应采取的对策

（一）发挥政府有形之手的作用，加快农村制度建设和公共服务发展步伐

一是建立城乡统一的户籍登记制度。近年来，各地相继取消了农业户口和非农业户口的划分，并不同程度地放宽了农村人口落户城镇的政策，绝大部分省份都建立了居住证制度和城乡统一的户籍登记制度。但是，目前户籍制度改革仍停留在放开户籍层面，并未触及深层次的社会福利制度改革，各项相关配套制度改革严重滞后。当前，必须进一步深化户籍制度改革，建立并完善城乡统一的户籍登记制度，为消除城乡二元结构、促进城乡一体化提供制度保障。首先，明确户籍制度改革的方向。户籍制度改革必须标本兼治，其目标不是消除户籍制度，而是剥离户籍内含的各种权利和福利，取消城乡居民的身份差别，建立城乡统一的户籍登记制度，实

① 刘洪银. 从中国农业发展看“刘易斯转折点”[J]. 西北人口，2009（4）：15-18.

② 侯东民，王德文，等. 从“民工荒”到“返乡潮”：中国的刘易斯拐点到来了吗［J］. 人口研究，2009（2）：32-47.

③ 李刚. 工资上升、劳动力短缺与刘易斯拐点幻觉［J］. 人口与经济，2012（6）：39-45.

④ 宋世方. 刘易斯转折点：理论与检验［J］. 经济学家，2009（2）：69-75.

⑤ 南亮进，马欣欣. 中国经济的转折点：与日本的比较［J］. 中国劳动经济学，2010（1）：86-115.

⑥ 王必达，张忠杰，等. 中国刘易斯拐点及阶段研究——基于31个省际面板数据［J］. 经济学家，2014（7）：16-26.

⑦ 薛继亮. 从供给侧判断“刘易斯拐点”：到来还是延迟［J］. 中央财经大学学报，2016（9）：83-91.

⑧ 贾先文，黄正泉，黄蔡芬. 论我国农村剩余劳动力转移的“拐点”［J］. 改革与战略，2010（1）：94-96.

现公民身份和权利的平等。其次，采取双管齐下的推进策略。一方面，按照现有的放宽落户条件的思路，实行存量优先、分类推进，逐步解决有条件的常住农业转移人口落户城镇的问题；另一方面，通过剥离现有户籍内含的各种福利，逐步建立均等化的基本公共服务体系以及城乡统一的社会保障制度、就业管理制度、土地管理制度和社会治理体系，以常住人口登记为依据，实现基本公共服务的常住人口全覆盖。

二是建立城乡统一的就业管理制度。建立城乡统一的劳动力市场和就业管理制度，是促进城乡一体化的重要保障。为此，必须深化劳动就业制度改革，促进城乡之间、区域之间劳动力自由流动，彻底消除对农民工的各种就业限制和歧视。首先，消除影响城乡平等就业的一切障碍。法律上明文禁止各种形式的对农民工的就业歧视，赋予和保障农民工与城镇原居民同等的就业权益，保障农民工与城镇原居民同工同酬和同等福利待遇，建立并完善城乡平等的一体化就业政策体系。其次，建立城乡统一的就业失业登记制度。推广建立城乡统一的就业失业登记制度，将农村劳动力统一纳入就业失业登记范围。最后，完善城乡均等的公共就业创业服务体系。开展就业指导培训，建立规范有序的公共就业服务体系。

三是推动公共资源向农业农村优先配置。这是消除城乡之间基本公共服务存量差距的迫切需要，也是防止城乡之间基本公共服务出现增量差距的必然要求。经过多年努力，农村基本公共服务体系的“四梁八柱”已经搭建起来，实现了从“无”到“有”的历史性变革。目前主要问题在于公共服务领域的城乡差距仍然较大，农村公共服务的保障水平较低。应把从“有”到“好”作为主攻方向，继续推动城乡义务教育一体化发展，着力提高农村义务教育质量和便利性；完善城乡居民基本养老保险制度，着力增加农民基础养老金；完善统一的城乡居民基本医疗保险制度和大病保险制度，着力提高农民报销比例；统筹城乡社会救助体系，着力提高农村低保标准和覆盖面；加大农村道路、供水、供电、通信等基础设施投入，加快农村生活垃圾、污水处理能力建设。

四是提高农业支持保护政策的效能。近几年，国家已开始着手调整完善农业支持保护政策，如实行棉花目标价格补贴试点、推行玉米“市场化收购+生产者补贴”、推进农业“三项补贴”制度改革。今后我国农业支持保护政策的力度还应继续加大，但要调整政策的着力点。应突出竞争力指向，加大对农田水利、土地整治、农业科技、职业农民培训等的投入，促进农业降成本、提效率。还应突出绿色生态指向，加大对退耕还林、退耕还湿和退养还滩、节水灌溉、耕地地力保护、化肥和农药减量、农业废弃物回收、地下水超采和重金属污染地区治理等的投入，促进农业可持续发展。

（二）发挥市场无形之手的作用，促进城乡产业优势互补、互为支撑

一是农村要对城镇的新需求作出灵敏反应。我国经济发展已由高速增长阶段转向高质量发展阶段。实现高质量发展，要求城乡资源配置合理化、城乡产业发展融

合化。今后，解决好农村的发展问题要借助城镇的力量，解决好城市的问题也要借助乡村的力量，城市与乡村应水乳交融、双向互动、互为依存。为此，既要继续促进城乡要素自由流动，又要强化城乡产业互动。城乡一体化和乡村振兴战略对接的关键在于优化农村的产业发展环境，推动农村的传统产业结构向现代农业、旅游业等新兴产业形态的转变，实现农村经济结构的转型。在产业升级中，我们要充分发挥市场在资源配置中的决定性作用。由于农村市场发育程度低，因此各地要不断完善农村电力、交通以及通信等基础设施建设，充分利用现代信息技术尤其是电子商务平台推进农村农产品、手工艺品等走向市场，同时提高农村公共产品和服务的供给数量和质量，健全农村社会保障机制，保护农村生态环境。目前，城镇居民对农产品量的需求已得到较好满足，但对农产品质的需求尚未得到很好满足；不仅要求农村提供充足、安全的物质产品，而且要求农村提供清洁的空气、洁净的水源、恬静的田园风光等生态产品，以及农耕文化、乡愁寄托等精神产品。捕捉这些新需求，应加快推进农业发展从增产导向转向提质导向，大力发展农村休闲旅游养老等新产业新业态。

二是城镇要对农村的新需求作出灵敏反应。科学技术是第一生产力。现代化建设离不开科学技术的支撑。乡村振兴实现农业农村现代化，要充分利用一切适宜的科学技术成果。发挥科技引领作用，可以实现农村发展的弯道超车效应，迅速提高乡村发展水平，缩小城乡差距。这不仅需要国家完善科技创新体系，更需要市场发挥力量，促进私人资本扩大对农村科技开发、推广和应用的投入，在农村环境保护、农村治理、农村产业发展、农村生活便利化等各个领域扩大现代科技成果的广泛应用。诸如，发展资源节约、环境友好型农业，迫切需要新型肥料和低毒高效农药；促进农业领域的“机器换人”、提高农业劳动生产率，迫切需要性价比高的农业机械，特别是适合丘陵山区和经济作物生产的小型农业机械。改善农村人居环境、提高农民生活品质，迫切需要新型建筑装饰材料、结实耐用的垃圾和污水处理设备、经济适用的厨卫等家庭生活用品。捕捉这些新需求，应加快调整工业部门的技术结构和产品结构，提高“工业品下乡”的针对性和效率，实现乡村升级发展。

[本章小结]

我国的城乡关系经历了漫长的演变过程。近代以来，在西方势力与市场经济的双重作用下，城乡二元经济初见雏形。中华人民共和国成立之初，为建立独立的工业化体系，我国实行计划经济体制，在高度集中的体制下，城市发展成为主体，二元结构就此确立。改革开放以来，在国家政策的不断推进与优化过程中，城乡关系也经历了由对立分割转向协同发展。在这期间，城乡一体化进程取得重大进展，城乡收入差距日益减小，乡村基础设施与社会保障体系逐步完善，要素流动也由过去的单向流动转向双向互动，政策从城市偏向转向农村偏向。随着中国特色社会主义进入新时代，城乡一体化建设进入新阶段，未来，将面临严峻挑战。城乡差距的存在将影响一体化发展进程。这种差距体现于产业发展水平、市场发育程度、社会收入以及公共产品供给。党的十九大报告中指出当前的主要矛盾已经转化，因此缩小城乡差距，实现一体化发展是解决当前社会发展主要矛盾的重中之重。对此，十九大报告中指出，“农业农村农民问题是关系国计民生的根本性问题，必须始终把解决好‘三农’问题作为全党工作重中之重。要坚持农业农村优先发展，按照产业兴旺、生态宜居、乡风文明、治理有效、生活富裕的总要求，建立健全城乡融合发展体制机制和政策体系，加快推进农业农村现代化”。这一方面需要政府这只有形之手通过政策规范与制度安排来推动农村的发展，深入落实乡村振兴战略；另一方面需要发挥市场的作用，促进要素的自由流动与合理配置，推动农村产业结构升级。

[课后习题]

1.什么是二元结构?

2.简述我国二元结构的转型过程。

3.当前农村改革的核心是什么?

4.发展中国家如何走出二元结构?

5.中国是否临近刘易斯拐点?

[第七章]

政府治理与转型：从以经济建设为中心到以人民为中心

第一节　政府治理理论的兴起及其中国化

一、政府治理理论的缘起与发展

从一般意义上讲，政府治理是指政府行政系统作为治理主体，对社会公共事务的治理。就其治理对象和基本内容而言，其包含着政府对于自身、对于市场及对于社会实施的公共管理活动。在市场经济条件下，市场活动和运行机制的复杂化，社会结构和社会矛盾的多样化，要求政府治理合理化和高效化，由此要求政府治理在国家与社会、政府与公民的关系中予以定位，构建政府与公民合作的共同治理机制。

从20世纪70年代末80年代初开始，伴随着全球化、信息化、市场化的来临，西方社会乃至整个世界发生了根本性的变化。在政府治理方面，公共服务的要求变得越来越多元化，科学技术的发展和经济结构的调整对公共行政提出了更高的要求。人们发现，以信息控制、集权和技术治国为基础的科层体制愈来愈不能适应社会的变化，其赖以建立的两大理论基础——威尔逊和古德诺的政治行政相分离的行政理念以及马克斯·韦伯的官僚理论，都无法回答和解决政府所面对的困境，即政府财政危机、政府管理危机、政府信任危机等①。种种情况表明，曾经主导西方公共行政领域一个世纪之久的主流公共行政，正面临严峻挑战。在这种情况下，西方国家政府及理论界都试图探讨新的政府治理模式，以应对日益严重的危机。这种治理模式的变迁，不仅仅是在政府管理内容、管理形态或管理手段上的小幅度变化，

① 周志忍. 当代国外行政改革比较研究［M］. 北京：国家行政学院出版社，1999：12-17.

而且包括政府治理理念、政府职能与角色定位以及政府与公民社会之间关系的系统变革。有学者将这一变革的动力或目标归结为三点：一是解决经济的稳定和发展，提高本国经济在世界市场的竞争能力；二是消除官僚主义，为消费者提供更高质量的社会服务，重新改善政府在公众中的形象；三是解决自20世纪70年代开始普遍面临的财政危机[①]。

在治理理念方面，西方国家治理新模式的基本理念可归纳为：社会公共管理的责任由政府组织与非政府组织共同承担，重构政府与公民社会或民间社会的关系；重新认识市场在资源配置中的核心位置和作用；重新整理政府组织与非政府组织的关系；从政府的完全理性假设到有限理性假设。在此基础上，学者们提出了不同的治理模式。美国著名行政学家盖·伊·彼得斯博士在经过综合归纳后，在其编著的《政府未来的治理模式》一书中将政府治理模式理论大致分为四种，即市场式政府理论、参与式政府理论、弹性化政府理论和解制型政府理论[②]。

关于政府治理，国内外学者的理解有较大的差异。国外学者仅使用“治理”一词，政府治理出现只是指很狭义的政府内部的治理，即可理解为治理政府内部的方式。他们将政府治理的概念放入治理语境下研究，认为政府是与市场、社会并行的主体，政府治理意为对政府内部的治理，即可理解为治理政府内部。[③]政府在治理中的作用往往从宏观到微观得到了相应的界定。依托于国外的民主政治体制，在宏观层面：研究政府、市场、社会的横向关系，政治层面的公共选择问题，并以此为基础研究治理的模式、结构问题。在微观层面：研究政府本身，横向结构、纵向结构，并以此为切入点研究治理的模式、结构。国外学者的研究中，治理可以成为一种范式整合概念，并形成了对传统政治学的超越，对行政学而言，也可以将行政学的相应范式用治理来加以表达。而国内学者通常认为政府治理即为政府对社会的一种管理，通过“治理”的模式和方法来配置公共资源，通过“治理”的理念来协调公共组织，最终达到治理（而不是统治或管理）社会事务的目的，其中也包括政府对自身的内部管理[④⑤]。现代的政府治理应是“善治”，治理的目的是通过运用政府权力在各种不同的社会关系中去引导和规范公民的各种活动，从而最大限度地实现公共利益[⑥]。政府治理是政府运用自身公共权力以及[⑦]自身所建立的政治权威维持社会秩序的一个过程。在这个过程中，政府治理的主体是国家，客体是社会公共事务及自身治理[⑧⑨]，政府以合法的强制性力量为后盾来动员资源、约束行为、提供

---

① 毛寿龙．西方政府的治道变革［M］．北京：中国人民大学出版社，1998：9-10.

② 盖·伊·彼得斯．政府未来的治理模式［M］．吴爱明，等译．北京：中国人民大学出版社，2001：25-131.

③ 包国宪，郎玫．治理、政府治理概念的演变与发展［J］．兰州大学学报，2009（2）：1-7.

④ 马运端．中国政府治理模式研究［M］．郑州：郑州大学出版社，2007：2-6.

⑤ 包国宪，郎玫．治理、政府治理概念的演变与发展［J］．兰州大学学报，2009（2）：1-7.

⑥ 俞可平．治理与善治［M］．北京：社会科学文献出版社，2000：8.

⑦ 张成福．责任政府论［J］．中国人民大学学报，2000（2）：75-82.

⑧ 张国庆．行政管理学概论［M］．北京：北京大学出版社，2000：3-26.

⑨ 王浦劬．国家治理、政府治理和社会治理的含义及其相互关系［J］．国家行政学院学报，2014（3）：11-17.

公共服务以增进公共利益[①]。总之，政府治理既是一种对社会客观事务的外部治理，也是一种对自身的内部治理。

因此，政府治理是以法律为基础，以制度为保障，由政府主导、社会参与、多元主体相互协作，并形成社会网络，进而构成政府和社会间有效互动的治理机制，推动社会的有序运转[②]。

二、我国政府治理的主要内容

在狭义上，我国的政府体系即是行政体系。在中国政治生活中，行政体系是政治体系的重要组成部分。它是中国共产党领导现代化建设，推进经济社会文化发展的治权体系，也是承接、遵循和实施人民主权、实现人民民主和国家有效治理的执行机制。与此同时，行政体系又是在政府治理意义上落实依法治国方略，达成依法治国、依法执政、依法行政共同推进，法治国家、法治政府、法治社会一起建设重要任务的运行平台。由此可见，我国的行政体系是执政党与人民、国家与社会、民主与法治辩证互动的联系节点，而行政体制改革是推进党的领导、人民民主和依法治国有机结合和深化实现的重要纽带和实施枢机。

在中国政治话语和语境中，政府治理概念是一个与我国国情相适应的概念，[③]其基本含义基于国家治理的基本含义而生。在中国共产党人治国理政的话语和理论意义上，“政府治理”是指在中国共产党领导下，国家行政体制和治权体系遵循人民民主专政的国体规定性，基于党和人民根本利益一致性，维护社会秩序和安全，供给多种制度规则和基本公共服务，实现和发展公共利益。

按照这一基本含义，我国的政府治理通常包含三方面的内容：

一是政府通过对自身的内部管理，优化政府组织结构，改进政府运行方式和流程，强化政府的治理能力，从而使得政府全面正确履行职能，提高政府行政管理的科学性、民主性和有效性。根据十八届三中全会的《中共中央关于全面深化改革若干重大问题的决定》，在新的历史时期，政府自身的治理优化，就是要建设法治政府与服务型政府[④]。

二是政府作为市场经济中“有形之手”，通过转变政府职能、健全宏观调控对市场经济健康运行，更好地发挥政府的作用，进行经济和市场治理活动。《中共中央关于全面深化改革若干重大问题的决定》提出，“科学的宏观调控，有效的政府治理，是发挥社会主义市场经济体制优势的内在要求”[⑤]。由此可见，政府对经济活动和市场活动的治理，是政府治理的重要内容。

三是政府作为社会管理主体，在党委领导、政府负责、社会协同、公众参与和

---

① 何增科．政府治理现代化与政府治理改革［J］．行政科学论坛，2014（3）：1-13.
② 胡税根，王汇宇．智慧政府治理的概念、性质与功能分析［J］．厦门大学学报，2017（3）：99-106.
③ 包国宪，郎玫．治理、政府治理概念的演变与发展［J］．兰州大学学报，2009（2）：1-7.
④ 中共中央．中共中央关于全面深化改革若干重大问题的决定［M］．北京：人民出版社，2013.
⑤ 中共中央．中共中央关于全面深化改革若干重大问题的决定［M］．北京：人民出版社，2013.

法治保障的基本格局下，对社会公共事务进行管理活动。

三、政府治理理论中国化的原因分析

（一）政府转型解析

“转型，是指事物由一种运动形式向另一种运动形式过渡的过程。转型既包括事物结构的转换，也包括事物运行机制的转换。所谓经济社会转型，是指社会结构和社会运行机制从一种形式向另一种形式转换的运动过程，内容有社会结构、社会运行机制以及价值观念等方面的转换。”[①]在行政学领域，借用转型概念来解释政府转型，也内含有政府经过变革而具有的发展进化性质。在此，我们将政府转型解释为政府组织的理念、结构、体制、功能和方法等从一种类型向另一种类型转换，它是政府为了适应政治、经济和社会发展的需要，通过对自身的系统性变革，以适应社会环境变迁并与之保持新的平衡的过程。作为一个整体范畴，政府转型不是简单地对现有政府管理体制的修补，也不是一般性地调整政府职能，而是建立一个与经济转型、经济社会转型相适应的，以人为本的现代政府模式。

从人类社会历史发展来看，经济的运行和发展主要经历了前市场经济和市场经济两种模式。建立在不同经济发展模式之上就有了不同的政府类型。尽管在市场经济基础上，曾经出现过自由放任主义和国家干预主义经济政策，但以市场作为社会资源配置的基础性手段却是市场经济社会存在和运行的根本。建立在这一经济模式上的政府类型尽管在社会发展的不同阶段具有不同特点，但是同前市场经济社会的政府类型相比却是一脉相承的。因此，经济基础是政府类型存在和发展的决定性因素。在当代中国，经济发展模式的转变对政府转型来说具有重要意义。从计划经济到市场经济，市场在社会资源配置方面起着主导和基础性作用，政府这只“看得见的手”在经济活动事无巨细的调节方面失去了合法性，凡是市场能够自主发挥作用的领域，政府就不宜继续介入。这样便造成了双重的结果：一是原有的社会各主要领域合一的状况逐渐发生分离；二是政府和社会的关系模式发生了根本性的改变，即作为个体和群体的社会活动主体改变了原有的依附地位，成为自由自主活动的社会因子。在这种情况下，政府必须适应双方关系模式的转变，实现自身的转型，其主要职能不仅在于为经济发展提供良好的市场环境，更重要的在于为经济和社会的协调发展提供基本而有保障的公共产品和有效的公共服务。

（二）政府转型动因

决定政府转型的动因有多种，主要可以将其分为外部动因和内部动因。

在外部动因中，基于经济发展模式转变所推动的经济社会转型是政府转型的外驱力量。按照行政生态学的观点，政府行政系统及其活动总是处于一定的行政

① 郑杭生，李强．社会运行导论——有中国特色的社会学基本理论的一种探索［M］．北京：中国人民大学出版社，1993：306.

生态环境之中，行政生态环境影响着政府组织的架构和运行过程。一旦作为自变量的行政生态环境发生重大变化，作为因变量的政府也必须谋求变化和适应。政府转型就是适应变化中的外部社会环境的结果。在一定意义上可以说，有什么样的行政生态环境，就有什么样的政府类型。在计划经济条件下，形成的是高度集权式的、运用行政命令手段对微观经济活动进行管理的政府类型；而在市场经济条件下，形成的是适当分权的，运用经济、法律和必要的行政手段对经济活动实行宏观指导的政府类型。伴随着我国市场经济体制的基本确立，政府的职能方式、资源配置方式、行政权力分配、机构模式设置、行政管理方法必然要面临重新的选择和确定。从这个意义上说，经济社会转型是政府转型的基础，经济社会转型推动政府转型。

在内部动因中，政府组织根据经济社会发展的需要而自我发展和完善是政府转型的内驱力量。改革开放以来，中国的政府转型是伴随经济社会转型过程而展开的。在当代中国经济社会转型过程中，政府承担着双重使命：一方面，它要担负起引导中国社会由传统到现代、从计划经济向市场经济、由农业社会向工业经济社会转型的重任；另一方面，为完成这一使命，政府必须顺应经济社会发展的需求和经济社会转型的实际情况，通过系统内部的变革实践，自觉地实施自身的转型，以达到积极推进中国现代化进程的目的。因此，现阶段政府的转型可以说是由外力驱动内化为内在动力的结果。在这一过程中，需要政府具有高度的自觉性。首先，从经济层面来看，政府的存在是为纠正市场失灵，主要为社会提供有效的公共物品和公共服务。同时，加强监管，确保市场竞争的有序性和市场在资源配置中的决定性作用。其次，从政治层面上说，政府要确保为社会全体成员提供一个安全、平等、民主的制度环境，进而实现善治。再次，从社会层面上看，政府要从社会的长远发展出发，维护社会健康、有序地发展，提供健全的教育、卫生和社会保障服务，确保社会良性运行。这三个层面都是政府自身发展的重要体现与衡量标准，而政府的这种自我发展愿望正是推动政府转型的内在动力。

除了上述外部动因和内部动因之外，还存在源于外部要素和内部要素相互联系和相互作用而产生的第三类动因，这种动因表现为公众日益增长的公共品需求同公共品供给短缺之间的矛盾而产生的促使政府转型的驱动力。当前，政府之所以要实现转型，原因之一是伴随经济社会转型所产生的对政府服务需求的增长，推动了政府从内容到形式的转型。一方面，社会公共利益的存在是政府产生的历史前提，政府转型在客观上是对经济社会转型所带来的一系列新要求的回应，尽管这种回应可能是消极的或积极的、主动的或被动的；另一方面，经济社会转型的历史进程也对政府转型存在一定程度的依赖，一个落后的政府不可能满足社会日益发展的需要，更不可能完成推动社会发展的历史责任[①]。

---

① 顾平安. 政府发展论［M］. 北京：中国社会科学出版社，2005：36.

伴随经济发展新常态下的国家治理体系和治理能力现代化发展，公众需要政府提供的公共品和公共服务急剧增加，而政府对公共品的提供及服务相对公众日益增长的需求却是滞后的，造成公共需求的急剧增长与其供给严重不足的矛盾。这就导致当前中国政府转型的重要动因之一是公共供求关系不平衡，即政府公共供给不能满足社会公共需要。因此，面对转型社会复杂多变、数量庞大的公共需求，传统的公共供给体制已不能完全适应，迫切需要政府转型，加强公共品的提供和服务。这就使得政府转型成为现阶段政府改革的关键。加速政府转型对于我国市场化改革、解决社会供需失衡、保证公共产品的提供具有决定性的影响。

（三）政府转型实质上是政府制度变迁

改革开放40多年来，中国经济的飞速增长成就了中国奇迹。而在这背后暴露出的问题，如经济增长的不可持续性、生态环境的破坏与要素资源的日益衰竭都成为推动经济发展方式转型的重要因素。伴随世界经济环境与国内经济环境的变化，中国经济进入新常态，这对中国的社会经济发展提出了更高的要求，转变经济发展方式成为当前经济建设的重要任务。而实现经济发展方式的转变一定程度上依赖于政府转型，通过转变政府管理观念、转变政府管理职能、转变政府管理方式、转变政府管理体制等，来建立一个能快捷地、反映市场经济需要的法治政府、高效政府、有限政府、廉洁政府和学习型、服务型政府。而完成这一过程的首要任务就是实现政府的制度创新与政策调整。其内在逻辑是，制度供给和政策制定是政府的基本职能和管理方式，舍弃制度供给和政策制定，政府对经济社会的管理乃至干预便无从谈起。因此，政府转型的实质在于政府的制度变迁。

从本质上来看，政府转型的过程就是政府制度变迁的过程。政府在制度创新、制度变迁上具有不可替代的比较优势。制度创新的目的在于增强制度的恰适性，即体现制度与路径发展方式在时空中的适应性和平衡性。政府是推动系统性、大规模制度创新的关键主体，它能够综合自身的强制性手段和权力资源推动制度创新的发生。①因而，政府转型过程就是不同行动集团的作用下各种制度安排由均衡向非均衡再向新的均衡不断转变的过程。这些制度变迁包括以下几方面：第一，政府自身机构改革，包括机构的精简以及“关停并转”等，即制度结构内部效率的提高；第二，政府治理经济范围的改变，主要指在经济的发展过程中政府与市场之间的关系，即制度范围的优化；第三，政府决策的方式与技术，比如审批制度、电子政务等，即制度工具能力的提升。制度变迁的过程是对初始状态不断否定的过程，同时也是对利益格局不断调整的过程。可以认为政府转型一方面是政府与外部经济体关系的重新定位，这属于外部分配格局的变迁；另一方面是在外部分配格局变迁基础上为提高内部效率与效能，而改变内部分配格局的变迁。因此，政府转型是一次制度变迁，并且是非帕累托变迁。

① 石杰琳，秦国民．经济发展方式转变与政府转型：角色转变和制度创新［J］．中国行政管理，2014（11）：43-47.

第二节　我国政府转型过程

一、政府转型的理论视角之一：中国式分权

财政结构变迁反映和体现政府职能的基本方向，财政转型在一定意义上是政府转型的直接结果。中华人民共和国成立以来，我国财政体系经历了三个阶段，从中央“统收统支”到改革开放后的“财政包干制”，再到1994年分税制改革，标志着我国政府权力的变迁。在我国特殊的经济分权与垂直的政治治理体制的紧密结合下，我国形成了具有中国特色的分权理论，理解这一理论的核心内容是了解我国政府转型的关键。

（一）财政分权理论

1.第一代与第二代财政分权理论

财政分权是指中央政府给予地方政府一定的税收权和支出责任范围，允许地方政府自主决定其预算支出规模和结构。财政分权理论的提出是基于这样一个问题：如果按照新古典经济学的原理，中央政府能够完全根据居民的偏好、经济中的产品和服务总量以及资源禀赋供给公共品，从而实现社会福利最大化。在这种理论下，一个国家就不可能出现多级政府，也就没有现在要讨论的财政分权问题。但是，现实中地方政府不仅实实在在地存在着，而且作用非常大。财政分权的核心是，地方政府有一定的自主权。自20世纪以来，财政分权已经成为世界各国十分普遍的现象，发达国家大部分都实行财政分权。在人口超过500万的75个转型经济国家中，84%的发展中国家正致力于向地方政府下放部分权力。伴随着财政分权实践的发展，财政分权理论以Tibeout1956年的经典文章《地方公共支出的纯理论》为起点，经历了两个发展阶段。

第一代财政分权理论以Hayek[①]、Tibeout[②]、Musgrave[③]、Oate[④]为代表。他们认为，在提供公共品方面，市场会出现失灵，出现“公共的悲剧”。所以，政府应该进入这些领域，并且通过适当的政策来修正这些市场失灵。在他们的理论前提中，政府是“仁慈的公共利益的守护者”，政府官员会无条件地寻求最大化社会福利。因而，第一代财政分权理论的核心观点是，如果将资源配置的权力本身更多地向地方政府倾斜，那么，通过地方政府之间的竞争，能够迫使政府官员的财政决策更好地反映纳税者的偏好，从而强化对政府行为的预算约束，相当程度上改变中央政府

---

① Hayek F A.The Use of Knowledge in Society［J］. American Economic Review, 1945（35）.
② Tibeout C.A Pure Theory of Clubs［J］. American Economic Review, 1956（64）.
③ Musgrave R A.The Theory of Public Finance［M］. New York：Mc Graw-Hill, 1959.
④ Oates W.Fiscal Decentralization［M］. New York：Harcourt, Barce and Jovanovich, 1972.

在财政决策中存在的不倾听地方公民意见的状态。这个论点实质上是强调地方政府的竞争机制的作用。第一代财政分权理论与新古典的厂商理论相一致，把组织（政府、公司）视为“黑箱”，忽视了政府官员提供公共商品和维护市场秩序的激励原因。

20世纪80年代以来，世界各国的标志分权程度的联邦制程度指数都处于增长状态，并推动了第二代理论的发展。第二代理论的起源及代表是“市场保护型”财政联邦制理论，在分权框架上引入了激励相容与机制设计学说，是微观经济学最新进展在公共财政学中的运用。第二代财政分权理论以Montinola and Weingast[①]、Roland[②]、Weingast[③]、Tommasi and Weinschelbaum[④]为代表。他们改变了财政分权理论的前提假设，假定政府并不是普济众生式的救世主，政府是追求自身利益最大化的，而不是无条件地最大化社会福利。官员有可能从政治决策中寻租一个有效的政府结构，其应该实现官员和地方居民福利之间的激励相容。在该体制下，中央政府与地方政府明确划分彼此的责任和权力，并由地方政府承担发展本地经济的主要责任。

2.财政分权的原因

（1）有利于减少信息成本。由于资讯传递耗费有限资源与成本，地方政府比中央政府能够更准确有效地利用地方资讯来做决策，分权的好处正在于此。由于地方政府和消费者对地方的情况有更加完备的信息，因此能更有效率地提供地方性公共财政服务[⑤]，实现社会福利最大化。中国传统的计划经济体制正是因为管理幅度过宽过长、产品供求复杂而产生信息问题，而这些信息问题是财政分权的基础[⑥]。

（2）有利于提高资源配置效率。地方政府的存在是为了实现资源配置的有效性。由于公共产品的受益范围不同，而造成了不同的公共产品由不同的政府来提供。中央政府的存在具有必要性，因为中央政府对于全国性公共物品的提供、分配以及稳定必不可少[⑦]。而对于某种公共物品来说，如果关于该物品的每一个产出量的提供成本无论对中央政府还是地方政府来说都是相同的，那么，相较于中央政府来说，地方政府更能够向各自的选民提供帕累托有效的产出量[⑧]。

（3）有利于分配的公正性。分配是初次分配和再分配两个环节的统一，从再分配的角度看，中央政府拥有相对的优势。中央政府统一制定和实施政策可以保

① Montinola G Q，Weingast B.Federalism，Chinese Style：The Political Basis for Economic Success in China［J］. World Politics，1995（48）.

② Roland Q G.Federalism and the Soft Budget Constraint［J］. American Economic Review，1998（88）.

③ Weingast Q B.Federalism as a Commitment to Preserving Market Incentives［J］. Journal of Economic Perspectives，1997（11）.

④ Tommasi M，Weinschelbaum F.A Principal-Agent Building Block for the Study of Decentrazation and Integration［C］. Mimeo：University de SanAndres，1999.

⑤ Hayek F A.The Use of Knowledge in Society［J］. American Economic Review，1945（35）.

⑥ 胡书东. 经济发展中的中央与地方关系——中国财政制度变迁研究［M］. 上海：上海三联书店，2001.

⑦ Musgrave R A.The Theory of Public Finance［M］. New York：Mc Graw-Hill，1959.

⑧ Bretion A.Competitive Governments：An Economic Theory of Politics and Public Finance［M］. Cambridge：Cambridge University Press，1998.

证分配的公正性。但从初次分配的角度看，在中央政府缺乏有效信息的前提下，地方政府制定政策，可以充分显示居民的真实偏好，有利于发展生产力，有利于真正缩小地区差别、行业差别和城乡差别，从而能够从更为基础的层面实现分配的公平。

（4）有利于财政监督。在中国计划经济体制下，一个计划当局直接管理的国营企业越多，监督难度就越大。这就迫使中央计划者尝试下放国营企业给地方政府直接管理。通过财政分权，中央政府管理的横向幅度缩小，监督难度就相应下降[①]。在分权体制下，公民在政治上参与度增加，政府财政收入来自当地的纳税人，地方政府往往比较注重顺乎民意，有助于提高政策决策的科学性，形成政府与民众相互信赖、相互制约、相互依存的关系。

（5）有利于引入竞争和创新机制。实行财政分权后，地方政府有自己的独立利益。为促进地方经济发展，地方政府之间在税收、财政支出、投资环境等领域展开竞争。这种竞争不仅发生在同一级政府之间，而且发生在不同等级的政府之间，水平竞争和垂直竞争都可能改进公共品的供给效率。[②]地方政府经常被视为政策实验室，因为不同的地方政府可以进行不同的政策试验，在分权体制下，两个地方政府制定者可以通过互相观测对方的政策决策和政策收益来制定本地的政策[③]。

（6）经济发展的要求。当经济发展较为成熟时，从分权中获得的收益出现了。经济发展水平越高，财政分权的可能性也就越大。但对于财政分权与经济发展两者之间的关系还存在争议。过度的财政分权将导致地方政府腐败，同时，地方政府之间的竞争将加剧宏观经济的不稳定，对地方经济反而起消极作用[④]。

（二）我国财政体制改革历程

1.计划经济时期的“统收统支”：1949—1978年

从1949年中华人民共和国成立后到1978年改革开放前这段时期，中国的财政收支管理制度高度集中于中央政府。在中央政府对政府间关系形式具有主导权威的前提下，这期间财政管理体制虽多有变动，但基本上采取的都是“以支定收、一年一变”的统收统支办法，即地方预算支出指标每年统一由中央政府安排，并在相应的“条条”部门管理下进行核定，收入指标每年根据支出需要由中央划定，然后由地方政府负责征收。[⑤]在这种高度集权的财政体制下，不管通过地方组织的收支占国家财政收支比重有多大，地方政府在相当程度上只是充当了中央政府拨付款的代理机构。

---

① 胡书东. 经济发展中的中央与地方关系——中国财政制度变迁研究［M］. 上海：上海三联书店，2001.

② Bretion A.Competitive Governments：An Economic Theory of Politics and Public Finance［M］. Cambridge：Cambridge University Press，1998.

③ Rodden，Joanthan，Susan Rose-Ackerman.Does Dederalism Preserve Markers?［J］. Virigina Law Review，1997（87）.

④ 周业安，章泉. 财政分权、经济增长和波动［J］. 管理世界，2008（3）：6-15，186.

⑤ 张光. 中国政府间财政关系的演变（1949—2009）［J］. 公共行政评论，2009（6）：26-57，202-203.

计划经济体制下，统收统支的财政体制，虽然可以有效地为重工业优先发展战略集中和配置所需的资金，但是计划体制本身无法克服的信息和激励问题使得生产效率日益低下。在几乎所有的经济建设投入都由财政负担的情况下，这将使得中央财政负担日益加重。巨大的财政压力最终迫使中央政府不得不进行改革。但是，由于在意识形态上，计划经济已经取得了合法地位，中央政府不可能完全放弃计划经济体制来减轻财政压力。而且由于知识局限性等因素，改革还面临着极大的不确定性。同时，在面临M型政府管理架构的现实条件下，中央政府只有选择向地方政府转移财政压力，走向财政分权改革之路。因为中国财政体制率先通过放权改革打破了高度集权的计划经济体制大锅饭局面，可以说中国的经济转型是从中央向地方的财政分权开始的。

2.财政承包制：1978—1994年

在改革初期，政府能够且真正放出的“权”，主要是财政上的管理权。政府能够且真正让出的“利”，主要是财政在国民收入分配格局中所占的份额。这一整体改革思路与财税体制自身的改革任务——由下放财权和财力入手，打破或改变“财权集中过度，分配统收统支，税种过于单一”的传统体制格局——相对接。

1980年，国务院颁发了《关于实行“划分收支、分级包干”财政管理体制的暂行规定》，开启了财政体制改革的序幕。该规定明确了除北京、天津、上海等三个直辖市仍实行接近于“统收统支”的财政集中办法外，其余地方各省份均实行财政包干体制。财政包干体制的要旨是，明确划分中央和地方财政收支范围，把财政收入分为中央固定收入、地方固定收入、中央和地方调剂收入三类，财政支出则主要按照企事业单位的隶属关系进行划分，然后通过界定地方财政的收支基数，确定包干形式，地方多收可以多支，少收则要少支，自求平衡，原则上5年不变[①]。自此之后，中央与地方政府的财政关系转变为一个以“财政包干”为核心特征的分权体制，并形成了以划分收支为基础的自求平衡协议关系。这种体制也时常被通俗地称为“分灶吃饭”[②]。分级包干的财政体制最主要的转变在于，财政资源由以“条条”分配为主转变为以“块块”分配为主，这就直接强化了地方政府发展本地经济的激励。中央在扩大地方财政权的同时，也加强了地方的经济支出责任。

“分灶吃饭”的财政体制改革使得中央的财政压力相对于计划经济时期减轻了，也调动了地方政府发展本地经济的积极性。但是由于财政承包关系是在中央与地方一对一讨价还价的情形下确定的，同时也缺乏规范的税制配套改革措施，这就造成了地方政府“包而不干”，中央财政收入比例出现较大程度的下降。到1983

① 事实上，1983年就对这一体制进行了相应的调整。这就造成了地方政府在很长一段时期内都认为中央政府缺乏可置信的承包承诺，从而产生“藏富于企”或“藏富于民”的策略性反应。

② 在契约理论中，包干就是一种固定租金合约（Fixed Rental Contract）。

年，为了能够对资金进行适当集中，中央又对“划分收支、分级包干”的体制做了调整，除广东、福建两省外的其他省区一律实行收入按固定比例总额分成的包干办法，同时还对烟酒工商税划分进行调整。在1980—1985年间，由于各省份的经济发展阶段与水平，包括初始的财政收支结构并不一致，故财政包干制在实际执行过程中衍生了形式不同的方案，具体可概括为四类：一是“划分收支、分级包干”，二是“划分收支、定额上缴或定额补助”，三是“固定比例包干”，四是对新疆等五个少数民族自治区和几个视同民族自治区待遇的省执行地方预算财政体制①。与此同时，1983年和1984年相继推行了第一步②和第二步③国有企业利改税改革，使国家与企业的分配关系发生了新的变化，并初步建立了多税种、多环节、多层次调节的复税制体系。

1985年之后，随着国家与国有企业之间管理权与控制权的变化，中央再一次对财政关系进行了调整，开始实行“划分税种、核定收支、分级包干”的财政管理体制。这次调整原本是为了逐步实现向“分税制”过渡④，但这一财政体制运行过程中，遇到了两个较为突出的问题：一是中央本级财源不足，中央财政连年出现赤字，宏观调控能力被削弱；二是留成比例低的地方“放水养鱼”，“藏富于企”“藏富于民”等现象日趋明显⑤。于是，1985年的调整很快被“财政大包干”⑥体制所取代。如表7-1所示，在1988—1993年这个时段内“财政大包干”体制安排实际有六类。1988年的财政大包干体制基本延续了1980年模式，即中央坚持的大方向依然是分级包干，而且进一步把“计划单列市”也纳入了财政包干范围。

3.分税制改革：1994—2003年

20世纪80年代初开始的改革主要是围绕着经济上分权与扩大企业经营的自主权而展开的，由于放权让利的分权改革从一开始就涉及调整政企关系、转变政府职

---

① 钟晓敏．政府间财政转移支付论［M］．上海：立信会计出版社，1998：132.

② 第一步利改税即1983年1月1日起开始进行的以对国营企业上缴利润改为征收所得税为主的税制改革。改革的主要内容有：对部分有盈利的国营企业由利润上缴改为征收所得税；小型国营企业按八级超额累进税率征收所得税后企业自负盈亏；对大中型国营企业按55%的比例税率征收所得税，税后利润根据不同情况，在国家与企业之间采取“递增包干上缴”“固定比例上缴”“定额包干”“调节税”四种形式的分配办法，仍采用税利两种交纳形式上缴企业利润。第一步利改税力图通过税收形式固定国家与企业的分配关系，充分贯彻“国家得大头、企业得中头、个人得小头”原则。但第一步利改税税种设置仍较单一，税后利润分配办法繁多，很不规范，所以1984年又进行了利改税第二步改革。

③ 第二步利改税改革即1984年10月开始实行的从税利并存过渡到完全以税代利的改革措施。主要内容是：把原来的工商税按性质划分为产品税、增值税、营业税和盐税四种；开征资源税用以调节资源级差收入；开征城市维护建设税，恢复开征房产税、土地使用税、车船使用税；对国营大中型企业征收55%的所得税，对小型国营企业按新的超额累进税率征收。在计算所得税时允许税前归还贷款和扣除单项留利；对所得税后企业利润超过合理留利的企业还要征收国营企业调节税，按户核定，一户一本。经过第二步利改税中国初步建立了多税种、多环节、多层次调节的复税制体系，为经济体制改革提供了必要的条件。

④ 国务院在颁布《关于实行“划分税种、核定收支、分级包干”财政管理体制的规定》的通知中，曾明确指出这一规定是为“将来过渡到完全以税种划分收入的体制创造条件”。甚至在1986年国务院准备的“价税财金贸”配套改革方案准备以分税制取代分灶吃饭体制。后来这个配套改革方案“流产”之后，国务院反而决定要将这个财政包干的体制继续执行下去。

⑤ 李齐云．分级财政体制研究［J］．北京：经济科学出版社，2003：217-225.

⑥ 在1988年到1993年间实行的“财政大包干”体制，其主要特征是地方政府和中央签订一个财政包干合同，以某一年的财政收入为基数，确保每年上缴给中央一定份额的财政收入，而其余的财政收入全部归地方支配。

表7-1　**1988—1993年财政承包体制的具体形式**

财政大包干具体形式	执行省份及城市
收入递增包干	北京、河北、辽宁、江苏、浙江、河南、重庆、哈尔滨
总额分成	天津、山西、安徽
总额分成加增长分成	大连、青岛、武汉
上解递增包干	广东、湖南
定额上解	上海、黑龙江、山东
定额补助	吉林、江西、陕西、甘肃、福建、内蒙古、广西、西藏、宁夏、新疆、贵州、云南、青海、海南

资料来源：财政部预算管理司，IMF财政事务局. 中国政府间财政关系［M］. 北京：中国经济出版社，1993：26-27.

能等方面，因此在20世纪80年代中期，政治体制改革被提到前台。[①]当时面临的问题是，一些干部利用价格双轨制的体制漏洞，与投机商人勾结倒卖市场紧缺物品以哄抬物价。同时，在向地方政府分权的过程中，伴随地方财政能力不断扩张的却是中央宏观调控能力的不断紧缩，而且，GDP主义导向的政绩考核机制下地方政府多倾向于执行地方分割的保护主义政策，“诸侯经济”现象严重。在这种情况下，中国经济在20世纪80年代后期出现了物资紧缺、物价飞涨的局面。

为增强中央财政集中度，缓解巨大财政压力，提高中央调控能力，避免高成本和无休止的“谈判”，1993年11月，中共第十四届二中全会通过了《关于建立社会主义市场经济体制若干问题的决定》，明确提出了自1994年起建立新的政府间财政税收关系，即分税制体制。1993年12月15日国务院颁布了《关于实行分税制财政管理体制的决定》，从而对分税制改革方案进行了详细说明。分税制财政预算管理体制的主要内容是：第一，根据事权与财权相结合的原则，中央和地方明确划分各自的财政收入范围，将税种统一划分为中央税、地方税和中央与地方共享税[②]，并分别建立中央和地方两套税收体系和税务征管机构[③]。第二，核定地方收支数额，逐步实行比较规范的中央财政对地方的转移支付制度，包括一般转移支付、税收返还和专项补助，以帮助实现地区财力平衡与公共服务均等化。第三，建立和健全分级预算制度，硬化各级预算约束。在进行分税制改革的同时，中央还进一步清理了部分地方预算外资金，取消或减少了大量的政府收费项目，并对国有企业利润分配制度、税收管理体制、减免税政策措施等进行了配套改革。到1996年，财政部又发出《关于完善省以下分税制财政管理体制意见的通知》，明确要求各地区要参照

---

① 1980年邓小平在中央政治局扩大会议上作的《党和国家领导体制的改革》，为政治体制改革的开展提供了纲领性的指导。但是，由于恢复被“文化大革命”破坏的经济的需要，政治体制改革始终没有深入展开。

② 中央与地方共享的预算收入主要来自增值税和资源税。增值税中央分享75%，地方分享25%。资源税按不同的品种划分，陆地资源税全部作为地方收入，海洋石油资源税作为中央收入。证券交易印花税在1994年的时候确定为中央与地方五五分成，但2002年起改为中央分享97%。

③ 当然，事后来看，分税制改革的重点在于对中央与地方之间财政收入的体制安排，而没有对中央与地方的财政支出责任作出进一步的改革。

中央对省级分税制模式，结合本地区的实际情况，将分税制体制落实到市、县级，有条件的地区可落实到乡（镇）级，同时要求省级财政承担调节辖区内地区间财力差异的职责。

分税制改革基本遵循了财政分权的基本原理，在确定中央和地方事权的基础上，依据事权和财权相结合的原则，按税种划分中央和地方财政收入，并制定了过渡期转移支付管理办法，从而初步构建了比较规范的分权财政管理体制。

伴随中国经济长期稳定高速增长，分税制的体制效应得以充分释放。财政集中度明显提高；税收管理体系也首次出现了分权化，由国税和地税机关分别负责征收中央税、共享税和地方税；财政分权更加制度化、透明化。

4.公共财政体制构建与完善：1998—2012年

1998年，朱镕基总理在主持国务院工作之后举行的首次记者招待会上，说了一段颇具震撼力的话："目前存在的一个问题是费大于税。很多政府机关在国家规定以外征收各种费用，使老百姓不堪负担，民怨沸腾，对此必须整顿和改革。"以此为契机，中国拉开了"税费改革"的序幕。在"税费改革"正式启动之前，最初的提法是"费改税"，即通过将各种收费改为统一征税的办法来减轻企业和居民的负担。"费改税"的目的，显然不是要将本来意义的政府收费统统改为征税，而是以此为途径，将非规范性的政府收入纳入规范化轨道。于是，"费改税"开始跳出"对应调整"的套路而同包括税收在内的整个政府收入盘子的安排挂起钩来。也正是在这样的背景之下，"费改税"一词为"税费改革"所取代，进而被赋予了规范政府收入行为及其机制的特殊意义。

在"税费改革"日渐深入并逐步取得成效的同时，财政支出一翼的改革也在紧锣密鼓地进行中。然而，无论是财政支出一翼的调整，还是以"税费改革"为代表的财政收入一翼的变动，所涉及的，终归只是财税体制及其运行机制的局部而非全局。但若没有作为一个整体的财税体制及其运行机制的重新构造，并将局部的调整纳入整体财税体制及其运行机制的框架之中，就不可能真正构建起适应社会主义市场经济的财税体制及其运行机制。因此，以1998年12月15日举行的全国财政工作会议为契机，决策层作出了具有划时代意义的重要决定：构建公共财政基本框架。

伴随着以构建公共财政体制框架为主线的各项财税体制改革的稳步推进，财税体制改革也逐渐步入深水区而面临着进一步完善的任务。2003年10月，中共十六届三中全会通过了《关于完善社会主义市场经济体制若干问题的决定》。在那份历史性文献中，根据公共财政体制框架已经初步建立的判断，作出了进一步健全和完善公共财政体制的战略部署。认识到完善的公共财政体制是完善的社会主义市场经济体制的一个重要组成部分，将完善公共财政体制放入完善社会主义市场经济体制的棋盘，从而在两者的密切联系中谋划进一步推进公共财政建设的方案，也就成了题中应有之义。以此为契机，又开始了旨在进一步完善公共财政体制的一系列操作。

最先进入操作程序的，首推税制改革。按照部署，在这一时期，先后有出口退税制度的改革、上调工薪所得减除额标准和实行高收入者自行申报、取消农业税、增值税由生产型转为消费型改革、内外资两个企业所得税法合并等几个项目，得以启动。

财政支出以及财政管理制度线索上的改革也投入了操作。需要提及的是，这一线索上的改革，适逢科学发展观和构建社会主义和谐社会重大战略思想的提出。因而，它的进展异常迅速：在取消农业税并打破了原有农村公共服务供给体系的同时，公共财政开始了逐步覆盖农村的进程；财政支出越来越向以教育、就业、医疗、社会保障和住房为代表的基本民生事项倾斜；围绕推进地区间基本公共服务均等化，加大了财政转移支付的力度并相应调整了转移支付制度体系；以实行全口径预算管理和政府收支分类改革为入手处，强化了预算监督管理，进一步推进了政府收支行为及其机制的规范化，等等。

5.建立现代财政制度：2012年至今

中共十八大的召开开启了中国特色社会主义走入新时代的征程。2013年11月，中共十八届三中全会通过了《关于全面深化改革若干重大问题的决定》。立足于全面深化改革的宏观棋局，以建立现代财政制度为目标，新一轮财税体制改革由此展开。

就预算管理制度改革而言，有别于以往围绕一般公共预算（亦称财政预算）而定改革方案的做法，新一轮预算管理制度改革的视野扩展到包括一般公共预算、政府性基金预算、国有资本预算和社会保险基金预算在内的全部政府收支。其目标，就是在覆盖全部政府收支的前提下，建立“全面规范、公开透明”的现代预算管理制度。就税收制度改革而言，有别于以往围绕税收总量增减而定改革方案的做法，新一轮税制 改革设定的前提是“稳定税负”。其目标，就是在“稳定税负”的前提下，通过“逐步增加直接税比重”优化税收收入结构，建立现代税收制度。在中央和地方财政关系改革方面，有别于以往围绕中央或地方财力增减而定改革方案的做法，新一轮中央和地方财政关系改革的目标，被锁定于“发挥中央和地方两个积极性”，构建现代中央和地方财政关系新格局。

2013年11月到中共十九大，在为期4年多的时间里，新一轮财税体制改革取得了巨大进展。在预算管理制度改革领域，2015年1月，正式颁布并实施了以覆盖全部政府收支为主要着眼点的新《中华人民共和国预算法》，并围绕新《中华人民共和国预算法》颁布了一系列旨在规范政府收支行为的制度。就此，现代预算管理制度的若干基本理念得以确立，以四本预算构建的全口径政府预算体系得以建立，预决算公开透明也取得一定成效。在税收制度改革领域，作为间接税制度改革的重要内容，营改增全面推开且简并了增值税税率，资源税改革顺利推进，消费税征收范围逐步拓展，环境保护税正式开征。与此同时，以颁布《深化国税、地税征管体制改革方案》为标志，税收征管体制改革开始启动。在中央和地方财政关系改革领域，以全面实施营改增为契机，2016年4月底，公布了《全面推开营改增试点后调整中央与地方增值税收入划分过渡方案》。作为未来2~3年的过渡方案，以2014年为基数，采取增值税增量五五分成的方式重新划分中央和地方收入。2016年8月，又发布了《国务院关于推进中央与地方财政事权和支出责任划分改革的指导意见》。根据这一指导意见，到2020年，要基本完成主要领域改革，并逐步规范化、法律化，形成中央与地方财政事权和支出责任划分的清晰框架。

（三）中国式分权

中国式财政体制的核心内涵是经济分权与垂直的政治治理体制的紧密结合。经济分权最重要的积极意义在于，中国式的财政分权向地方政府和企业提供了经济发展的激励。然而，经济分权还不足以构成中国经济发展的全部激励。不同于西方，中国在垂直的政治管理体制下，演绎出了以下具有代表性的两种观点，分别为“中国式财政联邦主义”和“晋升锦标赛”。

1.中国式财政联邦主义

以Barry R.Weingast、钱颖一等学者为代表的第二代财政联邦主义理论学者认为，中国的分权改革使不同级别的政府之间形成了一个类似于西方联邦主义的M型政治市场结构，正是这个结构确保了市场化进程的持续进行与不可逆转趋势，中国的经济改革能够成功的一个制度原因正在于此，在M型层级制下，地方政府在职能上是半自主的，这对于非国有部门的进入与扩张相当重要。该理论认为，中国地方政府的强激励有两个基本原因，第一个是行政分权，中央政府从20世纪80年代初开始就把很多经济管理的权力下放到地方，使地方政府拥有相对自主的经济决策权。第二个是以财政包干为内容的财政分权改革，中央把很多财权下放到地方，而且实施财政包干合同，使得地方可以与中央分享财政收入。财政收入越高，地方的留存就越多，其中预算外收入则属于100%的留存。正是这两方面的激励使得中国地方政府有那么高的热情去维护市场，推动地方经济增长。他们由此提出了“市场维护型财政联邦主义”和“中国式财政联邦主义”的概念①。其理论强调中央政府只需将政府之间的经济利益进行分权化和独立化分配就足以产生促使地方展开经济竞争的内在激励，而在此过程中中央政府的具体经济与政治职能则被弱化，比如Chung和Lam（2004）②通过与民政部门官员的访谈就发现，中央部门在某些层面上进行决策时很难抵御来自地方的政治压力。正因为如此，有些学者为第二代财政联邦主义贴上了“地方政权公司主义”和“地方政府企业家精神”的

---

① QIAN Y，ROLAND G.Federalism and soft-budget constraint［J］. American Economic Review，1998，88（5）：1143-1162.

② CHUNG J，LAM T.China's city system in flux：explaining post-mao administrative changes［J］. China Quarterly，2004，180（12）：945-964.

标签[①]。

“中国式财政联邦主义”强调经济分权在激励地方政府维护市场、推动经济增长方面的重要作用，有关中国式分权的文献习惯将中国和其他国家尤其是俄罗斯的分权绩效进行比较。然而，多数情况下，无论是在发达国家（如美国），还是在发展中国家（如印度、玻利维亚），抑或是转轨国家（如俄罗斯），与财政分权相伴随的是政治上的联邦主义；而中国却是在垂直的政治管理体制下，演绎出的财政联邦主义[②]。在财政联邦主义文献中，中央政府将各级地方政府视为相对独立的利益中心，赋予其充分的经济发展自主权，并以此为基础引入了类似于古典市场经济的竞争机制。该类文献敏锐地捕捉到了随着改革进程的时序发展，中国地方政府获得了越来越多的自由裁量权和剩余控制权这一现象，并认为地方政府逐渐积累了为获取政治经济利益与中央部门讨价还价的非合作力量，当中央与地方出现冲突时，两者就会在利益上展开讨价还价。总之，在财政联邦主义的前提假设中，中国的分权性质倾向于“上有政策，下有对策”所描述的非合作关系。

2.晋升锦标赛

虽然行政与财政分权确实构成地方政府激励的重要来源，但它们是否构成中国地方政府内部激励的最为基本和长期的源泉，这是值得进一步推敲和讨论的。周黎安等人认为中国特色的财政联邦主义理论假说与中国的现实存在较大差距，主要体现在两个方面：第一，在中国，中央政府拥有无上的权威和任意干预权，这与强调基于制度分权的联邦制的安排难以兼容；第二，联邦制对统一国内市场的要求（如美国的联邦制）和联邦法律高于州法律的要求也显然与中国的现实不符。因而提出“晋升锦标赛”理论，随后又提出的“行政发包制”试图将政府治理的研究朝着分析的角度再往前推进一步，结合“政治锦标赛”理论，强调从纵向发包和横向竞争两个维度解释中国政府治理的现象和特征。

周黎安认为，从20世纪80年代开始的地方官员之间围绕GDP增长而进行的“晋升锦标赛”模式是理解政府激励与增长的关键线索之一。“晋升锦标赛”模式认为政治集权下主要基于经济绩效的地方官员考核制度才是中国地方政府内部激励的最为基本和长期的源泉。“晋升锦标赛”是由上级政府直至中央政府推行和实施的，行政和人事方面的集权是其实施的基本前提之一，而“晋升锦标赛”本身可以将关心仕途的地方政府官员置于强力的激励之下，因此“晋升锦标赛”是将行政权力集中与强激励兼容在一起的一种治理政府官员的模式，它的运行不依赖于政治体制的巨大变化。虽然财税激励无疑构成地方政府行为的一个重要动力，但作为处于行政金字塔之中的政府官员，除了关心地方的财政收入之外，自然也关心其在“官场”升迁的机遇，而这种激励在现实中可能是更为重要的。

---

① OI J C.The role of the local state in China's transitional economy［J］. China Quarterly, 1995（144）: 1132-1149.

② 傅勇，张晏. 中国式分权与财政支出结构偏向：为增长而竞争的代价［J］. 管理世界，2007（3）: 4-12，22.

以经济增长为基础的“晋升锦标赛”结合了中国政府体制和经济结构的独特性质，在政府官员手中拥有巨大的行政权力和自由处置权的情况下，提供了一种具有中国特色的激励地方官员推动地方经济发展的治理方式。但是强激励本身也内生出一系列的副作用，比如行政竞争的零和博弈的特性导致区域间恶性经济竞争；在政府职能呈现多维度和多任务特征时，晋升锦标赛促使地方官员只关心可测度的经济绩效，而忽略了许多长期的影响；晋升锦标赛使得地方官员是地区间晋升博弈的运动员，同时政府职能要求他们又必须是辖区内市场经济的裁判员，这两者存在内在的角色冲突，政府职能转换之艰难便源于此。另外，通过晋升激励支撑的对企业的扶持和产权保护肯定不如通过健全的司法保护更透明和更持久。诸如此类的问题随着中国经济的日益发展和市场经济的进一步完善而显得日趋严重，“晋升锦标赛”模式到了不得不面临转型的时候。

二、政府转型的理论视角之二：公共财政效率

20世纪80年代以来，中国政府在推动经济增长的同时，自身也发生了巨大变化。政府公共财政收支结构和规模的变化，就是其中一个比较关键的方面。分税制改革后，中国政府财政汲取效率和汲取能力大为增强，这使政府为社会提供公共品和公共服务的潜力大为增加，也对政府治理体系和治理能力提出了新的挑战。政府角色和行为机制发生了一场静悄悄的革命。中国政府由一个通过指令直接参与经济生产和要素配置的政府，逐渐向一个市场经济条件下提供公共品和公共服务的政府转变，从一个以经济建设为中心的政府转向一个以人民为中心的政府，同时由一个捉襟见肘的“穷政府”向一个“大政府”转型。

（一）从政府收入维度看政府转型

1.财政承包制下的政府收入

改革开放以前，从财政收支结构上看，中国政府收入的主体是国营企业上缴的利润，具有明显的“自产国家”的特征，政府支出的主体则是安排国营企业的再生产和投资新建国家项目。从中央与地方财政体制上看，虽然经历了多次“放权”实践，但都很快再次“收权”，长时期维持了高度集权的财政体制。20世纪80年代中国政府开始施行以“放权让利”为核心的经济改革。“放权让利”式改革在一定程度上释放了经济活力，让地方、企业和民众获得了“休养生息”的机会。农民获得了经营自主权，农村出现了短暂繁荣；地方经济发展也得以提速，企业焕发了部分活力。而且，“承包制”施行初期，也增加了中央财政实力，缓解了改革初期的财政紧张局面①。据统计，1978年至1988年全国财政减免税共485.5亿元，而事实上还远远不止此数②。但是，“放权让利”式改革的全面展开很快引起了一系列后果，

① 改革开放初期，中国面临着严峻的财政收支紧张局面。比如，1979年财政赤字就高达205.9亿元（扣除债务收入），约占GNP总量的5.15%。

② 王绍光，胡鞍钢. 中国国家能力报告［M］. 沈阳：辽宁人民出版社，1993：86.

最突出的表现是财政收入中“两个比重”①的迅速降低，国家财政汲取能力迅速下降，中央财政调控能力极度弱化②。

改革开放之后，预算外收入规模迅速膨胀，占GDP的比重也快速上升。1980年全国预算外收入为557亿元，到1992年增加到了3 800多亿元，其增长速度远高于预算内财政收入增长速度。80年代初，预算外收入占GDP的比重在12%左右，此后很快上升到了15%以上，1991年、1992年预算外收入占GDP比重甚至超过了预算内收入。80年代初，政府全口径财政收入（预算内+预算外）占GDP的比重在不断上升，一直维持在36%～39%之间，1986年才开始迅速下降，但即使到了1992年仍然达到了27%。虽然“放权让利”式改革确实给企业和民众让了一部分“利”，政府的财政汲取能力也确实有所下降。

“财政承包制”所带来的问题，与其说是“让利”导致了政府财政汲取能力的严重下降，不如说是“放权”导致了严重的“分散”和“混乱”。说其“分散”，主要是指放权后中央财政能力的急速弱化，致使中央财政到了“难以为继”的境地。说其“混乱”，主要表现为公共财政收支两端的无序。在财政收入方面，税收体系混杂，极度不统一和不规范，基金杂费层出不穷，政府中没有任何人能说清楚到底有多少种税收和收费项目③；在财政支出方面，政府缺乏一个集中统一的预算分配机构，各部门都掌握大量“坐收坐支”资金，到处都是“小金库”，导致财政资金管理和使用效率极为低下。这种“放权”导致的混乱状况，越到基层越是严重。

因此，“放权让利”式的改革，最主要还是造成了一种“放权”效果。由于“放权”后缺乏有效监督，地方政府行为很快走向了混乱无序状态。换句话说，政府财政收入占GDP比重的迅速下降只是其表面效应，更深层的问题是政府财政汲取效率的下降，政府实际占有国民收入的规模和比重并不小，但由于混乱无序的财政收支体制，导致财政汲取收入和安排支出的效率都很低，财政资金在政府运行过程中大量耗散，形成了典型的“内卷化”效应④。

2.分税制改革之后的财政收入

分税制改革从规范财政收入体制入手，一举扭转了中央和地方之间的财政关系，初步厘清了政府和企业关系，但是仍然未能彻底改变因“放权”导致的混乱无序问题。分税制改革之后的一系列财税体制改革⑤，尤其是公共预算体制改革，进

---

① 政府财政收入占GDP的比重和中央财政收入占全国财政收入的比重。

② 自20世纪80年代末开始，中央财政每年都出现大量赤字，甚至不得不向地方借款维持支出。政府财政赤字主要靠向银行大量透支超额印制钞票来弥补。据统计，政府（财政部）向银行透支，1984年为260.78亿元，到1991年达到1 067.8亿元，增长了3倍，累计额为4 551亿元。

③ 据统计，1997年全国行政事业性收费和政府性基金共有6 800多项，收费金额达4 200多亿元，相当于整个中央财政的预算开支，其中大部分是乱收费。

④ 杜赞奇．文化、权力与国家：1900—1942年的华北农村［M］．王福明，译．南京：江苏人民出版社，2006．

⑤ 农村税费改革是分税制后财税体制改革的又一重要动作，它彻底解决了农民负担问题，规范了地方政府和农民的关系，为新时期的农村发展和稳定奠定了体制基础。当然，农村税费改革之所以能够全面完成，并最终全部取消农业税，恰恰得益于分税制改革之后国家财政汲取能力和汲取效率的增强，国家可以不再依赖农业税费，并有能力向农村进行大规模财政转移支付，实现“以工促农”“以城带乡”。因此，从深层次上讲，农村税费改革是分税制改革在农村的延续。

一步硬化预算约束和规范政府行为，公共财政收支领域的分散混乱问题才得以初步解决。目前，我国政府共有“四本预算”：一般公共预算、政府性基金预算、社保基金预算和国有资本经营预算。

首先，从一般公共预算来看。一般公共预算收入即通常所说的政府财政收入，属于“小财政”范畴。伴随经济长期稳定快速增长，分税制的体制效应得以充分释放，一般公共预算收入快速增长。1994年以来，一般公共预算收入多年平均增长速度在15%以上，均快于历年GDP增长速度，每年平均高出5个百分点左右。一般公共预算收入总量由1994年的5 200多亿元增长到了2014年的14万亿元，足足增长了20多倍。一般公共预算收入占GDP的比重也稳步上升，由1995年的10.4%（最低点）上升到了2014年的22.3%，平均每年上升0.5个百分点以上（见图7-1）。一般公共预算收入以税收收入为主体，具有最强的公共性。1994年至2005年税收收入占一般公共预算收入比重一直在90%以上，2006年之后，由于不断将预算外收入（非税收入）纳入一般公共预算之中，税收收入占比略有下降，但仍然维持在85%以上。

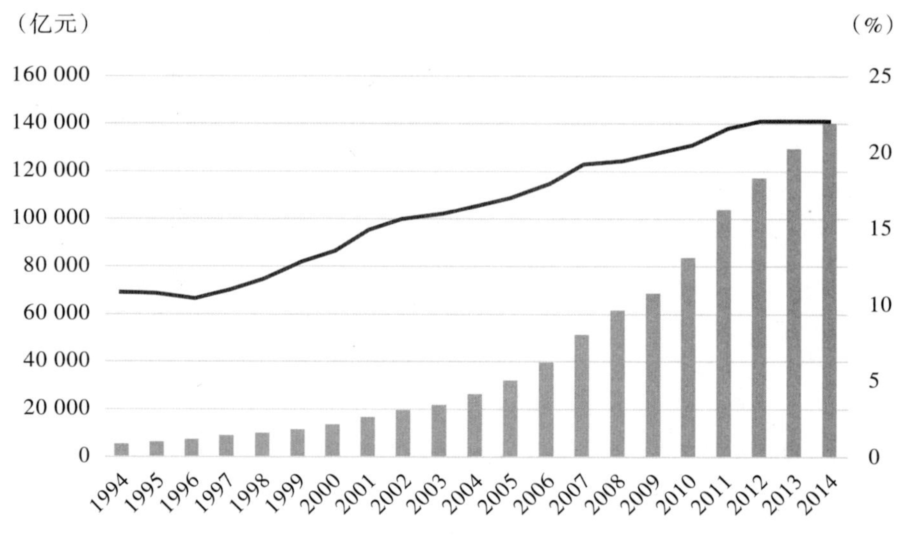

图7-1　一般公共预算收入及其占GDP的比重（1994—2014年）

资料来源：焦长权，焦玉平．经济发展与政府转型——中国政府公共收入水平研究报告（1980—2014）[J]．开放时代，2018（3）：166-194.

其次，从政府性基金预算来看。政府性基金是一种“专款专用”性质的资金，包括各种基金、附加和专项收费等。我国政府性基金最初起源于改革开放前的农（牧）业税附加、城市公用事业附加和育林基金。20世纪80年代以来，由于政府性基金的种类杂多，容易和其他非税项目混淆，1995年、1998年、2002年中央曾三次大规模清理整顿政府性基金，取消了大量不合法、不合理基金项目，并明确指出政府性基金只能由财政部审批。自2002年起，政府性基金全部纳入财政预算。1997年至2006年政府性基金预算收入从1 500多亿元增长到了6 800多亿元，占GDP的比重一直在15%～18%之间。自2007年起国家将土地出让金纳入政府性基金预算，政府性基金预算收入规模一次性扩大了好几倍，2007年达到2.6万亿元，之后不断波动增长，2014年高达5.4万亿元，占一般公共预算收入的比重也急速增加，基本维持在40%上下（见图7-2）。

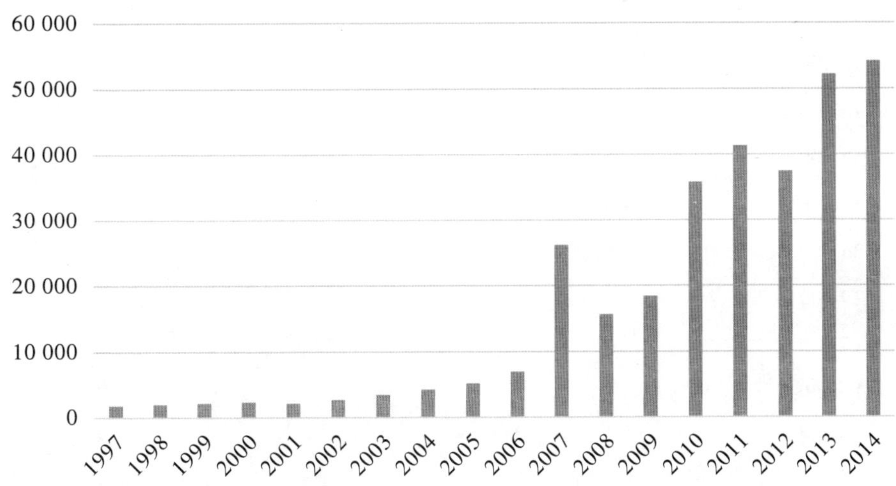

图7-2 政府性基金预算收入规模变化（1997—2014年）（单位：亿元）

资料来源：焦长权，焦玉平．经济发展与政府转型——中国政府公共收入水平研究报告（1980—2014）[J]．开放时代，2018（3）：166-194.

第三，从社保基金预算上看。社会保险基金主要包括五项：养老、失业、医疗、工伤和生育保险。我国的社会保险基金主要通过社会保险费来筹集资金。20世纪80年代中后期，中央在进行国企经营体制改革之时开始探索退休费用社会统筹试点和国企职工待业保险试点。1993年中共十四届三中全会通过了《中共中央关于建立社会主义市场经济体制若干问题的决定》，把建立社会保障制度作为社会主义市场经济基本框架的五个组成部分之一，明确了我国社会保障体系的基本内容。随后，城镇社会保障制度改革按照中共十四届三中全会确定的目标、任务和基本原则展开，重点是养老保险、医疗保险和失业保险制度，目标是建立一套适应社会主义市场经济要求的社会保障制度。1994年之后，我国国企改革大力推进，相应的社会保障体系初步建立起来。

2000年之后，国务院进一步将社会保障体系由覆盖国有企业为主推广到覆盖城镇其他市场主体从业人员。至此，主要覆盖城市居民的以“五险”为基础的社会保障体系得以建立。随后，我国的社会保障体系得到了突飞猛进的发展，中国在短期内走出了“低福利”国家的门槛[①]。我国社保基金收入自1990年以来，尤其是

① 王绍光．中国仍然是低福利国家吗？——比较视角下的中国社会保护“新跃进”[J]．人民论坛·学术前沿，2013（22）：70-94。

1995年后快速增长，2007年首次突破1万亿元，2014年则达到了3.9万亿元（见图7-3）。2005年以来，"五险"之中的养老保险作为主体，占总量的60%以上，医疗保险次之，占总量的20%以上，其他三类保险金额相对较小。目前，我国社会保障体系迅速发展的一个后果，就是社会保障费用相对于工资的缴存比率过高[①]，成了市场主体的很大负担。以2014年为例，我国养老、医疗、失业、工伤、生育五项社保的缴费比重，企业为29.8%，个人为11%左右，合计接近工资的41%，再加上住房公积金，这个比重接近60%。

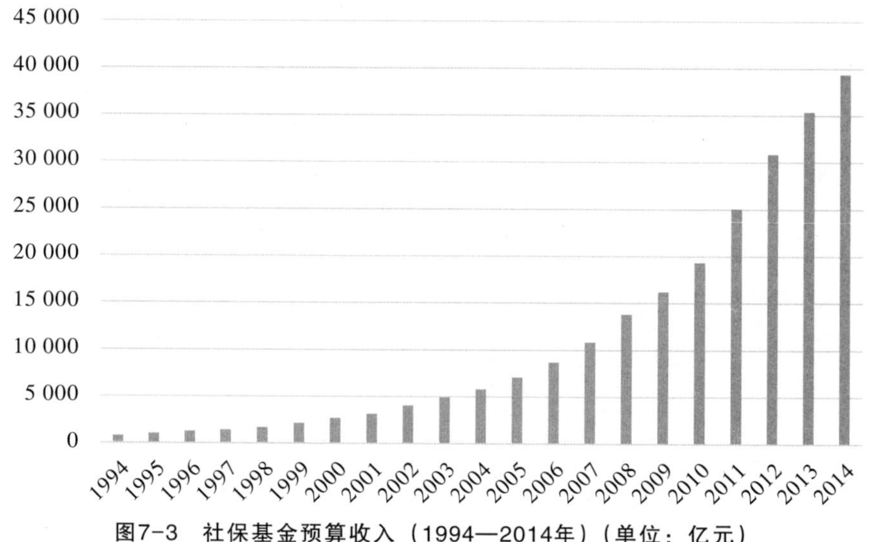

图7-3　社保基金预算收入（1994—2014年）（单位：亿元）

资料来源：焦长权，焦玉平．经济发展与政府转型——中国政府公共收入水平研究报告（1980—2014）[J]．开放时代，2018（3）：166-194.

第四，国有资本经营预算。国有资本经营预算，是国家以所有者身份依法取得国有资本收益，并对所得收益进行分配而发生的各项收支预算，是政府预算的重要组成部分。2003年，《中共中央关于完善社会主义市场经济体制若干问题的决定》提出要建立国有资本经营预算制度。1994—2008年国企只缴税不缴利润，这主要是因为90年代中期国企经营困难，国家因此取消了国企上缴利润。随着国企经营状况的好转和盈利能力的增强，国家重新向其收缴利润[②]。2007年至2014年全国国有资本经营预算由139.9亿元增长到了2 023.44亿元（见表7-2），但总体来看，目前国有资本经营预算的规模还太小，与政府实际掌握的国有资本经营收益有很大差距，一些地方国有资本经营预算还未真正建立起来。比如，2015年地方国有资本经营收入年初预算1 300亿元，但年底仅完成690.76亿元。进一步加强国有资本经

① 财政部原部长楼继伟曾指出，我国社保缴费率在全世界都是很高的。不仅如此，还面临着人口快速老龄化的挑战，自2016年开始，从全国平衡来看，养老保险已经出现收不抵支的情况。参见楼继伟．财政不能是过家家 养老保险改革费劲费大了［EB/OL］．（2017-04-22）．http：//finance.sina.com.cn/roll/2017-04-22/doc-ifyepsch2427733.shtml.

② 马骏．中国财政国家转型：走向税收国家？[J]．吉林大学社会科学学报，2011（1）：18-30.

营预算，尤其是地方国有资本经营预算，是完善政府公共预算的必由之路。

表7-2　　国有资本经营预算收入（2007—2014年）　　单位：亿元

年份	2007	2008	2009	2010	2011	2012	2013	2014
金额	139.9	443.6	988.7	558.7	765.02	1 572.84	1 651.36	2 023.44

资料来源：焦长权，焦玉平．经济发展与政府转型——中国政府公共收入水平研究报告（1980—2014）[J]．开放时代，2018（3）：166-194.

（二）从政府支出维度看政府转型

财政支出通常被划分为两大类：一是生产性支出或政府投资支出，二是非生产性支出或政府消费支出。政府的生产性支出包括基础设施建设、科学技术和教育投资等，这些政府支出可以增加物质资本和人力资本积累，从而可以促进经济增长和经济发展。随着我国经济的快速增长，我国的财政支出总规模得到了持续的扩大。近年来，财政原本的生产性支出偏向也开始渐渐缓解，医疗、民生领域投入日益上升。这表明，我国政府在由经济建设向民生建设方向转变。

1.财政承包制背景下的政府支出

（1）计划经济时期：1949—1978年

在计划经济时期，以高度集中为特征、以行政管理为主要机制、以公有制占绝对优势，构成了中华人民共和国成立后直至1978年改革开放近30年的主要经济体制。

数据显示，中央财政支出和地方财政支出在1953—1978年总体呈上升趋势。中央财政支出从1953年的162.05亿元到1978年的532.12亿元，增加了2.3倍。地方财政支出从1953年的57.16亿元到1978年的589.97亿元，增加了9.3倍。[①]其中，在计划经济时期的第一个五年计划（1953—1958年）中，国家通过直接计划和间接计划以及运用税收、价格、信贷等经济杠杆，把国民经济的主要部分纳入了计划的轨道。在财政体制上，对地方实行“划分收支，分级管理，侧重集中”的财政体制，地方有自己的收入来源和一定的机动财力，每年都有相当的结余。[②]财政支出的增长率变动比较平缓，年平均增长率为6.8%，异常波动年份主要集中在1958年、1961年和1967年，分别下降了15%、42%和20%，而1969年出现了较大幅度的增长（50%）。可见，自中华人民共和国成立至1978年以前的中国财政体制，中央财政与地方财政经历了“集中、较为分散、集中”的历程，虽经多次改革，但其基本形式没有大的改变[③]。

从整体财政支出结构来看，占比重最大的是基本建设支出，平均占GDP比重的38.6%；其次为国防支出，平均占GDP比重的19.3%；再次是科教文卫事业，平均占GDP的比重为9.3%。基本建设支出增长率在1953—1978年间年均增长13.9%，

① 国家统计局．中国统计年鉴2000.北京：中国统计出版社，2000.
② 田一农．财政体制改革同计划经济关系[J]．经济研究，1984（5）：16-20.
③ 杨志刚．公共财政学：理论与实践[M]．上海：上海人民出版社，1999：570.

国防支出年均增长5.3%，科教文卫事业年均增长8.2%。基本建设支出比重始终占绝对主导地位，这也充分反映了中华人民共和国成立初期加大对基本建设的投资、大力发展重工业的思路。

（2）转型起步时期：1978—1992年

从转型起步时期的财政规模来看，中央财政支出从1978年的532亿元，上升到1992年的1 170亿元，增加了1.2倍；地方财政支出从1978年的590亿元，上升到1992年的2 572亿元，增加了3.4倍。从转型起步时期的财政支出增长率来看，中央财政支出增长率为6.6%，地方财政支出增长率为13%。地方财政支出的增长速度比中央财政支出的增长速度快，原因在于：在财政包干制下，中央政府将更多的公共支出包袱甩给地方政府，而地方政府通过非预算收入来解决资金来源问题，造成乱收费、乱摊派的现象频发。

1980年开始实行“划分收支，分级包干”的财政体制，并在1985年和1988年进行了两次调整。中央与地方之间“分灶吃饭”，凸显了地方政府的财政主体地位，调动了地方政府关心本级财政、当家理财的积极性。“分灶吃饭”后，应由地方安排的支出项目，中央主管部门不再按“条条”下达，由地方政府根据国家经济建设的路线、方针、政策，结合本地财力统筹安排，扩大了地方政府财权。自20世纪80年代以来，地方财政支出规模和增长率出现明显上升。相对于地方财政支出，中央财政的支出规模增幅平稳。在“分灶吃饭”体制下，由于中央政府将生产建设等事权下放给地方政府，故在1985年中央财政支出还出现了近11%的负增长①。

2.分税制改革后的公共财政支出

（1）转型探索时期：1992—2008年

从财政支出规模上看。从1992—2008年间的财政支出规模来看，中央财政支出从1992年的1 170亿元增长到2008年的13 344亿元，增加了10.4倍；地方财政支出从1992年的2 571亿元增长到2008年的49 248亿元，增加了18倍。这段时间是中国经济飞速发展的时期。从1992—2008年的财政支出增长率来看，中央财政支出年均增长率为16.7%，地方财政支出年均增长率为20%。这一时期经济一直处于匀速上升的趋势，没有出现负增长②。

从财政支出结构上看。我国财政支出在结构方面呈现出较为明显的偏向性特征，大量的财政资金被投放到基本建设、市政建设等生产性领域，而在医疗、教育、卫生和民政等保障性支出方面的资金投入则明显偏低③。为实现国富民强和提高综合国力的目标，党和国家坚持以经济建设为中心，动员一切力量投身现代化建设。以经济建设为中心势必导致经济建设支出占GDP的比重维持较高水平。从

---

① 孙琳．中国转型进程中的财政支出结构与地方政府绩效评价［J］．复旦学报，2013（5）：86-93，157.

② 孙琳．中国转型进程中的财政支出结构与地方政府绩效评价［J］．复旦学报，2013（5）：86-93，157.

③ 张宇．财政分权与政府财政支出结构偏异——中国政府为何偏好生产性支出［J］．南开经济研究，2013（3）：35-50.

1992—2008年间的财政结构来看，基本建设支出、国防支出、政策性补贴支出和科教文卫事业支出占GDP的比重分别为12.7%、8.4%、5%和19.4%。从财政支出增长率来看，基本建设支出、国防支出、政策性补贴支出和科教文卫事业支出年均增长率分别为8.9%、16.2%、13.1%和17.5%。除因1998年和2008年的金融危机导致数据出现了骤降外，无论是科教文卫事业支出的规模还是其增长速度都是符合预期的，表明在社会主义市场经济体制建立后公共财政已经初步形成。

（2）转型发展期：2008年至今

胡锦涛同志在“十二五”规划纲要中提出“坚持把保障和改善民生作为加快转变经济发展方式的根本出发点和落脚点”①，因此，“改善民生”已成为我国国家建设的一个核心任务和重中之重。党的十八大以来，在经济新常态背景下，人们对美好生活的向往要求国家从经济建设为中心转向对经济发展质量、民生保障的关注，这一定程度上提出了对政府工作的要求，政府财政支出的结构性配置将发挥至关重要的作用。如图7-4所示，从历史经验看，2008—2009年、2011—2013年经济下行时期，财政支出增速高于名义GDP增速。2018年财政支出累计增速8.7%，名义GDP增速8.9%，财政支出增速与名义GDP增速相当。2019年以来经济下行压力加大，政策加强逆周期调节，财政支出明显加快。一季度公共财政支出同比增长15%，高于同期名义GDP增速7.6个百分点，一季度GDP与2018年四季度持平。但随着减税降费的落实和经济下行带来的税收下滑，公共财政支出增长放缓，前三季度财政支出同比增长9.4%，高于名义GDP2.2个百分点，1—11月财政支出累计同比增长7.7%，1—11月基建投资（含水电燃气）累计增速为3.5%。

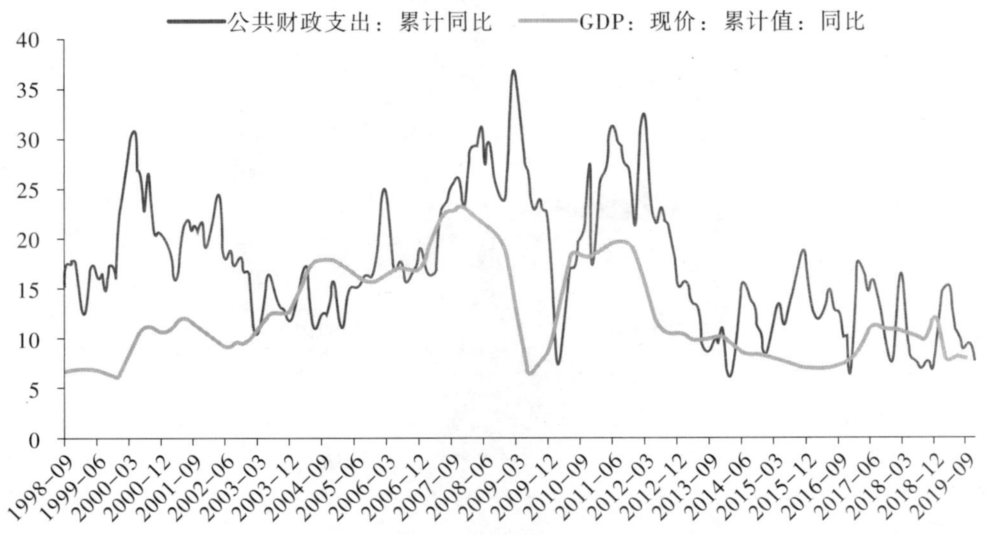

图7-4 财政支出增速高于GDP增速

资料来源：Wind，恒大研究院。

① 中共中央关于制定国民经济和社会发展第十二个五年规划的建议［M］. 北京：人民出版社，2010.

从财政支出结构来看，尽管我国整体财政支出结构呈现逐渐优化的趋势，但仍存在很大优化空间。图7-5、图7-6分别显示了近年来我国财政支出结构变化过程以及2018年我国财政支出结构。其中社保就业、医疗、城乡社区等领域的财政支出逐年上升，科技、教育、环保、农林水领域财政支出较为稳定。

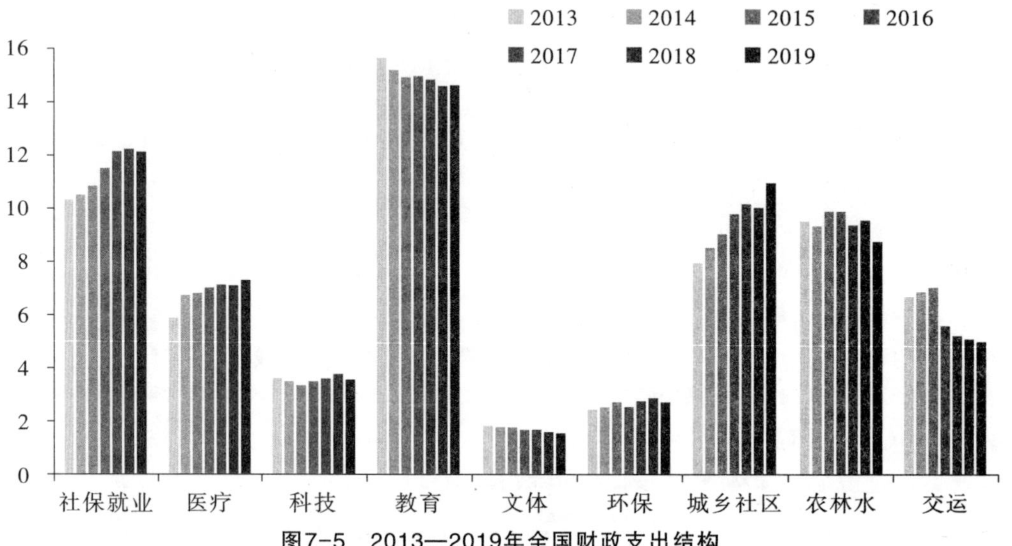

图7-5　2013—2019年全国财政支出结构

资料来源：Wind，恒大研究院。

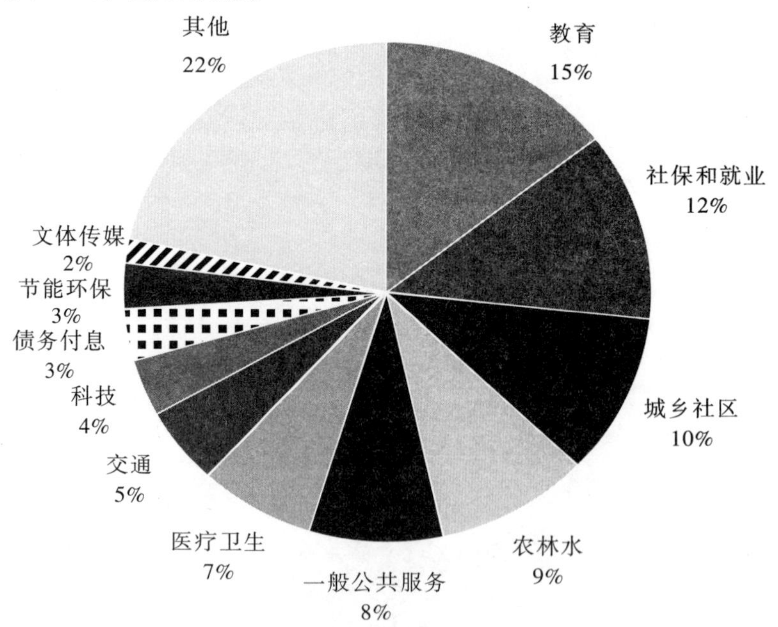

图7-6　2018年中国财政支出结构

资料来源：Wind，恒大研究院。

2018年，财政支出中教育、社保和就业、城乡社区、农林水和一般公共服务占比位列前五，分别占比14.6%、12.2%、10.0%、9.5%和8.3%。此外，医疗、科技、文体传媒分别占比7.1%、3.8%、2.3%。2018年美国政府（联邦和地方）财政支出前五的领域为医疗卫生、社保、一般公共服务、教育、国防，占比分别为23.2%、22.2%、16.2%、14.2%和9.2%。我国的财政支出结构与美国相比，教育支出占比相当，社保、医疗和国防支出占比较低。2019年1—11月，社保与就业、医疗等民生支出占比有所提高，分别占财政支出比重为12.1%和7.3%，值得关注的是，债务付息支出占比达到3.8%，超过科技支出。与基建相关的支出如节能环保增速14.3%，但农林水、交运支出分别为6.5%和6.3%，低于整体支出增速。事实上，2019年基建增速反弹力度弱，其中水电燃气和水利环保投资增速分别是3.6%和2.8%，分别较上年同期上升12.4和0.4个百分点，交运邮政仓储增速2.8%，较上年同期下降0.2个百分点。分中央和地方看，中央和地方财政支出节奏基本同步，1—11月累计同比分别为8.3%和7.6%，分别较2018年下降0.5和1.1个百分点。这表明，我国政府已由“经济建设型”政府转向以“人民为中心”的服务型政府，财政支出已由过去的生产性支出转向非生产性支出，在社会保障、医疗卫生等领域的财政投入力度水平逐年增加。尽管如此，与中高收入水平国家相比，我国的财政支出结构还有待进一步优化。

（三）政府机构改革

改革开放40多年来，为适应经济社会发展和各方面改革的需要，我国先后进行了8次大的政府机构改革，取得了显著成效，积累了宝贵经验。在这期间，我国于1982年、1988年、1993年、1998年、2003年、2008年、2013年和2018年集中进行了8次政府机构改革，平均5年一次，内容涉及机构调整、职能转变、编制配备、制度建设等方面。从历次改革的背景、目标和重点看，政府机构改革大体上经历了三个阶段，不断取得新的突破和进展。

1.第一阶段（1982—2002年）：适应经济转型的要求，以精简机构为重点推动政府机构职能转型

1982—2002年期间，在党的十一届三中全会改革开放的历史背景下，经济体制改革不断深化，政府作为宏观调控的行为主体，亟须按照市场经济要求，转变政府职能，调整机构设置。在这期间，一共进行了4次政府机构改革，重点是精简计划经济条件下的专业经济管理部门，改变部门职能配置，推动政府机构职能转型，呈现以精简为主的特点。

1982年机构改革是改革开放后进行的首次政府机构改革。改革前，国务院机构达100个，机构臃肿、层次繁多、效率低下的问题突出，迫切需要通过精简机构加以解决。邓小平同志指出，“精简机构是一场革命”，即将改革重点定位于精简机构和编制，为深化经济体制改革创造条件。改革后，国务院机构从100个裁并为61个，人员编制从5万多减到3万多，领导班子精干了。

1988年机构改革第一次提出“转变政府职能是机构改革的关键”的命题，改

革的重点是撤减专业经济管理部门和综合部门内设专业机构，减少专业部门对企业的干预，强化政府的宏观管理职能。这次改革还提出建立国家公务员制度，并第一次对国务院各部门进行定职能、定机构、定编制的“三定”方案工作。通过改革，国务院机构由72个减为68个，人员减少1万多。

1993年机构改革在确立社会主义市场经济目标的背景下展开，提出按照社会主义市场经济体制的要求，转变政府职能，推行政企分开，改革计划、投资、财政、金融等方面的管理体制，重点撤并专业经济部门和职能交叉的机构，有的转化为经济实体或服务实体。经过改革，国务院机构由86个减少到59个，大量非常设机构被撤销。

1998年机构改革是一次力度较大的改革，强调以发展社会主义市场经济为目的，转变职能，加快推进政企分开，几乎撤销了所有的专业经济部门，清除了政企不分的组织基础，结束了计划经济下依靠专业经济部门直接管理企业的体制。改革后，国务院机构由72个减为53个，行政编制从3.2万减到1.6万，精简近50%。

2.第二阶段（2003—2012年）：在市场经济体制基础上，以整合职能和机构为重点优化政府组织架构

这个阶段进行的2次政府机构改革，是在社会主义市场经济体制初步形成的基础上展开的，为适应全面建设小康社会和科学发展的要求，强调全面履行政府的经济调节、市场监管、社会管理和公共服务职能，建设服务型政府。这时与计划经济相关的政府机构已基本上撤销，面临的问题主要是职能转变不到位、部门职能交叉、效能不高，因而改革的重点已不再是精简，而是围绕转变职能，整合职能和机构，探索职能有机统一的大部制，优化政府架构，呈现以整合为主的特点。

2003年机构改革进一步转变政府职能，提高政府效能，重点对国有资产管理、宏观调控、金融监管、流通管理和市场监管等重点领域的相关职能和机构进行优化整合，采取综合设置，组建了国务院国有资产监督管理委员会、国家发展和改革委员会、商务部、银监会等政府部门。从机构设置形式看，实际上也是对大部制的一种探索。

2008年机构改革围绕转变政府职能和理顺职责关系，探索实行职能有机统一的大部门体制，合理配置宏观管理部门职能，整合一些领域的相关职能和机构，组建了工业和信息化部、交通运输部、人力资源和社会保障部、环境保护部等4个大部，涉及调整机构15个，减少正部级机构4个，初步形成了与宏观调控、市场监管、社会管理和公共服务职能相配套的政府组织架构。

3.第三阶段（2013—2018年）：适应新时代发展的要求，以优化协同高效为着力点构建现代政府治理体系

这个阶段进行的2次政府机构改革，是在中国特色社会主义进入新时代的背景下展开的，为适应统筹推进“五位一体”总体布局和“四个全面”战略布局以及实

现国家治理现代化的需要，以习近平同志为核心的党中央下决心推进党和国家机构改革。党的十九届三中全会对党和国家机构改革作出顶层设计和全面部署，明确了改革的目标、原则和路径。政府机构改革作为党和国家机构改革中的一项重要内容，需要按照改革的总体思路，以加强党的全面领导为统领，以推进国家治理现代化为导向，以推进优化协同高效为着力点，调整优化政府的机构设置和职能配置，呈现优化协同高效的特点。

2013年机构改革以转变职能为核心，稳步推进大部门制改革，重点是实行铁路政企分开，不再保留铁道部，整合相关领域的职能和机构，组建了国家卫计委、国家食品药品监管总局、国家新闻出版广电总局等部门，同时着力转变政府职能，深化简政放权，改革后国务院正部级机构减少4个，涉及调整机构20多个。

2018年进行的政府机构改革着眼于转变政府职能，坚决破除制约使市场在资源配置中起决定性作用、更好发挥政府作用的体制机制弊端，围绕推动高质量发展，建设现代化经济体系，加强和完善政府经济调节、市场监管、社会管理、公共服务、生态环境保护职能，结合新时代发展要求，推进政府机构职能的调整优化，组建了自然资源部、生态环境部、文化和旅游部、退役军人事务部、应急管理部等部门和其他机构，同时一些领域职能相近、联系紧密的党政部门采取统筹设置。改革后，国务院正部级机构减少8个，副部级机构减少7个。其他层面的政府机构改革也在有序展开①。

三、我国政府转型特征

（一）中国从捉襟见肘的“穷政府”向“大政府”转型

西方主要的市场经济国家都是在工业化完成之后，在社会保障制度建设中完成政府转型的。相较于西方政府，中国是在工业化过程中同时经历政府转型。1994年至2014年政府历年一般公共预算收入增长速度均快于GDP增长速度，占GDP的比重也逐年提高，由1995年的10.4%（最低点）上升到了2014年的22.3%；其绝对量也从1994年的5 200多亿元增长到了2014年的14万亿元，足足增长了20多倍。同时，自20世纪90年代中期以来，政府性基金预算收入和社保基金预算收入也快速增长。比如，政府性基金预算收入中的主体部分——国有土地出让收入由1998年的508亿元增长到了2014年的4.3万亿元，社保基金收入则由1994年的742亿元增长到了2014年的3.9万亿元。除此之外，国有资本经营收入也是政府收入的重要组成部分。2014年“四本预算”收入合计达23.57万亿元，占GDP总量的37.45%，政府收入的绝对量及其占GDP的比重都已非常惊人。在目前的财政体制下，政府收入增速快于GDP增速的态势还会持续下去，一个市场经济背景下的“大政府”

① 沈荣华. 我国政府机构改革40年的启示和新趋向［J］. 行政管理改革，2018（10）：22-28.

正在迅速成长起来[①]。

显然，20世纪80年代以来，从政府、市场间的关系上看，政府角色和行为机制发生了一场静悄悄的革命。中国政府由一个通过指令直接参与经济生产和要素配置的政府，逐渐向一个市场经济条件下提供公共品和公共服务的政府转变，同时由一个捉襟见肘的"穷政府"向一个"大政府"转型。在现代市场经济体制下，公共财政收支是政府参与经济分配、为社会提供公共品和公共服务以及调节经济秩序的主要工具。政府公共财政收支结构和规模的巨变，必然导致政府治理机制和行为逻辑的变化。

（二）中国由"全能型"政府向"大政府"转型

改革前，中国政府直接参与和组织经济生产，政府行为覆盖了社会生产生活的各个方面，学者将其称为"全能型"政府[②]。在某种意义上，当时的政府也可称为"大政府"，只是在计划经济体制下，既没有市场，也几乎没有社会的空间，政府是一个笼罩性的存在，政府的功能主要在于直接组织经济生产，而不是提供公共品和公共服务。20世纪80年代改革开放以来，政府作为经济活动的直接组织者和公共服务的提供者的双重角色开始逐渐分离，它慢慢从直接组织经济生产的角色中摆脱出来，对公共品和公共服务所负的责任也越来越大。正是在这一过程中，政府经历了一个复杂的转型历程。改革初期由于采取"放权让利"式的改革，政府财政汲取能力下降，财政汲取效率很低，政府能力变得很弱；分税制改革后，政府财政汲取能力和汲取效率都快速增长，伴随经济长期稳定快速增长，中国政府在很短的时间内迈入了"大政府"时代。

中国政府的转型，显然不是在市场成长起来之后为了纠正"市场失灵"而建立起来的。1994年的分税制改革、90年代中期开始大规模推行的社会保障制度建设，以及90年代末开始完善的土地收入制度，三者共同推动了中国公共财政收入的大规模增长，使中国政府在短期内迈向了"大政府"时代，迫使中国政府开始转型。但是，很明显的是，这三项制度建设的初始目的都不是应对市场经济形成后的"市场失灵"，其直接目的都是筹集由计划经济体制向市场经济体制转型的改革成本[③]。尤其是90年代中期开始大规模建设的社会保障制度，从表面上看，它和西方市场经济国家在市场成熟后建立的社会保障制度很相似，但其建立初衷主要是应对国有企业改革过程中的大规模员工下岗问题和使企业顺利转制[④]，是将原来由政府和国企承担的社会保障职能迅速"抛向"市场的行为，迥异于西方社会保障制度的建立逻辑。当然，在市场经济逐渐成长起来之后，目前的社会保障制度发挥的职能与西

① 2014年"四本预算"的数据来自财政部：《关于2014年中央和地方预算执行情况与2015年中央和地方预算草案的报告》。

② 邹谠．二十世纪中国政治［M］．香港：牛津大学出版社，1994.

③ 朱镕基在一次讲话中说："九五计划期间，遇上亚洲金融危机，历史积累的问题爆发，但由于我们决策正确，财政平均每年增收1 430亿元，比八五计划期间翻了一番，有了钱，过去多年想办而办不成的事，现在可以办了。"（朱镕基，2011d：138）这表明了为改革筹集成本的思路。

④ 朱镕基指出，社会保障制度最主要应做到两个确保：第一，确保企业离退休人员养老金按时足额发放；第二，确保国有企业下岗职工基本生活费按时足额发放（朱镕基，2011d：69）。

方市场经济国家越来越接近。为了推动计划经济体制向市场经济体制的转型，中国政府通过各种制度建设不断提高国家财政汲取能力，以能够支付体制转型过程中的巨额成本，由此很快形成了一个“大政府”。因此，中国“大政府”的形成，是国家筹集由计划经济向市场经济转型成本的一个“意外后果”。当然，在市场经济逐步成长起来之后，这个已经形成的“大政府”又在悄然转变自身角色，更多地承担起了公共品和公共服务供给、社会福利、社会保障建设以及社会公平分配等典型市场经济国家的政府职能。

（三）中国由“经济建设型”的政府向“以人为本”的服务型政府转型

在计划经济体制下，政府充当经营与投资主体，政企不分，以政代企。改革开放后，在以“经济建设为中心”的政治决策实践中，政府的经济干预依然突出，以GDP为导向的政绩考核体系促使一些地方领导干部热衷于介入微观经济活动，替企业决策、谈判、“招商引资”，为企业到北京跑“部”“钱”进。“经济建设型”政府做了许多应由市场主导的事情，越俎代庖，职能错位；同时该由政府提供的公共产品和服务长期供给不足，职能缺位，甚至把一些本应由政府承担的公共产品和服务推向市场，推向社会，致使社会管理和公共服务职能弱化。进入21世纪，随着政府在市场经济条件下的职能定位愈益明确，职能体系愈益清晰，让政府由“经济建设型”回归职能本位的要求愈益强烈。检视改革开放以来经济高速增长的同时，政府在公共产品和服务供给上未能充分满足民众日益增长的生活需要，民众强大需求与政府供给公共产品不足的矛盾凸显，表明政府由“经济建设型”向“以人为本”服务型转变势在必行。“经济建设型”政府转型，并不是绝对否定“以经济建设为中心”，而是应改变政府把主要精力用于投资上项目，却疏于民生建设保障与社会公共产品和服务供给的既往做法[①]。“以人为本”服务型政府的内涵，就是强化政府的社会管理和公共服务职能，政府不再充当经济建设主体、投资主体，也不再直接配置资源和干预微观经济活动，更不寻求部门利益、集团利益，而是恪守“人民本位”的行政理念，奉行“为民兴利”的服务宗旨，集中精力、合理配置财力，为公众和社会提供均等化的公共服务和产品，保证公民需求在公共管理中的支配性地位。

从“经济建设型”向“以人为本”服务型政府转变，不仅是政府职能回归正位的必然结果，也适应了社会经济转型的需要。改革开放以来，伴随经济、政治结构的快速调整和持续变动，整个社会处于转型之中。一方面，人们的自主性和独立意识增强，多种多样的利益主体形成，利益分化加剧，不同主体间的冲突与摩擦增加，客观上需要公共管理者进行政府调解，重视协商，既让合法的利益诉求得到充分表达，又通过协商与谈判形成社会共识；另一方面，社会转型带来的剧烈动荡，也迫切需要强化政府的社会管理和公共服务职能。过去长时期里政府将资源集中于

① 石杰琳. 中西方政府体制比较研究［M］. 北京：人民出版社，2011：167-168.

GDP增长有关的领域，造成社会保障、医疗卫生、基础教育、环境保护等民生领域投入不足，社会建设长期滞后于经济发展，加之一些地方官员对社会转型带来的风险认识不到位，习惯沿用旧思维、老办法来应对诸如劳资关系紧张、劳动争议和纠纷、群体性抗争征地等新的社会矛盾，往往适得其反。因此，顺应中国经济转型、社会转型的需要，强化“以人为本”服务型政府角色，既利于市场在资源配置中起决定性作用，又利于回应民众对社会公共产品的需求，而且还为发展方式转变提供了必要条件[①]。

第三节　新公共管理运动与良政治理

一、新公共管理运动

新公共管理运动与中国行政改革是否存在关系，学术界存在不同的看法，但归根到底，西方新公共管理运动在一定程度上对我国行政体制、政府机构产生了影响，学习借鉴西方经验，对于推动我国政府转型、深化政府改革具有重要作用。

20世纪70年代末80年代初，新公共管理运动开始在西方发达国家盛行。新公共管理运动不仅席卷英国、美国、澳大利亚、新西兰等盎格鲁-撒克逊国家，在世界银行、国际货币基金组织等国际组织推动下，新公共管理理念在经合组织（OECD）国家甚至是发展中国家也颇为流行。这场运动意味着政府对自身管理理论和实践的一种新的探索和转变。对此，欧文·休斯描述道：“公共行政的僵死的、等级制的官僚制组织形式曾经支配了整个20世纪漫长的时期，如今正转变为公共管理的弹性的、以市场为基础的形式。传统的公共行政已经从理论和实践上受到了质疑，新公共管理的应用意味着在公共部门中出现了一种全新的典范。”[②]

新公共管理是区别于传统公共行政的一种公共部门改革思潮，它有很多同义词，例如企业家政府、管理主义、后官僚主义、以市场为基础的公共行政，但是到了20世纪90年代后期，“新公共管理”一词被更多人认可和使用。“新公共管理”一词的提出者克里斯托弗·胡德总结了新公共管理的7个基本原则：强调专业化管理、强调具体的绩效标准与测量、强调结果控制、强调去中心化、强调竞争、强调私人部门的管理模式、强调规则与资源节约[③]。“新公共管理”理论内涵广泛，主要涵盖如下内容：

第一，政府的管理职能在于“掌舵而非划桨”。传统公共管理理论中，政府管

① 石杰琳，秦国民. 经济发展方式转变与政府转型：角色转变和制度创新［J］. 中国行政管理，2014（11）：43-47.

② 休斯. 公共管理导论［M］. 张成福，等译. 北京：中国人民大学出版社，2001.

③ Christopher Hood.A Public Management for All Seasons?［J］. Public Administration，1991（1）：3-19.

理的职能中负责“划桨”的成分多过“掌舵”，政府被困在具体的事务中难以自拔，甚至有时候政府既在“划桨”也在“掌舵”。“新公共管理”理论指出政府管理的职能是负责“掌舵”而非“划桨”，“新公共管理”提倡“政府公共政策化”，目的在于让政府从具体的管理事务中摆脱出来，从而从根本上解决政府部门存在的效率低下、冗员过多、官僚主义等历史遗留问题和顽疾。

第二，管理方式应注入企业化管理方式。传统的公共管理理论中，政府部分因处于垄断地位，各个公共服务部门危机意识、效率意识不强，政府在管理中也存在重投入轻产出的状况，因此政府公共管理的效率一直比较低下，质量也不高。再加上在人事管理上，政府公共服务部门一直采取的是终身任职制，工作人员缺少危机感的同时也缺少了积极性，不利于政府改革的进一步推进。“新公共管理”理论认为，应打破政府部门的垄断，在各公共服务部门中采用企业先进的管理方式和手段等，对其提供的服务进行全面质量管理和目标管理；改变过去只管投入、不重产出的现状；在人事管理上也应效仿企业，摒弃终身任职制，改为采用灵活的合同雇佣机制和绩效工资制，从而提高效益。

第三，行政文化应提倡“顾客导向”。传统公共管理理论中，在行政文化上以自己为主，以服务对象为辅，提供的服务不是根据服务对象的需求提供的，因此与时代的步伐已经有所脱节，跟不上社会发展的需要。“新公共管理”理论指出，政府服务的对象其实就是政府的“顾客”，政府应根据服务对象的具体需求而提供服务，应以“顾客为导向”即以服务对象为导向，只有这样的政府才能跟上时代的步伐，提供高质量的服务。“新公共管理”这一“顾客导向”的理论改变了以往公共行政中政府与社会之间的关系，政府转变为应承担社会责任的“企业家”，公民则成为政府服务的“顾客”。

第四，管理上应采用授权或分权方式。传统公共管理理论一直坚持采用长期以来的集权管理方式。集权管理方式作为管理方式中的一种，历史上发挥的作用也是非常明显的，但在现代政府管理中，如遇到突发事件，还是只采用集权管理这一种管理方式已难以满足现代政府公共管理的需要。“新公共管理”理论已经注意到传统公共管理的弊端所在，因此极力倡导用分权、授权的新管理办法替代落后的集权管理，以便应对外界急速的变化。“新公共管理”理论指出授权或分权的机构具有诸多优势：更灵活、更高效、更具创新精神等。

第五，目标控制应引入绩效策略。传统公共管理重投入轻产出，缺乏目标控制意识，对于目标也没有具体的量化指标，因此公共服务部门的效率一直得不到提高，一直备受诟病。“新公共管理”在目标控制上倡导引入绩效目标控制策略，放松行政规制，采取严格的绩效目标控制策略，即在具体的工作中，和组织、个人签订明确的绩效合同，确定好具体目标，考核的时候根据绩效目标进行测量和评估，从而使组织从“任务驱动型”转变成“规则驱动型”。

第六，减少公共产品带来的外部性。传统公共管理中公共产品全部由政府提供，公共产品集经营权和所有权为一体，随着社会的发展，政府在公共产品的供给上已经面临诸多困境。"新公共管理"理论指出，非排他性是公共产品消费具有的普遍特征，政府完全可以参考成功的经验，分离部分公共产品的经营权与所有权，对部分经营权与所有权分离的公共产品实行消费低收费制，以便增加私人产品消费，减少人们对公共产品消费，以便减少或降低公共产品可能带来的外部性。

第七，强调人力资源管理。传统公共管理理论不重视人力资源管理，在人员录用、任期、工资等环节上都比较程序化，缺少灵活性，已经越来越不适应社会发展的需要。相对而言，在人力资源管理方面，"新公共管理"理论非常重视，通过对人力资源管理上的重视可以提高人员在录用、任期、工资等环节上的灵活性，在具体的操作中可以用短期合同制替代常任制，实行绩效工资制等以提高效率[①]。

二、企业型政府理论

所谓的企业型政府，是与官僚政府相对应的。它是指政府部门由一群富有企业精神的公职人员（被称为公共企业家）组成，他们能够运用各种创新策略，使原本僵化的官僚体制恢复活力，使绩效不佳的政府更有效地运作。简言之，企业型政府是那种非官僚化的、具有创新精神的、富于活力与生气的、以人民需求为导向的、具有高效率和高效能的政府。企业型政府的理念并非要求政府的运作完全与私人企业一样，而是认为政府必须在市场导向的观念下，引进竞争的刺激力量，使政府更具活力。

企业型政府的特质主要表现为以下几个方面：

第一，导航者政府。政府不应是无所不在的操桨型大有为政府，而是能够制定合乎公平正义游戏规则的导航型政府；政府的主要功能不是服务的提供，而是确保服务的持续。

第二，社区主义和公民参与。政府应提供有效的意见管道，鼓励民众关心并参与公共事务，将民间力量导入国家发展的网络之中，形成共同的治理结构。

第三，公共服务的市场竞争机制。竞争意味着活力，竞争有助于公共服务品质的提高。政府应抛弃公共服务的独占心态，鼓励民间参与提供，由顾客选择，以此刺激政府改善管理，提高质量。

第四，政府运作以目标和任务为导向。政府固然要依法行政，但并非事事受制于规章，政府要以人民的福祉为依据，在合法范围内，行政人员以达成目标为指引，发挥创意，以弹性、有效、便捷的方法完成任务。

第五，以结果为导向。企业型政府改革传统的事前审慎、事后草草的通病，强调要工作的实际结果，预算和绩效并重。采用全面质量管理和绩效管理的方法，形成以结果为导向的管理体制。

---

① 李云晖. 新公共管理理论对我国政府改革的启示 [J]. 人民论坛，2011（5）：40-41.

第六，顾客导向。企业型政府理论用顾客对企业的重要性解释公民与政府的关系，强调把顾客满意作为政府施政的目标，主张由顾客选择提供服务者，排除政治因素的不当干预，促使服务者直接对顾客负责，并根据公众的差异提供服务，使公共行政活动的产出能较好地符合大众的需求并达成公平。民主政府以创造民众利益、服务民众为目的。用市场的观点来说，就是针对顾客的需求来提供服务。因此，企业型政府应以顾客为导向，检讨并改变传统服务生产和提供的方法，建立顾客回应系统，倾听顾客的意见，满足顾客的要求。

第七，政府财政应强调如何开源，而非一味重视节流。传统财政理论强调节约开支，企业型政府则强调如何增加利润的观点，认为机关应发挥企业经营的精神，进行有效的投资，以获取更多的收益，解决财政困境。

第八，前瞻性政府。事先的预防重于事后的补救。企业型政府重视战略思考和长期规划，能够针对未来可能发生的问题，事先作出妥善的对策。

第九，分权化的政府。企业型政府讲求分权的管理理念，授权地方政府或派出机关发挥因地制宜的功能，对内讲求参与管理，授权部下，通过集体努力提高生产力。

第十，市场取向。企业型政府是积极、主动、非官僚化的，它运用市场的力量，鼓励民间扮演过去政府承担的部分角色，使民间机构共同分担营运的风险，协助政府处理公共事务，刺激政府机关提高效率。

“企业型政府”理论中的顾客导向理念最具代表性，同样也最具争议性。顾客导向理念是对现代民主政治生活中的公民主体性地位的确认，构建了以公民为中心的新型的伦理关系。尽管在学术界的诸多争论中该理论被认为是将复杂的公民角色简单化为经济视角的顾客，否认了公民的多样化的需求，导致了对公民角色定位的偏差。但该理论也体现出丰富的人本主义思想，标志着政府职能目标的转型，为我国政府转型提供了重要借鉴。

三、构建服务型政府

21世纪以来，随着行政体制改革的不断深化，我国服务型政府建设取得了积极进展和重要成效。党的十九大的召开，标志着中国特色社会主义进入新时代。在新时代，经济社会的新发展对服务型政府建设提出了新要求。适应新时代的新发展和新要求，《中共中央关于坚持和完善中国特色社会主义制度 推进国家治理体系和治理能力现代化若干重大问题的决定》再次强调“建设人民满意的服务型政府”。人民满意的服务型政府实际上就是高质量的服务型政府。这是新时代人民日益增长的美好生活需要对建设服务型政府提出的新要求。享有较高质量和水平的基本公共服务是公民的基本权利，保障人人享有较高质量和水平的基本公共服务是政府在新时代的重要职责。在我国目前的发展阶段，服务型政府理念的核心特征，主要表现为以下五个方面：

第一，服务型政府是一个具有核心竞争力的政府。在我国，这个核心竞争力就是社会主义的基本价值，就是社会平等、政治民主和以人为本。这一核心竞争力是与人类文明发展的大趋势相一致的，是我们构筑国家“软实力”的基本要素。一个服务型政府，首要的特征就是张扬社会主义的基本价值，实现社会平等、政治民主和以人为本的“制度化形态”，并在社会实践和改革过程中具有切实的可操作性。离开社会主义的基本价值、宪法原则和我们党的执政理念谈服务型政府，这个服务型政府就可能是无本之木、无源之水。

第二，服务型政府是一个民主和责任政府。这就是说，服务型政府是一个人民民主和对人民负责的政府。前者是指政府的性质，后者是指政府的目的。人民民主是共和国宪法所赋予人民的基本权利，特别是“民主选举、民主决策、民主管理、民主监督”的权利，它界定了政府的有限性。宪法规定的这“四个民主”权利，反映了社会主义民主政治的本质，在现实的制度安排中一个都不能少。公民通过正常程序和渠道参与国家治理，表达自己的愿望，是服务型政府的本质特征，唯其如此，才能体现社会主义制度的优越性，也才能真正建立一个服务型政府。

第三，服务型政府是一个法治和有效政府。依法行政是现代政府的一个基本特征，是建立合理的政府与社会、政府与市场、政府与公民关系的前提。我国政府就其本质来说，是依据宪法原则建立并按照宪法原则运作的，宪法是我国的根本大法，只有尊重宪法并按照宪法原则办事，才能在全社会树立政府的权威，确立政府的社会公信力。一个依法行政的政府必然是一个有效政府，其公共政策才能得到认真的落实。建立服务型政府，核心是政府必须尊重宪法精神，按宪法原则办事，只有这样，人民才会相信政府，政府服务才能为群众所接受。依法行政是提高党和政府执政能力的关键环节。

第四，服务型政府是一个为全社会提供公共产品和服务的政府。提供公共产品和服务，核心是在公共财政和预算以及财政转移支付的导向上，要真正关注普通老百姓的利益、需要和愿望。把钱真正用到惠及千百万老百姓的日常生活，使人民安居乐业、心情舒畅、生活幸福的事业上来。要真正关心社会的弱势群体。政府必须下决心把钱投到以改善人民群众生活质量，关乎千家万户生活命脉的义务教育、公共医疗、社会福利和社会保障、劳动力失业和培训、环境保护、公共基础设施、社会安全和秩序等方面来。这些都是一个服务型政府的最基本组成部分和核心内容，是关乎国家稳定、发展和繁荣的国家战略产业，搞得好与不好，直接决定着我们党和政府执政的物质基础，决定着人心向背，决定着政府在人民群众中的威信。要提高党和政府的执政能力，建立服务型政府，就是要把这些方面作为公共财政支出和财政转移支付的基本方向，切实通过预算硬约束保证公共财政的正确使用。

第五，服务型政府是一个实现了合理分权的政府。合理分权是完善政府治理、优化政府结构的一项重要内容，是建立服务型政府的重要手段。一般来说，分权的基本内容主要包括：政府内部各部门之间的分权；上下级之间的权力下放；政府与社会中介组织之间的权限划分；中央与地方政府之间的权限划分等。合理分权是现代政府的一个重要特征，是提高政府工作效率的一个重要手段。在我国目前的发展阶段，合理分权是我们建立服务型政府所遇到的一个最复杂的结构性难题，解决得不好，就可能制约我国经济社会的发展，造成社会失序和国家混乱，这是我们在分权过程中必须注意的。但分权的好处也是显而易见的，合理的分权至少可以带来以下几点好处：一是可以带来经济上的效率，这是最大的好处；二是可以合理地控制政府的管理幅度，不至于因为管理幅度过大而造成管理失误；三是可以减轻中央的财政负担；四是可以调动地方的积极性；五是可以有效地平衡中央与地方的利益；六是在政治上的最大好处是有利于建立问责制政府，转移政府责任，明确政府核心工作，便于政府的绩效评估。实现合理分权，是提高我党执政能力、建立服务型政府的基本前提。

服务型政府不仅仅是一种理念，更重要的是一种制度结构。它的基本内容也不仅仅是几条便民利民的措施，而是在政府治理过程中全面落实以人为本、统筹发展的全面发展观。它蕴涵着政治体制、政府制度和人事制度改革的丰富内容。建立服务型政府，就是要建立一个稳定的、科学的、规范的政治和行政体制改革的长效机制，最终实现建立一个人民满意的政府这一基本目标。

[本章小结]

中华人民共和国成立以来，财政体制与政府职能经历了重大转变，尤其是改革开放以来，我国经历了由“集权”到“放权”再到“集权”的多次反复，进行了财政体制的多次改革，政府机构也伴随经济体制改革的步伐进行了多次大大小小的调整，实现了由“穷政府”“全能型”政府向“大政府”的转变，政府的核心职能也由过去追求经济建设转向以人民群众的利益为中心。

在这个过程中，西方政府治理理论与新公共管理运动、企业型政府理论对于中国政府转型提供了重要的学理依循，我国也在结合自身国情与发展规律的基础上完善政府治理，实现政府转型。我国的权力结构体系，与财政体制的双重结合，形成了中国式分权理论。近年来，随着经济体制改革的不断推进，行政体制改革明显落后。对此，我国在推动行政体制改革，构建“服务型”政府方面作出了巨大努力。行政机构不断精简，政府职能不断优化，公共资源配置不断均衡。我们要清楚地认识到，构建“服务型”政府不是一朝一夕就能够完成的，也不是单靠政府机构改革就能实现的，这是一个漫长而又艰巨的过程，需要各个部门、各个领域之间协调合作。对此，我们既要在长期规划中明确改革方向，又要在阶段性实践中把握改革目标，加速推进“服务型”政府建设。这既符合新时代人民对于服务型政府的迫切要求，又是促进经济社会高质量发展的内在保障。

[课后习题]

1. 简述我国财政体制改革历程。
2. 简述我国政府职能转型过程。
3. 如何看待我们的政府转型？
4. 欧美的财政联邦主义与中国式财政分权的根本区别是什么？

[第八章]

国家宏观调控转型：由需求侧到供给侧

第一节　中国宏观调控的基本模式

一、中国宏观调控的基本特征

宏观经济调控指的是政府凭借其征税、垄断货币发行、垄断资源等权力，利用财政政策、货币政策、收入政策等手段，调节和控制国民经济运行，以达到一定的社会、经济、政治目标的行为。因此，理解宏观调控的关键在于理解政府在经济生活中的作用。尽管我国的宏观调控体系构建最初是借鉴西方的宏观调控体系，但是由于基本国情的差异，导致我国的宏观调控呈现出不同的特征。

（一）与西方的需求管理为主线的宏观调控体系不同，中国是需求管理与供给管理相结合的宏观调控体系

1929—1933年世界经济大危机后产生的凯恩斯主义经济学，主张需求管理，确实对西方经济发展产生了长时期的影响；但20世纪70年代出现的“滞胀”动摇了凯恩斯主义经济学的地位，开始重视供给管理政策，形成了“供给学派经济学”；但后来随着里根政府采用供给管理并未取得预期效果，加上对经济形势的深刻理解，需求管理又占据了宏观经济政策体系的重要地位[①]。中国自改革开放以来，也一直采用需求管理为主的宏观调控方式，最初主要采用投资方式刺激经济增长，“三驾马车”一直在经济发展中占据不可动摇的地位。2015年习近平总书记审时度势，提出了供给侧结构性改革以提高社会生产力水平。供给侧主要包括人口与劳动、资本与金融、资源与产权、技术与创新以及制度与分工等要素，供给侧结构性改革旨在提高供给质量，用改革调整经济结构，矫正要素资源配置扭曲，提供有

① 刘伟，苏剑．供给管理与我国现阶段的宏观调控［J］．经济研究，2007（2）：4-15.

效供给，提升经济发展的数量与质量。新时代下，宏观调控更需要需求与供给相互配合、协调推进，采用供给和需求相结合的调控方式。2020年12月习近平总书记在中央经济工作会议上首次提出“需求侧管理”概念，强调“加快构建以国内大循环为主体、国内国际双循环相互促进的新发展格局，要紧紧扭住供给侧结构性改革这条主线，注重需求侧管理”①。这意味着新时代下要想构建强大的国内市场，一方面需要通过需求侧管理来发挥中国超大规模的市场优势，另一方面需要依靠供给侧结构性改革提升产品供给质量，以满足人民对美好生活的需要，实现需求与供给双侧发力，既可以调结构，又可以保增长，既有助于提高宏观调控水平，也有助于克服总供给与总需求的失衡，实现国民经济协调稳健运行。

（二）与西方国家以货币政策为核心的宏观调控不同，中国更注重财政政策，货币政策常处于被动配合的地位

在20世纪30年代大萧条之后的40多年中，凯恩斯主义一直占据主流地位，其认为萧条时期货币政策会陷入流动性陷阱而无法影响产出水平，只能依靠财政政策扩大总需求。在此指导思想下，西方政府长期实施积极财政政策，但却积累了巨量的政府债务并挤出了私人部门的有效投资，这成为70年代“滞胀”危机的主要导火索（Bernanke，2003②）。此后，货币主义学派有力地反驳了凯恩斯主义的观点，指出货币政策的意义在于降低真实利率而非名义利率，前者才是刺激经济的关键因素。随后的研究发现，货币政策还能够通过资产价格与信用途径稳定经济增长。因此，滞胀危机之后西方国家的宏观经济政策已经由以财政政策为主逐步转变为以货币政策为主。

财政政策在中国的宏观调控中则一直占据主导地位。尤其在1998年与2002年的两次经济下滑中，实施积极财政政策均被列为宏观调控的首要内容；2008年更是推出了“四万亿”财政刺激政策以应对金融危机。相比较而言，货币政策常处于配合财政政策的弱势角色。回溯到改革开放前，中国人民银行（以下简称“央行”）只是财政部直接管辖的下属单位。虽然后来央行与财政部在隶属关系上分离，但财政部仍可直接向央行借款弥补财政赤字，直至1993年《国务院关于金融体制改革的决定》正式作出了“财政部停止向中国人民银行借款”的决定。但在随后的宏观调控实践中，货币政策依然处于配合财政政策的位置。亚洲金融危机时央行提供1.2万亿元再贷款协助财政部剥离四大国有银行的坏账；2008年金融危机时期为配合“四万亿”的财政刺激计划，M2增速高达30%而超出了预定增速10个百分点以上。面对新常态以来的经济增速下滑，宏观调控依然注重财政政策的主导作用，坚持执行“积极财政政策+稳健货币政策”的组合，积极扩张财政赤字规模予以应对。

① 中央经济工作会议在北京举行［N］. 人民日报，2020-12-19.

② Woodford M.Interest and Prices：Foundations of a Theory of Monetary Policy［M］. New Jersey：Princeton University Press，2003.

（三）西方国家对产业政策的态度较为谨慎，而中国频繁地运用产业政策作为宏观调控手段对市场进行直接干预

由于产业政策对经济的作用效果一直存在较大的争议，西方国家对产业政策的态度较为谨慎。从国际经验来看，产业政策虽然在美国追赶英国以及日本和韩国经济腾飞等阶段中取得了成功，但几近相同的产业政策在拉美国家却遭遇了巨大失败。因此，Krugman（1997）[①]等学者认为产业政策并不起到决定性作用。对产业政策有效性的质疑还在于其会扭曲市场对资源的有效配置并带来巨大的寻租空间（Rodriketal，2002[②]）。同时，政府是否拥有足够的远见制定合理的产业政策也值得怀疑（Lall，2001[③]）。

产业政策在中国宏观调控中却备受重视。自1989年国务院颁布《产业政策大纲》和《关于当前产业政策要点的决定》以来，产业政策的涵盖范围逐步扩大。从20世纪90年代选择几个支柱产业进行重点发展，到21世纪以来发布的《当前国家重点鼓励发展的产业、产品和技术目录（2000年修订）》与《产业结构调整指导目录（2005年）》几乎涉及了国民经济中所有大类行业。宏观调控之所以重视产业政策，一方面是因为改革开放以来的中国经济长期处在追赶阶段，政府可利用"后发优势"对发达国家发展经验进行学习与模仿，通过制定产业政策明确和引导产业发展方向。但更重要的另一方面是，由于增长主义发展模式下GDP考核机制和事权财权倒挂的财税体制充分调动了地方政府发展经济的热情，产业政策作为地方政府拉动经济的抓手往往能够迅速有效地得到落实，由此就成为一种刺激经济的宏观调控手段。比如，2008年金融危机时期国务院迅速出台"十大产业振兴规划"与"七大战略性新兴产业"来刺激经济。经济新常态以来，政府也延续了对产业政策的使用，密集出台了与《中国制造2025》、"互联网+"相关的一系列产业规划与实施细则，旨在解决中国制造业大而不强，自主创新能力弱，关键核心技术与高端装备对外依存度高，以及企业为主体的制造业创新体系不完善等方面的问题。

二、宏观调控目标

尽管主流宏观经济理论对于宏观经济政策的目标体系已有普遍认同的观点，认为目标体系应由经济增长、充分就业、价格稳定和国际收支平衡四大目标构成。在我国早期的宏观调控实践以及对我国宏观调控所进行的很多学术研究中，也都直接使用了这种目标体系，但是，随着宏观调控实践经验的积累，对我国宏观调控的特点，尤其是区别于西方成熟市场经济国家宏观经济政策的独特要求和任务有了更加清晰和更加深入的认识，宏观调控的目标体系也得到了调整和完善，以适应国情决

① Bernanke B.Constrained Discretion and Monetary Policy [R]. Remarks before Money Marketers of New York University, 2003.

② Rodrik D, Subramanian A, Trebbi F.Institutions Rule: The Primacy of Institutions over Geography and Integration in Economic Development [R]. NBER Working Paper, 2002: 9305.

③ Lall S.Comparing National Competitive Performance: An Economic Analysis of World Economic Forum's Competitiveness Index [R]. Queen Elizabeth House Working Paper Series, 2001: 561.

定的实际需要。

（一）总量目标与结构目标相结合

宏观调控目标体系的完善主要体现在将结构目标明确为宏观调控目标体系的组成部分，使宏观调控目标体系涵盖了总量和结构两大类目标。西方发达国家的宏观经济管理目标是在其市场经济发展到较为成熟阶段后才形成的，成熟的市场经济为宏观经济管理提供了基本前提，那就是经济的一体化导致管理目标的一元化。四大管理目标均是总量性的。而我国，由于经济长期处于刘易斯所定义的二元结构之中，因此宏观调控目标势必也是二元的。政府采用总量性目标对付总量性失衡问题，采用结构性目标以应对结构性失调问题。在2003—2007年的一轮宏观调控中，由于出现部分行业和地区固定资产投资增速加快的结构性问题，引起煤、电、油、运紧张，宏观经济出现过热状况，宏观调控中总量问题与结构问题交织的问题凸显，在实施宏观调控措施时，开始采取针对结构问题的一系列政策手段，包括以行业为分类依据实施的结构性税收政策和结构性信贷政策等。这一阶段的政策操作已经反映出宏观调控从原来单纯关注总量目标，向较为清晰地认识到结构问题对总量问题的重要影响、同时关注总量失衡和结构失调目标转变。但是，到这一阶段，还没有明确将结构调整作为宏观调控目标提出。在随后一个阶段的宏观调控中，即2009年以来，在政府的年度经济工作安排中，开始将保持总量平衡与调整经济结构同时作为短期宏观调控的目标提出。

（二）短期目标与长期目标相结合

西方国家由于受政治体制导致的政治性经济周期的影响，各党派政府更多地采取有利于本党派任期周期内短期的宏观调控措施来保障充分就业和低通胀率，更多地采用总量调控下的财政货币政策操作来进行经济调控，从长远的经济发展利益来看，这是以牺牲后代人的利益来赢得当代人的舒适。而具有社会主义制度优越性的中国，更少地受政治性经济周期的影响，更多地关注当代人与子孙后代的利益，宏观调控注重短期措施与中长期搭配，立足当前、兼顾长远，这样既有利于解决当前面临的许多矛盾，又可以为长远经济发展打下坚实基础，保障了目标选择的稳定性和连续性。短期措施更多关注总量调控与需求管理，长期措施关注结构调控与供给管理，因此，在短期措施方面需要增强宏观调控的针对性与有效性，做好总量调控目标与需求管理，正确处理好宏观经济目标的对立统一关系，促进总需求与总供给大致平衡，熨平短期经济波动，保持经济在合理区间运行，防范化解经济风险；在长期措施方面需要把握结构调控与供给管理，正确处理不充分不平衡的经济结构发展问题，采用预调、微调的方式，着眼改善供给能力，大力推进创新驱动发展战略，培育新的经济增长点、增长极、增长带，加快推动经济结构优化，不断提高全要素生产率，促进经济提质增效，提高经济潜在增长动力[①]。

---

① 徐绍史．创新和完善宏观调控方式［N］．人民日报，2015-12-01.

（三）数量目标、质量目标与效益目标相结合

改革开放以来，我国一度过度地追求经济的增速，地方政府唯GDP论英雄，形成政治锦标赛下经济的无序、低效的竞争。自党的十八大以来，习近平总书记多次强调决不以牺牲环境为代价换取一时的经济增长，坚持创新、协调、绿色、开放、共享的新发展理念，践行绿水青山就是金山银山的理念，自觉推动绿色发展、循环发展、低碳发展，达到科学发展、永续发展、长久发展。坚持经济发展的数量、质量与效益相结合，是经济发展的内在要求，同其他事物一样，经济发展也是质与量的统一，没有数量也谈不上质量。发展经济需要追求一定的增速和增量，但同时也要保证质量与效率，没有质量，再多数量也没有任何意义。正如马克思劳动价值论谈到的，无论财富的社会形式如何，使用价值总是构成了财富的物质内容。如果没有用，其包含的劳动也是没有用的，也不能形成价值。也就是说，数量再多，质量不合格，就没有使用价值和价值，不能成为社会财富。因此，在追求经济快速增长的同时，必须着力追求经济发展的质量与效益，实现数量、质量和效益相统一[①]。

经济发展进入新时代，支撑经济增长的动力因素已由生产能力大规模扩张向提升产业价值链和产品附加值的过程转变，而这个过程是由量到质的转变。这个过程会使经济由高速增长向中高速增长换挡，需要处理好当前发展和长远发展的关系，实现近期效益和长远效益的统一。“唯GDP论英雄”的时代已经过去，在新时代，经济由高速增长转向了高质量发展阶段，要提高全要素生产率，提高科技创造力，调整产业结构，优化投资结构，强化科学管理，深化体制改革对经济增长的贡献率。只有这样，新时代的中国才能实现更长时期、更高水平、更好效益的经济发展[②]。

三、宏观调控政策体系

宏观调控是稳定经济的必要手段，也是政府的主要经济职能。西方国家宏观调控方面的主要手段是凯恩斯主义需求管理政策，包括货币政策和财政政策，理论模型主要依据于IS-LM模型。然而，需求管理政策本身具有严重缺陷。首先，凯恩斯主义需求管理政策刺激出来的需求质量会越来越差，最终使经济变得更为“肥胖”而不是更为“强壮”，不利于经济的高质量发展。其次，随着经济的全球化，需求管理政策的外溢性越来越大，一个国家的需求管理政策刺激出来的可能是对外国产品的需求[③]。改革开放以来，我国一直面临非常复杂的经济形势，在这个过程中，我国形成了独有的宏观调控体系。

---

① 魏礼群. 重在经济增长数量、质量和效益相统一［J］. 求是，2009（8）：22-25.

② 楚尔鸣，曹策. 新时代中国特色宏观调控：范式、理论与框架［J］. 经济学家，2018（11）：32-39.

③ 刘伟，苏剑. 中国特色宏观调控体系与宏观调控政策——2018年中国宏观经济展望［J］. 经济学动态，2018（3）：4-12.

（一）需求管理政策工具

1.凯恩斯主义需求管理政策

凯恩斯主义需求管理政策是目前世界各国用来扩大需求的主要政策，主要通过降低需求的成本来刺激需求，包括货币政策和财政政策，这类政策在各国经济发展中的确起到了一定的作用，但其局限性在于其只关注需求的数量不关注需求的质量，侧重总量的调节而非结构的调节。

从投资角度来看，凯恩斯的需求管理政策通过降低利率刺激投资，而在没有高预期回报率的投资机会时，无处可投的资金可能会流向房地产市场、股市等资本市场，催生资产泡沫。而当利率一旦提高，资金成本的上升就会导致企业资金链断裂，造成经济系统的不稳定性。财政政策的效果也类似。从扩大消费的角度来看，财政政策主要通过降低个人所得税、政府补贴等刺激消费需求，但如果没有新产品的出现，人们消费传统产品得到的边际效用是递减的，因此通过这种方法刺激出来的消费的质量也越来越低。此外，扩张性的财政政策还会增加政府债务规模，埋下债务危机的隐患。凯恩斯主义需求管理政策在中国的宏观调控中得到了普遍应用。在财政政策方面，我国主要通过加强基础设施建设投入和减税政策来刺激需求，在货币政策方面，则是通过存款准备金率、利率以及金融机构政策的调整[①]。

2.需求型创新

需求型创新指的是能够扩大优质需求的科技进步，能够给消费者或者投资者带来较高的边际效用的产品创新，以及能够给企业带来较高的边际收益的所有创新。

如果经济中有了收益率高的投资机会，即便资金成本较高，企业也会有较强的投资意愿；而就消费而言，如果出现了具有新性能的产品，这些新产品会提高消费者的边际效用，形成新的消费热点，拉动总需求的增长。可见，消费和投资的持续健康增长，是建立在优质消费品和投资品的基础上的，这就需要持续地创新，这种创新被称为“需求型创新”。与传统的需求管理刺激出劣质需求不同，需求型创新刺激出来的是边际效用或者边际收益率较高的优质需求，它可以提升经济发展的质量，避免过度刺激劣质需求带来的产能过剩、债务危机等问题，因而需求型创新应是目前需求管理的侧重点。如当下以5G为代表和核心的新一代产品的发明为社会提供了便利，信息产品基础设施建设以及跟5G相关的企业固定资产投资将成为未来投资的热点。如果与5G相关的信息产品确实能给消费者带来边际效用更高的消费，那么这些消费需求就是优质需求，相应地，企业固定资产投资和政府的基础设施投资也都将成为高收益的投资即优质投资需求。[②]

3.需求侧改革

需求侧改革即通过制度变迁来扩大消费、投资、各级政府需求或者出口需求的政策。例如，通过扩大对外开放可以进一步拓展本国商品的销售市场。再如，养老

---

① 苏剑，陈阳. 中国特色的宏观调控政策体系及其应用［J］. 经济学家，2019（6）：15-22.
② 苏剑，陈阳. 中国特色的宏观调控政策体系及其应用［J］. 经济学家，2019（6）：15-22.

保险、医疗保险等社会保障制度的完善，可以降低居民生活中的不确定性，缩小居民收入差距，提高全国的边际消费倾向，同时促进居民收入持续增长，从而提高整体消费水平。

需求侧改革在中国宏观调控中被经常用到。在社保体系的完善方面，“推进多层次养老保障体系建设。继续提高退休人员基本养老金。落实退役军人待遇保障，完善退役士兵基本养老、基本医疗保险接续政策。适当提高城乡低保、专项救助等标准，加强困境儿童保障。加大城镇困难职工脱困力度。提升残疾预防和康复服务水平”[①]，既强调了社保体系的覆盖范围，也提高了部分群体的社保标准，这些政策有助于提高低收入者的收入水平，可以提高国家作为一个整体的边际消费倾向。

对外开放是扩大外需的重要方式，要“促进外贸稳中提质。推动出口市场多元化。扩大出口信用保险覆盖面。改革完善跨境电商等新业态扶持政策”[②]，在关注拓展国外市场的同时更加重视出口产品质量的提升。

综上来看，在需求管理方面，中国政府在传统的货币和财政政策的基础上，越发注重发挥创新支持政策和需求侧改革在刺激优质需求中的作用[③]。

（二）供给管理政策工具

供给管理主要通过影响企业的成本、生产率、其他负担来进行宏观调控。

1.要素价格政策

政府可以通过调节要素价格来影响总供给。要素价格主要包括利率、工资和原材料价格。

货币政策既是需求管理政策，也是供给管理政策，因为利率的改变不仅会影响投资需求，也会影响企业已经占用资金的成本，从而影响总供给。在融资成本方面，要“加大对中小银行定向降准力度，释放的资金全部用于民营和小微企业贷款”，“清理规范银行及中介服务收费”[④]，这就是通过降低企业融资成本，拓宽企业融资渠道来促进实体经济发展的货币政策。

工资政策就是调整企业的用工成本的政策，要“明显降低企业社保缴费负担”，“下调城镇职工基本养老保险单位缴费比例，各地可降至16%”，“继续执行阶段性降低失业和工伤保险费率政策”。[⑤]通过社保改革，减轻企业社保支出的负担，也就减轻了工资成本，有利于提高企业的生产积极性，进而扩大总供给。

原材料价格政策方面，党中央提出要“深化电力市场化改革，清理电价附加收

---

① 李克强．政府工作报告——2019年3月5日在第十三届全国人民代表大会第二次会议上［EB/OL］．(2019-03-16)．http：//www.gov.cn/premier/2019-03/16/content_5374314.htm.

② 李克强．政府工作报告——2019年3月5日在第十三届全国人民代表大会第二次会议上［EB/OL］．(2019-03-16)．http：//www.gov.cn/premier/2019-03/16/content_5374314.htm.

③ 苏剑，陈阳．中国特色的宏观调控政策体系及其应用［J］．经济学家，2019（6）：15-22.

④ 李克强．政府工作报告——2019年3月5日在第十三届全国人民代表大会第二次会议上［EB/OL］．(2019-03-16)．http：//www.gov.cn/premier/2019-03/16/content_5374314.htm.

⑤ 李克强．政府工作报告——2019年3月5日在第十三届全国人民代表大会第二次会议上［EB/OL］．(2019-03-16)．http：//www.gov.cn/premier/2019-03/16/content_5374314.htm.

费，降低制造业用电成本，一般工商业平均电价再降低10%”[①]。

2.财政政策

财政政策既可用于需求管理也可用于供给管理，此处主要指调节企业负担的财政政策，例如通过调整企业的增值税可以调节企业成本，通过降低养老保险单位缴费比例降低企业缴纳负担，通过对创新活动开展税收优惠政策促进科技企业发展，通过规范中介服务收费降低交易成本等。“实施更大规模的减税。普惠性减税与结构性减税并举，重点降低制造业和小微企业税收负担。深化增值税改革，将制造业等行业现行16%的税率降至13%，将交通运输业、建筑业等行业现行10%的税率降至9%。确保主要行业税负明显降低；保持6%一档的税率不变，但通过采取对生产、生活性服务业增加税收抵扣等配套措施，确保所有行业税负只减不增，继续向推进税率三档并两档、税制简化方向迈进。”[②]

3.供给型创新

供给型创新指通过工艺创新、原料创新等措施提高企业生产率，扩大总供给。党中央在提升农业、制造业生产率方面都提出了相应的措施，并且强调了对基础研究和新兴产业发展的支持，体现了对于供给型创新的高度重视。在农业生产方面，要“加快农业科技改革创新，大力发展现代种业，实施地理标志农产品保护工程，推进农业全程机械化”。在制造业升级方面，要“强化工业基础和技术创新能力，促进先进制造业和现代服务业融合发展”。在新兴产业方面，要“深化大数据、人工智能等研发应用，培育新一代信息技术、高端装备、生物医药、新能源汽车、新材料等新兴产业集群，壮大数字经济”[③]。

针对新需求，党中央也提出了供给侧创新的对策。“要顺应消费需求的新变化，多渠道增加优质产品和服务供给，加快破除民间资本进入的堵点”，同时大力支持各种新型消费形式，“发展消费新业态新模式，促进线上线下消费融合发展。健全农村流通网络，支持电商和快递发展”。针对人口老龄化和全面二孩政策带来的新情况，“要大力发展养老特别是社区养老服务业，对在社区提供日间照料、康复护理、助餐助行等服务的机构给予税费减免、资金支持、水电气热价格优惠等扶持”，“加快发展多种形式的婴幼儿照护服务，支持社会力量兴办托育服务机构”[④]。

4.供给侧改革

供给侧改革，即通过制度变迁来调整生产方面临的各种约束和激励，达到调节供给的目的。例如，通过国有企业改革，建立更加完善的现代企业制度，提高国有

---

① 李克强．政府工作报告——2019年3月5日在第十三届全国人民代表大会第二次会议上［EB/OL］．(2019-03-16)．http：//www.gov.cn/premier/2019-03/16/content_5374314.htm.

② 李克强．政府工作报告——2019年3月5日在第十三届全国人民代表大会第二次会议上［EB/OL］．(2019-03-16)．http：//www.gov.cn/premier/2019-03/16/content_5374314.htm.

③ 李克强．政府工作报告——2019年3月5日在第十三届全国人民代表大会第二次会议上［EB/OL］．(2019-03-16)．http：//www.gov.cn/premier/2019-03/16/content_5374314.htm.

④ 李克强．政府工作报告——2019年3月5日在第十三届全国人民代表大会第二次会议上［EB/OL］．(2019-03-16)．http：//www.gov.cn/premier/2019-03/16/content_5374314.htm.

企业生产运营效率，再如通过扩大金融业的对外开放，引入各类金融机构、业务、产品，可以增加金融的有效供给，提高企业投资的便利化程度。

在降低行政制度成本方面，“继续清理规范行政事业性收费。加快收费清单‘一张网’建设，让收费公开透明，让乱收费无处藏身”。在创新制度建设方面，“健全以企业为主体的产学研一体化创新机制。扩大国际创新合作。全面加强知识产权保护，健全知识产权侵权惩罚性赔偿制度，促进发明创造和转化运用”。在深化财税金融体制改革方面，“加大预算公开改革力度，推进中央与地方财政事权和支出责任划分改革。健全地方税体系，稳步推进房地产税立法”。在国有企业改革方面，“积极稳妥推进混合所有制改革。完善公司治理结构，健全市场化经营机制，建立职业经理人等制度”。在对外开放方面，“加大吸引外资力度。进一步放宽市场准入，缩减外资准入负面清单，允许更多领域实行外资独资经营。落实金融等行业改革开放举措，完善债券市场开放政策”[①]。这有利于实现生产要素的最优配置，吸引更多的外商投资，借鉴先进的技术和管理方式，从而促进中国企业发展壮大。

（三）市场环境管理政策工具

在某些情况下，市场机制不能有效地进行资源配置，帕累托最优的状态无法实现，这被称为“市场失灵”。导致市场失灵的原因主要有价格刚性、垄断、不对称信息、外部性以及公共产品的存在等。因此市场环境管理指的是消除价格刚性、垄断、信息不对称、外部性等一系列市场失灵，恢复市场功能的政策。例如通过推动要素价格的市场化打破价格刚性；通过规范行业竞争、扩大开放程度、鼓励中小企业发展来打破行业和地区垄断；通过加强诚信建设、健全信息披露制度、培育公正的第三方中介机构来减轻信息的不对称；通过对污染企业征收排污税将负外部性内部化；通过明确资源的产权、发放许可证等方式促进公共资源的合理使用，避免“公地的悲剧”等。

健全的市场机制是提高宏观经济运行效率的核心。中国的宏观调控体系一直比较重视市场化改革，其原因在于中国由计划经济向市场经济转轨的过程中仍有一些遗留问题。例如，要素（劳动力、土地、资本、自然资源等）市场化的程度仍有待提高，法律制度建设有待完善，市场开放程度仍需进一步扩大。因此有必要通过市场环境管理，规范市场秩序，提高竞争效率，恢复市场功能，最大化发挥市场配置的有效性。

在既定制度基础上进行的市场环境管理政策主要分为五大类：其一是简化审批、降低制度性交易成本的政策。通过减少政府审批的流程，提高办事效率。其二是公平监管的政策。例如推进“双随机、一公开”跨部门联合监管，治理重复检查，严惩违法行为等。其三是优化民营经济发展环境的政策。例如“在要素获取、

① 李克强．政府工作报告——2019年3月5日在第十三届全国人民代表大会第二次会议上［EB/OL］．(2019-03-16)．http：//www.gov.cn/premier/2019-03/16/content_5374314.htm.

准入许可、经营运行、政府采购和招投标等方面，对各类所有制企业平等对待”。其四是加强社会治理的政策。例如“健全社会信用体系……深化普法宣传教育。加强国家安全能力建设。完善立体化社会治安防控体系”等。其五是促进国际合作便利化的政策。例如“加大吸引外资力度，进一步放宽市场准入，缩减外资准入负面清单，坚持共商共建共享，遵循市场原则和国际通行规则”等。①

在市场环境管理上，党中央有诸多新的举措，体现出政府对于新形势下市场与政府角色的清晰定位，以及维护市场经济健康有序运行的决心。在打破价格刚性方面，提出要“健全粮食价格市场化形成机制”，针对一些行业的垄断现象，提出“深化电力、油气、铁路等领域改革，自然垄断行业要根据不同行业特点实行网运分开，将竞争性业务全面推向市场”。在完善市场竞争秩序上，“以公正监管促进公平竞争。改革完善公平竞争审查和公正监管制度，加快清理妨碍统一市场和公平竞争的各种规定和做法”。在减少审批环节上，“要进一步缩减市场准入负面清单，推动‘非禁即入’普遍落实……推行网上审批和服务，加快实现一网通办、异地可办”。在改善交通、通信环境方面，要“深化收费公路制度改革，推动降低过路过桥费用，治理对客货运车辆不合理审批和乱收费、乱罚款”，“今年中小企业宽带平均资费再降低15%，移动网络流量平均资费再降低20%以上”。在道德法治环境的建设上，提出“健全社会信用体系，完善立体化社会治安防控体系”②。可见，政府将在市场环境管理方面有诸多举措，既注重激发市场主体的活力，又将在规范市场竞争秩序、健全法律制度、优化营商环境方面充分履行政府的职责③。

第二节　我国宏观经济调控的历史回顾

一、改革开放以来我国宏观经济调控发展历程

1984年《中共中央关于经济体制改革的决定》中首次使用“宏观调节”，随后经历了漫长的发展过程。宏观调控是在经济体制改革中提出的新概念，是中国特色社会主义市场经济建设实践的理论产物，是基于中国经济现实、在现代经济理论指导下形成的重要经济学概念，是在马克思主义政治经济学的基础上，充分汲取传统计划经济理论的教训并吸收现代西方经济学的精华，在中国经济转型的社会实践过程中逐渐形成的。

① 李克强．政府工作报告——2019年3月5日在第十三届全国人民代表大会第二次会议上［EB/OL］．(2019-03-16)．http：//www.gov.cn/premier/2019-03/16/content_5374314.htm.

② 李克强．政府工作报告——2019年3月5日在第十三届全国人民代表大会第二次会议上［EB/OL］．(2019-03-16)．http：//www.gov.cn/premier/2019-03/16/content_5374314.htm.

③ 苏剑，陈阳．中国特色的宏观调控政策体系及其应用［J］．经济学家，2019（6）：15-22.

(一) 中国宏观调控思想 (1978—1991年)：由直接控制转向间接调控

1.1978—1983年："有计划按比例"和"综合平衡"

党的十一届三中全会的召开预示着中国开启改革开放新航程。全会指出："实践证明，保持必要的社会政治安定，按照客观经济规律办事，我们的国民经济就高速度地、稳定地向前发展，反之，国民经济就发展缓慢甚至停滞倒退。"[①]可见，除了经济增速之外，经济运行的稳定性也开始成为决策者关注的重要政策目标。

在改革开放初期，强调计划经济的重要性仍是中央经济工作的主基调。"计划经济是社会主义经济的一个基本特征。我们必须……把经济活动纳入有计划按比例发展的轨道。制订计划要走群众路线，中央部门和地方都要加强调查研究，切实搞好综合平衡，把计划建立在既积极又可靠的基础上，把人力、物力和财力用到最必需的地方去，使国民经济各部门协调发展。"因此，20世纪70年代末到80年代初，"有计划按比例"和"综合平衡"是指导中国宏观调控的主要理念。

"有计划按比例"是马克思主义经典作家的论述，以此消除资本主义经济周期和经济危机。"综合平衡"的重要性则在于，当时的人们认为，如果经济在总量和结构方面都平衡了，各个比例也就协调了；同样，如果各个比例都协调了，总量和结构也就平衡了。

1978年以后，中央向基层的分权不仅下放到地方，也下放到企业，并且既放权又让利。地方和企业的自主权在收收放放的交替循环过程中逐步增加，引发总需求膨胀的因素变得越来越多且难以控制，短缺和过度追求增长成为常态，这构成改革开放初期经济反复过热的体制根源。1980年CPI上涨7.5%，形成我国改革开放后的首次通货膨胀。在计划经济体制没有明显松动的情况下，宏观调控仍依靠行政手段开展：压缩基建规模、减少财政支出、加强银行信贷管理、冻结企业存款。从1981年起，通货膨胀率开始下降，1983年落至谷底。

随着传统计划体制弊端的逐步暴露，正确认识和处理计划经济和市场调节的关系成为这一时期最为关键的问题。1981年的《政府工作报告》中指出，"在坚持实行社会主义计划经济的前提下，发挥市场调节的辅助作用，国家在制订计划时也要充分考虑和运用价值规律"。1982年召开的中共十二大正式提出，要"贯彻计划经济为主、市场调节为辅原则"，这是党的重要文献中首次使用"市场"提法，相当于在计划经济的壁垒中打开了一个突破口，是我国经济体制改革的一个重要事件。

2.1984—1986年：市场化间接调控思想开始萌芽

1984年党的十二届三中全会通过的《中共中央关于经济体制改革的决定》提出，要"改革计划体制，用价值规律，是在公有制基础上的有计划的商品经济"。该决定以党的正式文件形式把社会主义商品经济作为改革目标确定下来，市场的作用得到了官方一定程度的认可，计划的作用则有所弱化。这促使全党上下解放思

① 中共中央文献研究室．三中全会以来重要文献选编［M］．北京：人民出版社，1982.

想，突破命令经济的旧框框，为推进市场取向改革开辟了空间。

该决定激发了各地各类微观主体的活力，尤其是各级地方政府发展经济的意愿被极大调动起来，这既推动了市场活跃程度的提升，也导致了“大干快上”局面的形成。1985年，CPI上涨9.3%，改革开放以来的第二次通货膨胀来临。1985年9月巴山轮会议形成了要坚决实行财政、货币、收入“三紧”政策以应对经济过热的共识，并提出要实现宏观调控从直接管理向间接管理的转变，这对紧缩政策的出台和经济体制改革的深化发挥了重要作用。

在此期间，党中央对宏观调控的设想主要是使用经济杠杆进行间接调控。市场化间接调控的理念在此时萌芽。“国家对企业的管理逐步由直接控制为主转向间接控制为主，主要运用经济手段和法律手段，并采取必要的行政手段，来控制和调节经济运行。”①

在计划经济色彩趋于淡化的情况下，“有计划按比例和综合平衡”思想中的“有计划”被逐渐弱化，实际上成为“按比例和综合平衡”。如“坚持社会总需求和总供给的基本平衡，使积累和消费保持恰当的比例……做到国家财政、信贷、物资和外汇的各自平衡和相互间的综合平衡”②。

另外，这一时期党中央开始关注体制改革与宏观稳定之间的关系。中央政府开始注意体制改革对宏观经济造成的影响，并开始注重通过深化改革消除宏观经济波动的体制障碍。同时，中央政府也认识到宏观经济稳定对深化体制改革的重要支撑作用。为了给改革创造宽松的环境，中国宏观调控力图采取稳健的总基调。后来的宏观调控实践证明，实施稳健的宏观政策不仅可为顺利推进经济改革提供有利环境，也是经济平稳运行的必要保证。

总体来说，这一阶段是我国市场化改革的起步阶段，同时，也是间接调控思想的萌芽时期。此时市场化的调控手段还不具备充分发挥作用的体制基础，政府仍必须主要依靠行政手段来调控经济。为了抑制经济过热，政府运用各种行政手段来压缩投资规模、控制消费基金。当然，此时的中国经济体制仍以中央的指令性计划为主导，市场化调控措施难以有效发挥作用。加上决策者缺乏熟练运用经济杠杆调控通胀的经验，对政策的方向、力度与节奏的把握尚不精准，导致这次宏观调控措施未能完全执行到位。

3.1987—1991年：经验积累与思想融合

在1986年经济过热稍有缓解之时，出现了“通货膨胀有益无害”的观点，此时货币政策的第一要务是促进经济增长，而非稳定经济。受这种思潮的影响，1986年第二季度之后，政府放松了对银行贷款的控制，为新一轮过热埋下了伏笔。随着1987年国有企业的“放权”改革进入全面“承包制”阶段，微观主体投资与消费活力增强，经济再次出现过热征兆。1988年的“价格闯关”更使得社会大众普遍

① 中共中央文献研究室．十二大以来重要文献选编：中［M］．北京：人民出版社，1986.
② 中共中央文献研究室．十二大以来重要文献选编：中［M］．北京：人民出版社，1986.

形成通胀预期，导致情况急剧恶化，出现了严重的挤兑和抢购风潮，形成了改革开放后的第三次通货膨胀。

此时，政府已经积累了一定的宏观调控操作经验，对宏观经济的复杂性有了新的认识。这一时期是计划经济思想和市场经济思想激烈碰撞和相互融合的时期。一方面，市场化的宏观调控手段逐步成长；另一方面，计划手段的直接干预仍继续发挥作用。1987年，党的十三大报告提出建立“‘国家调节市场，市场引导企业’的机制。国家运用经济手段、法律手段和必要的行政手段，调节市场供求关系，创造适宜的经济和社会环境，以此引导企业正确地进行经营决策”。这就表明社会主义商品经济是计划与市场相结合的模式；在宏观调控中，市场调节只能在一定的程度和范围内起作用，计划干预和国家控制仍是必不可少的。行政性手段在本轮宏观调控中依然发挥了重要作用。政府从1988年第三季度开始急剧压缩固定资产投资规模，清理整顿信托投资公司，控制社会集团购买力，强化物价管理，对重要生产资料实行最高限价，同时抑制民营经济发展。央行也严格控制和检查贷款，一度停止了对乡镇企业的贷款，同时实行保值储蓄。本轮调控中，市场化调控手段发挥的仍是辅助性作用，譬如央行提高存款准备金率，两次提高利率等。由于措施严厉，调控很快见效。货币供给增长率明显放缓，CPI迅速回落，经济增速滑落到4%左右。也正是由于措施严厉，这次调控的结果是国民经济出现“硬着陆”，市场需求疲软，出现失业高峰。

对此，经济学界进行了总结反思，提出了“稳中求进”的战略思路，该思路被采纳为党中央治国理政的总基调，即首先要努力消除经济不稳定因素，紧缩货币发行，控制通胀，稳定物价，以稳定的经济环境来保证改革的顺利推进；然后再把改革的步子迈得大一些，用深化改革的办法提高宏观调控水平，消除经济波动根源，实现经济稳定。

总体而言，改革开放初期的三次宏观调控有以下基本特点：第一，三次通货膨胀的主要原因都可以概括为“计划者冲动”以及“多元主权机制”造成的“软约束竞争”这两类因素，也都伴随着货币超发。这两大因素交织在一起，诱发了通货膨胀，致使宏观经济反复出现“活一乱”循环。第二，政府的调控工具越来越多元化，既有行政手段，也有市场手段。第三，政府紧缩措施中最常用也最管用的是两个直接控制手段，一是压缩投资，二是压缩贷款规模；但行政性手段的弊端已经凸显。下一步改革的重点势必从放权让利转向体制机制变革，从而在更大程度上发挥市场的作用。

（二）中国宏观调控思想（1992—2011年）：构建社会主义市场经济体制下的宏观调控体系

1.1992—1996年：正确处理政府宏观调控与市场机制的关系

党的十四大的召开正式确立了社会主义市场经济的改革目标，计划和市场的关系问题获得了彻底解决。市场在资源配置中的基础地位得到正式确认，计划的部分功能逐步被纳入宏观调控的范畴，成为宏观调控的重要手段之一。报告指出：“我们要建立的社会主义市场经济体制，就是要使市场在社会主义国家宏观调控下对资源配置起基础性作用……同时也要看到市场有其自身的弱点和消极方面，必须加强和改善国家对经济的宏观调控。”可见，国家宏观调控和市场机制都是社会主义市场经济体制的重要组成部分，二者缺一不可。市场经济体制下的宏观调控要厘清宏观与微观的分工：宏观调控保证总量和大局平稳健康，微观层面的资源配置则更多地依靠市场发挥作用。

1993年，党的十四届三中全会通过的《中共中央关于建立社会主义市场经济体制若干问题的决定》，对宏观调控作出了详细阐释：“宏观调控的主要任务是：保持经济总量的基本平衡，促进经济结构的优化，引导国民经济持续、快速、健康发展，推动社会全面进步。宏观调控主要采取经济办法，近期要在财税、金融、投资和计划体制的改革方面迈出重大步伐，建立计划、金融、财政之间相互配合和制约的机制，加强对经济运行的综合协调。”[①]至此，中国特色宏观调控体系初步成型。在调控目标方面，除了总量平衡之外，还强调结构优化、经济发展和社会进步。在调控手段方面，强调市场化手段的主导作用，并注重运用体制改革的办法推动宏观调控质量的改善。在调控体系方面，明确要求建立计划、货币和财政分工明确、协调配合的三位一体宏观调控体系。

这一体系中既有常规的财政与货币政策，还包括主攻中长期发展的战略规划，既有利于短期政策与中长期战略规划的衔接与配合，又拓展了宏观调控的视野，体现出鲜明的中国特色。在国家计划委员会（简称“国家计委”，国家发展和改革委员会的前身）、财政部和中国人民银行这“三驾马车”中，国家计委作为宏观调控的主导部门，覆盖了国民经济运行中的大多数领域，由其具体编制和实施的国家战略和规划始终是各类具体调控政策的导向和指针。从本质上看，五年规划等中长期规划是一种有效的预期管理方法。与西方不同的是，中国的预期管理战略视野更长，覆盖领域更宽，采取目标导向与问题导向相结合的方式谋划长远发展，有利于凝聚社会共识，稳定各方预期，调动微观主体的积极性。

党的十四大之后，我国经济的迅速启动造成新一轮经济过热，被总结为“四热、四高、四紧、一乱”[②]。1993年6月24日，中共中央下发6号文件，提出了“十六条”相关措施，正式启动紧缩经济的措施。与以往不同，这次紧缩是伴随着经济体制改革的深化而进行的，党中央力图用市场化取向的改革来消除通货膨胀反复出现的微观基础，建立市场经济条件下的宏观调控体系，从而对宏观稳定起到积极作用。在财税体制方面，1994年实行分税制改革，按税种划分中央和地方财政

---

① 中共中央．中共中央关于建立社会主义市场经济体制若干问题的决定［M］．北京：人民出版社，1993.

② “四热”是：房地产热、开发区热、集资热、股票热；“四高”是：高投资膨胀、高工业增长、高货币发行和信贷投放、高物价上涨；“四紧”是：交通运输紧张、能源紧张、重要原材料紧张、资金紧张；“一乱”是：经济秩序混乱，特别是金融秩序混乱。

收入，增加了中央的财政收入，也增强了中央的宏观调控能力。在金融体制方面，积极、稳妥地分离政策性银行和商业性银行，增加中央银行的独立性，成立货币政策委员会，并把保持币值稳定置于促进经济增长之前，作为货币政策的优先目标，同时为央行的市场化调控积极创造条件。

在新型宏观调控体系初步成型的同时，党中央在实际操作层面也获得了成功。到1996年，CPI下降到8.3%，经济增长率仍维持在较高位势，成功地实现了经济"软着陆"。

2.1997—2002年：总需求管理政策初步成型

党的十四大解决了计划和市场的关系问题，1997年党的十五大则解决了公有制的实现形式问题。公有制为主体、多种所有制经济共同发展成为我国社会主义初级阶段的一项基本经济制度。以此为契机，国企改革进入攻坚阶段。1999年，十五届四中全会通过《中共中央关于国有企业改革和发展若干重大问题的决定》，深刻阐释了国企改革和宏观调控之间的关系。首先，宏观调控要"保持经济总量基本平衡。扩大内需，开拓城乡市场，增加就业，促进国民经济持续快速健康发展，防止经济增长的大幅度波动，为国有企业发展创造有利的宏观经济环境"。其次，"国有经济在关系国民经济命脉的重要行业和关键领域占支配地位，支撑、引导和带动整个社会经济的发展，在实现国家宏观调控目标中发挥重要作用"。也就是说，一方面，宏观调控要为国企改革和发展创造稳定的宏观环境；另一方面，国企要在实现宏观调控目标方面发挥作用。

1997年，我国宏观经济形势出现了前所未有的根本性转变，以往频现的货币超发和"一放就活"现象消失了，取而代之的是信贷萎缩、通货紧缩和需求不足等新现象。这表明我国经济体制改革推动宏观经济体系发生了某些阶段性、根本性变化，经济从供给约束转为需求约束。供给增长快于需求增长成为常态，物价下跌、通货紧缩和产能过剩则成为新的特征性问题。同时，在市场化、民营化的全球性浪潮席卷下，全球普遍出现供给能力提升和产能过剩现象，也为中国宏观经济运行态势发生根本性转折提供了现实背景。这促使政府宏观调控政策发生转向。

1998年开始，政府宏观调控的主题变为扩大内需，实施"积极的财政政策"和"稳健的货币政策"，通过几年的实践探索，总需求管理框架逐渐成形。这主要表现在以下四个方面：

第一，扩大内需是一项长期任务，总需求管理成为宏观调控的主要抓手。1998年的中央经济工作会议及党的十六大报告中反复强调扩大内需对于经济发展的重要性。总需求不足和产能过剩并非中国独有的现象，资本主义社会也常有发生。随着市场机制的不断发育完善，中国宏观经济运行的基础发生了根本性转变，也势必经常面临产能过剩和总需求不足的困扰。

第二，积极的财政政策在总需求管理中处于至关重要的位置。由于国有商业银行的不良资产比例偏高、金融体制改革尚未完成、亚洲金融危机造成的国际金融动荡等原因，货币政策的实施颇多掣肘。在这种情况下，短期内要加强财政政策和货币政策的协调配合，用好财政政策时滞较短的优势，加大政策力度，动员闲置资源以增加产出；而货币政策主要配合财政政策的实施，提供必要的流动性，防止出现经济恐慌。

第三，关注和防范政策风险。在实施积极财政政策的同时，我国一直密切关注财政和金融风险问题，在宏观经济管理活动中一直注重贯彻综合平衡思想。从“七五”计划开始，保持财政、信贷、物资和外汇的各自平衡和相互间的综合平衡就成为宏观经济管理活动中的重要原则。除了财政领域外，中央政府还出台了金融机构分业经营、贷款五级分类、清理整顿非银行金融机构等一系列措施，积极防范金融风险。

第四，体制改革推动着宏观调控能力显著增强，并从供给侧激发了市场活力，为经济复苏提供了支撑。我国在这一时期已初步形成了计委、财政部和中央银行相互配合的中国特色宏观调控体系，调控能力大幅提高。但是，单纯靠积极财政政策无法从根本上解决由生产效率低、生产成本高造成的企业亏损问题，必须从供给侧施策，通过体制改革和结构调整激发微观主体活力。国有经济战略性调整、加入WTO和乡镇企业民营化等微观领域改革开放措施从供给面激发了市场活力，对经济走出低谷也发挥了重要作用。

3.2003—2011年：宏观调控体系逐步完善

这一时期，宏观调控思想在基本政策框架层面已经相对稳定。经济形势的新变化导致政府对宏观调控越来越重视，宏观调控的内涵也越来越宽泛。在此期间，我国经历了两轮宏观调控。2004年，我国经济走出此前的通缩阴影，出现了投资膨胀、能源供应紧张、民工荒等新现象。“积极的财政政策”淡出，转而实行“稳健的财政政策”。央行反复强调继续执行“稳健的货币政策”，并先后出台了一些紧缩措施。决策部门采取了“有保有压、区别对待”的方针，采取点刹车的方式来调控经济运行。

2008年四季度，国际金融危机进一步加剧。同年11月，我国政府提出要实行积极的财政政策和适度宽松的货币政策，并陆续出台了一系列刺激措施。这些措施迅速起效，使得我国经济很快走出低谷，实现复苏。但也应注意，为了避免经济深度衰退，本轮总需求刺激政策付出了地方政府负债率上升、产能过剩加剧、通胀率与资产价格上升压力增加等代价。

这一时期宏观调控中有以下几个倾向：

第一，调控的经验越来越丰富，技巧日趋成熟，特别注重在繁荣期实施紧缩性的适度预调微调。在实践中，当经济出现过热苗头时，中央政府总是未雨绸缪，通过适时适度、有节奏的多次小步微调，给每次调控以一定的消化、吸收过程。繁荣期的适度调控防止了大泡沫的出现，从而避免了中国经济的剧烈波动。

第二，直接的行政手段和结构性调控工具仍然发挥着巨大作用，在宏观调控体系中必不可少。由于我国经济转型还未完成，经济体制仍处于过渡进程中，经济结构也处于剧烈变动之中，异质性很强，因而行政性调控与市场化调控并用、结构性调控与总量调控并重的调控方式是符合国情的管用实招，为中国经济稳定增长发挥了重要作用。需要注意，全面深化经济体制改革的目标是让市场在资源配置中发挥决定性作用。在市场发育尚不成熟，市场异质性很强的情况下，采取结构性、行政性调控手段固然有效，却不可长期使用，否则会强化异质性，导致人为地分割市场，既不利于市场发育程度的进一步提高，也无法消除经济反复波动的体制成因。

第三，资产价格，尤其是房价，成为宏观调控重点关注的目标。2006年和2007年的《政府工作报告》都提出要加强监管和调控，抑制房地产价格过快上涨。另外，节能环保和就业等民生发展指标在宏观调控政策目标中也越来越重要，宏观调控的目标进一步泛化，这将导致多目标之间彼此掣肘乃至冲突。此外，宏观调控关注目标的增加，就意味着政策工具箱里要储备更多的工具。因此，目标多元化必然导致宏观调控工具泛化，这将可能妨碍改革深化甚至客观上促成旧体制某些因素复归。

第四，党中央对宏观调控的内涵的理解依然比较宽泛。"宏观调控"成为与"市场机制"相对应的一个概念，泛指政府出台的各类弥补市场失灵的重要政策。更多发挥政府作用的重点在于加强和改善宏观调控。究其根本，宏观调控实质上是政府对市场的某种干预，这种干预必须建立在尊重市场规律的基础上。宏观调控的前提是尊重市场。因此，推进市场化改革，夯实宏观调控的微观基础，完善政策传导机制，更多地依靠市场化手段调控经济，始终是中国宏观调控体系发展转型的主攻方向。

这一时期宏观调控思想的主要特点包括：第一，决策层的宏观调控基本思想趋于系统化、稳定化，主要提法不再有大的变化。第二，这一时期国际经济环境相对复杂，外部冲击对我国经济的影响明显增大，中央政府积极应对各种挑战，利用宏观调控政策实现了经济平稳较快增长。第三，改革开放初期宏观调控主要是应对经济过热和通货膨胀，这一时期的宏观调控既要应对内需不足、产能过剩，又要应对资产价格泡沫和物价上涨。这使得党中央不仅有了紧缩的经验，也有了扩张的经验。

（三）中国宏观调控思想（2012年至今）：以供给侧结构性改革为主线、实施扩大内需战略

1.供给侧结构性改革：新时代中国宏观调控的主线

2012年党的十八大召开后，中国宏观调控全面走出反危机的政策轨道，经济运行进入经济增速换挡期、结构调整阵痛期和前期政策消化期"三期叠加"的新轨道。新常态是党中央对中国经济发展新阶段的战略判断和精准概括，需要我们对以往的发展方式进行革命性调整，对扭曲的经济结构进行彻底性改革，对既有宏观调控体系中不适应新常态要求的部分进行及时调整。

习近平总书记反复强调："要深刻理解时代背景，当前我国经济发展中有周期性、总量性问题，但结构性问题最突出，矛盾的主要方面在供给侧"①，"当前，我国经济下行压力很大，这其中有全球性、阶段性因素的影响，但根本上是结构性问题"②。党的十九大报告进一步指出："中国特色社会主义进入新时代，我国社会主要矛盾已经转化为人民日益增长的美好生活需要和不平衡不充分的发展之间的矛盾……更加突出的问题是发展不平衡不充分，这已经成为满足人民日益增长的美好生活需要的主要制约因素。"③

可见，党中央对当前经济社会发展的主要矛盾已经形成了清晰的判断，对经济下行压力加大的成因也已有精准把握。新常态下，经济减速的主要原因并非总需求变化导致的产出缺口波动，而是供给侧的结构性因素导致的潜在产出下降。这就使得新常态下中国宏观调控的政策取向发生了根本变化。

2015年11月，中央财经委员会第十一次会议明确提出："在适度扩大总需求的同时，着力加强供给侧结构性改革"④，这是对我国经济发展思路和工作着力点的重大部署，是新时代中国宏观调控的工作主线。把握这一重大战略部署的要义，关键是要正确把握供给侧与需求侧的关系，要明确"供给侧是主要矛盾，供给侧结构性改革必须加强、必须作为主攻方向。需求侧起着为解决主要矛盾营造环境的作用，投资扩张只能适度，不能过度，决不可越俎代庖、主次不分"⑤。这就意味着，宏观调控首先要发挥好供给侧结构性改革在提升效率、优化结构方面的主导作用。

供给侧结构性改革，关键在供给侧，在生产方。劳动、资本、技术和自然资源等要素的积累变化是长期过程，决定经济的潜在增长率。从这个意义上说，供给侧结构性改革是长期问题。这就要求我们在更加成熟、更加定型的社会主义市场经济体制的支撑之下，把发展经济的着力点放在实体经济上，把提高供给体系质量作为主攻方向，以创新发展解除"供给抑制"，增强我国经济质量优势。使市场在资源配置中发挥决定性作用，以全面深化改革化解产能过剩、房地产库存增加、杠杆率上升、债务负担加剧等风险隐患，挤掉经济中的水分，使中国经济运行呈现出健康的面貌。

当前，我国过剩行业的价格水平正在回归均衡水平，供求关系明显改善，宏观杠杆率趋于稳定，大量经济资源从低效率部门中释放出来，创新活力明显增强。当然也要看到，我国的供给侧结构性改革任务尚未完成。市场机制的作用发挥得还不够，政府干预仍然过多，是引发各种结构性矛盾的主要原因。因此，必须坚持以供

---

① 习近平．坚定不移推进供给侧结构性改革 在发展中不断扩大中等收入群体［EB/OL］．(2016-05-17)．http://cpc.people.com.cn/n1/2016/0517/c64094-28355254.html.

② 习近平．在党的十八届五中全会第二次全体会议上的讲话（节选）［J］．求是，2016（1）．

③ 习近平．决胜全面建成小康社会，夺取新时代中国特色社会主义伟大胜利——在中国共产党第十九次代表大会上的报告［N］．人民日报，2017-10-28.

④ 佚名．习近平主持召开中央财经领导小组第十一次会议［EB/OL］．(2015-11-10)．http://finance.china.com.cn/news/gnjj/20151110/3435395.shtml.

⑤ 龚雯，许志峰，等．开局首季问大势——权威人士谈当前中国经济［N］．人民日报，2016-05-09.

给侧结构性改革为主线不动摇，更多采取改革的办法，更多运用市场化、法治化手段，在巩固“三去一降一补”成果的基础上，着力增强微观主体活力，提升产业链水平，畅通国民经济循环，从而推动经济高质量发展。这表明我国的供给侧结构性改革正向纵深地带推进，当前和今后一个时期，政府将致力于用改革的办法打破一切阻碍资源自由流动和市场主体充分竞争的藩篱，降低制度性交易成本和生产成本，稳定市场主体预期，增强市场主体信心。在此基础上，我们将有望持续提升创新力，促进新旧动能接续转换，打通国民经济循环中的堵点，形成新的国家竞争优势。

2.扩大内需战略：构建新发展格局的应有之义

强调经济运行中供给侧因素的重要性并不意味着可以不顾需求侧，以供给侧结构性改革为主线也不意味着放弃总需求管理。习近平总书记强调：“供给和需求是市场经济内在关系的两个基本方面，是既对立又统一的辩证关系，二者你离不开我、我离不开你，相互依存、互为条件。”[①]因此，“放弃需求侧谈供给侧或放弃供给侧谈需求侧都是片面的，二者不是非此即彼、一去一存的替代关系，而是要相互配合、协调推进”[②]。

中国是有14亿人口的发展中大国，内需是中国经济的基本盘。在“十一五”“十二五”规划时期，党中央就提出立足扩大国内需求推动发展，使经济增长由主要靠投资和出口拉动向消费与投资、内需与外需协调拉动转变。2008年国际金融危机爆发后，我国传统的出口导向型发展模式开始转变，最终消费支出和资本形成总额对GDP的贡献率保持了较高水平。党的十八大以来，党中央根据新时代和新发展理念要求，提出了一系列内需拉动、创新驱动的发展新举措，以从根本上改变简单纳入全球分工体系、扩大出口、加快投资的传统发展模式。2019年，内需对我国经济增长的贡献率已经达到89%，其中最终消费支出的贡献率为57.8%，客观上已经具备了以国内大循环为主的基础。不过，与欧美、日本等发达国家和地区70%以上的最终消费支出贡献率相比，我国的消费率和消费水平仍然偏低，超大规模市场的优势和潜力还没有得到充分的发挥与释放。新时代下构建新发展格局，必须牢牢把握扩大内需战略基点与内需基本盘。

面对当前保护主义上升、世界经济低迷、全球市场萎缩的外部环境，我国必须发挥国内超大规模市场优势，通过繁荣国内经济、畅通国内大循环为我国经济发展增添动力，带动经济复苏。习近平总书记在2021年中央经济工作会议上特别指出要通过扩大内需战略的实施推动经济的稳定发展。对此，我们要使宏观政策稳定有效，继续实施积极的财政政策和稳健的货币政策，实施好扩大内需战略，牢牢把握内需基本盘，增强经济发展的内生动力。

---

① 习近平．在省部级主要领导干部学习贯彻党的十八届五中全会精神专题研讨班上的讲话［N］．人民日报，2016-05-10.

② 习近平．在省部级主要领导干部学习贯彻党的十八届五中全会精神专题研讨班上的讲话［N］．人民日报，2016-05-10.

然而，扩大内需战略的实施并不意味着发展脱离了供给侧，相反，只有以供给侧结构性改革为主线，才能更好地实现社会主义生产目的，满足人民日益增长、不断升级和个性化的需要。对此，新时代下中国的宏观调控要牢牢把握供给侧结构性改革这个战略方向，以扩大内需为战略基点，依托中国超大规模市场需求、多层级消费市场和国内统一大市场，创造有利于生产、分配、流通、消费各个环节更多依靠国内市场的发展环境，打造中国内生市场新动力，形成供给创造需求、需求引导供给的更高水平的动态平衡。

二、我国宏观经济调控的基本经验

（一）坚持党对宏观经济管理工作的全面领导

坚持加强党对经济工作的集中统一领导，是习近平新时代中国特色社会主义经济思想的重要内容，也是中华人民共和国成立70多年宏观管理的根本指导思想。从中国宏观调控的长期实践中可以看出，中国共产党的领导决定和影响着宏观调控的各个方面。

1.党在不同的历史时期确立的各项经济制度、方针和政策，为宏观调控提供了相应的制度基础

这些经济制度、方针和政策包括基本经济制度、经济建设的方针、经济发展思想和理念以及经济发展战略等，都是党在不同历史时期根据经济社会发展不同阶段出现的新的情况来确定的。以经济体制为例，在从计划体制向市场体制转轨过程中，中国特色的宏观调控形成了鲜明的制度特征：首先，中国特色的宏观调控产生于马克思主义基本原理与中国社会主义建设实践相结合的伟大实践中，全面渗入到社会主义建设、改革和发展的全过程并发挥了重要作用。其次，宏观调控是社会主义的制度特征之一。因为社会主义的制度特征包括了坚持公有制的主体地位、以共同富裕为根本目标和国家能够实行强有力的宏观调控。最后，在社会主义市场经济体制的建立、发展和完善过程中，中国特色的宏观调控不仅发挥了积极的促进作用，而且形成了与社会主义市场经济体制相适应的实践模式与理论特色。中国特色的宏观调控已内生于中国特色社会主义制度内，是社会主义市场经济的一个重要组成部分，并随着社会主义市场经济体制的建立和完善而不断发展和完善。

2.党对社会主义建设规律认识的不断深化，为宏观调控提供了重要的理论基础

在社会主义建设规律中，与宏观调控直接相关的是社会主义经济建设规律，特别是其中的宏观管理规律和政府与市场关系。以政府与市场关系为例，中国特色的宏观调控是随着对政府与市场关系认识的逐步深化而不断丰富和发展起来的。宏观调控作为政府五大职能中的首要职能，本身也存在作用边界问题。实践中长期存在的政府作用“越位”与“缺位”，也会导致宏观调控出现泛化现象与作用不足问题。在改革开放前30年的计划经济时期，高度集中的计划经济体制排斥市场的作

用。十一届三中全会之后，我们党开始探索把计划与市场有机结合起来的体制机制。从党的十四大对“市场在国家宏观调控下对资源配置起基础性作用”确立开始，我党在经济建设中对市场的认识日益深化。但是，市场的“基础性作用”定位并不彻底，导致实践中经常会出现偏差，政府宏观调控的政策边界模糊。十八届三中全会将处理好政府与市场的关系看作经济体制改革的核心问题，明确指出“使市场在资源配置中起决定性作用和更好发挥政府作用”，这是我们党对中国特色社会主义建设规律认识的一个新突破。对此，习近平总书记指出：“在市场作用和政府作用的问题上，要讲辩证法、两点论，‘看不见的手’和‘看得见的手’都要用好，努力形成市场作用和政府作用有机统一、相互补充、相互协调、相互促进的格局，推动经济社会持续健康发展。”这不仅为政府宏观调控职能的准确定位提供了科学依据，而且对中国特色宏观调控理论的形成产生了深刻影响。

（二）坚持不断推进马克思社会再生产理论中国化

在长期坚持马克思社会再生产理论中国化的过程中产生了三次理论飞跃：从计划管理到综合平衡，发生在中华人民共和国成立初期的国民经济管理中，这是马克思社会再生产理论中国化的第一次理论飞跃，表现为毛泽东、周恩来和陈云等把马克思社会再生产理论与中国实践相结合，创造性地提出了系统的“统筹兼顾、综合平衡”思想，不仅构成了毛泽东思想的重要内容，而且在社会主义建设时期得到了贯彻与运用。2013年以来实施的“区间调控”和“定向调控”，标志着马克思社会再生产理论中国化的第二次理论飞跃，形成了“总量+结构”的调控组合。2015年11月，“供给侧结构性改革”的提出标志着马克思社会再生产理论中国化的第三次理论飞跃，形成了由需求结构调整向“需求+供给”结构性调控组合的转变。这是习近平新时代中国特色社会主义经济思想在宏观管理领域创新宏观调控思路与方式的具体体现，也是马克思社会再生产理论中国化的最新成果，对中国特色宏观调控理论的形成起到了直接的推动作用。从这一意义上说，中国特色的宏观调控是马克思社会再生产理论中国化的产物。马克思的社会再生产理论既包括总量平衡，也包括结构平衡，即各种物质产品的供求平衡，各个社会生产部门之间保持一定的比例关系。因此，马克思社会再生产理论所揭示的总量平衡与结构平衡相统一，是中国特色宏观调控的理论基础。

（三）坚持走独立自主的发展道路，不断增强中国宏观调控的理论自信

其一，中国特色的宏观调控是在国民经济管理实践中产生的，并随着社会主义市场经济的建立和完善不断丰富和发展。从概念上看，“宏观调控”是一个中国独有的经济学术语，其概念的形成经历了从宏观调节到宏观控制再到宏观调控的过程，从“是对中国社会主义市场经济管理实践的经验总结与概念创造”到“是一个典型的中国化国民经济管理术语”。从中国宏观调控的实践转型中可以看出，宏观调控是中华人民共和国成立初期执政的中国共产党人在坚持马克思社会再生产理论中国化的基础上诞生的，最初的提法为“综合平衡”，是由第一代中央领导集体与

学术界在20世纪50年代中期提出的。改革开放以来，在由计划体制向市场体制转轨的过程中，以直接管理方式为主的综合平衡逐渐被以间接管理方式为主的宏观调控所取代，但综合平衡思想一直影响至今，并成为毛泽东思想和中国特色社会主义理论体系中的一个重要内容，长期指导着中国宏观管理的实践。其二，在建立和完善社会主义市场经济体制过程中，中国宏观调控长期坚持一切从实际出发，形成了从宏观调控向总量调控、再到总量调控与结构性调控相结合以及从需求结构调整向"需求+供给"结构性调控的发展演变。虽然一定程度上引进了西方总量调控意义上的宏观控制，采用了凯恩斯主义需求管理的刺激政策，但是，并没有盲目地照搬照抄，而是在借鉴西方经验的基础上结合中国的实际情况进行有针对性的调控。事实上，总量调控不能完全说是借鉴西方国家的经验，中华人民共和国成立以来长期指导国民经济管理实践的综合平衡思想本身就有总量平衡与结构平衡的内涵，而这也正是马克思社会再生产理论所揭示的核心思想。因此，从总体上看，中国在不断探索过程中形成的一种适合中国国情特点的宏观调控模式，是明显区别于西方经典的具有鲜明特色的宏观调控理论和政策体系①。

三、我国宏观经济调控面临的问题与挑战

（一）新常态下宏观调控对经济结构调整的作用并不显著

新常态下中国经济增速不断下滑的同时，经济结构失衡问题始终存在，尤其是投资率过高而消费率过低的总需求结构以及产业结构失衡问题依然突出。由于理论上认为财政政策可以使用税收优惠、财政补贴与调节政府投资等手段针对不同群体与不同领域实现"精准发力"，因而财政政策比货币政策更适合调整结构。因此，主流观点认为新常态下宏观调控仍应沿用财政政策为主导的传统模式。在产业结构调整方面，产业政策也被看作促进结构转型的决定性因素。

然而，以财政政策为主导和以产业政策为核心的宏观调控来调整经济结构并不能从根源上解决结构失衡的问题，反而会在一段时间之后再次加重经济结构的扭曲，甚至会出现其他方面结构的失衡。从根本上来说，"市场之手"是解决结构失衡的根本方法。以需求结构失衡为例，其根本在于要素价格管制，因此通过结束要素价格管制，让市场在资源配置中起决定性作用，才能真正把"调结构"落到实处。对于产业结构的调整，产业政策在制定过程中不可避免地会受到认知有限、政治周期等因素的影响，从而扭曲市场的客观发展规律与对资源的有效配置。产业政策常常利用严格的市场准入、项目审批与贷款核准等手段限制行业内部企业竞争，从而保障低效率企业的生存空间，使稀缺资源难以有效配置到高效率企业而造成无谓损失，因此寻租问题时常发生。在这种情况下，产业政策非但不利于产业结构的转型，反而加深了社会经济发展的内在矛盾。

① 庞明川．新中国70年宏观调控的转型、创新与基本经验［J］．财经问题研究，2019（11）：3-13.

（二）宏观政策趋向存在短期与长期的矛盾

2012年以来，中国投资增速持续下移，这一现象在2015年之后表现得更为突出。未来，投资增速将继续下滑，增大经济下行压力。一段时间以来，政策的趋向主要是：一方面，要求地方政府继续承担发展经济的任务，推进基础设施建设，改善区域投资环境，通过PPP等方式引进民间投资，保持地方经济平稳较快发展；同时采取扩大地方债发行，实施地方债务置换等办法，加大中央对地方政府的支持，减轻地方政府债务负担，增强地方政府推动发展的能量。另一方面，进一步深化市场化改革，持续推进简政放权，破除投资发展的体制机制障碍，推动大众创业、万众创新，提升个人和企业投资发展意愿。下放的权利，一部分下放到各级地方政府，一部分直接下放给企业和社会组织，尽管一些重要的权力还没有放下去，已经放下去的权力要发挥作用和跟上新的监管也有一个过程，但大方向是正确的，市场活力将逐步被释放出来。现在的问题是，这两个方面是否符合宏观调控取向转变的新要求？这就存在短期与长期之间的矛盾。从中短期看，既推动地方政府发展经济又促进市场增强活力，符合中国现行体制下经济运行和发展的特点，可以使宏观调控政策比较直接地落实下去，较快起到稳定需求和经济增长的作用。但从长远看，应当逐步减少对地方政府的调控，增加对市场运行的调控，使市场取代地方政府的地位，在宏观政策信号的引导下配置资源。因为中央政府调控地方政府，地方政府又会去调控市场，反而可能把宏观政策信号搞乱，把市场运行机制搞扭曲①。

（三）新冠肺炎疫情的冲击为我国宏观政策范式带来巨大挑战

2020年年初，新冠肺炎疫情的暴发对人民生命安全与经济发展造成了双重影响。得益于社会主义制度的优越性和党中央的积极领导，我国在疫情暴发后反应迅速，疫情已得到全面控制。而与此同时，疫情在世界范围内大规模暴发和蔓延，世界各国经济运行遭遇巨大冲击。在全球化浪潮的冲击下，中国经济难以独善其身，这为我国经济的发展带来了巨大挑战。面对国内和世界范围内经济萧条的双重冲击，下一步要做好"六稳"工作、落实"六保"任务，把防风险、打基础、惠民生、利长远的改革有机统一起来。这亟须党中央重新思考宏观政策范式，进一步明确宏观政策的定位和实施的重点领域，应对疫情带来的全球经济衰退对中国经济的影响。

这一轮经济政策的逻辑应该与过往不同，其侧重应该放在对冲疫情对中国经济的结构性影响方面。在疫情的冲击下，各类减税补贴等政策给财政带来增支减收的压力，稳定经济、发力基建也需要资金的支持，对此党中央可以探索多样化的融资渠道，降低地方政府债务压力和金融系统风险，避免增大基建投资力度，加剧结构性问题，如加大专项债发行力度，发挥住房公积金在基础设施建设中的作用等。在货币政策方面要更加适度灵活，加大逆周期调控力度，保障市场流动性充裕，利用

① 郭克莎，汪红驹．经济新常态下宏观调控的若干重大转变［J］．中国工业经济，2015（11）：5-15.

结构货币政策工具支持困难行业发展，降低融资资金成本。加大定向降准支农支小再贷款、再贴现等货币政策力度，更重要的是，要加大中小微企业发放金融专项债券的发行力度，确保市场流动性。除此之外，鼓励金融机构创新工具，拓宽企业融资渠道，匹配企业恢复经营的现金流期限结构，帮助度过困难时期。

第三节　我国宏观调控转型：从需求侧到供给侧

一、西方经济学视野中的宏观经济运行

（一）市场经济早期的政府干预

理解宏观经济调控的关键在于理解政府在经济活动中发挥的作用，这也是西方经济学一直以来争论的焦点。西方经济学的开端是重商主义。重商主义体系的基本内容在熊彼特看来就是出口垄断主义、外汇管制和贸易顺差。[①]重商主义认为国家要干预经济。国家财富的关键就是金银，输入金银可以润滑工商业的齿轮。在重商主义者看来，国家干预经济是保障财富增长的重要手段，也是国家致富的可靠保证。要想外国货币大量流入国内，就必须发展对外贸易，必须由国家来控制国民经济的活动，因此重商主义者极力主张国家采取各种立法手段和行政措施，制定工商业政策，保证整个国民经济活动符合扩大出口和货币输入的要求。在对外贸易上建立高关税壁垒，实行关税保护政策。重商主义时期国家干预的目的在于保证商业资本的发展，确保获得大量的货币财富。因此，重商主义的国家干预经济的目标是单一的，也是一种不发达的、原始意义上的宏观调控手段。

（二）自由竞争时期的国家干预经济

18世纪五六十年代以后，英美等发达资本主义国家相继进入自由竞争时期。在此后的一百多年时间里，西方主要发达资本主义国家相继实行了自由放任的经济政策，提倡国家对经济不加干预。其理论依据就是经济自由主义，最主要的代表人物即是亚当·斯密、萨伊和马歇尔。

古典政治经济学开山鼻祖亚当·斯密在1776年出版了《国民财富的性质和原因的研究》（以下简称《国富论》）这一划时代的著作。在《国富论》中亚当·斯密猛烈抨击了重商主义学说，提出反对政府干预经济，主张自由放任的经济思想。他强调了两个有利于经济发展的巨大推动力：一是分工，它可以大大提高劳动生产率；二是个人的节俭或吝啬，它能增加储蓄，形成投资，扩大资本积累。他认为，资本主义经济的发展“受着一只看不见的手的指导”[②]，因此要充分发挥市场的自

① 熊彼特．经济分析史：第一卷［M］．北京：商务印书馆，1991：506．

② 亚当·斯密．国民财富的性质和原因的研究：下［M］．郭大力，王亚南，译．北京：商务印书馆，1974：27．

由竞争、自由调节的作用，把国家这只手收回来。国家少过问经济，只是当好一个“看门人”或“守夜人”。亚当·斯密认为国家的职能主要有三个方面：“第一，保护社会，使之不受其他独立社会的侵犯。第二，尽可能保护社会各个人，使之不受社会上任何其他人的侵害和压迫，这就是说，要设立严正的司法机关。第三，建设并维护某些公共事业及某些公共设施（其建设与维持绝不是为着任何个人或任何少数人的利益），这种事业与设施，在由大社会经营时，其利润常能补偿所费而有余，但若由个人或少数人经营，就不能补偿所费。”①

按照亚当·斯密的经典理论，在自由竞争条件下，政府的职能活动范围十分有限，可以说，前两大职能属政治职能，即对外维护国家安全和对内确保社会安定的职能，第三大职能，属于政府的经济职能，它明确界定了政府干预经济的有限的范围和活动领域。在这些范围之外，都是市场机制发挥作用的地方，政府不应涉及。这一经典理论对资本主义经济的发展产生了巨大影响。

萨伊作为亚当·斯密最忠实的信徒，把经济自由主义思想在法国进行了很好的发挥，提出了著名的供给自动创造需求的“萨伊定律”。“萨伊定律”与亚当·斯密的“看不见的手”的原理一并成为西方资本主义国家自由放任政策的理论基础。萨伊激烈反对国家干预经济，与此同时，他对自由竞争条件下政府的职能和活动范围也进行了深入的研究分析，对国家的职能进行了规定：第一，政府所能使用的促进生产的一切方法中，最有效的是保证人身安全和财产安全，这种保证是国家繁荣的源泉。第二，有些事业由国家经营，如军火工业和公共工程，政府可以通过制订计划，办理妥善和维修得当的公共土木工程，强有力地刺激私人生产。第三，政府创办各类学校、图书馆、博物馆，并提供资金，来鼓励科学研究，促进科学技术知识的传播，从而促进财富的增长。第四，政府为了防止明显有害其他生产事业或公共安全的欺诈行为，对关系到人民生命安全的各类医生、药剂师的业务技能进行考核和资格审查，并禁止厂商滥登名不符实的广告。第五，在节制消费和鼓励储蓄方面，政府可以起到重要的促进作用。

萨伊的国家观可以说是对亚当·斯密经典理论的具体化和细化，但却没有超出亚当·斯密国家理论的范围。同重商主义国家干预理论相比，自由竞争时期的国家职能和活动范围则要大一些，手段也相应多一些。虽然自由竞争时期反对国家干预，但是经济自由主义的国家理论贴近资本主义市场经济发展的实际，因而对资本主义的发展具有巨大的促进作用。

（三）现代市场经济条件下的国家干预经济

20世纪30年代资本主义国家爆发的严重的世界性经济危机彻底地粉碎了经济自由主义的神话，以“萨伊定律”为基调的新古典学派的经济理论已无法解释这场灾难性的资本主义危机，主张国家干预经济的凯恩斯主义应运而生。后经过希克

① 亚当·斯密. 国民财富的性质和原因的研究：下［M］. 郭大力，王亚南，译. 北京：商务印书馆，1974：252-253.

斯、汉森和萨缪尔森等人的发展，凯恩斯国家干预经济的理论体系逐渐完整，并成为20世纪30年代至70年代占统治地位的经济学。70—80年代是国家干预论失灵而新自由主义卷土重来的时期，80年代末90年代初的经济衰退及新自由主义的失误，为凯恩斯国家干预论提供了东山再起的条件。

从现代市场经济的发展来看，政府干预经济的原因主要是市场机制存在缺陷，即市场失灵造成的。因此，国家对经济活动进行干预，以便弥补市场的缺陷和不足。正是由于市场失灵，政府干预经济的领域才不断扩张。具体来说：

第一，市场难以实现充分就业，从而决定了政府必须利用财政政策，调节社会需求，消除通货紧缩或通货膨胀现象，恢复充分就业。凯恩斯认为，只要存在摩擦失业、自愿失业和不自愿失业，就说明资本主义社会就是一个不存在充分就业的社会。资本主义社会存在失业的原因就在于有效需求不足。随后萨缪尔森等人创立了现代国民收入决定论，进一步发展了凯恩斯的有效需求不足论。解决有效需求，凯恩斯提出了利用政府财政政策，即在经济萧条时，政府采取扩大性财政政策，增加财政支出，减少税收，刺激总需求的扩大，消灭失业。在经济膨胀时采用紧缩性财政政策，减少财政支出，增加税收，以抑制总需求，消灭通货膨胀。

第二，市场无法实现完全竞争，因此政府必须制定法律法规，限制垄断，保护竞争，维护市场秩序。自由竞争条件下的市场经济是完全竞争的市场经济。随着自由资本主义进行到垄断资本主义后，完全竞争被不同形式的垄断所取代，这就需要政府来调节这种垄断行为。如美国为了维护市场秩序，保护竞争，政府制定了反托拉斯法，通过这些法律的实行，市场秩序得到维护，企业实施垄断力量的动机得到了有效限制。

第三，市场无法提供公共产品，因此政府必须通过公共财政，提供公共产品，满足公共需要。公共产品是提供集体消费或使用的物品。如果将公共物品通过市场制度来供给，就会产生供给失效，无法满足人们对公共物品的需求。因此公共物品只能由政府来提供。

第四，市场无法消除外部经济效应，因此政府必须利用征税、补贴或明确产权等手段消除外部经济负效应，恢复市场的效率与活力。对于外部性问题，英国经济学家庇古就提出了“庇古方案”，即要使整个社会的资源配置达到最优状态，就必须使市场价格等于社会成本，否则就会使产品的生产量低于或高于最佳水平。当市场存在正外部性时，政府应当给当事人发放补贴，否则应当征税。科斯则认为征税并不是解决外部性的最佳方法，政府需要做的是明晰产权，市场的外部性是相互的，政府不需要直接干预，以私有制为基础的市场经济能够自发消除外部经济的负效应，纠正市场失灵。

第五，市场无法兼顾效率与公开，这就决定了政府必须通过税收、补贴、转移支付等办法，缓和社会分配不公，实现社会公平。19世纪末20世纪初的社会福利思想的核心目标在于如何增进个人乃至整个社会的福利。意大利经济学家帕累托在此基础上创立了“帕累托最优配置”理论，美国经济学家卡尔多和希克斯则在帕累托的基础上找出了“假象补偿原理”，试图从经济政策的受害者与受益者补偿问题的角度来探讨如何使个人福利和社会福利最大化。随着社会的发展，贫困和不平等问题依然是整个世界各个国家都需要解决的问题[①]。

二、马克思主义视野中的宏观经济运行

（一）社会总产品是马克思宏观经济分析的出发点

马克思的宏观经济分析以社会总产品价值作为宏观经济总量分析的出发点。马克思在《资本论》中指出：“如果我们考察社会在一年间提供的商品产品，那么，就会清楚地看到：社会资本的再生产过程是怎样进行的，这个再生产过程和单个资本的再生产过程相比有哪些不同的特征。”[②]这“一年间提供的商品产品”也就是“社会总产品”[③]，Σ（C+V+M）正是马克思宏观经济分析的出发点。马克思强调，参与社会再生产运动的国民经济总量，除了每年新创造的价值产品（Σ（V+M）），还包括往年转移到当年社会总产品中的旧价值（ΣC），而它的社会再生产是社会再生产要研究的“最重要的问题”。[④]因此，遵循马克思的宏观经济分析方法，对总量的分析就应从包括ΣC在内的社会总产品价值出发。

在社会总产品价值问题上，马克思宏观经济总量分析的数量依据是劳动价值论，马克思以此为基础，科学地揭示了市场经济的信用制度会产生大量虚拟资本，级差地租关系中的虚假社会价值来自“被看作消费者的社会对土地产品支付过多的东西”[⑤]，它们会对宏观经济运行产生负面影响。因此，在宏观经济调控中，必须控制虚拟资本泡沫的增长，必须控制级差地租总量增长过大，防止社会对土地经营者和所有者支付过多的社会价值，进而导致国民经济结构失衡。[⑥]

（二）社会资本再生产理论中总供求均衡是马克思宏观经济分析的基本视角

尽管扩大再生产是资本主义再生产的特征及其追求的目标，但始终以简单再生产为基础，因此马克思从简单再生产入手，进而分析扩大再生产，这也是资本主义再生产理论形成的逻辑顺序。社会资本简单再生产条件下，社会总产品的各部分的总供给等于总需求，用公式表示为：Ⅰ（V+M）=ⅡC，即第一部类的可变资本加剩余价值等于第二部类的不变资本，在此基础上可引申出另外两个实现条件：Ⅰ（C+V+M）=ⅠC+ⅡC；Ⅱ（C+V+M）=Ⅰ（V+M）+Ⅱ（V+M），这是社会资本

① 马奎．论西方政府干预经济理论的演变［J］．经济评论，2001（3）：44-47.

② 马克思．资本论：第2卷［M］．中共中央马克思恩格斯列宁斯大林著作编译局，译．北京：人民出版社，1975：435.

③ 马克思．资本论：第2卷［M］．中共中央马克思恩格斯列宁斯大林著作编译局，译．北京：人民出版社，1975：438.

④ 马克思．资本论：第2卷［M］．中共中央马克思恩格斯列宁斯大林著作编译局，译．北京：人民出版社，1975：447.

⑤ 马克思．资本论：第3卷［M］．中共中央马克思恩格斯列宁斯大林著作编译局，译．北京：人民出版社，1975：745.

⑥ 何干强．论马克思宏观经济分析方法的科学特征——兼与凯恩斯主义的比较［J］．经济纵横，2010（10）：1-9.

简单再生产的实现条件，其既揭示出社会资本简单再生产得以顺利进行所必须保持的两大部类之间的基本比例关系，又体现了西方经济学中的总供给等于总需求的均衡思想。

在社会资本扩大再生产过程中，马克思认为，社会总资本扩大再生产要以一定的资本积累为前提条件。扩大再生产除了需要不变资本用于追加生产资料，还需可变资本用于追加劳动力，追加的这部分劳动力可从产业后备军中得到补充，所以资本积累主要用于提供追加生产资料所需要的消费资料。扩大再生产的前提条件可以用公式表示为：Ⅰ（V+M）>ⅡC；Ⅱ（C+M-MX）>Ⅰ（V+MX）。满足了这两个前提条件，就具备了扩大再生产的可能性，在此基础上进一步推导扩大再生产的实现条件，也就是整个社会生产全面协调健康发展的实现条件。社会资本扩大再生产的基本实现条件，用公式表示为：Ⅰ（V+ΔV+MX）=Ⅱ（C+ΔC），由此可以引申出另外两个实现条件：Ⅰ（C+V+M）=Ⅰ（C+ΔC）+Ⅱ（C+ΔC）；Ⅱ（C+V+M）=Ⅰ（V+ΔV+MX）+Ⅱ（V+ΔV+MX）。社会资本扩大再生产的实现条件与简单再生产的实现条件含有相同的意蕴，表明了社会资本扩大再生产能够得以顺利进行所必须保持的两大部类之间的基本比例关系，同时也蕴含了西方经济学中的总供给等于总需求的均衡思想①。

（三）社会资本再生产理论中的结构均衡思想是马克思宏观经济分析的实质

无论是古典学派瓦尔拉斯一般均衡理论还是凯恩斯的总供需平衡理论都仅仅阐明了价值形式的总量均衡问题，并不能反映产品或部门的结构问题，而马克思的社会资本再生产理论以部类为分析单位，将社会总产品分为生产资料部类（Ⅰ）和消费资料部类（Ⅱ），反映了结构问题。每一部类的资本都可以分为可变资本（V）和不变资本（C）两个组成部分。这两个部类中，每一部类生产的全部年产品的价值，都分成不变资本（C）的价值部分和由全部年劳动追加的价值部分。后者又分成补偿预付可变资本（V）的部分和剩余价值（M）的部分。因此，每一部类的全部年产品的价值，和每个个别商品的价值一样，也分成C+V+M。②从社会资本再生产的实现条件Ⅰ（V+M）=ⅡC和Ⅰ（V+ΔV+MX）=Ⅱ（C+ΔC）可以看出，马克思的总供求均衡思想不仅蕴含总量的均衡，还有结构的均衡。而在宏观经济发展中，结构均衡才是我们追求的最终目标，才具有实质意义。社会总资本运动的核心问题是社会总产品的价值补偿和实物补偿问题，而实物补偿反映的是结构问题。商品作为价值和使用价值的统一体，其属性和差异由使用价值来体现，因为价值是商品的本质属性，没有差别。只有满足特定使用价值的需求，价值才有意义。因此，如果没有结构均衡，总量均衡就没有意义，而且只追求总量均衡而不考虑结构均衡的经济是病态的，是不可持续的。

① 吴春雷．马克思宏观经济思想及其当代价值［D］．济南：山东大学，2012.

② 马克思．资本论：第二卷［M］．中共中央马克思恩格斯列宁斯大林著作编译局，译．北京：人民出版社，2004：439.

分析社会资本扩大再生产实现条件时，没有考虑资本有机构成的变化。但是，资本有机构成的变化在资本主义的扩大再生产过程中不能忽视。资本有机构成提高意味着不变资本的比重不断提高，不变资本的变化速度要大于可变资本的变化幅度，那么，对生产资料需求的增长必然要快于对消费资料需求的增长。列宁指出："增长最快的是制造生产资料的生产资料的生产，其次是制造消费资料的生产资料生产，最慢的是消费资料生产。"[①]其中蕴含的理论正是供给侧结构性改革的题中之义。简单再生产下的供求完全平衡的状态是不可能实现扩大再生产的，扩大再生产的前提条件就是要有剩余，即要打破原来的供给结构，创造宽松的供给环境，为扩大再生产和经济增长提供物质前提。宽松的供给可使产品的组合发生变化，重新调整产品的结构组合，从而供给结构发生变化，结果是重新构建起实现扩大再生产所需的更高级的新的供求平衡关系。需要注意的是，生产资料生产的增长，并非越快越好，它的发展如果脱离了消费资料生产的发展，是不可能实现的。生产资料的优先增长不仅阐释了两大部类之间应保持一定的比例关系，而且表明了结构均衡的重要性[②]。

三、以供给侧结构性改革为主线构建新发展格局

（一）新常态下要加强供给侧结构性改革的原因

世界经济环境自2008年国际金融危机以来发生了深刻复杂的变化，全球经济结束了大稳定的"旧常态"而进入了"新常态"。我国经济在"三期叠加"阶段，面临着生产成本不断上升、产品供需错配、资本边际效率下降、市场机制运行不畅等结构性问题，要求我国必须推进去产能、去库存、去杠杆、降成本、补短板的供给侧结构性改革。

第一，生产成本不断上升。企业生产成本上升是一个综合性结果。在劳动力成本方面，2012年以来劳动年龄人口数量连续下降，人口红利逐步消减。2014年年末我国老龄化率已达到15%左右，"未富先老"成为越来越突出的问题。老龄化率的上升，必然会抬高劳动力成本，使得劳动力成本增长快于劳动生产率增长，导致企业用工成本大大增加。在自然环境成本方面，随着国家日益加大对自然环境的整治力度，企业治污成本大幅增加，特别是高污染、高能耗制造业资金压力骤增。在技术进步成本方面，"企业为应对成本上涨，往往会加大设备和技术投资"[③]，通过提高劳动生产率来实现产品更新换代。但这种生产方式往往取决于企业技术进步的有效性。在现实生产过程中，企业在技术进步方面的投资往往会变为"沉没成本"，导致企业负担更为沉重。因此，企业生产成本上涨，就必须提高商品价格以

---

① 列宁．列宁全集：第一卷［M］．中共中央马克思恩格斯列宁斯大林著作编译局，译．北京：人民出版社，1984：66．

② 王亚丽．运用马克思宏观经济均衡思想指导供给侧结构性改革［J］．经济问题，2017（5）：42-47．

③ 刘延平，周开让．加快技术进步是应对劳动力成本上升的根本出路［J］．经济纵横，2013（9）：8-11．

保证企业再生产，而这又会导致产品因价格高、缺乏竞争力而形成“滞销”的不良局面，进而导致“经济停滞”。

第二，产品供需错配。2008年以来中国经济发展增速放缓的一个重要原因就是产品的“供需错配”，一方面是需求刺激效果不佳，另一方面是中国居民在海外购买力日益旺盛，导致国内产品“滞销”。国家统计局统计数据显示，2014年我国居民收入基尼系数超过国际公认0.4的贫富差距警戒线，达到0.469，表明我国贫富差距越来越大。过大的贫富差距，导致我国居民消费结构越来越不合理。在富人层面，消费支出占支出的比重会越来越低，形成有钱“花不出”的局面；在穷人层面，消费支出占比增大，但穷人为保证生活的刚性支出，一般更倾向于“存钱”，这就导致市场需求日益低迷。同时，我国某些产品与国外产品在质量上还有一定的差距，导致供给不仅跟不上需求升级趋势，而且满足创造新消费、打造经济发展新动力的能力也不足。这就迫切需要通过供给侧结构性改革来提高供给结构的适应性、灵活性。

第三，资本边际效率下降。按照凯恩斯的定义，资本边际效率是一种贴现率，这种贴现率正好使一项资本物品使用期内各预期收益的现值之和等于这项资本品的供给价格或者重置资本。2008年国际金融危机后，随着政策刺激下国内投资的大幅增长，资本边际产出效率呈现出明显降低的趋势。这主要是因为，投资的不断增加必然会引起资本品供给价格的上升，增加生产成本也就相应地降低了投资回报率。投资回报率降低就会直接影响企业投资意愿。需要指出的是，由于第一产业投资比重下降过快，设备投资占比不断下降，第二产业中基础部门和加工部门的投资结构也相应失衡，导致投资结构也不够合理，突出地表现为加工工业投资增长较快而基础部门投资增长相对落后。同时，我国工业产业链基本上以土木建筑类投资为核心来布局，造成钢铁、水泥等行业产能严重过剩。

第四，杠杆率较高。改革开放以来，要素开始向高回报率产业和地区转移，经济增速加快催生了结构性加速现象，也导致了发展中的不平衡、不协调、不可持续问题日益突出。2008年国际金融危机以来，我国杠杆率迅速上升。尽管我国总体债务规模仍处于可控状态，但国家整体债务占GDP的比重与2008年相比仍有较大幅度提高，这种状况十分不利于企业稳定发展、推进技术创新、迈向全球产业链的中高端。值得注意的是，虽然总体上政府债务占GDP比重还不到40%，但部分地区政府偿债压力较大，有的甚至资不抵债，这就存在着债务的局部风险。因此，“去杠杆”就必须下决心约束地方政府的投资行为，扭转以间接融资为主的融资结构，控制其软预算约束下的高负债倾向。

第五，市场机制运行不畅。“新常态”意味着生产供应链的重组、经济结构的调整，进入创新驱动的发展轨道。在“旧常态”下的经济高速增长相当程度上依靠的是在招商引资中拼土地、拼资源、拼劳动力成本，经济发展方式主要表现为“经济规模以快速增长为核心、经济结构以简单复制为重点、经济效果以GDP增长为目标”。正是由于经济发展的速度与经济发展的质量处于一种扭曲关系，没有处理好两者之间的辩证关系，形成了经济增长不可持续的“问题”累积，这既是经济发展不充分的表现，更是发展质量给发展速度带来的严峻挑战。我们要把握现代经济产业发展方向，靠产业化的创新机制来培育和形成新的增长点。现代市场经济体制是创新活动的制度基础，这就要求我们必须全面深化改革，以提高发展质量和效益为中心，加快形成引领经济发展“新常态”的体制机制和发展方式。

（二）供给侧与需求侧

改革是中国宏观经济管理的一个重要组成部分。改革开放40多年来中国经济高速增长，主要动力就来自体制改革带来的经济增长效率的提升。总的来说，改革可以从供给和需求两个方面来总结。改革前期和中期，我们主要进行的是供给侧的改革，包括收入分配的改革、价格体制的改革、外贸体制的改革以及产权制度的改革等，这些改革主要发生在生产领域，根本改变了我国企业、生产者和劳动者的生产态度和通过市场竞争来生存和发展的水平，从而在根本上改变了我国经济运行中供给不足的局面。也有需求侧的改革，其中最大的改革就是1998年前后开始的住宅分配体制的市场改革，这一改革所带来的居民家庭对住宅实际需求的激增，形成了我国此后近20年最大的经济增长点。还有一些改革是涉及供需双方的改革，如财政税收体制、金融体制的改革以及政府职能的转变，对供需双方都产生着深远的影响。自从进入上一轮新的加速经济增长周期（2003年）之后，我国放慢了经济体制以及其他方面改革的步伐。一方面，我国刚刚建立起社会主义市场经济制度，新的市场体制能否有效运行还需要观察，完善社会主义市场秩序以及建立在这个市场基础上的宏观调控都需要一个过程。另一方面，从供需关系的平衡看，当时的主要矛盾是总量失衡而不是结构失衡，从产业结构的演进和升级看，我国正处于加速的工业化进程中，各个产业的发展以及由此带来的产业结构的变化是符合我国经济发展阶段的要求的。所以在当时的背景下，无论是对当时积极的财政政策实行“点刹”还是在货币政策上进行“微调”，或者是清理开发区等行政干预，都是试图通过“需求管理”或宏观调控来避免出现经济过热，以保持持续的高增长。应该说，当时我们实施的需求管理政策是基本有效的，从2003—2007年，我国经历了持续时间最长、通货膨胀程度最小、年均增长率最高的高速经济增长阶段。

2007年以后，我国经济运行中积累的各种矛盾开始逐渐呈现出来，2007年和2008年，我国的消费者价格指数和工业品出厂价格指数都创了进入21世纪后的新高，表面上看是总量平衡有所失控，其实是结构性矛盾正在变得更加尖锐，客观上有结构性调整的要求，如产业结构、收入分配结构、地区结构以及需求结构都有调整的要求。国家也开始采取一系列宏观调控措施，虽然在控制通货膨胀上的效果有限，但是经济增长率开始出现回落。在这种情况下，既要保持较高的经济增长率，又要抑制住正在加剧的通货膨胀势头，无疑是一个两难的任务。从需求管理的角度看，如果要保持较高的增长率，就需要刺激需求，但同时又会加剧通货膨胀；而如果要抑制通货膨胀而控制需求，那么经济增长无疑要受到影响。这实际上意味着多年以来我们实行的总量需求管理已经不能满足宏观经济管理的需要，必须通过供给管理和深化改革来解决经济增长中的各种结构性难题。但也就在这个时候，由美国“次贷”危机引发的全球金融危机爆发了，在中国经济已经深入地融入全球经济的背景下，这一危机对我国经济的冲击也是巨大的。在新的形势下，为抵御全球经济危机对我国经济的影响，我们的宏观调控政策或者说需求管理政策又从紧缩转变为宽松，通过进一步拉动和扩大投资，遏制住了经济增长率急骤回落的局面。从表面上看这一政策的转向使我们在总量增长上所遇到的矛盾得到了缓解，但结构上的矛盾实际上是更加尖锐[①]。

全球金融危机后的需求刺激政策，使房地产市场重新开始一轮剧烈的扩张，重工业又重新经历了一个新的高潮，并带动了新一轮的投资，暂时的繁荣掩盖了中国的产能过剩，延后了矛盾的爆发时点。由于这一轮经济扩张主要依靠的是房地产尤其是住宅建设的拉动，从而导致了我国房价的大幅攀升。短期来看，在这种房价上涨中各个方面似乎都得到了好处，消费者买到了相对“便宜”的房子，银行发放了“安全”的贷款，地方政府获得了土地收入，房地产商获得了开发利润，各种供货商从房地产商采购中销售了自己的商品或服务，住宅的投机或投资者获得了实际或账面的溢价收益，国家获得了税收和GDP，但这种增长是不可持续的，房地产对经济增长的贡献会在经历调整后回归常态。因此在未来的发展中，通过一类特定产品的消费升级来大规模地拉动最终需求的可能性已经很小，而要靠各个方面的常态增长来实现中高速经济增长的目标。这种“常态”的经济增长将是我国经济增长“新常态”的一个重要特征。

在经济增长新常态下，进入21世纪以来传统以需求管理调节经济增长的思路已经不能满足现阶段宏观经济管理的需求。从供求关系上看，现阶段经济失衡的主要表现是需求不足和产能过剩。简单地利用总量政策刺激，都很难迅速地见到效果。从2011年下半年开始，我国对宏观需求刺激政策实施了“择机退出”，强调要充分发挥市场在配置资源方面的决定性作用，这实际上已经从供给侧考虑怎样通过市场本身的自我调节，达到在生产领域优化结构的目标。构建新发展格局和顺利实现第二个百年奋斗目标并不能单纯依赖于供给侧结构性改革，而需要需求侧管理与供给侧结构性改革相配合。一方面，随着经济社会的发展，人们对高品质、高科技含量、高附加值产品的需求不断提升，而国内生产的许多产品已经难以有效满足消费者的消费需求。深化供给侧结构性改革，能够有效淘汰落后产能，推动产业结构优化升级，实现高质量产品的生产要求，从而满足人民日益增长的美好生活需要。另一方面，需求侧管理能够改善总需求结构失衡的困境，提升居民消费的规模和质量，从而对供给侧形成牵引作用。因此，需求侧管理和供给侧结构性改革相互配合

① 刘伟. 中国经济增长报告2010——从需求管理到供应管理［M］. 北京：中国发展出版社，2010.

是新时代下构建新发展格局的必然要求。

（三）新时代下供需双侧协同发力的实践路径

新时代下，以国内大循环为主体、形成双循环相互促进的新发展格局不能简单理解为内需规模扩张。构建双循环发展格局的核心思想更在于“提质”，对此需要我们兼顾供给侧与需求侧两端，促进供需双侧协同发力。

在供给侧领域，要深入推进供给侧结构性改革，其中“供给侧”是改革切入点，“结构性”是改革方式，“改革”才是核心命题，内在地体现出“转型是目标、创新是手段、改革是保障”的逻辑关系。这就必须全面贯彻落实党的十八届五中全会精神，坚持创新、协调、绿色、开放、共享的新发展理念，把创新摆在国家发展全局的核心位置，优化资源配置，释放新需求，创造新供给，促进经济稳定协调可持续发展。

第一，促进产业转型升级，实现从传统产业向现代产业的转变。要想推动产业转型升级，就必须改造传统产业，以产品创新为主导，以工艺创新为手段，以农业生产为基础，以公共产品为保障，提高产品的国际市场竞争力。首先，要着力推进产品创新。将创新摆在经济发展的核心位置，大力培育自主创新能力；着力降低企业债务负担，创新金融支持方式，提高企业技术改造投资能力；积极运用新工艺，培育新产业，加快技术、产品、业态等领域的创新步伐，创造出质量好、品牌佳、受消费者欢迎的具有竞争力的新产品。其次，构建农业生产经营体系。促进农业现代化建设，整合农业产业链上下游资源，实现农业的机械化、科技化、产业化、信息化生产，走出一条产出高效、产品安全、资源节约、环境友好的农业现代化道路。最后，加强公共产品的供给。政府应积极吸引社会资本参与，拓展资金来源渠道，增加公共产品的总供给；创新社会管理体制，通过社会自筹自支的形式，把社会资金引入公共服务品的供给上来，进而加大对公共汽车、地铁、学校、公园、医院的修建力度等。

第二，矫正要素配置扭曲，实现从要素驱动向创新驱动的转变。新时代下，实现经济高质量发展必须把转型升级、提质增效作为主线，推动国民经济实现从要素投入型增长向创新驱动型增长的转变。首先，要着力化解产能过剩。要按照“企业主体、政府推动、市场引导、依法处置”的原则，研究制定系统的政策体系，因地制宜、分类有序地通过市场化自主化解过剩产能，淘汰落后产能。其次，建立和完善人力资源市场体系和社会保障体系。加快建立和完善以“就业准入、登记管理、就业服务、技能培训、社会保险和政策扶持”为主要内容的城乡劳动者平等就业制度。建立健全城乡统一的社会保障体系，完善农民工的工伤、医疗、失业金、养老保险制度，妥善解决农村劳动者的社会保障问题。最后，加强产品市场治理。进一步完善社会主义市场经济体制，建立健全产品市场相关法律法规，提振消费者对市场的信心。只有对生产假冒伪劣产品的商业欺诈者予以重处和严惩，才能够有效净化市场，改变市场供给结构，促进供需平衡。

第三，改革行政管理体制，实现从政府管制向市场机制的转变。改革行政管理体制就是要通过行政体制改革简政放权，尽可能减少对微观经济的干预，让市场真正在资源配置中起决定作用，由市场机制来自发有效地配置资源。一是深化行政体制改革。着力转变政府职能，持续推进简政放权，优化政府机构设置、职能配置、工作流程，提高政府效能，激发市场活力和社会创造力。二是发展混合所有制经济。完善各类国有资产管理体制，鼓励非公有资本参与国企改革，积极探索经营者员工持股，充分放大国有资本功能，增强国有经济活力、控制力、带动力、影响力和抵抗风险能力。三是积极防范金融风险。加快财税体制和分配机制改革，建设公平竞争的市场体系和环境，改革并完善适应现代金融市场发展的金融监管框架，加大财政对成立融资性担保机构的引导，吸引更多的民营资本进入；有针对性地开发符合中小微企业特点的金融产品，加强对科技型、创新型、创业型民营小微企业的金融支持力度等。

在需求侧领域，传统的总需求管理难以有效应对需求侧深层次的结构性问题，也不能实现需求侧管理的预期目标，因此，只有创新与完善中国特色宏观调控体系，统筹稳定政策、增长政策和结构政策，在宏观政策“三策合一”的新框架下才能真正助力推进需求侧管理，从而有利于实现2035年远景目标和“十四五”时期经济社会发展主要目标。

第一，宏观政策“三策合一”框架能够有效扩大内需，提升消费质量和投资效率，从而有助于落实需求侧管理。中国具有超大规模的市场优势，充分激发内需潜力是需求侧管理的具体目标，也是构建新发展格局的必然要求。传统的总需求管理通过强刺激政策，不仅难以有效提升居民消费，还容易造成资金“脱实向虚”，从而抑制稳定政策的调控效率。宏观政策“三策合一”不仅能通过结构政策减轻居民收入分配不平衡对消费产生的抑制作用，还能疏通稳定政策对消费和投资的传导渠道。

第二，宏观政策“三策合一”框架能够解决总需求结构失衡的问题，从而有助于推进需求侧管理。就收入分配结构失衡而言，可以通过结构政策调控，扭转初次分配失衡，提高劳动者报酬占GDP的比重，并扭转二次分配“逆向调节”的局面，切实提高中等收入群体收入水平。就长期经济增长模式而言，可以通过增长政策调控，加速经济增长动力转换，推动经济增长方式由投资驱动型转向消费驱动型；通过稳定政策着力创造宽松的宏观政策环境和宏观经济运行环境，在做大GDP的前提下，提高居民的消费水平，改善总需求结构失衡的局面。

第三，宏观政策“三策合一”框架能够有效推动需求侧管理和供给侧结构性改革的配合，从而有助于构建以国内大循环为主体、国内国际双循环相互促进的新发展格局。构建新发展格局的关键在于“形成需求牵引供给、供给创造需求的更高水平动态平衡，提升国民经济体系整体效能”。宏观政策“三策合一”不仅能从根本上化解抑制居民消费的因素，有效释放潜在消费需求，助力需求牵引供给的实现，而且可以通过改善经济增长结构，推动制造业等产业转型升级，从而落实供给创造需求的要求。宏观政策“三策合一”可以进一步推动需求侧管理与供给侧结构性改革共同发力，为需求和供给相互促进的良性循环提供充足动力，从而为构建新发展格局奠定良好基础。

[本章小结]

改革开放以来，随着中国特色社会主义市场经济的不断发展，中国的宏观调控政策体系也在不断创新，经历了从“计划管理”到“综合平衡”，再到“宏观调控”“总量调控”“总量结构调控”，以及从“需求结构调整”到“需求+供给”的结构性调控的实践转型，形成了中国特色宏观调控“总量+结构”“需求+供给”“短期+长期”的理论范式。在这一过程中，统筹兼顾、综合平衡思想作为马克思社会再生产理论中国化的重要成果与结构调整思想共同构成了中国特色宏观调控理论的思想渊源，西方经济学中的宏观调控理论为中国宏观政策体系构建提供了理论指导，而坚持党对宏观经济管理工作的全面领导，坚持不断推进马克思社会再生产理论中国化，坚持走独立自主的发展道路，不断增强中国宏观调控的理论自信，坚持在改革与发展中不断创新和完善宏观调控，构成了中国特色宏观调控的基本经验。

当前中国进入新时代，经济进入新常态发展阶段，经济增速明显放缓，尤其是在2020年新冠肺炎疫情的冲击下，全球经济出现巨大回落，单边主义、保护主义上升，国际贸易和投资大幅缩减，为我国带来前所未有的挑战。基于这样的发展环境，党中央积极致力于构建以国内大循环为主体、国内国际双循环相互促进的新发展格局，这对宏观调控的实施提出了更新、更高的要求。这需要我们回顾好、总结好和利用好改革开放以来宏观调控的经验做法、应对经济危机的措施和手段，为推动中国经济发展，推动世界经济复苏贡献力量。

[课后习题]

1. 简述我国宏观调控的特征与目标，与西方宏观调控体系有何异同。
2. 简述我国宏观调控体系的基本逻辑。
3. 如何看待我国宏观调控体系的演变过程？
4. 如何看待新时代下“供给侧结构性改革”的政策内涵？
5. 2020年在新冠肺炎疫情的冲击下，我国宏观调控体系应当如何调整以推动经济复苏？

[第九章]

经济增长模式转型：由高速增长到高质量发展

第一节　中国特色社会主义的经济增长

一、社会主义经济增长的实质

马克思主义把人类社会历史划分为五个社会形态，即原始社会、奴隶社会、封建社会、资本主义社会和共产主义社会。在马克思看来，不同社会形态的根本区别不在于技术或是文化，而在于它们具有不同性质和特点的生产方式和与之相适应的生产关系，而这又是由生产力水平所决定的。马克思对未来社会主义和共产主义社会的基本特征进行了理论预测和概括。社会主义作为共产主义社会的初级阶段，其本质在于消灭旧的社会分工，实现人的自由全面发展。因此，社会主义经济增长的实质在于以人民为中心，通过社会生产力水平的提高从而为走向更高级的社会形态提供现实基础。

苏联的社会主义实践曾是人类20世纪最令人瞩目的经济实践，成为全球马克思主义信仰者的实践灯塔，使社会主义政治经济制度善于“集中力量办大事”的优势逐步显现出来。虽然“重、轻、农”的产业发展顺序、优先发展重工业和军事工业，并不符合当时苏联经济的实际情况，但也正是这个发展顺序为苏联随后打败纳粹德国的入侵奠定基础。而斯大林对社会主义生产的目的表述，被公认为继承和发展了马克思主义政治经济学的基本立场：“社会主义生产的目的是满足人民群众不断增长的物质文化的需求。”[①]从1945年卫国战争胜利以后，苏联经济一直保持在大约10%的高速增长，然后大约每隔10年下降一个台阶，逐步下滑到7%、5%、

① 斯大林．苏联社会主义经济问题［M］．中共中央马克思恩格斯列宁斯大林著作编译局，译．北京：人民出版社，1964：31．

2%，到20世纪70年代末期陷于停滞。

改革开放以前，我国也始终践行以人民为中心的发展思想，在党中央领导人对马克思主义基本理论的深刻解读下，我们将社会主义等同于“公有制”加“计划经济”。由于计划经济体制下中央集权模式不断暴露出问题，我国开始了“虚君共和”构想的具体实践，开始了计划经济体制下的分权模式。尽管在这个过程中我国出现了“大跃进”，一定程度上导致了经济的混乱。但整体来看，党中央对社会主义制度的建设与探索为日后经济改革与探索提供了坚实的物质基础，使中国摆脱了落后挨打的局面，在全国范围内建立了完整的工业体系，为民族独立与民族自信的形成贡献力量。改革开放以来，尽管我国由单一的公有制向日益多元化的所有制结构转变，但我国的社会主义本质没有发生改变，社会主义经济发展实质没有发生改变，我国依旧是为了最广大人民群众、以人民为中心的发展，为最终实现全体人民共同富裕的发展。

二、中国特色社会主义经济增长的本质特征与成因

（一）中国特色社会主义经济增长的本质特征

中国特色社会主义理论体系统一于马克思主义中国化的历史进程，既与毛泽东思想的理论精髓具有内在统一性，又在此基础上进行了理论创新，立足于历史发展的不同阶段特征解决中国经济发展的时代性问题。中国特色社会主义制度，既包含社会主义制度的共性，又具有中国特性。因此，中国特色社会主义制度尽管不同于传统意义上的社会主义制度，但从本质来说，二者具有内在一致性。

改革开放以来，我国实现了社会主义与市场经济的融合，体制转换为经济增长催生了源源不断的动力，创造了中国增长奇迹。尽管中国经济增长取得了卓越的成绩，但在这个过程中，出现了贫富差距不断扩大的现象。中国特色社会主义经济增长的本质特征，就是以人民为中心。社会主义与资本主义的区别表现在许多方面，如所有制、分配制度、国家作用等。这些区别在经济发展方面就体现为是以人民为中心还是以资本为中心，是为了少数人的利益还是为了大多数人的利益。这是两种截然不同的发展道路和发展思想。坚持以人民为中心的经济增长，就是让一部分人先富起来，先富带动后富，最终实现共同富裕。新时代下，伴随社会生产力水平和人民生活水平的提高，社会主要矛盾发生转化，人们对经济增长的追求转变为对发展质量的重视，坚持以人民为中心的经济增长从某种程度上转化为实现共享发展的目标追求。具体来说即是全民共享、全面共享、共建共享。实现以人民为中心的经济发展，需要遵循科学的路径，这就是要建立更加成熟定型的中国特色社会主义经济制度，把社会主义基本制度和市场经济更好地结合起来。

中国特色社会主义经济发展必须实现科学发展。以人为本，就是要以实现人的

全面发展为目标，从人民群众的根本利益出发谋发展、促发展，不断满足人民群众日益增长的物质文化需要，切实保障人民群众的经济、政治、文化权益，让发展成果惠及全体人民；全面发展，就是要以经济建设为中心，全面推进经济建设、政治建设、文化建设、社会建设和生态文明建设，实现经济发展和社会全面进步；协调发展，就是要统筹城乡发展、统筹区域发展、统筹经济社会发展、统筹人与自然和谐发展、统筹国内发展和对外开放，推进生产力和生产关系、经济基础和上层建筑相协调，推进经济建设、政治建设、文化建设、社会建设的各个环节、各个方面相协调；可持续发展，就是要促进人与自然的和谐，实现经济发展和人口、资源、环境相协调，坚持走生产发展、生活富裕、生态良好的文明发展道路，保证一代接一代地永续发展。

（二）中国特色社会主义经济增长的成因

从中国特色社会主义政治经济学的角度理解，改革开放以来中国经济的持续高速增长是新的历史条件下我国生产力与生产关系协同发展的结果，有着坚实而深厚的基础。具体来说，中国改革开放以来的经济高速增长主要得益于阶段优势、大国优势和制度优势。

首先是阶段优势。经济增长的一般规律是，快速增长大多出现在工业化、城市化（也称城镇化）和现代化的推进过程中，这主要是因为，在工业化和城市化的过程中，生产要素由生产率较低的农业部门向生产率较高的工业部门转移，资源配置的总体效率得到提高，而转移到城市和其他产业的农业人口又创造了巨大的社会需求，刺激着工业和第三产业的发展，促进产品创新和产业升级，推动科技、文化、教育、体育、医疗卫生等社会事业全面发展。改革开放前30年，中国的工业化、城市化和现代化取得了巨大成就，在不断推进工业化、城市化和现代化过程中，也创造了持续30多年高速增长的基础。

其次是大国优势。这集中表现在四个方面：一是劳动力优势。改革开放40多年，中国进行了大规模的农村劳动力转移，在劳动投入数量不断增加的同时，劳动质量不断提高。二是空间优势。由生产要素大规模集聚产生的规模经济，促进了生产效率的不断提高；由产品种类繁多产生的范围经济，促进了分工的不断扩大；由区域差异产生的梯度效应，促进了区域之间的优势互补和协同发展。这种空间优势也是我国经济的巨大韧性、潜力和回旋余地的客观基础。三是内需优势。巨大的人口规模和劳动力资源，创造着巨大的市场需要。四是资本积累优势。中国经济增长的一个重要特点就是高储蓄与高投资并行，高储蓄与高投资保证了经济高速增长的资本基础。

最后是制度优势。从计划经济向社会主义市场经济体制的转型，使经济主体有了独立的经济利益和经济自主权，极大地调动了企业、个人等经济主体的积极性，解决了传统体制中存在的激励不足问题；价格决定的市场化，使价格能够及时灵活地反映资源的稀缺状况，解决了传统体制中的信息收集和传递难问题；竞争作用日益充分地展开，推动了技术、产品和管理方式的创新，解决了传统体制的创新缺乏问题；市场规模的不断扩大，使劳动分工日益深化，专业化水平不断提高，分工与交换的相互作用日益增强，解决了传统体制下经济增长的持续动力不足问题。同时，社会主义市场经济是与社会主义基本制度相结合的市场经济，既发挥了市场经济的长处，又发挥了社会主义制度的优越性，具有很多新特点和新优势。这就是，中国共产党总揽全局、协调各方的核心作用同尊重人民首创精神相结合，公有制为主体同多种所有制经济共同发展相结合，政府有效调控同市场有效作用相结合，提高效率同促进社会公平相结合，坚持独立自主同参与经济全球化相结合，中央集权同地方分权相结合，兼顾当前利益与长远利益，局部利益与整体利益，发展、改革与稳定等，调动了各方面的积极性和创造性，融合了多种制度的优势和长处，使各种资源都得到比较充分有效的利用，极大地解放和发展了社会生产力，推动了经济社会全面发展。

三、新时代下经济转型的必要性

（一）支撑经济增长的客观条件发生变化，传统的经济增长模式难以为继

改革开放以来，中国经济突飞猛进，取得了举世瞩目的成就。但重规模、重速度导致的发展不平衡、不协调、不可持续等问题也非常突出。“我国依靠要素成本优势所驱动、大量投入资源和消耗环境的经济发展方式已经难以为继。”[①]具体体现为以下几点：

第一，全球经济复苏缓慢，国际需求疲软。依靠廉价的劳动力和资源供给的“低价工业化增长模式”是中国贸易长期增长的主要推动因素，这些因素导致了改革开放初期出口导向型的经济增长模式。改革开放初期的高速经济增长依赖于外部经济，但近些年来，随着金融危机后国际市场复苏缓慢、持续低迷，我国出口需求明显减少。2008年以来我国进出口总额和外商直接投资的增速明显开始下降，其对增长的贡献逐步下降，新时代中国经济增长很难享有全球化初期阶段全球化对我国经济增长的作用。

第二，国内投资和消费需求增长放缓。自2014年开始，企业固定资产投资、房地产投资以及基础设施投资增速都开始下降，国内投资需求不足的原因主要在于投资主体、投资结构以及投资方式的不合理。市场条件下，增长的长期动力应来源于民间投资，但我国目前经济增长出现了投资主体结构失衡的现象，政府主导投资热，而民间投资冷，使得市场竞争中最具活力的中小企业缺乏投资支持。并且在现有投资结构中重经济的脱实向虚的状态，导致实体经济缺乏资金支持，大量过剩资本涌向资本市场，实体经济与虚拟经济失衡。同时，消费对经济的贡

① 习近平．加快实施创新驱动发展战略 加快推动经济发展方式转变［EB/OL］．(2014-08-19)．http：//cpc.people.com.cn/n/2014/0819/c64094-25490969.html.

献在上升，家庭消费总量有所增加，但是由于收入差距扩大等因素，其作用还没有完全发挥。2016年我国最终消费率虽突破64.6%，但远远低于发达国家80%的平均水平。

第三，人口红利的消退。过去30多年我们主要处在人口红利的前期阶段，充足的劳动力供给和高储蓄率推动了我国改革开放初期的工业化和城市化的快速发展。在工业化进程中大规模的劳动力从农村迁移到城市，造就了中国“世界工厂”的地位。近10年来，我国进入了“人口新时代”，人口增长率降低、老龄化加速、劳动人口减少、人口素质提高，人口红利的前期优势逐渐降低。中国目前人口红利逐渐消退，已经到达从劳动力无限供给转向有限供给的转折点。《中国统计年鉴2017》数据显示，我国15～65岁人口占总人口的比重从2010年开始下降，从2010年的74.5%下降到了2017年的72.5%，2020该比例下降至68.5%。反观我国65岁以上人口占比情况，2021年该数值达到14.2%，较上一年增加0.7%，老龄化程度进一步加深，老年人抚养比上升。由此可见，随着劳动人口占总人口比重的下降，改革开放初期单纯依靠劳动力规模而带来的分工效应也在减弱。未来依靠劳动力质量提高人口红利的局面还没有形成，经济增长受到人口红利消退的制约。

第四，自然资源供给约束趋紧。过去30多年间要素驱动型的经济增长使得自然资源稀缺性对中国经济增长的制约逐渐加强。进入新时代，首先，随着中国产业结构的优化升级，支撑经济发展的能源供给与需求不相适应。作为能源大国，受国际能源价格波动的影响，我国能源生产和消费结构出现了失衡局面。其次，随着城市化进程的推进，城市建筑用地不断增多，导致了耕地面积的减少，促进了土地价格的上涨。耕地面积的减少和土地价格的上涨成为城市化与工业化进一步发展的新制约。再次，在城市化与工业化进程不断加快的过程中，对水资源的需求日益增大。但我国水资源人均占有量小，且分布不均。同时，由于地方政府单纯追求地区生产总值的增长，经济增长以资源环境为代价，导致了生态环境问题日益严重，更是加重了资源供给的负担。

第五，技术创新的约束。改革开放以来，不完善的制度与不健全的体制机制下形成的模仿式技术进步，使得我国技术长期处于改进和模仿阶段。具有自主知识产权的技术缺乏、经济增长的技术含量低、技术进步对经济增长的贡献率低造成全要素生产率水平较低、产品结构不合理、新产品发展不足、产品的附加值低、供给与需求不对接，这些因素造成过剩与短缺共存的市场格局。再加上国内技术要素发展不平衡，东南沿海地区的创新贡献率逐渐提高，而广大中西部地区技术创新贡献率依然不足，造成了不合理的技术要素空间分布格局，导致了生产力发展的不平衡和不充分局面。

（二）中国经济发展进入新常态

伴随世界经济进入新常态，在外部冲击和内部结构性调整的驱动下，我国经济增速放缓，进入新常态发展阶段，具体呈现为经济增速变化、结构优化、动力转化等三大特点。“经济新常态”不仅是经济发展的必经阶段，同时又是顺应社会发展的内在要求。“认识新常态，适应新常态，引领新常态，是当前和今后一个时期我国经济发展的大逻辑。”①

首先，增长速度由超高速向中高速转换，是经济新常态的表征特征。改革开放的前30年，中国经济保持了接近两位数的超高速增长。受2008年金融危机影响，经济增速有所放缓，而2012年和2013年经济增速开始进一步回落。从国际经验来看，经济增速的适度回落是经济发展的普遍规律。国际情况整体需求增长缓慢也对中国经济增长产生一定影响；而国内传统经济增长模式的弊端日益显现也促使经济转型升级。

其次，产业结构由中低端水平向中高端水平转换，是经济新常态的主攻方向。长期以来，我国产业发展方式较为粗放，高投入、高消耗、低产出的产业占据比重较大，产业结构主要位于全球价值链的中低端，存在科技创新能力不足、科技与产业的融合力度不够等问题。当前，我国传统产业供给能力大大超过需求，传统人口红利逐步衰减，“刘易斯拐点”正在加速到来。产业结构必须从增量扩张为主转向调整存量、做优增量优化升级，进一步大力推动战略性新兴产业、先进制造业等产业的发展，优先发展生产性和生活性服务业，通过化解产能过剩风险等举措，提升我国产业在全球价值链中的地位。

再次，增长动力由要素驱动、投资驱动向创新驱动转换，是经济新常态的核心内涵。目前，传统要素的规模驱动力日益衰减，经济增长将更多依靠人力资本质量和技术进步，必须让创新成为驱动发展新引擎。面对世界科技创新和产业革命的新一轮浪潮，存在着我国与其他国家抢占山头和制高点的问题。在巨大的压力下，中国企业主动转型、加强创新的意愿在明显加强，经济增长的动力正逐渐转入创新驱动新常态。

最后，经济福祉由非均衡型向包容共享型转换，是经济新常态的发展结果。“人民对美好生活的向往，就是我们的奋斗目标。”②改革开放以来，城乡人民收入增加，人民生活水平大大改善。但是，由于市场体制还不完善，导致收入分配差距加大，经济利益分配不均等问题依旧存在。经济新常态下，我们要更加注重满足人民群众需要，保障低收入人群生活水平，注重协同发展，重视社会大局稳定，促进经济福祉，实现人民共享③。

---

① 新华社．中央经济工作会议在北京举行 习近平李克强作重要讲话［EB/OL］．(2015-12-21)．http：//politics.people.com.cn/n1/2015/1221/c1024-27957705.html.

② 中共中央文献研究室．十八大以来重要文献选编：上［M］．北京：中央文献出版社，2014：70.

③ 张占斌．中国经济新常态的趋势性特征及政策取向［J］．国家行政学院学报，2015（1）：15-20.

第二节 我国经济增长模式转型过程

一、经济发展理念与发展方式演变

(一) 经济发展理念演变

1. “发展主义” 理念

改革开放初期，经济的去政治化以及市场的脱嵌逐渐将图利动机和货币伦理引至社会前台，国家发展理念开始自我演化为“发展主义”。这一时期的改革开放进程不再适用于“如何实现发展”的基础性问题，而是侧重于“如何更快发展”。国家发展理念逐步系统化为一种统辖全社会的现代性话语和意识形态——发展主义，在发展主义的意识形态中，经济增长被认为是社会进步的先决条件[①]。

改革开放初期，国家对发展基础的重构为发展主义的形成提供了准备性条件，而由国家推动的市场化改革、城乡关系与区域关系的再调整战略为发展主义的形成提供了必要条件。从市场关系来说，改革开放初期的“社会主义有计划的商品经济”转轨为“社会主义市场经济”，市场开始在资源配置中起基础性作用[②]，“市场”进而显示出更大的渗透性和自主势力，资源和关系遵循市场交换原则及商品化规律。在逐渐释放市场自主化潜能的同时，国家同时保留“政府宏观调控”的必要位置，这在日益脱嵌的经济部门中实际植入了反作用力，国家因此维持着对经济增长势力的某种控制。从区域关系来看，改革开放后，国家的现代化建设包括“两个大局”，即沿海地区加快对外开放从而先发展起来，以及沿海地区发展起来以后再帮助内地发展[③]。但是，从实践来看，诸如西部大开发等战略并未完全改变西部“欠发达”的境况，西部地区仍以要素的流动转移配合东部沿海地区的发展，继续强化沿海地区和内地的非对称性发展关系。从城乡关系来看，改革开放后，国家继续奉行城市偏向的发展战略。国家在资本流向、公共物品供给、户籍制度设计以及社会保障资源方面实行“城乡分治”，城市化和工业化成为推进经济发展的主导方式，农业农村被排斥为单纯的原料和劳动力后援站及工业产品的转移市场；国家城市偏向的发展方式并未产生对农村普惠的涓滴效应，反而持续强化了城乡二元的社会结构[④]。仅靠农村的自生性发展无法紧跟城市发展的速度，因此，国家在发展理念中对城乡关系进行了重新定位，即强调“统筹城乡社会经济发展，建设现代化农

① 杨寄荣. “发展主义”及其反思 [J]. 思想理论研究，2010 (5)：16-20.

② 中共中央文献研究室. 十四大以来重要文献选编：上 [M]. 北京：人民出版社，1996：19.

③ 邓小平. 邓小平文选：第二卷 [M]. 北京：人民出版社，1994：278.

④ 叶敬忠. 乡村振兴战略：历史沿循、总体布局与路径省思 [J]. 华南师范大学学报（社会科学版），2018 (2)：64-69，191.

业，发展农村经济，增加农民收入”[①]，加快农村发展的动力来源于国民经济基础的长期积累，而机制在于“以工促农”和“以城带乡”。作为综合性发展干预工程的社会主义新农村建设也是为了“加快改变农村经济社会发展滞后的局面”[②]。社会主义新农村建设是“城市偏向”基础上的“以工促农”和“以城带乡”，农村的“落后性”被视为国家发展改造的对象，目的是以此提升社会的整体发展速度，从而加快社会主义现代化建设的进程[③]。

总的来说，改革开放初期将相对零散的发展策略和发展理念系统化为统一的发展主义话语，其中市场脱嵌于社会，且成为将资源和关系商品化的独立经济系统，而区域关系和城乡关系则纳入现代化的过程，也使发展获得了主导社会的权力，从而服务于“如何实现更快发展”的现代化议题。

2.科学发展观

“发展主义”理念以追求发展速度为最主要目的，并将社会发展简化为经济增长问题，从而遮蔽“发展”应具有的综合性内涵。贫富分化、生态恶化、“三留守”问题等引起社会各界对发展主义理念的反思，而社会管理的复杂性程度增加以及资源利用压力也倒逼国家发展理念作出内部调适，以真正的“可持续发展”为基本要求的科学发展观成为国家主动调整发展主义理念的一次尝试。

科学发展观的理论转换构成了新发展理念产生的先声。党的十六届三中全会明确提出“坚持以人为本，树立全面、协调、可持续的发展观，促进经济社会和人的全面发展”，并且提出了“五个统筹发展”的新要求。其中“坚持以人为本”是本质和核心；“全面、协调、可持续发展”是基本原则和内容；“统筹兼顾”和“五个统筹发展”是根本要求和具体体现；“促进经济社会和人的全面发展”是精神实质和根本目标。这是在中国全面建设小康社会的新形势下，以胡锦涛同志为总书记的一届中央领导集体提出的一种新的科学发展观。这种新的科学发展观，丰富了发展内涵、创新了发展观念、开拓了发展思路、破解了发展难题，是我们党对经济社会发展规律在认识上的重要升华，也是发展观的理论创新。在科学发展观的理论推动下，国家开始将“社会建设”和“生态文明建设”纳入“五位一体”的总体布局中，力图实现经济、政治、文化、社会、生态的统筹联动，从而将原本窄化的发展主义逐步扩展为综合性内涵，发展主义的失衡性开始得到纠偏。

然而，在实践中却存在难点。正如可持续发展理念自在中国落地之日起，“可持续性”和“发展”就在一定程度上被二分化了。“科学发展观”虽然缓解了过去片面追求经济增长速度、忽视经济发展效率的局面，但其发展目标一定程度上也出现了扭曲与分化，主要体现在发展目标的实现的指标度量方面。“科学发展观”所选择的指标一般分为两类，一类是具有市场过程表现的指标，例如，GDP、利润、

① 中共中央文献研究室．十六大以来重要文献选编：上［M］．北京：中央文献出版社，2005：17.

② 中共中央文献研究室．十六大以来重要文献选编：下［M］．北京：中央文献出版社，2008：836.

③ 叶敬忠．乡村振兴战略：历史沿循、总体布局与路径省思［J］．华南师范大学学报（社会科学版），2018（2）：64-69，191.

税收等；另一类是没有直接的市场过程表现的指标，例如，民生建设、资源节约、环境保护、社会公平等。前一类指标可以同市场主体的直接利益动机相一致而获得实现动力，即达到这些目标同时可以获得直接的利益回报；而后一类指标除非有特别的制度和政策设计，否则没有同直接的利益动机相一致的个体行为基础，即市场主体努力实现这些目标不能获得直接的利益回报甚至必须付出较高的个体成本。在这样的机制设置下，地方官员为追求政绩，获取财政或行政激励，会把精力投入到第一类目标的建设，相对地降低第二类目标建设的热情度，因而导致在“科学发展观”的落实过程中，“发展”仍被“经济增长”所捆绑，对涉及经济发展的其他目标的重视程度仍有待加强①。

3.新发展理念

中国经济总量虽已跃居世界第二位，但经济增长的高速度难以长期持续，因此，如何适应经济增长的下行压力并适时推动经济的结构性调整，成为国家发展理念应予以反映和应对的时代议题。“新常态”首先对我国经济增长周期作出了历史性定位，并指出我国经济发展的主要特点是“增长速度要从高速转向中高速，发展方式要从规模速度型转向质量效率型”②。由此可见，“新常态”关注的焦点已经从“如何实现更快发展”过渡至“如何实现更好发展”的议题。

党的十八大以来，以习近平同志为核心的党中央提出了“创新、协调、绿色、开放、共享”的新发展理念。新发展理念深刻揭示了新时代实现更高质量、更有效率、更加公平、更可持续发展的必由之路，标志着我们党对发展规律的认识达到了新的高度。

创新发展理念解决的是我国经济发展的动力问题。创新是我国经济高质量发展的核心动力，也是推动我国产业体系转型、打造我国核心竞争力的内在要求。在新一轮的经济发展过程中，我国应着力于创新驱动型产业体系的构建，通过增加研发支出、鼓励企业自主研发，培育我国的创新能力，提升我国的创新水平。

协调发展理念是针对我国经济发展不平衡不充分问题的解决方案，就城乡发展的不均衡问题而言，协调发展意味着通过促进城市化与工业化的协调发展推动我国经济的增长与人民生活水平的提高。就具体的政策实施而言，政府应通过促进城乡发展一体化，推进我国城乡的协调发展。

绿色发展理念解决的是人与自然和谐相处的问题，在过去以国内生产总值作为地区经济发展的核心绩效考核指标的情况下，我国在经济发展中对生态环境的重视度不足，对自然环境造成了压力。在新一轮的发展进程中，应优先发展资源节约型、环境友好型的产业体系，坚持绿色发展道路。

开放发展理念是针对我国的供需市场问题的解决方案，开放发展实现了世界范

---

① 叶敬忠，张明皓．发展理念的变迁与新发展理念的形成［J］．济南大学学报，2020（1）：5-12，157.

② 习近平．关于《中共中央关于制定国民经济和社会发展第十三个五年规划的建议》的说明［N］．人民日报，2015-11-04.

围内的要素流通。面对当前复杂的国际经济形势，特别是中美贸易摩擦的发生，我国要充分利用“一带一路”等开放政策，实现要素的自由流动与市场的一体化，促进我国经济又好又快发展。

共享发展理念解决的是先富带动后富的社会公平问题，面对贫富差距不断加大的现实问题，共同富裕不仅是我国全面建成小康社会的必然要求，也是提升我国经济增长潜力的重要路径。

新的历史发展阶段需要新的发展理念作为指导，新的发展理念不仅是我国经济发展的方向指导，也是解决新时代发展问题的答案。我们应以新发展理念作为解决发展问题的具体方向，进而实现以新发展理念为指引的现代化道路。

（二）经济发展方式演变

1.需求侧到供给侧：需求管理与供给管理协同发力，实现经济发展方式转变

改革开放40多年来，我国经济的迅速增长依赖于需求端的刺激。传统需求管理能够有效地刺激经济增长，在经济遭受外部冲击时能够保持相对平稳，但与此同时，其带有明显的短期性特征，所产生的消极影响无法在短期内得到解决。经济新常态以来，经济发展的种种弊端日益显现，传统需求侧管理无法满足经济对可持续发展的要求，需要重视供给管理在经济发展进程中的作用，实现经济发展方式的转变。供给管理虽然无法在短期内显现效果，但从长期来看，一方面可以保持经济的平稳增长，同时也可以有效缓解甚至消除需求管理政策所带来的长期负面影响。首先，是制度供给问题。党中央在十八届三中全会中提出“市场在资源配置中起决定性作用”①，在十九届四中全会上又将基本经济制度内涵予以扩充，提出要“坚持和完善社会主义基本经济制度，推动经济高质量发展”，“坚持社会主义基本经济制度，充分发挥市场在资源配置中的决定性作用，更好发挥政府作用，全面贯彻新发展理念，坚持以供给侧结构性改革为主线，加快建设现代化经济体系”②，从制度层面为经济发展方式转型提供支撑，改善我国市场经济运行与收入分配调节问题。其次，是供给环境问题。在市场准入方面，要“清理废除妨碍统一市场和公平竞争的各种规定和做法，支持民营企业发展，激发各类市场主体活力”③，同时，要“打破行政性垄断，防止市场垄断，加快要素价格市场化改革，放宽服务业准入限制，完善市场监管体制”④。在创新引领方面，“实施创新驱动发展战略，最根本的是要增强自主创新能力，最紧迫的是要破除体制机制障碍，最大限度解放和激发科技作为第一生产力所蕴藏的巨大潜能”⑤，要通过增强技术进步和人力资本的作

① 中共中央．中共中央关于全面深化改革若干重大问题的决定［M］．北京：人民出版社，2013.

② 中共中央．中共中央关于坚持和完善中国特色社会主义制度 推进国家治理体系和治理能力现代化若干重大问题的决定［M］．北京：人民出版社，2019.

③ 习近平．决胜全面建成小康社会，夺取新时代中国特色社会主义伟大胜利——在中国共产党第十九次全国代表大会上的报告［M］．北京：人民出版社，2017.

④ 习近平．决胜全面建成小康社会，夺取新时代中国特色社会主义伟大胜利——在中国共产党第十九次全国代表大会上的报告［M］．北京：人民出版社，2017.

⑤ 习近平．在中国科学院第十七次院士大会、中国工程院第十二次院士大会上的讲话［M］．北京：人民出版社，2014.

用来提高全要素生产率①。

2.粗放式到集约式：由数量型经济增长向质量型经济增长转型

经济发展方式有不同的类型。依据马克思的观点，经济发展方式可以分为外延式和内涵式两种不同类型。结合中国经济发展的实践，按照是否可持续、要素组合方式、经济增长动力划分为不同类型。长期以来，中国形成了依靠投资出口拉动的粗放式发展模式。这种方式主要依靠需求因素发挥作用，然而中国过去的发展状况决定了国内需求不足，再加之在2008年金融危机的冲击下，我国外需也处于严重不足状态，只能单纯依靠投资需求支撑经济增长，这就造成了结构性产能过剩问题突发，重复投资现象严重，经济发展方式陷于投资驱动和规模扩张而不能自拔的困境中，经济效率难以提高。为推动经济发展方式转型，近年来国家积极转变投资方向，增加研发支出，培育自主品牌，提高自主创新能力，推动经济由粗放式向集约式发展模式转变，由数量型增长向质量型增长转变。具体表现为以下三点：

第一，由外部推动的经济增长转化为内生增长。我国的经济增长过去一直是由外力推动的，主要表现为外资推动。外部推动的经济增长由于缺乏核心技术，只能依靠规模扩张，经济增长的成本高且收益低，同时缺乏竞争力。在经济发展方式转变中需要由外部推动的经济增长转化为内生增长，通过技术创新、产业升级和竞争力的提高实现内生增长。

第二，由过去的资源耗费型增长向资源节约型增长转变。在转变经济增长方式中，要特别注重经济发展的质量，对环境、资源和生态问题要基于高度重视，不仅要求新的项目不能破坏环境，还要求治理过去的发展所造成的对生态的破坏。

第三，由低成本的扩张向高效率的创新型增长转变。这主要体现为经济结构的优化与调整。产业结构作为以往经济增长的结果和未来经济增长的基础，体现着经济发展的方向和水平。因此，在今后的发展中应优化结构，提高效益，降低能耗，走自主创新之路、新型工业之路、农业现代化之路和城镇化之路，准确把握产业发展定位，实现国民经济又好又快发展②。

二、经济发展战略调整与结构优化

（一）经济发展战略调整

1.经济发展动能转换：创新驱动超越要素驱动成为经济发展的根本动能

中国经济40多年的高速增长得益于低廉的劳动力、土地、资源等要素驱动推动，然而伴随要素价格的不断上扬，要素驱动优势逐渐丧失，使制造业的利润空间

① 任保平，张文亮．以供给管理与需求管理相结合来加快经济发展方式转变［J］．经济纵横，2013（2）：43-47.

② 任保平，张文亮．以供给管理与需求管理相结合来加快经济发展方式转变［J］．经济纵横，2013（2）：42-47.

日趋逼窄。1998—2008年全国规模以上工业企业利润总额年均增长35.6%，2012年、2013年、2014年分别降至5.3%、12.2%、3.3%，表明“过去依靠低要素成本驱动的经济发展方式已难以为继”①。国内趋紧的资源环境瓶颈和诸多发展问题以及全球新一轮密集创新和产业变革大趋势，倒逼和驱使中国必须尽快从要素驱动转向创新驱动。党的十八大明确提出“实施创新驱动发展”战略。目前，技术进步的新引擎和创新驱动的动力格局正在形成。一是企业的创新意愿和能力显著增强。过去几年规模以上工业企业开展研发活动的比例增加120%，研发人员和研发支出增加1倍以上，占比分别达76%、77%；二是国家创新能力全面提升，2014年全国共投入研发（R&D）经费13 400亿元，占比创历史新高，为2.1%；全时研发人员总量、国际科技论文数量和被引次数、国家创新能力指数排名分别位居世界第一、第二、第四和第十九位。②《国家创新指数报告2020》显示，中国国家创新指数综合排名世界第十四位，科技创新能力快速提升，与先进国家的差距逐渐缩小。

2.经济发展空间重构：平衡发展战略替代非均衡战略成为区域协同发展总体布局

改革开放初期我国实行“双轨制”和“非平衡发展战略”以推动部分地区快速发展，形成了我国东部腾飞、中部塌陷、西部落后的非平衡状态。不仅如此，城市之间的不平衡也逐渐显现，大型城市尽管发展速度快，但城市病却愈发严重，中小城市发展则相对薄弱。这些失衡拉高了发展成本，降低了增长效益，限制了发展潜力。1999年、2002年、2004年中央政府先后提出并实施了西部大开发、东北振兴、中部崛起战略，2009年国务院批复了7个国家战略的区域发展规划，区域经济发展不平衡问题有所改善。新一届领导集体更是以顶层设计、协同发展打破了过去各自为战的保守思维模式，在区域一体化的基础上逐步实现“全国一盘棋”的大战略布局。2014年，决策层描绘出了“一带一路”、京津冀协同发展、长江经济带等区域一体化发展的宏伟蓝图。同时，城乡结构也在发生新的转变，以人口城镇化为核心的新型城镇化正加速发展，并成为中国经济转型升级、扩大内需的新增长点。2014年年底城镇化率已经达到54.77%，随着户籍制度的进一步放开和改革，城乡二元结构将逐渐打破，城乡统筹、协调发展将逐渐进一步加速。

3.经济发展差距缩减：精准扶贫战略替代区域瞄准式扶贫成为脱贫攻坚的重要部署

我国的扶贫工作走的是一条包容性增长的路径。改革开放前30年，在党中央的积极带领下，扶贫工作取得了重大进展。我国由过去以单纯的制度性变革引导扶贫（1978—1985年）发展到以区域瞄准为主的发展式扶贫（1986—2000年），再到

① 徐曼曼，孙炎．中国经济“新常态”：加减之间看亮点［EB/OL］．（2014-09-18）．http：//finance.china.com.cn/news/gnjj/20140918/2683516.shtml.

② 经济日报“自主创新”调研小组．全民拥抱“创”时代——中国自主创新能力建设2014年度报告［EB/OL］．（2015-04-07）．http：//www.ce.cn/cysc/newmain/yc/jsxw/201504/07/t20150407_5030648.shtml.

为全面建设小康社会进程的扶贫开发阶段（2001—2013年），将我国扶贫工作的着力点由宏观层面降低到微观层面，又从贫困县向贫困村转变[①]。在党中央的扶贫政策的战略部署下，中国的贫困人口数量大大降低。1981—2008年全球的贫困人口从15亿减少到8.05亿，中国为全球减贫事业贡献了90%的力量。[②]伴随宏观经济环境的变化，中国收入分配不平等程度开始加重，底层收入人民难以享受经济发展带来的福利。党的十八大以来，习近平总书记提出“精准扶贫战略”，旨在将扶贫战略的着眼点进一步微观化，将扶贫任务落实到个体，解决老百姓贫困问题。该战略以“共同富裕”为基本原则，以“全面建成小康社会”作为宏伟目标，内容包括：“扶贫对象精准、项目安排精准、资金使用精准、措施到户精准、因村派人精准、脱贫成效精准。”精准扶贫战略的根本在于帮助贫困人口摸索出合适的致富路线，在实现全面小康社会的道路上不能有人掉队，以实现全面脱贫[③]。精准扶贫战略的关键在于“精准”性，要做到“六个精准”，即：扶贫对象精准识别锁定、项目安排适需对路、资金使用充分且用在刀刃上、根据致贫因素靶向“给药”到户、选准派强第一书记入村、成效上如期真脱贫。对此，要针对不同地区的差异性因地制宜地制定脱贫政策。

在党中央政策的积极推动下，2020年我国已全面消除绝对贫困人口，贫困县如期摘帽，全面小康社会如期建成。在中国共产党的领导下，中国不仅书写了人类减贫史上的伟大壮举，为全球减贫事业作出了卓越贡献，也为全球摆脱贫困提供了中国经验。

4.经济发展环境友好：“美丽中国”发展概念，丰富“五位一体”具体内涵成为生态文明建设的实现路径

自2008年金融危机过后，世界文明便开始加速从工业文明向生态文明的转型进程，而中国正处于经济转型战略决策选择的关键时期。中共十八大根据世界文明发展大势，与中国发展阶段和基本国情相结合，将中国特色社会主义事业总体布局由经济建设、政治建设、文化建设、社会建设“四位一体”拓展为包括生态文明建设在内的“五位一体”，明确提出了“美丽中国”概念。[④]党的十八大以来，以习近平同志为核心的党中央十分关注“美丽中国”建设，将其纳入国家发展大计，上升为国家意志。尤其是中国进入新时代以来，社会主要矛盾转变之后，“美丽中国”建设更成为实现人们对美好生活需要的必要手段。在生态文明建设和绿色发展理念的贯彻下，“美丽中国”概念思想内涵日益完善，具体实践成果不断丰富。党中央提出“深化生态文明体制改革，加快建立生态文明制度”[⑤]。习近平总书记明确指出：“要通过加快构建生态文明体系，确保到2035

---

① 向德平．包容性增长视角下中国扶贫政策的变迁与走向［J］．华中师范大学学报，2011（7）：1-8.
② 迪顿．逃离不平等：健康、财富及不平等的起源［M］．北京：中信出版社，2014.
③ 伍山林．习近平经济战略思想的三个层面［J］．求索，2017（9）：30-37.
④ 李建华，蔡尚伟．“美丽中国”的科学内涵及其战略意义［J］．四川大学学报，2013（5）：135-140.
⑤ 中共中央．中共中央关于全面深化改革若干重大问题的决定［N］．人民日报，2013-11-16.

年，生态环境质量实现根本好转，美丽中国目标基本实现。”[①]这一方面要求我们建成生态环境良好的生态文明国家，形成人与自然和谐发展的现代化建设新格局；另一方面要求我们建成人与自然和谐共生的生态文明社会，形成符合环境伦理的社会模式。

（二）经济结构优化

1.所有制结构优化：公有制经济与非公经济处于同等地位

党的十五大以来，非公经济作为基本经济制度提出，成为我国基本经济制度的重要组成部分。此后，非公经济在我国享有与公有制经济同等待遇。党的十八大报告指出，“保证各种所有制经济依法平等使用生产要素、公平参与市场竞争、同等受到法律保护”[②]，这意味着非公经济处于同公有制经济同等重要的地位。十八届三中全会，党中央产生了一系列新的重大理论突破。公有制经济与非公经济共同成为社会主义制度的重要支柱和社会主义市场经济的根基。2018年11月1日，习近平总书记在民营企业座谈会中高度肯定了民营企业在我国经济发展中的作用，民营企业“贡献了50%以上的税收，60%以上的国内生产总值，70%以上的技术创新成果，80%以上的城镇劳动就业，90%以上的企业数量”[③]，成为推动我国经济发展不可或缺的力量。从就业比例来看，城镇国有单位就业比重由1978年的78.3%下降到2017年的14.3%，集体单位比重由21.5%下降到1%，公有制经济下降了84.5%；而从资产总额结构变化来看，尽管所有制结构一改原有的单一状况，国有企业资产总额依然排名第一，2017年占比39.2%，相较于1978年下降了31.4%个百分点，集体企业资产总额占比由1978年的29.4%下降到2017年的0.4%，总体上看，公有制经济在资产总额上还具有较大优势。

2.产业结构优化：第三产业超过第二产业逐步成为产业主体

依据配第-克拉克命题，随着经济的发展和人均国民收入水平的提高，第一产业国民收入和劳动力的相对比重逐渐下降，第二产业国民收入和劳动力的相对比重提高，随着经济进一步发展，第三产业国民收入和劳动力的相对比重也开始上升。改革开放以来，我国第一、第二产业比重降低，第三产业比重大幅上升，产业结构优化升级趋势明显。1978—2020年，第一、第二产业占GDP的比重分别降低了将近20个百分点和10个百分点；第三产业则大幅上升了将近30个百分点（见图9-1）。2012年，第三产业增加值占GDP比重首次超过第二产业，达45.46%。随后第三产业继续提高，至2020年第三产业占GDP比重超出第二产业该比重16.62%。

---

① 光明日报评论员．加快构建生态文明体系［EB/OL］．（2018-05-22）．http：//politics.people.com.cn/n1/2018/0522/c1001-30006417.html.

② 胡锦涛．坚定不移沿着中国特色社会主义道路前进 为全面建成小康社会而奋斗［M］．北京：人民出版社．2012.

③ 习近平．在民营企业座谈会上的讲话［EB/OL］．（2018-11-01）．http：//www.xinhuanet.com/politics/leaders/2018-11/01/c_1123649488.htm.

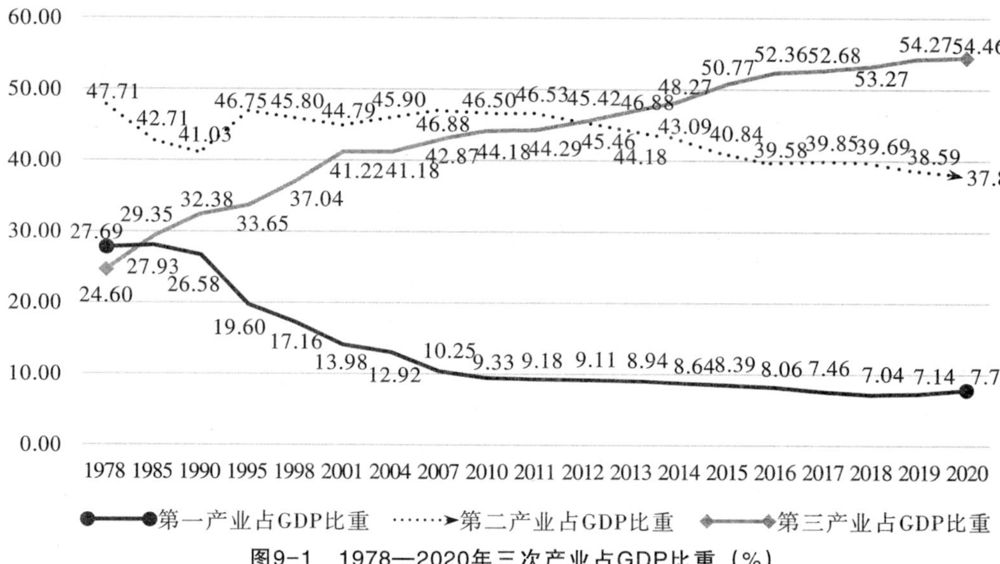

图9-1　1978—2020年三次产业占GDP比重（%）

数据来源：中国统计年鉴。

相应地，第三产业对GDP的贡献率也在不断提升，产业结构改善显现出新常态。传统产业做减法，新兴产业做加法，整个经济向中高端迈进的态势非常明显，新产业、新业态、新产品继续保持较快的增长速度。2021年，我国规模以上高技术制造业增加值比上年增长18.2，明显高于全部规模以上工业增加值增速①。标志着中国正迈入从工业大国转向服务业强国的“服务化”时代。随着“中国制造2025”的强力推进以及智能转型，随着“大众创业”“万众创新”新局面的形成，随着中央加快发展服务业、高技术产业、节能环保等新兴产业的政策驱动，产业升级、结构优化，经济发展将再上新水平。

3.需求结构优化：消费贡献超过投资出口逐步成为需求主体

尽管消费、投资、出口共同作为拉动经济的“三驾马车”，但在改革开放初期的30多年里，中国经济主要依靠的是出口和投资的双轮驱动。大量的出口促成了中国“世界工厂”和第一贸易大国的世界形象，但却在资源和定价权的供应链两端被别人掐住咽喉，造成大量资源流失、环境破坏、贸易摩擦等后果。中国赢得了“世界引擎”的美誉，却在条件和硬约束的可持续发展道路上渐行渐远。长期依靠投资、出口推动中国经济，必然会丧失自主、协调发展的内生动力。经济新常态以来，我们逐渐扭转这种失衡状态，实现消费主导、三大需求协调互动、三驾马车合理拉动的需求结构优化升级。当前，消费贡献稳定上升，自2011年开始，最终消费贡献率已经实现连续四年超过50%，消费成为替代投资、出口的新一轮经济增长的主引擎。“一个与过去30年大不相同的经济增长结构开始浮出水

① 中华人民共和国国家统计局．赵同录：经济持续稳定恢复“十四五”实现良好开局［EB/OL］．（2022-01-18）http：//www.stats.gov.cn/xxgk/jd/sjjd2020/202201/t20220118_1826602.html.

面：逐步转向以消费、服务业为主，更多地依靠内需，更多地从要素效率提升获取动力。”①

4.分配结构优化：共享发展格局正在形成

过去粗放式发展模式造成了我国分配结构呈现出三个不均衡特征。第一，政府与人民之间分配不均，造成了国富民穷的局面；第二，城市与农村之间分配不均，造成了城乡二元化局面；第三，不同个体间分配不均，造成了贫富差距拉大的局面。整体上看，我国的收入分配差异经历了一个逐步扩大，又逐渐缩小的过程。经济新常态下，必须扭转分配结构的失衡，缩小地区之间、人民之间的收入分配差距，实现机会平等、公平合理地分享经济发展成果，促进经济包容性增长。伴随我国社会主义市场经济建设和改革，基本经济制度与社会保障体系的不断完善和发展，过去由于资本驱动而产生的资本的区域性集中以及劳动阶层相对贫困等现象得到遏制，一定程度上缓解了分配结构的进一步失衡。尽管城乡之间的分配结构仍存在较大差距，但基尼系数在2008年前后达到最高点后开始呈现下降趋势，2009年城市居民收入水平与GDP增长开始保持同步，增速达到了9.8%，2010年农村居民人均纯收入增长率超越城市居民，达到了10.9%。与此同时，人民的基本医疗、儿童的教育保障均得到了重视与解决。

第三节　经济高质量发展的政治经济学内涵与实施要求

一、高质量发展的政治经济学逻辑

马克思的《资本论》在对政治经济学基本原理阐述的过程中并没有解释何为“高质量发展”，但却在揭示资本主义社会发展规律的过程中提出关于“质量”的经济理论，这些理论构成了新时代高质量发展的理论逻辑。

（一）高质量微观发展的政治经济学理论依据

马克思在创立劳动价值论时，并没有过多谈及产品的质量问题，而是运用了科学抽象法，抽象掉了产品质量的差异。然而马克思却在劳动价值论中通过对简单劳动与复杂劳动差别的分析，揭示了劳动质量之间的差别。马克思认为产品质量与劳动质量之间是相互影响的，过去劳动的质量不仅影响过去的产品质量，又影响现在劳动质量和产品质量，进而形成一种循环。因此，正常质量的产品必须与“正常质量的劳动”相一致，使得产品生产的“劳动要具有正常程度的品质与强度”②，正如马克思所认为的“在这里，劳动的质量是由产品本身来控制的，产品必须具有平

---

① 刘世锦．中国经济转入增长新常态［N］．经济参考报，2014-03-25.

② 马克思，恩格斯．马克思恩格斯全集：第49卷［M］．中共中央马克思恩格斯列宁斯大林著作编译局，译．北京：人民出版社，1982：80.

均的质量”。[①]在产品制造的过程中，劳动能使产品形成满足人们需要的物质功能。劳动的过程是具有目的性的，所制造的产品符合一定的社会需要。这表明产品要有质量，生产产品的劳动能够使产品具有一定的物质功能，这种物质功能能够满足社会的需要。

从产品质量与价值关系角度看。马克思在《资本论》中认为产品质量决定着社会必要劳动时间的凝结量，而社会必要劳动时间的凝结量又直接影响着产品价值量的高低。《资本论》是将中等质量作为商品质量的标准，“平均样品”作为商品价值量的基准。马克思认为：“作为价值是社会劳动时间的化身，并且只有在劳动时间化为一般社会劳动时间，即同等社会劳动时间自乘的情况下，它们才是包含在自身中的劳动时间的化身。”因此个别产品中的劳动时间并不同于平均样品的劳动时间。以价值规律为基础，质量与商品的价值成正比关系，高质量产品具有较高的价值量；相反，低质量产品拥有的价值量少。

从产品质量与使用价值关系角度看。单个商品使用价值如何转化为社会使用价值是商品最终得以实现的重要标志。首先，质量是使用价值的重要方面。“由于在产品上使用了更多的手工劳动，产品的使用价值不是通过产品量的提高而是通过产品质的提高而提高了。”[②]因此，个体商品使用价值转化为社会使用价值就意味着商品的质量要符合社会必需的质量水平，必须与社会必要的质量相适应。高于或低于社会必需的质量要求都会制约社会使用价值的实现。其次，使用价值的质量具有二重性。使用价值不仅有数量，也有质量问题。“产品质量的好坏程度以及它实际所具有和包括的使用价值（它在劳动过程中应当获得这种使用价值）的程度取决于劳动的质量，取决于完善程度以及劳动合乎自身目的的性质。”[③]其中，“产品质量的好坏程度”指的是产品的品质或耐久性，这是质量的物质属性，使用价值首先是指物质能够满足人们使用的物质属性，这是指质量的物质属性。产品实际上所具有的使用价值的程度是产品的实用性功能，这主要是指产品的物质性能的社会表现，也是指质量的社会属性，满足社会需要的经济功能。而商品使用价值质量的二重性取决于生产商品劳动的质量及其完善程度。

（二）高质量宏观发展的政治经济学理论依据

马克思在《资本论》中对宏观质量的经济分析主要体现在第二卷的生产过程的质量循环链、生产力质量和经济增长质量等问题上。

从生产力质量的角度看。马克思主义政治经济学认为社会再生产是数量再生产循环和质量再生产循环的有机统一。在质量循环的过程中，不同环节和不同部门之间是相互影响的，一些部门、产业和企业的质量问题，又可以在质量循环过程中影

① 马克思．资本论：第一卷［M］．中共中央马克思恩格斯列宁斯大林著作编译局，译．北京：人民出版社，2004：635-636.

② 马克思，恩格斯．马克思恩格斯全集：第46卷［M］．中共中央马克思恩格斯列宁斯大林著作编译局，译．北京：人民出版社，1979：416.

③ 马克思，恩格斯．马克思恩格斯全集：第47卷［M］．中共中央马克思恩格斯列宁斯大林著作编译局，译．北京：人民出版社，1979：63-64.

响到另外的生产部门、产业和企业的产品质量。在这个过程中，生产力的质量对于质量再生产循环具有至关重要的作用。以往对于生产力的研究更多侧重于数量范畴，忽视质量。由于生产力属于劳动的具体有用形式，与抽去了具体有用形式的抽象劳动无关，但是却与同一时间内提供的使用价值量相关。同一劳动在同样时间内提供的价值量总是相同的，而提供的使用价值却不同，生产力提高时相对应的使用价值便多，反之则少。

从经济增长质量的角度看。马克思对于该问题的论述体现于两方面。首先，马克思在《资本论》第二卷中将扩大再生产划分为外延式和内涵式两种类型。其中外延式扩大再生产主要通过增加要素投入扩大生产规模，实现扩大再生产；而内涵式扩大再生产则是通过提高生产要素的使用效率实现扩大再生产，其中的关键在于通过技术进步和创新推动生产要素效率的提高。其次，马克思在《资本论》第三卷论述级差地租时，提出了粗放经营和集约经营两种经济增长方式。“只需要很少的资本，主要是劳动和土地”为主要生产要素的经营方式“就是粗放型经营”，该方式依赖于数量而非质量。“在经济学上，所谓集约化耕作，无非是指资本集中在同一土地上，而不是分散在若干毗连的土地上。”[①]马克思对这两种论述尽管来源于对不同现实问题的剖析，但本质上看，这两种论述对于经济增长实质的论述是一致的。

二、高质量发展的政治经济学内涵

社会主义以解放生产力、发展生产力为根本任务。我国在社会主义制度确立后，积极发挥社会主义制度优越性，发展生产力，为巩固和发展社会主义创造了强大的物质基础。马克思指出：“新的生产力和生产关系不是从无中发展起来的，也不是从空中，也不是从自己产生自己的那种观念的母胎中发展起来的……而它的总体的发展过程就在于：使社会的一切要素从属于自己，或者把自己还缺乏的器官从社会中创造出来。有机体制在历史上就是这样向总体发展的。”[②]马克思在《资本论》中，以劳动价值论入手，从资本主义扩大再生产与生产的循环过程中揭示了质量发展的学理依据。从高质量发展的形成过程来看，就是把“自己还缺乏的器官从社会中创造出来”，使社会经济形态由低级向高级转变。高质量发展的实质是生产方式的变革，是生产力发展和生产关系变革的统一。

（一）高质量发展是生产力的提高

高质量发展要求把生产力的提高作为发展的内在动力。马克思主义的唯物史观，强调生产力的最终决定作用。生产力决定生产关系，生产力是人类社会历史发

---

① 马克思．资本论：第3卷［M］．中共中央马克思恩格斯列宁斯大林著作编译局，译．北京：人民出版社，2004：756，760．

② 马克思，恩格斯．马克思恩格斯全集：第30卷［M］．中共中央马克思恩格斯列宁斯大林著作编译局，译．北京：人民出版社，1995：236-237．

展的最终决定力量。“生产力发展的根据首先在生产力内部”[①]，生产力诸要素的内在矛盾和解决，是生产力发展的重要源泉，所以高质量的发展要解决生产力内部要素的矛盾以推进生产力自身的发展。

首先，科学技术是构成生产力的重要因素，而高质量发展是注重科技创新的发展，主要体现为由科技进步、资源优化配置等引致的更高、更可持续的经济增长，它既能直观地体现科技进步贡献和资源配置效率，衡量发展质量，又提供了提高发展质量的基本路径。当前，我国科技实力正处于从量的积累向质的飞跃、点的突破向系统能力提升的重要时期，应大力实施创新驱动发展战略，以关键共性技术、前沿引领技术、现代工程技术、颠覆性技术创新为突破口，努力实现关键核心技术自主可控，推动科技创新和经济社会发展深度融合，使科技创新成为高质量发展的强大引擎。党的十九大报告明确指出“创新是引领发展的第一动力，是建设现代化经济体系的战略支撑”。在新时代，创新是提高生产力的核心要素，是经济社会高质量发展的内在动力，所以要坚持以创新为驱动的发展战略，推动以自主科技创新为核心的全面创新发展。

其次，高质量发展是结构协调的发展。中国作为一个发展中国家，经济发展的主要任务是把传统落后的经济结构改造成现代化的经济结构，而不是实现宏观经济的短期平衡。高质量的发展是继改革开放后中国经济结构的再一次优化调整。现阶段经济结构问题主要表现在产业、城乡和区域结构不平衡不充分的发展上。在国际上，中国还处在国际产业分工下游，产品附加值低；在国内，资源和资金密集型产业产能过剩，而技术密集型产业发展不充分，在区域上呈现东部强西部弱、南部强北部弱的特征。优化经济结构主要包括产业结构、区域结构的优化升级。而优化产业结构是新时期加快转变经济发展方式的根本出路，是推进经济结构战略性调整的主要着力点，是加快实现经济高质量发展的重要途径。与此同时，我们要注意到经济结构和经济总量是相互联系的两个方面，二者缺一不可。一方面，优化经济结构有利于发展生产力，实现各部分协调发展，优化资源配置，从而推动经济在长期中更好更快增长；另一方面，保持一定的经济总量有利于保证落后经济主体在去产能、去库存中平稳过渡，避免大规模企业破产和职工失业，给结构转型带来社会风险。

再次，高质量发展是绿色发展，这是解决生产力内部自然要素发展的矛盾。生产力包括自然的因素，因此生产力的提高除了降低传统高能耗能源的使用，也包括新的自然能源的开放利用，包括提升风能等环境友好型的清洁能源的效率，以减少环境污染，实现人与自然的和谐发展，这也是高质量发展的重要内容。

最后，高质量发展还是人的全面发展，这是解决劳动力整体水平不高的矛盾的发展。高质量发展是为了人民的发展，也需要人民本身的不懈努力。因为人民也是

---

① 卫兴华．卫兴华选集［M］．太原：山西人民出版社，1988：453.

劳动者，而劳动者是生产力发展的主动力，劳动者利用生产资料和科学技术、生产组织及自然力，推动生产力的发展，因此高质量发展还是劳动者整体素质提高的发展。

（二）高质量发展是生产关系的调整

生产力决定生产关系，生产关系反作用于生产力。“社会的物质生产力发展到一定阶段，便同它们一直在其中运动着的现存生产关系或财产关系发生矛盾。于是这些关系便由生产力的发展形式变成生产力的桎梏。”①生产关系不是永恒的，而是发展变化的，生产关系要适应生产力的发展，以避免成为生产力发展的桎梏。因此在社会主义各个发展阶段，都需要根据生产力的发展要求，适时调整生产关系，调动各方面积极性，解决生产力和生产关系的矛盾，推动生产力的发展。社会主义基本经济制度反映的是深层次的生产关系，而经济体制反映的是表层生产关系。经济体制具有相对独立性，但最终取决于基本经济制度，因此生产关系的变革主要表现为一系列制度和体制的变革。中国特色社会主义经济制度的确立为中国生产力的发展提供了强大动力，推动了中国经济持续快速发展、人民生活水平不断提高和综合国力大幅提升，开辟了中国特色的经济发展道路，创造了中国经济发展的奇迹，在实践中显示出了巨大的优越性和强大的生命力。但随着社会生产的进一步发展，当前社会主义生产关系开始出现一些问题，一是存在诸如企业制度不完善、市场体系不健全等这类市场经济不健全问题；二是社会主义制度存在不完善问题，比如按劳分配和共同富裕原则没有切实贯彻等。所以高质量的发展要进行生产关系的调整以解决这些问题、适应生产力发展的要求，即高质量的发展要求深化经济体制改革，以更有效的方式实现社会主义基本经济制度，这也是社会主义制度的自我完善和发展。

三、新时代背景下实现高质量发展的政策要求

（一）完善我国基本经济制度

上层的制度通过影响行为主体的选择而影响经济发展方式的转变，所以高质量发展还需要构建有效的经济体制以促进和巩固现代化产业体系的发展，改革经济发展中制度安排的缺陷，完善对外开放战略布局，形成对外开放新体制。

有效的经济体制即“市场机制有效、微观主体有活力、宏观调控有度的经济体制”。完成经济体制改革的核心是处理好政府和市场的关系，实际上就是要“使市场在资源配置中起决定性作用”，以解决一直以来经济发展中市场体系不完善、政府干预过多和监管不到位等问题，做到市场有效，增强企业活力。但这并不是说国家宏观调控就不重要了。中国作为一个发展中国家，经济发展的主要任

① 马克思，恩格斯．马克思恩格斯文集：第2卷［M］．中共中央马克思恩格斯列宁斯大林著作编译局，译．北京：人民出版社，2009：591.

务是把传统落后的经济结构改造成现代化的经济结构，而不是实现宏观经济的短期平衡。然而仅靠市场机制难以实现经济结构调整的目的：一方面，企业和个人在利润最大化目标引导下会趋向短期盈利性更强的虚拟经济；另一方面，资本积累的一般规律会导致贫富两极分化，没有国家宏观调控，必然导致收入结构的失衡。依靠市场自发调节时间周期长、代价巨大，而当前生产力不平衡不充分发展与人民日益增长的美好生活需要的矛盾突出，没有足够的时间依靠市场自发调节，因此高质量的发展还需要有度的宏观调控，引导国民经济的发展方向，优化经济发展的具体路径，缩短结构调整时间，减少结构调整的代价。比如，依靠国家宏观调控，加大市场监管和社会管理力度，实现要素的市场化配置以防止市场垄断，提高公共服务质量以优化营商环境，促进市场主体更有效发挥作用；建立健全产权保护制度，保护好创新主体的知识产权等。还要进行收入分配制度的改革。供给侧结构性改革不仅供给方要提升质量增加有效供给，还要提高人民的消费能力，所以需要从需求端进行改革，完善收入分配体制改革，缩小贫富差距，增强人民幸福感。

（二）深入推进供给侧结构性改革

高质量发展要建设现代化经济体系，而供给侧结构性改革是建设现代化经济体系的重要内容。习近平总书记指出，“供给侧结构性改革，重点是解放和发展社会生产力，用改革的办法推进结构调整，减少无效和低端供给，扩大有效和中高端供给，增强供给结构对需求变化的适应性和灵活性，提高全要素生产率”①。当前中国经济发展进入新常态，产品的供给和需求产生了矛盾，最突出的表现是过剩的无效和低端供给和满足人民美好生活需要的中高端有效供给不足的矛盾。这是西方供给学派所认为的“供给创造需求”的萨伊定律所不能解释的。目前中国传统行业产能过剩严重，这是单纯依靠市场调节造成的过剩问题。并且对于某些类型的商品，人们热衷于海外购物，而国内消费低迷，也即国内产品无法满足人民的需要，这是供给与需求的结构性错配，而不是简单的供不应求问题，绝不能盲目应用供给学派所提倡的私有化和自由化。因此应立足于中国的基本国情，在发挥市场在资源配置中决定性作用的同时，更好发挥政府作用。第一，坚持减少无效和低端的供给，重点推进“三去一补一降”五大任务。在五大任务中去产能主要是煤炭和钢铁等行业，这些行业主要是国有企业，因此完成供给侧结构性改革还要深化国有企业改革。这也是生产关系的调整，中国是以公有制为主体的国家，国有企业的发展对巩固公有制的主体地位有着至关重要的作用，国有企业改革可以从过去主要管企业向管资本的方向发展，以提升国有企业的质量。同时还要发挥民营企业生力军的作用，主要是为民营企业发展创造一个宽松稳定的宏观环境，降低民营企业发展费用，促进民营企业向多元化发展，为人民提供个性

① 习近平．习近平在省部级主要领导干部学习贯彻党的十八届五中全会精神专题研讨班上的讲话［N］．人民日报，2016-05-10.

化产品。第二，化解产能过剩的同时增加有效产品的供给，加强培育满足人民需要的战略性新兴产业，满足人民不断升级的个性化需求。中国已进入深度老龄化社会，健康是促进人全面发展的必然要求，是经济社会发展的基础条件，但目前国内健康和医疗产业发展还相当滞后，无法适应国内人口结构的变化，所以为满足人民生活的需要，应大力推动健康服务业的发展。

（三）推进绿色发展

传统经济发展是一种粗放型、外延式的模式，通过一次性地从大自然中索取物质和能量来实现经济的数量型增长，又不加处理地将废弃物丢进大自然，以高开采、低利用，高排放、低产出为特征，是一种单向开放式线性经济。绿色发展作为一种新的发展理念，与传统经济发展有根本的区别。目前学术界对于绿色发展的重点，形成了统一的认识，认为绿色发展应更加注重人与自然和谐、经济发展与生态保护并重、人口资源与环境协调。

全面认识绿色发展的内涵，需要深入践行习近平生态文明思想，坚定不移推动绿色高质量发展，习近平总书记对生态文明建设和经济发展的关系形象地用“两座山”的关系做了描述，认为“两座山”之间是有矛盾的，但又可以辩证统一。人们在实践中对这“两座山”之间关系的认识经过了三个阶段。第一个阶段是强调金山银山，忽视绿水青山，没有处理好经济发展同生态环境保护的关系。第二个阶段是既要金山银山，但是也要保住绿水青山，这时候经济发展和资源缺乏、环境恶化之间的矛盾开始凸显出来，人们意识到环境是我们生存发展的根本，只有“留得青山在”，才能“不怕没柴烧”。第三个阶段是认识到绿水青山可以源源不断地带来金山银山，绿水青山就是金山银山，我们种的常青树就是摇钱树，生态优势变成经济优势，形成了一种浑然一体、和谐统一的关系。这一阶段是一种更高的境界，体现了科学发展观的要求，体现了发展循环经济、建设资源节约型和环境友好型社会的理念。①

推进绿色发展要坚持节约资源和保护环境的基本国策，坚持节约优先、保护优先、自然恢复为主的方针，着力推进绿色发展、循环发展、低碳发展，形成节约资源和保护环境的空间格局、产业结构、生产方式、生活方式，从源头上扭转生态环境恶化趋势，为人民创造良好生产生活环境，为全球生态安全作出贡献。

（四）正确处理实体经济与虚拟经济的关系

正确处理虚拟经济与实体经济的关系，是当前中国经济发展的重要内容。虚拟经济和实体经济的关系体现为：一方面，虚拟经济的产生是以货币的出现和信用的发展为前提的，而货币与信用则是商品生产与交换发展的结果，因此没有实体经济的发展就没有虚拟经济，虚拟经济是实体经济发展到一定程度的必然产物；另一方面，虚拟经济与实体经济并非同步发展，而是有其自身的运行规律的，从而形成一

---

① 中共中央宣传部．习近平总书记系列重要讲话读本［M］．北京：学习出版社，人民出版社，2016.

个相对独立的经济活动领域，由此带来虚拟经济超出实体经济而过度膨胀的可能。具体包括五个方面：虚拟经济源于实体经济，最初表现为闲置货币的资本化；虚拟经济本身不直接创造价值，但可以提高实体经济创造价值的能力；虚拟经济的运行以虚拟资本的运动为基础；实体经济的问题会反映到虚拟经济中，而虚拟经济出现的问题也会对实体经济造成影响；虚拟经济的过度膨胀会导致整个经济体系失去稳定性。

在当今金融深度发展的背景下，虚拟经济与实体经济都不能相互独立而存在。我们要对虚拟经济与实体经济的发展进行宏观调控，正确处理二者的关系，既要创造条件，因势利导推动虚拟经济的发展，又要加强管理、防范风险，使虚拟经济服务于实体经济，以实现经济的健康稳定发展。第一，发展虚拟经济应坚持渐进式原则，金融深化和金融开放应以能否与实体经济发展相适应、能否有效促进实体经济发展为尺度，严格控制虚拟经济的膨胀规模和膨胀速度。第二，支持并鼓励适合我国的金融创新业务的发展，增强虚拟经济对实体经济的促进作用，提高企业乃至整个经济的运行效率。第三，大力培养金融人才，提高金融监管水平，加强对虚拟经济的宏观调控与监管。第四，建立和完善实体经济结构调整。继续扩大制造业总规模，壮大实体经济；加快提升制造业产品质量，做优实体经济；适应新技术革命蓄势待发的大趋势，不断提升实体经济。第五，借鉴国外发展虚拟经济的经验和教训，正确处理实体经济和虚拟经济的关系。

[本章小结]

中国特色社会主义经济增长的本质是以人民为中心，经济增长的最终目标在于实现共同富裕。而从我国经济增长的长期规律来看，我国的经济增长呈现出转型增长的特征。改革开放以来，我国经济进入指数式高速发展期，人民生活水平日益提高。伴随我国生产力与生产关系改革，经济体制转型以及标志着对外开放的重要转型发展事件的不断推动，中国经济总体指标呈现快速增长，这意味着转型发展对经济具有强劲的带动作用。然而原有的经济增长模式的弊端日益暴露，经济发展的不可持续性特征也日益凸显，经济转型迫在眉睫。党的十八大以来，中国在新发展理念、发展方式、发展战略方面的转型带动了经济结构的优化，为经济发展提供了新的动力源泉。新时代的经济发展不再拘泥于对传统经济增长速度的追求，而在于对经济发展质量的关注。高质量发展作为新时代经济发展的内在目标，要求我们必须从生产力与生产关系双方协同发力，一方面通过生产力水平的提高为经济发展提供新动能；另一方面通过生产关系的调整为经济社会协调有序提供有效保障，在生产力与生产关系的协调互动中实现发展。经济转型是一个漫长的过程，是新时代对经济发展的具体要求，需要从理念到战略再到具体实践的整体性转变，需要从内在驱动到外在诱因的彻底性转变，以推动经济结构优化升级，实现经济高质量发展。

[课后习题]

1. 不同社会形态下经济增长的实质是什么？
2. 中国转变经济发展方式的原因有哪些？
3. 中国在不同时期经济增长的驱动因素是哪些？
4. 简述中国经济发展方式转变的具体内容。
5. 简述高质量发展的内涵与要求。

[第十章]

对外开放升级转型：从发挥比较优势到全球经济治理

第一节　经济全球化与对外开放

一、经济全球化的概念、本质及具体特征

（一）经济全球化概念及成因

“全球化”一词自20世纪80年代中期开始在西方国家流行。到90年代，“全球化”逐渐取代了“国际化”和“跨国化”的提法。“全球化”是指一系列社会的、经济的和政治的变革，包括经济、军事、环境、文化等诸多领域的全球化。“全球化”这个概念更强调的是各个国家越来越深入地卷入跨国界的相互联系、相互作用的全球网络。所谓经济全球化是指商品、资本、技术和服务等以市场为中介的跨国流通和扩散的趋势与过程。随着世界范围内的改革与开放，市场经济在全球范围迅速扩展，各国经济以此为基础更加紧密地联系在一起，并超越原有的范围向全世界发展。

经济全球化，是过去几十年里世界范围内的技术进步和各国社会经济变革的综合反映。

首先，新技术革命的成果为经济全球化提供了强大的动力和物质基础。高新技术的产业化使许多原本并不存在的市场迅速浮现，同时也为各国企业提供了巨大的商业机会。而围绕新市场展开的竞争变得异常激烈。为了降低成本，提高竞争能力，赢得更大的市场份额，各国企业纷纷突破国界，以全球市场为目标进行战略性调整，实行大规模的资产重组，以便形成全球性的生产和销售网络。如同交通工具的改进和铁路运费的降低曾经有力地推动了19世纪末各国的经济融合一样，20世

纪80年代以来现代通信业的革命，大大降低了国家间的通信费用和交易成本，21世纪以来的新技术革命，又为世界经济融合、产业集聚提供了技术支撑，从而成为推动当前经济全球化的重要因素。

其次，全球性的非管制化与市场化改革，在很大程度上消除了经济全球化的制度障碍。20世纪80年代初，整个世界进入了一个更加注重市场作用的非管制化时代。作为非管制化和市场化改革的重要内容，各国在取消贸易和资本流动管制方面迈出了相当显著的步子。根据“乌拉圭回合”达成的协议，发达国家与发展中国家的关税都已降低。近年来，尽管部分国家大搞单边主义，贸易保护主义抬头，引起贸易摩擦，但如果从世界各国的总体环境来看，无论是各国内部的市场化改革，还是贸易和投资领域管制的解除或放松，都意味着为经济全球化创造了一个更有利的制度环境。

再次，国际金融市场的深化与创新，为经济全球化提供了十分有利的技术条件。20世纪80年代以来，国际金融市场不仅交易的制度环境日益宽松，而且各种新型的金融工具与交易技术不断涌现。这些创新，加上电子计算机远程终端的广泛运用，加快了交易速度，从而为资金在国家间的快速移动提供了极大的便利。此外，发达国家投资基金的大规模海外扩张加速了国际资本流动，并成为推动经济全球化的重要力量①。

最后，以世界贸易组织和国际货币基金组织为代表的国际经济组织和协调机制，在经济全球化过程中发挥了重要的推动作用。国际货币基金组织、世界银行和世界贸易组织，三者共同构成了全球经济治理的三大支柱。这三大支柱在第二次世界大战后相当长的时间内主导并推动形成了一系列有利于经济恢复和增长的国际规则，这些机制和规则大大降低了各国因为经贸利益纷争引发恶性摩擦甚至政治军事冲突的可能性，客观上营造了稳定、可预见的发展环境，为全球化的深化和世界经济持续发展打造了有益的制度基础②。

（二）经济全球化的本质

经济全球化的本质是资本的全球化，即资本主义生产关系的全球扩张。作为经济全球化“游戏规则”的制定者，西方发达国家在经济全球化的进程中不遗余力地推行新自由主义，故而我们又可以把当前的经济全球化称为“新自由主义的经济全球化”。从最终意义上讲，新自由主义的经济全球化为社会主义取代资本主义创造了条件。

资本主义生产过程，既是劳动者进行劳动的过程，更是价值增值的过程。资本对剩余价值的疯狂追逐，导致市场经济中的竞争异常激烈，它一方面推动着技术进步、生产组织形式创新；另一方面推动着市场空间不断扩大，以促进商品价值的实现。技术的进步、生产组织形式的创新以及市场空间的扩大也反过来促进资本竞争力的提

① 张礼卿. 经济全球化的成因、利益和代价［J］. 世界经济，1999（8）：3-5.
② 陈德铭. 全球化下的经贸秩序和治理规则［J］. 国际展望，2018（6）：1-22，157-158.

高，进而使得更多剩余价值被生产出来，在巨大的竞争压力之下，更多的剩余价值转化为资本，进一步推动生产过程更新和市场扩大，如此不断反复。与以往的生产方式完全不同，资本主义生产方式呈现出螺旋式上升的特征，生产系统具有无限扩大的潜能。产业革命的爆发、跨国企业的出现、全球市场的形成等均与资本逻辑密切相关。因此，在经济全球化发生和发展进程中，始终伴随着两大逻辑：生产逻辑和资本逻辑。从本质上说，经济全球化是社会生产力发展到一定阶段、人们相互之间联系日益频繁的表现和结果，资本积累和扩张的本性大大加快了经济全球化的发展进程。生产逻辑是经济全球化的原始动力，资本逻辑是经济全球化的渗透性因素。换言之，即使没有资本主义生产方式，经济全球化必然也会产生，只是发展程度会有所不同，资本逻辑使得经济全球化以无法阻挡的趋势影响到世界各个角落。

在理论层面，经济全球化并不等于“西化”，世界各国完全可以在平等互利的基础上自由交往，实现共同进步。然而，由于特殊的资本主义生产关系的影响，西方国家成了“国格化”[①]资本，为维护资本利益，攫取尽可能多的利润，西方强国在全球强行推行资本主义生产关系。由此，经济全球化由人的全球化变成了资本的全球化，“全球经济是资本主义的，因为它是在市场原则和为利润而生产的基础上组织起来的”[②③]。

（三）经济全球化的发展进程

随着资本逻辑逐渐主导市场经济，商业资本、产业资本、金融资本构成资本主义市场经济演进进程中的三大重要的资本形态。基于逻辑与历史相统一的视角，我们可以将经济全球化发展进程划分为三大阶段：商业资本全球化、产业资本全球化、金融资本全球化。

1.商业资本全球化

商业资本是最早的资本形态，西方在历史上出现了世界上最早的现代银行和新型融资制度，是银行和融资制度促进了资本主义生产方式的产生与发展，进而在源源不断的资金支持下，商业资本突破了单个商户狭小资金的限制直至实现全球化。西方之所以会产生这样的变革，与其所处的特殊的政治经济环境有关。

首先，由于欧洲航海贸易的大发展，专业从事货币经营业务的机构应运而生，一些人开始从事商业汇票业务，最终演变为汇票经纪人或银行家。其次，诸多政治原因使欧洲长期陷于四分五裂的黑暗局面，为战争筹集资金成为地区统治者面临的重要问题，这种需求很大程度上推动了金融与信贷的发展。正是特殊的环境使得西方地区出现了现代银行和新型融资制度，在大量流动性资金支持下，近代西方的商业资本并没有像世界上其他地区的商业资本那样仅仅是商品交换的中介，其规模并未受到限制。商业资本的大规模发展及在此基础上的全球化进程，最初始于15—17世纪的地理大发

① 王湘穗．币缘论：货币政治的演化［M］．北京：中信出版社，2017：71.

② 赫尔德，麦克格鲁．全球化与反全球化［M］．陈志刚，译．北京：社会科学文献出版社，2004：46.

③ 谢长安．后危机时代经济全球化的新变局［J］．管理学刊，2019（3）：1-10.

现。欧洲人从事地理大发现活动的最初目的就是寻找黄金、白银等财富。在此过程中众多新的贸易路线被开辟，贸易规则和金融网络被逐步确立，世界上各个国家间的经济交流急剧增加。随着西方工业革命的爆发，机器被发明并用于商品生产，西方迅速成为世界工厂，大量廉价商品被生产出来。此时，世界市场的重要性更为凸显，西方资产阶级一方面需要在世界各地倾销商品；另一方面需要更多的殖民地以获取原材料。由此，商业资本的全球化得到进一步发展，进入一个新的高潮期。

2.产业资本全球化

如果说商业资本全球化的初期直接动因是获取贵金属，后期直接动因是解决商品过剩问题，那么产业资本全球化的直接动因则是解决资本过剩问题。19世纪中后期，西方爆发第二次工业革命，一系列重大发明及新兴工业部门涌现，西方进入所谓“电气时代”。在这一背景下，西方资本之间的竞争更为激烈。竞争一方面导致国内资本和生产的集中，各行业的垄断组织纷纷建立；另一方面导致西方对海外殖民地的争夺更为疯狂，各大国纷纷从经济上瓜分世界。此时，西方面临的不仅仅是商品过剩，更棘手的问题是资本过剩。对外倾销商品已经远远不能解决根本问题，于是大量西方资本跨越本土，在海外建立工厂，投资殖民地有价值的产业，这便是产业资本的全球化。1870—1914年是国际资本市场一体化进展十分明显的时期，欧洲被称为世界的“银行家”，美国、加拿大、阿根廷、澳大利亚等容易接触到欧洲资本且资源丰富的国家，都在这一阶段发展得最为繁荣①。今天人们谈论的全球失衡问题，其实早在1914年前的时代就已经出现，只不过作为当时全球最大经济体的西欧核心国家在经常项目上是顺差，新殖民地国家在经常项目上是逆差。

第二次世界大战后，西方殖民主义体系逐步瓦解，维护世界和平的力量大大增强，大量新兴的民族国家获得政治独立并走上工业化道路，以求尽快摆脱贫困和落后。在这一竞争态势下，西方只能采取新的“和平”方式进入亟须资本与技术的广大第三世界国家以继续占领国际市场。在这一段时期，大量发展中国家的工业化进程依然被纳入西方资本的国际积累和循环之中，进而在经济上依附于西方，处于“无发展的增长”之境地。20世纪70年代中后期，产业资本的全球化进程进入了一个新的高潮期。西方经历第二次世界大战后最强劲的繁荣期后，于70年代深陷“滞胀”危机，传统的凯恩斯主义受到质疑，金融资本重新获得抬头的机会。在金融资本强有力的支持下，西方发生了一场“悄无声息”的新自由主义革命，金融寡头登上政治舞台的中央。

3.金融资本全球化

金融资本原本是优化资源配置、促进物质生产的，但随着其力量的增强和市场竞争的加剧，金融资本逐渐具有控制生产、流通和分配的倾向，以至于最终成为国民经济的主导者。金融资本早在20世纪初就已经对西方的政治经济制度产生重要

---

① 布劳德伯利．剑桥现代欧洲经济史：1870年至今：第二卷［M］．张敏，等译．北京：中国人民大学出版社，2015：7-25.

影响。20世纪90年代，新技术与新制度的确立再一次助推西方金融资本高速发展并实现全球化。加之冷战结束后，被长期压制的西方资本主义体系内部的压力消失，苏联、东欧国家以及其他发展中国家向市场经济体制转型，释放了大量资源和市场，极大地刺激了西方金融资本对外扩张的势头。

金融资本全球化的突出标志是西方以美元为中心，组建新的资本帝国，以金融化方式对全球大宗商品实施定价，进而攫取无数财富。金融由此成为分配全球财富的最主要工具，乃至成为影响国际关系和国际政治的最重要力量。当代西方资本主义经济也出现了严重的金融化现象：金融部门成为调节和控制市场经济的核心；发达国家操控国际金融、输出知识产权，与发展中国家形成特殊的“二元经济结构”；金融危机成为资本主义危机的主要形态；金融资本可以利用高科技手段发动掠夺财富的金融战争；少数金融寡头和金融家族及其相关组织控制本国乃至世界经济命脉。21世纪初，中国加入WTO，全球市场进一步扩大，金融资本全球化进入新的高潮期，世界资本流动跨上一个新的台阶，中国成为西方资本最重要的聚集地之一。在这一时期伴随金融资本全球化最值得一提的现象是美国经济出现的双循环机制：由于美国丧失了全球最大生产中心国的地位，因此国内所需的绝大多数商品必须依靠从其他国家进口；其他国家利用商品出口产生的大量贸易顺差和国内过剩的国民储蓄，通过购买美国的国债和其他债券投资到美国，美国再将这些资本投资到世界上其他国家或满足国内各种需求。换言之，因经济结构的巨大变化，美国自20世纪70年代中后期以来的大部分时间一直处于贸易逆差状态，不仅需要外国商品流入，更需要外国资本流入以维持发展[①]。

二、经济全球化的理论逻辑

（一）马克思主义经典经济学家的经济全球化理论

马克思在《德意志意识形态》中对“世界历史”的定义与特征描述透露出他对经济全球化的最初理解。“……生产力的这种发展（随着这种发展，人们的世界历史性的而不是地域性的存在同时已经是经验的存在了）之所以是绝对必需的实际前提，还因为如果没有这种发展，那就只会有贫穷、极端贫困的普遍化；而在极端贫困的情况下，必须重新开始争取必需品的斗争，全部陈腐污浊的东西又要死灰复燃。其次，生产力的这种发展之所以是必需的实际前提，还因为，只有随着生产力的这种普遍发展，人们的普遍交往才能建立起来；普遍交往，一方面，可以产生在一切民族中同时都存在着‘没有财产的’群众这一现象（普遍竞争）使每一民族都依赖于其他民族的变革；最后，地域性的个人为世界历史性的经验上普遍的个人所替代……”[②]恩格斯在其著作《共产主义原理》中指出：“单是大工业建立了世界

① 谢长安. 后危机时代经济全球化的新变局［J］. 管理学刊，2019（3）：1-10.

② 马克思，恩格斯. 马克思恩格斯全集：第1卷［M］. 中共中央马克思恩格斯列宁斯大林著作编译局，译. 北京：人民出版社，1995：86.

市场这一点，就把全球各国的人民，尤其是各文明国家的人民，彼此紧紧地联系起来，致使每一国家的人民都受着另一个国家的事变的影响。”[①]由此可见，最初，马克思把经济全球化寓于“世界历史”之中，生产力的发展导致各国人民的普遍交往、彼此紧密联系是世界历史的主要内容。恩格斯则认为，资本主义大工业是导致经济全球化的根本诱因，经济全球化的最根本内容和基础是以世界市场为纽带的世界性的物质生产和消费。1848年，马克思、恩格斯在其合著的《共产党宣言》中又指出：“资产阶级，由于开拓了世界市场，使一切国家的生产和消费都成为世界性的了……过去那种地方和民族的自给自足和闭关自守的状态，被各民族的各方面的互相往来和各方面的相互依赖所代替了……随着贸易自由的实现和世界市场的建立，随着工业生产以及与之相适应的生活条件的趋于一致，各国人民之间的民族隔绝和对立日益消失。”[②]可见，在马克思、恩格斯看来，只有在各地区、各民族广泛分工的基础上形成世界市场，才意味着从根本上消灭了各地区、各民族相对孤立的发展状态，从而最终形成相互依赖的、相互制约的、统一的世界市场。同时，随着世界市场的形成，各地区、各民族之间的其他方面的交往必然也随之发展起来。由此可见，马克思、恩格斯在这里认识到了经济全球化与民族问题、国际分工的关系，并意识到经济全球化所带来的非经济影响。列宁在《帝国主义是资本主义的最高阶段》中特别指出了19世纪末20世纪初的世界经济所显示出的资本全球化的特征是“寻求国外市场”，批判了民粹派经济学家关于资本主义无力维持下去的观点。他说：“对自由竞争占完全统治地位的旧资本主义来说，典型的是商品输出。对垄断占统治地位的最新资本主义来说，典型的则是资本输出。”[③]他还指出，资本主义早已造就了世界市场，将把世界上所有的国家联结成统一的经济整体。从以上论述看出，马克思、恩格斯不仅找到了经济全球化执行主体——跨国公司，分析了经济全球化的具体运行方式——生产全球化和资本运作全球化，而且指出经济全球化的根本动力是对利润的追求以及经济全球化对民族工业的影响。

（二）古典或新古典经济学家经济全球化理论

首先，亚当·斯密的经济全球化理论体现在他的自由主义经济思想里。他在其著作《国民财富的性质和原因的研究》里提出了反对政府干预经济，倡导自由放任的经济思想；他还看到了对外贸易、世界市场对发展资本主义的重要意义。他说：“按照事物的自然趋势，进步社会的资本，首先大部分投在农业上，其次在工业上，最后投在对外贸易上。”[④]他的经济自由主义在国际贸易上表现为主张自由地发展对外贸易，反对垄断和政府限制政策。他最后指出：“以某种形式把世界上最

① 马克思，恩格斯．马克思恩格斯全集：第4卷［M］．中共中央马克思恩格斯列宁斯大林著作编译局，译．北京：人民出版社，1972：368.

② 马克思，恩格斯．马克思恩格斯全集：第1卷［M］．中共中央马克思恩格斯列宁斯大林著作编译局，译．北京：人民出版社，1995：276.

③ 列宁．列宁选集：第二卷［M］．中共中央马克思恩格斯列宁斯大林著作编译局，译．北京：人民出版社，1995：626.

④ 亚当·斯密．国民财富的性质和原因的研究：下［M］．郭大力，王亚南，译．北京：商务印书馆，1972：349.

远的部分连接起来，让他们满足相互之间的需求，增加生活的乐趣，相互推动工业的发展，那么这样的总趋势就会使大家受益。”[①]可见，亚当·斯密不仅提倡国内贸易自由化，还主张国际贸易的自由化，并对经济全球化的总趋势及其影响做了预测。其次，亚当·斯密的经济全球化理论体现在其倡导国际贸易的“绝对成本”理论里。他认为，自由贸易会引起国际分工，而国际分工的基础则是有利的自然禀赋，或后天的有利的生产条件。它们都可以使一国在生产上和对外贸易方面处于比其他国家有利的地位。如果各国都按照各自的有利的生产条件进行分工和交换，将会使各国的资源、劳动力和资本得到最有效的利用，将会大大提高劳动生产率和增加物质财富。这一理论被称为绝对优势理论。亚当·斯密认为经济全球化的基础是自然资源或后天的生产条件，并指出经济全球化有利于各国节约资源，以及世界总产品和福利的增加。

尽管这一理论解决了国际贸易产生的重要动因，但却无法解决一个问题，如果一个国家在任何商品生产上都没有绝对优势，那这个国家将如何参与国际分工？对此，李嘉图的相对优势理论解决了这个问题。李嘉图认为对外贸易是一国经济的重要补充，是一国经济增长必不可少的组成部分，同时他还强调资本主义经济的自由发展与自行调节。在国际经济交往和经济政策上，他认为使国际贸易处于自由状态是最明智的选择，一国的繁荣不是由另一国的贫困来促进的，对贸易的自由不加束缚并制定开明的政策，才能最好地促进每个国家的福利与所有国家的福利。他说：“在商业完全自由的制度下，各国都必然把它的资本和劳动用在最有利于本国的用途上……它使得人们都得到好处，并以利害关系和互相交往的共同纽带把文明世界各民族结合成一个统一的社会。”[②]李嘉图在亚当·斯密“绝对优势”理论的基础上提出了“相对优势”理论即相对成本说。他认为在资本和劳动不能自由流动的假设前提下，即使一国在自然禀赋和生产条件与他国相比都处于绝对劣势的情况下，处于绝对优势的国家仍然会进口产品，因为每一个国家不一定要生产各种产品，而应权衡利弊，按“两优取其更优，两劣取其次劣”的原则进行国际贸易，这样，生产总量将增加，如此形成的国际分工对贸易各国都有利。可见，李嘉图不仅认识到国际贸易的作用，提倡国际贸易的自由化，还希望国际贸易建立在平等的基础之上，他突破了亚当·斯密的见解局限，提出符合国际贸易实际的“相对优势”理论，对后来西方各国国际贸易的增长与经济全球化理论的发展起了重要作用。

然而，李嘉图的比较优势理论只是解释了贸易为什么会给贸易的双方带来好处，但并没有说明为什么这个国家在生产这种商品上具有比较优势，而另一个国家在生产那种商品上也具有比较优势。赫克歇尔和俄林的要素禀赋说则在此基础上揭示了比较优势的源泉。它从一国生产某种商品所需的各种生产要素结合起来考察一

① 亚当·斯密．国民财富的性质和原因的研究：下［M］．郭大力，王亚南，译．北京：商务印书馆，1972：356.

② 李嘉图．政治经济学及赋税原理［M］．郭大力，王亚南，译．北京：商务印书馆，1962：113.

国的比较优势。根据要素禀赋说，各国所拥有的各种生产要素的数量、种类和质量是不同的；国与国、区域与区域之间的商品的价格差是产生国际贸易的直接原因，而产生各国商品价格差异的原因又是各国生产这些商品的生产诸要素的价格与配置的比例不同。因此，每个国家或地区应利用它相对丰富的生产诸要素从事商品生产，就处于比较有利的地位，而利用其相对稀少的生产诸要素进行商品生产，就处于比较不利的地位。因此，每个国家在国际分工和国际贸易体系中生产和输出前面那些种类的商品，输入后面这些种类的商品。最后，他们指出国际贸易的一般趋势是可以消除工资、地租、利润等生产要素收入的国际差别，从而使国家间商品价格与生产要素价格趋于均等化。

（三）当代经济学家的经济全球化理论流派

1.新自由主义派的经济全球化理论

K. Ohmae和W. Grieder是该流派的代表人物。他们认为经济全球化就是全球经济和市场的一体化，其市场不是你死我活的“零和游戏”，而是对双方都有利的“正和游戏”，是世界资源的优化组合，绝大多数国家将在经济全球化过程中得到长远的比较利益。他们还认为经济全球化是人类进步的先驱，因为它正促使全球市场与全球竞争的一体化的出现（Ohmae，1995；Greider，1997）。新自由主义派还大力赞美世界贸易组织的积极功能，因为它确立了国际贸易的四项普遍性原则，即非歧视性原则、互惠性原则、透明性原则与公平性原则（Sachs and Waner，1995）。新自由主义派强调市场的作用，通过生产要素在市场上的自由流动达到资源的有效配置。经济全球化意味着贸易、资本、技术、信息等冲出国界，生产国际化达到了前所未有的程度。他们认为，自由贸易有利于发挥各国比较优势，而国际化生产能够实现生产要素的国家间最优配置，形成新的国际劳动分工，从而创造更多的利润，推动经济增长。

2.怀疑派的经济全球化理论

怀疑派的代表人物是P. Hirst和G. Thompson。首先，他们从经济史的角度提出，20世纪以来的全球化并不是史无前例的，19世纪末的“金本位”时期就已经出现过全球经济、市场和金融的更高度的一体化。该派认为如今的全球化充其量是一种发达国家之间的国际化（Hirst and Thompson，1996），或者只是一种区域化而已，因为它只是三大区域（欧洲、亚太和北美）的金融与贸易的合作（Boyer and Drache，1996）。而经济区域化却正朝着逆全球化的方向发展，因为今天的区域经济日益走向排他、封闭与保护。所以，目前的区域化不是全球化的动力，而是阻力（Gordon and Weiss，1998）。所以，当今的经济全球化完全是一种错误的“夸张”（Hirst，1997）。同时，该派通过大量的定量研究，认为“全球化”学派所认定的国家弱化与消亡完全是耸人听闻、无知可笑的，因为这从根本上低估了国家和政府干预国民经济的持续性力量，目前所有国家间的经济交往只有依靠国家与政府的协调和推动，才能保证经济合作的正常运转。所以，政府绝不是国际化被动的牺牲者，而是国际化的主要建筑师和设计师（Gilpin，1987）。

另外，怀疑派认为，国际化并没有使南北差距、不平等消失，相反，它意味着许多第三世界国家经济边缘化的发展，因为贸易和资本更多地在发达国家间流动，并由此产生更强大的“排弱”效应（Hiest and Thompson，1996）。怀疑派还从根本上否定经济全球化能够有助于发达国家向发展中国家输出就业机会的奇谈怪论（Krugman，1996）。并且怀疑派认为，在经济结构方面，在过去的一个世纪里，国际化并没有也不可能改变世界经济的不平等、不公正的旧秩序和等级结构。所以，所谓的经济全球化只能导致更极端的民族主义的兴起，促使世界文明分解成不同文化、宗教和种族的独立领地，而不是什么世界大同、全球文明一体化的出现（Huntington，1996）。

3.秩序转型派的经济全球化理论

其代表人物是Anthony Giddens，J. A. Scholte和M. Castells。该学派认为经济全球化是推动社会、政治和经济转型的主要动力，并正在重组现代社会和世界秩序（Giddens and Castells，1996）。目前的经济全球化是史无前例的。跨国界的政治和社会正在对世界进行重大的调整，国际与国内、外交与内政的界线已不清晰，所谓的“国内外相交的事物”日益成为一种新的意义上的“边疆”，经济全球化正在促使政治、经济和社会的空间急剧扩大，成为影响一个社会和地区的决定力量（Rosenau，1997）。所以，该派认为，经济全球化正在产生一种强大的“转型”力量，导致世界秩序中的社会、经济与制度的剧变（Giddens，1996）。但另一方面，这种世界秩序的剧变又充满着变数，因为他们认为经济全球化在根本上是一种偶然的历史进程，谁都无法预测它的发展方向与它所要构建的新世界政治经济秩序（Ruggie，1996）①。

三、经济全球化背景下中国对外开放的必要性

开放带来进步，封闭必然落后。纵观五千年中华民族发展史，开放的时代，是繁盛的时代、快速发展的时代；封闭的时期，则是落后的时期、发展迟缓的时期。自中华人民共和国成立后，至1978年之前，受美苏两大阵营对垒的影响，中国将这种内向工业化的格局，称为“自力更生”的发展模式。我国的经济主要对苏联和一些社会主义国家开放，因此货物进出口贸易对国际经济的依存度不高。国家统计局的数据显示，中国1952年、1960年、1970年和1978年进出口总额分别仅为各年GDP的9.5%、8.7%、4.9%和9.6%。技术方面，除了20世纪50年代，苏联向中国提供了工业建设156项工程以及几百个大企业和各种工厂的设计图纸、产品设计图纸、工艺设计和其他技术资料以外，其他年份主要是以自主研发为主，并受到一些政治运动的冲击。资金方面，20世纪50年代，苏联对中国贷款总规模为66.16亿旧

① 吴志鹏，方伟珠，等. 经济全球化理论流派回顾与评价［J］. 世界经济研究，2003（1）：29-33.

卢布（按当时汇率约合126亿元人民币），其中绝大部分是军事贷款，经济贷款只有3.28亿旧卢布（约合6.23亿元人民币）；[①]其他年份从国外进入中国的资金很少。

20世纪60年代，中苏交恶，中国第一代领导人在国际关系问题的处理上，采取了联美抗苏策略，与一些西方发达国家缓和关系或是推进双边关系的正常化。在这个过程中，中国引进43亿美元的西方成套设备调整中国工业结构，由于大规模引进项目和昂贵的服务[②]，很快出现了问题，国家进行扩大再生产的投资能力严重不足。1974年以后，财政赤字连续突破100亿元[③]，而当时的财政总规模还不到800亿元，于是发生了当代中国第三次大规模的城市过剩适龄劳动力的“上山下乡”运动，以向“三农”转嫁城市危机的巨大代价[④]。

20世纪70年代末期的引进外资，属于70年代初期毛泽东主导的开放战略的延续。1978年中国在邓小平等领导者的集体决策下尝试启动了新一轮的、比以往更为大胆的对外开放，从欧美和日本引进机器设备，继续国家工业的结构性调整[⑤]。西方发达国家也将劳动密集型产业转移到发展中国家，中国凭借低廉的要素成本，吸引了外来资本的投资。改革开放以来，我国将对外开放确立为国家的发展战略，并根据国内资源禀赋的特点，走出了一条以开放促发展的成功道路，实现了长期的高速增长，并成长为世界第二大经济体，中华民族再次走进世界经济舞台的中央。经济进入新常态以来，在世界经济格局深刻调整和国内经济转型发展的背景下，社会主要矛盾已发展转化，中国亟须不断创新发展对外开放战略的理论和实践，充分发挥对外开放对国内改革和经济发展的推动机制，发展更高层次的开放型经济，这是中国经济实现高质量发展的现实诉求。中国经济与世界经济相互高度融合，中国发展离不开世界，世界发展也需要中国，中国与外部世界已经成为同呼吸、共命运的利益共同体，坚持开放发展是我们的必然选择。

第二节　中国对外开放的历史回顾、基本内容与作用

一、中国对外开放发展历程及其基本内容

我国对外开放分为四个阶段：1978—1991年是探索阶段，其重要标志是经济特区的设立及浦东等的开发和开放；1992—2001年是对外开放高速发展阶段，其

① 沈志华．关于20世纪50年代苏联对华贷款的历史考察［J］．中国经济史研究，2002（3）：83-93.

② 统计也表明了周恩来提出的“四三”方案实施情况，我国从20世纪60年代中后期到70年代用延期付款和利用中国银行外汇存款等方式，大规模引进的机械设备价值高达42.4亿美元。资料来源：石林．当代中国的对外经济合作［M］．北京：中国社会科学出版社，1989：32.

③ 温铁军．我们到底要什么［M］．北京：华夏出版社，2004：77.

④ 董筱丹，薛翠，等．改革以来中国对外开放历程的演变及其内在逻辑［J］．中国经济史研究，2012（2）：146-158.

⑤ 董筱丹，薛翠，等．改革以来中国对外开放历程的演变及其内在逻辑［J］．中国经济史研究，2012（2）：146-158.

标志性事件是邓小平同志的南方谈话；2001年11月以后，中国对外开放进入新阶段，其标志性事件是加入世界贸易组织（WTO）；党的十八大以来，“一带一路”倡议、“人类命运共同体”理念，以及双循环发展格局的提出，标志着我国步入全面开放的新格局。

1.对外开放的探索阶段：发展外向型经济

与“渐进式”体制改革相似，这一阶段的对外开放总体上也走的是一条“大胆地试、大胆地闯”的“渐进式”开放道路，采取的是“梯度开放”的战略。1980年深圳、珠海、汕头、厦门经济特区的设立，标志着中国对外开放正式起步。此后，从1984年开放大连、秦皇岛、天津、烟台、青岛、连云港、南通、上海、宁波、温州、福州、广州、湛江、北海14个沿海港口城市，再到1988年设立海南经济特区，开辟长三角、珠三角等沿海开放区；从1990年浦东新区的开发和开放，到1991年开放满洲里、丹东、绥芬河、珲春4个北部口岸，到批准上海外高桥、深圳福田、深圳沙头角、天津港等沿海重要港口设立保税区，中国的对外开放渐次有序地推进。这一时期，中国对外开放的特点是发展“外向型经济”，即改变原来的与世界经济隔绝的封闭式发展模式，充分发挥自身的比较优势，利用发达国家和地区劳动密集型产业外移的机遇，大力吸引外资，发展出口导向的劳动密集型制造业。在开放目标上，主要是解决大多数发展中国家存在的储蓄和外汇的“缺口”，以解决国内经济发展资源瓶颈问题。在开放区域上，以特区、保税区等“点”状开放为主，沿海、沿边推进，基本定位于建立中国和世界相联系的“通道”。在开放政策上，推行进口替代和鼓励出口并举的贸易政策。在进口政策上，鼓励引进适用技术，采取各种保护贸易的政策和措施诸如关税、配额等手段保护国内市场，推动本国工业化进程，实现一般劳动密集型消费品的进口替代；在出口政策上，主要通过奖售、本币低估等措施来扩大出口，以解决国内经济发展外汇紧缺问题，同时改革外汇资源配置制度，实行汇率双轨制，并引入出口退税制度，对加工贸易实行特殊优惠政策；在外资政策上，逐步下放外资投资项目审批权，为外资企业提供税收减免等优惠，改善投资和生产经营环境，并对产品出口型、技术先进型外资企业给予更优惠的待遇。总体来说，这一时期对外开放的最大成就是在沿海（主要是珠江三角洲）发展了“三来一补”工业，推动了加工贸易的发展，使中国开始以要素和资源优势融入国际分工体系。

中国的对外开放从一开始就是改革的产物，开放也是改革。中国的对外开放，打破了中国长期存在的高度集权式和行政式的经济管理体制，突破了传统计划经济体制和观念的障碍。中央政府通过兴办一系列经济特区和沿海开放区进行经济体制改革试点，并通过设立经济特区引入国际通行的经济管理体制和市场运行机制，起着引导国内体制改革的重要作用。

2.全方位对外开放格局的形成阶段：发展开放型经济

1992年邓小平南方谈话以后，我国确立了社会主义市场经济体制的改革方向，中国的对外开放也进入了全面加速推进的时期。1992年，以上海浦东为龙头，开放芜湖、九江、黄石、武汉、岳阳、重庆6个沿江城市和三峡库区，实行沿海开放城市和地区的经济政策。同时开放哈尔滨、长春、呼和浩特、石家庄4个边境、沿海地区省会城市，开放珲春、瑞丽、凭祥等13个沿边城市，进而开放太原、合肥、成都、西安、银川等11个内陆省会城市。2000年，国家又实施西部大开发战略，对外开放进一步扩大到广大西部地区。至此，中国全方位的对外开放地域格局基本形成。

这一时期，中国对外开放的特点是发展“开放型经济”，即利用国际国内两种资源、两个市场，加快国内的经济发展。在开放目标上，主要是抓住发达国家先进制造业转移的历史机遇，建设国际先进制造业加工中心，大力推进中华民族经几代人努力尚未完成的工业化、现代化进程。在开放区域上，从特区到沿海、从沿海到沿江、从沿江到沿边、进而到内陆，实现由点状开放向全中国区域全面开放。在开放政策上，引进外资和利用外资带动出口成为出口导向战略实施的重点，主要表现为对外资的政策由管理型转向全面鼓励型，实施了更大力度、配套性更强的外资政策，并鼓励跨国公司在中国市场上竞争。各级政府为了吸引更多的外资促进本地经济的发展，纷纷出台一系列优惠政策，吸引外国直接投资的流入。

中国政府采取了更为开放的外贸政策，逐渐放宽对进口的限制，积极鼓励引进先进技术和其他国际先进生产要素，极大地提高了国内的生产效率，特别是提高了制造业的劳动生产率。在出口政策上，实施出口优惠信贷政策，通过税制改革进一步提高出口退税税率，使出口退税成为促进出口的一项最重要的政策措施。1994年，中国政府开始了以汇率并轨为核心的新一轮外贸体制改革，实行以市场供求为基础的、单一的、有管理的人民币浮动汇率制度，建立银行间外汇市场，改进汇率形成机制，保持合理的、相对稳定的人民币汇率。1996年1月1日，中国接受国际货币基金组织（IMF）第八条款规定的义务，实现人民币经常项目下可自由兑换。总体来看，这一时期对外开放的最大成就是成功构筑了承接国际资本产业转移的平台，在中国长江三角洲、珠江三角洲形成了国际先进制造业的加工中心，“中国制造”迅速风靡世界市场，中国工业化进程以前所未有的速度迅猛发展。

在大力发展开放型经济的这一时期，也是我国积极申请“复关”和“入世”的时期。在邓小平同志南方谈话精神指引下，中国加快了市场化改革的步伐，逐渐建立起既符合国际规范，又适合中国国情的社会主义市场经济体制，大大促进了中国经济与世界经济的融合。

3.中国对外开放的纵深发展阶段：经济国际化阶段

2001年11月中国政府在多哈正式签署文件加入WTO，中国的对外开放进入了一个全新阶段，即经济国际化阶段。在这一阶段，中国对外开放出现三个主要转变：中国由有限范围和有限领域内的开放，转变为全方位的开放；由以试点为特征的政策主导下的开放，转变为法律框架下可预见的开放；由单方面为主的自我开放，转变为与世界贸易组织成员之间的相互开放。中国经济全面而深入地融入了国际分工体系。

在加入WTO以前，中国的对外开放总体上表现为自主控制下的局部性开放，开放的领域主要集中在生产性投资领域。加入WTO之后，中国开始由局部性对外开放转变为全方位的对外开放，服务业成为这一阶段中国对外开放的重点领域，包括电信和金融保险等领域的对外开放力度都在不断扩大。中国加入WTO时，在服务贸易市场准入方面做了广泛的承诺。加入WTO后，中国全面履行了开放服务业的承诺，按世贸组织分类，中国的100多个服务贸易部门已向外资开放，在贸易、分销、物流、金融、快递、通信、旅游、运输、法律和建筑等服务领域吸引的外资以前所未有的速度大幅度增长。开放程度与发达国家的平均开放水平相差无几，有的领域甚至高于一些发达国家。同时，中国企业也积极“走出去”，中国进入了“双向开放”的新时期。随着涉外经济体系的不断完善，我国企业开始积极参与国际技术创新与合作，设立海外研发机构，融入全球创新链条，极大地推进了我国制造业技术创新、外资引进和对外贸易的快速发展。2002—2011年，我国吸引外国直接投资增长迅速，对外贸易也突飞猛进，其中2006年我国外贸依存度达历史峰值64%，而货物和服务出口占GDP比重高达35.2%，为我国外汇储备的快速增长提供了贸易基础（如图10-1所示）。2002年我国外汇储备为2 864.07亿美元，而2011年外汇储备已达31 811.48亿美元。这10年间，我国经济年平均增长速度超过10%，经济规模迅速扩大。2010年，我国经济规模就已超越日本，成为世界第二大经济体；2011年经济总量达7.57万亿美元，占世界GDP总量的10.33%，比2002年增长了7.88%。截至2012年年底，我国对外承包工程业务累计签订合同额9 981亿美元，完成营业额6 556亿美元，对外劳务合作业务累计派出各类劳务人员639万人①。作为WTO正式成员，中国积极遵守国际贸易中被各成员普遍接受的规则，按照非歧视、更自由、可预见、鼓励竞争等原则，逐步削减贸易和非贸易壁垒，推动商品和服务贸易、投资和金融等领域的自由化，按照多边自由贸易框架的规定开放市场，并且不断加大对国内与WTO不一致的政策、法律和法规的清理，对国内政府机构和企业进行培训，逐步建立起有中国特色而又符合国际规范的经济贸易体制和宏观经济管理体制。

4.党的十八大以来开放战略创新与新发展格局构建

党的十八大以来，我国对外开放面临的新形势更加错综复杂，制约对外开放深化发展的国内外因素也日益凸显。从国际环境看，一是世界经济复苏缓慢。当前世界经济正处于深度调整期，国际市场竞争较为激烈，全球经济以低速率增长。二是国际产业转移和分工发生转向。发达国家经历着由“去工业化”向“再工业化”转变，将中高端制造业向本国转移，一方面放缓了国际产业转移进程，另一方面导致国际产业转移趋向低端化，进而冲击发展中国家制造业的国际竞争优势。三是全球

① 马永伟，黄茂兴．中国对外开放战略演进与新时代实践创新［J］．亚太经济，2018（4）：74-83，151.

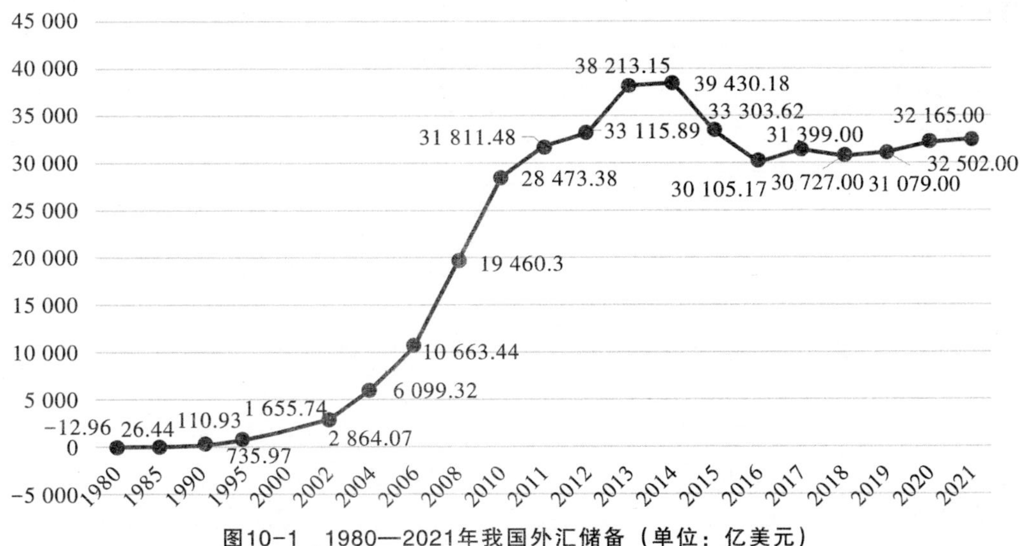

图10-1 1980—2021年我国外汇储备（单位：亿美元）

数据来源：国家外汇管理局.

治理赤字仍然存在。由于缺乏有效的全球治理，部分国家全球化的贸易保护主义和内顾倾向仍然存在，多边贸易体制遭遇严峻挑战。国内环境方面，传统开放型经济的发展模式难以为继，经济发展结构性矛盾突出，对外开放深入发展制度性障碍明显。

党的十八大以来，以习近平同志为核心的党中央高度重视对外开放，在深刻把握时代发展潮流和中国开放发展实践的基础上，紧密围绕“实现什么样的开放”“怎样扩大开放”“如何提高对外开放质量”等重要理论与实践问题，提出了诸多新思想和新倡议，[①]构建了对外开放的新格局。为解决国际合作中的“碎片化”与“排他性”问题，有效整合国际资源，促进世界共同发展，习近平总书记于2013年提出“一带一路”倡议，这是我国新时代开放实践的重大创新，是积极参与全球治理和构建人类命运共同体的重要举措。自由贸易区是解决双边或多边贸易体制阻碍、推进贸易自由化和投资便利化的重要机制，我国实施自由贸易区域发展战略有利于突破多边贸易体制障碍，充分发挥其“贸易创造”和“贸易转移”效应，为我国经济转型和实现高质量发展提供现实的国际平台，是我国构建全面开放新格局、推进贸易自由化和投资便利化的重要途径。同时，自由贸易试验区和自由贸易港的建立推动了投资便利和金融自由化的实现，是我国顺应世界经贸发展潮流的重要体现。

构建全面开放新格局，是党的十九大提出的对外开放的重大战略部署，是我国融入全球化进程，促进世界共同发展的重要举措。过去几年，我国对世界经济增长的贡献率在30%以上，在全球经济治理体系中的制度性话语权显著提升。特别是

① 竟辉，张婷婷．习近平关于对外开放重要论述的价值意蕴［J］．经济学家，2019（5）：5-13.

我国提出的“一带一路”倡议，得到了沿线国家的积极响应，建设成效显著。我国还广泛参与各种全球治理平台建设，国际社会也希望中国在全球治理中发挥更大的作用，这大幅提高了我国在国际经济秩序制定中的话语权，为我国塑造更加公平的国际经济发展环境提供了政治基础。这也成为我国成功应对贸易摩擦，特别是有效化解中美贸易争端的重要原因。另外，新一轮科技革命和产业变革蓄势待发，新产业、新技术和新业态层出不穷，为我国实施创新驱动战略，推进供给侧结构性改革，提升技术创新能力，向全球价值链高端攀升，提供了难得的发展机遇。再者，我国不断深化开放体制改革，推动自由贸易区和自由贸易试验区建设，探索自由贸易港建设，打造开放型经济体制先行区，为我国全面深化开放实践提供了现实空间和重要载体。

2019年末，新冠肺炎疫情全球大流行加速了整个大变局的变化，经济全球化遭遇逆流，保护主义、单边主义上升，世界经济低迷，国际贸易和投资大幅萎缩，给我国经济社会发展带来前所未有的挑战和考验。为应对这一挑战和考验，2020年5月14日，中共中央政治局常务委员会会议首次提出，要深化供给侧结构性改革，充分发挥我国超大规模市场优势和内需潜力，构建以国内大循环为主体、国内国际双循环相互促进的新发展格局①。此后，习近平总书记多次强调要着力构建这一新发展格局。2020年7月21日，习近平总书记在京主持召开企业家座谈会时强调，在当前保护主义上升、世界经济低迷、全球市场萎缩的外部环境下，我们必须集中力量办好自己的事，充分发挥国内超大规模市场优势，逐步形成以国内大循环为主体、国内国际双循环相互促进的新发展格局，提升产业链供应链现代化水平，大力推动科技创新，加快关键核心技术攻关，打造未来发展新优势②。2020年7月30日，习近平总书记主持召开中共中央政治局会议，再次强调当前经济形势仍然复杂严峻，不稳定性不确定性较大，我们遇到的很多问题是中长期的，必须从持久战的角度加以认识，加快形成以国内大循环为主体、国内国际双循环相互促进的新发展格局③。2021年中央经济工作会议上，习近平总书记指出“在充分肯定成绩的同时，必须看到我国经济发展面临需求收缩、供给冲击、预期转弱三重压力”④。对此，我们要继续推进供给侧结构性改革，落实结构性减税降费措施，不断完善社会保障体系，逐步推进基本公共服务均等化；与此同时，还要实施好扩大内需战略，深化收入分配制度改革，强化居民收入增长目标，为扩大内需提供基础，从而增强经济发展的内生动力。这不仅是构建新发展格局的重要举措，更是“十四五”时期的重要任务。

---

① 中共中央政治局常务委员会召开会议 中共中央总书记习近平主持会议 分析国内外新冠肺炎疫情防控形势 研究部署抓好常态化疫情防控措施落地见效 研究提升产业链供应链稳定性和竞争力［N］．人民日报，2020-05-15.

② 习近平主持召开企业家座谈会强调 激发市场主体活力弘扬企业家精神 推动企业发挥更大作用实现更大发展［N］．人民日报，2020-07-22.

③ 中共中央政治局召开会议 决定召开十九届五中全会 分析研究当前经济形势和经济工作 中共中央总书记习近平主持会议［N］．人民日报，2020-07-31.

④ 中央经济工作会议在北京举行［N］．人民日报，2021-12-11.

二、中国对外开放的成果

(一) 对外贸易持续增长，成为世界贸易大国

40多年来我国对外贸易发展迅速，2020年，我国进出口总额已经达到4.6万亿美元，是世界第一贸易大国。出口增长更快，自1993年起持续保持贸易顺差，具备了较强的国际竞争力。表10-1是1978—2020年中国对外贸易概况及对外依存情况。

表10-1　　1978—2020年中国对外贸易情况　　单位：亿美元

年份	进出口总额	出口	进口	贸易依存度（%）	出口依存度（%）	进口依存度（%）
1978	206.4	97.5	108.9	9.7	4.6	5.1
1980	381.4	181.2	200.2	12.4	5.9	6.5
1982	416.1	223.2	192.9	14.5	7.7	4.8
1985	696	273.5	422.5	22.7	8.9	13.8
1990	1 154.4	620.9	533.5	29.4	15.8	13.6
1995	2 808.6	1 487.8	1 320.8	38.3	20.3	18
2000	4 743	2 492	2 250.9	39.2	20.6	18.6
2005	14 219.1	7 619.5	6 599.5	62.4	33.4	29
2010	29 740	15 777.5	13 962.5	49	26	23
2015	39 530.3	22 734.7	16 795.6	35.6	20.5	15.1
2018	46 224.2	24 866.8	21 357.3	33.2	17.9	15.3
2020	46 559.1	25 899.5	20 659.6	31.7	17.6	14.1

数据来源：国家统计局．中国统计年鉴．

随着对外贸易快速增长，我国外贸依存度不断提高。外贸依存度定义为一国对外贸易总额与国内生产总值（GDP）的比重，用于衡量一国经济与进口和出口的关联度，高比重意味着对外贸易在国民经济中占重要地位。表10-1列出改革开放以来我国外贸依存度、出口依存度和进口依存度3项指标。

出口依存度即出口总额与国内生产总值之比，反映了国外市场对总需求的贡献。改革开放以来，我国出口依存度经历了明显上升，从1978年的4.6%上升到2006年35.4%的最高值，随后开始逐年下降并趋于稳定，2020年我国出口依存度达到17.6%，该趋势表明面对新冠肺炎的冲击与中美贸易摩擦的双重叠加，中国将

把重心置于构建以国内大循环为主体、国内国际双循环相互促进的发展格局。进口依存度即进口总额与国内生产总值之比，直观反映了国外供给对总需求的贡献，在宏观经济核算中是一个减项。但是，机器设备和原材料多年来是进口的主体部分，在促进国内产业结构升级、技术进步、提高水平、生产新产品等方面发挥了重要作用。

3组依存度都经历了由低到高再趋于稳定的过程。自2010年起，我国就成为世界排名第一的出口大国和进口第二大国，并保持至今。20世纪70年代以来，美国、德国和日本是世界三大贸易国，现在中国不仅进入第一集团，而且与这些国家保持了一定差距。例如美国、日本和德国，2020年的出口依存度分别为6.8%、12.8%和5.3%，进口依存度分别为11.5%、12.6%和30.8%，贸易依存度分别为18.3%、25.4%和36.1%；我国的3组数据分别为31.7%、17.6%和14.1%。较高的贸易依存度，表明我国的经济增长与对外贸易关系密切，对外贸易在经济增长中发挥了重要作用。图10-2是中、美、日、德四国2020年对外贸易依存度比较。

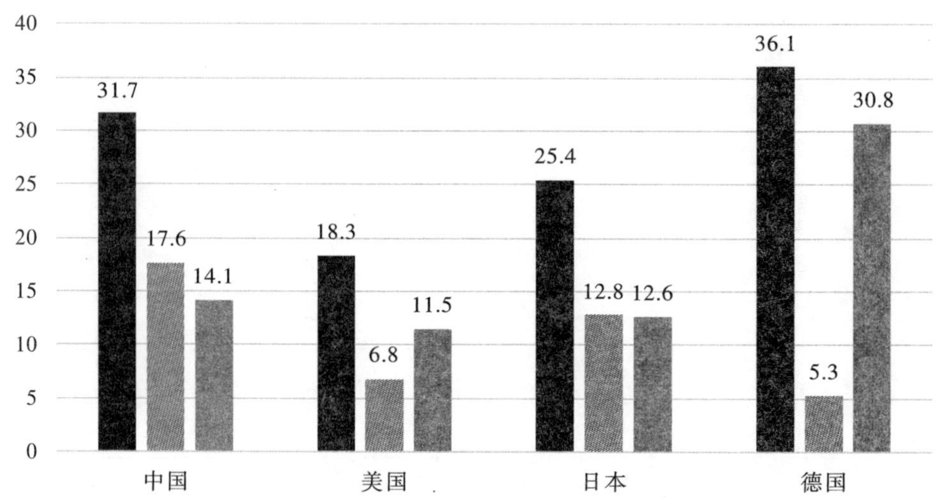

图10-2　中、美、日、德2020年对外贸易依存度比较

数据来源：国家统计局；中经网.

（二）吸收外资与对外投资快速增长

1.吸收外资：规模及贡献

改革开放40多年来，我国吸收外商直接投资（FDI）持续增长。从开放初期的几亿美元，增加到2020年的1 443.7亿美元，40多年累计吸收FDI为2.3万亿美元。在这40多年里，我国吸收外资规模从中小型项目到大型跨国公司，从生产劳动密集型产品到生产技术和资本密集型产业，从以制造业为主到以制造业服务业并重。外商投资企业对国民经济的贡献包括以下几个方面：

对国内资本形成的贡献。在40多年的时间里，外资占我国固定资产投资总额中的比重有较大变化，由改革开放初期1.3%逐年上升至1994年达到最高值17.1%，嗣后虽然外资数额仍在增加，但是增速远远赶不上我国国内投资的急速增长，外资所占比重开始逐年下降，近年来该比重渐趋稳定，为1.9%（见表10-2）。

表10-2　**作为资金来源的外资比重**

年份	FDI（亿美元）	固定资产投资总额（亿元）	FDI占固定资产投资总额的比重（%）
1983	9.2	1 430	1.3
1985	19.6	2 543	2.3
1990	34.9	4 517	3.7
1995	375.2	20 019	15.7
2000	407.2	32 918	10.2
2005	603.3	80 994	6.1
2010	1 057.4	218 834	3.3
2015	1 262.7	405 928	2
2016	1 260	434 364	1.9
2017	1 310.4	461 284	1.9
2018	1 349.7	488 499	1.8
2019	1 381.4	513 608	1.9
2020	1 443.7	527 270	1.9

数据来源：国家统计局；中经网统计数据库.

对工业增加值的贡献。整体而言，中国的外商投资企业数量在经历了大幅上升之后，近年来数量增加略有下降，其中2018年外商直接投资新设企业数量增长达到近年来的峰值，为60 560家，而2020年该数量下降至38 578家。从工业增加值上看，自中国进入新常态以来，全国工业增加值增长情况逐年衰减，2012年全国工业增加值增长率为8.1%，而2020该数值下降至2.4%，规模以上外商投资企业工业增加值增长率也呈现下降趋势，其中2012年达到6.3%，而2020年该数值的增长率仅为2.4%[①]。

对税收的贡献。随着外商投资企业规模增加，涉外税收逐年上升，在最高点的2006年，占全国税收总额的比重达到22.9%。此后，随着外商投资企业产出占比的下降，涉及税收占比也相应下降，2020年占比为17.3%。

① 数据来源：国家商务部；中国外资统计公报2021.

对贸易总额和出口结构提升的贡献。外商投资企业的进出口占全国进出口总额的比重呈现逐年上升趋势，从1991年的21.34%上升到2006年的58.9%，随后开始下降，2020年外商投资企业进出口占比下降至38.7%。外商投资企业还是高新技术产品出口的主力军，2020年高技术产业吸收外资增长11.4%，高技术服务业增长28.5%。

我国已经成为吸收外资大国。2003年我国实际吸收外资额排名世界第一，其余年份排名有波动，但多数排名第二，并始终保持着发展中国家最大东道国的地位，2020年中国实际吸收外资额为1 493.4亿美元，其中1 123.7亿美元的实际使用外资金额用于发展第三产业。

2.对外投资快速增长

改革开放初期，我国跨境直接资本流动一直以流入为主，对外投资数额很少。最近20年，我国对外投资迅速增长。自2005年起超过100亿美元，2008年超过500亿美元，2013年超过1 000亿美元。2016年中国对外直接投资达到1 961亿美元，创历史最高。此后两年有所下降，2018年我国对外投资额达到1 430.3亿美元，2020年对外直接投资为1 537亿美元（见表10-3）。

表10-3　**我国对外直接投资金额**　单位：亿美元

年份	流量	存量
1990	8.3	44.55
1995	20.0	177.7
2000	9.2	277.7
2005	122.6	572
2010	688.1	2 172.1
2015	1 456.7	10 978.6
2018	1 430.4	19 822.7
2020	1 537.1	25 806.6

数据来源：国家统计局.

随着对外投资的迅速增长，我国作为投资母国的地位迅速上升。2016年，我国成为对外投资第二大国，此后两年分别处于第二名、第三名，2020年中国对外直接投资达到1 537.1亿美元，流量规模首次位居全球第一。

（三）开放促进全面发展

自中国加入WTO以来，中国开放型经济深入发展，大规模“引进来”和大踏步“走出去”并举，经济面貌发生深刻变化。2001年，中国GDP只占全球的4%，商品进出口占世界比重分别为3.8%和4.3%（见表10-4）。20年来，世界经济总量增长了两倍、货物贸易总额增长近1倍，中国经济总量增长近11倍、商品进口总额增长7.4倍、出口总额增长8.7倍，对世界经济增长的平均贡献率接近30%，是近十多年世界经济增长的最大贡献者。2020年，中国已发展成为全球第二大经济体、第一大货物贸易国、第一大外汇储备国、第一大外资引进国和第一大对外投资国，在新冠肺炎疫情全球蔓延的冲击下，中国成为全球唯一实现货物贸易正增长、经济正增长的主要经济体。作为全球化的“参与者”、“受益者”和“贡献者”，坚持互利共赢的全方位开放是当代中国的鲜明标识。

表10-4　　　　中国商品进出口和FDI情况　　　　金额单位：亿美元

年份	GDP		商品进出口				FDI			
	总额	占世界比重（%）	商品出口总额	占世界比重（%）	商品进口总额	占世界比重（%）	外国直接投资净流入	占世界比重（%）	对外直接投资流出	占世界比重（%）
2001	13 393.96	4	2 660.98	4.3	2 435.53	3.8	470.53	5.3	9 696	1.2
2010	60 871.64	9.2	15 777.54	10.3	13 962.47	9	2 437.03	12.7	57 952.6	3.3
2020	147 227.31	17.4	25 911.21	14.7	20 557.52	11.5	1 871.7	12.5	109 921.81	10.9

数据来源：世界银行.

从商品和要素流动型开放渐进转向更加注重制度型开放。从商品和要素流动型开放转向更多注重制度型开放是我国以开放倒逼改革、掌握对外开放主动权的一个重要实践，也体现了我国渐进式的开放思路。世界银行《2020年营商环境报告》显示，我国营商环境排名第三十一位，比上年提升15个位次，跨境贸易便利化程度排名第五十六位，我国营商环境的市场化、国际化、法治化水平达到新的高度。随着全球贸易和投资自由化便利化深入推进，迫切需要为全球化生产创造一个有利于商品和要素自由流动、营商环境公开透明、法治体系科学健全的发展空间，国际分工趋势的变化使开放经济的制度需求也发生变革。我国主动推进贸易便利化、投资自由化、服务贸易、电子商务等议题先行改革。2019年《中华人民共和国外商投资法》通过，在放宽外资准入、便利投资活动、保护外资合法权益、营造更公平市场竞争环境等方面有重要突破。以自贸试验区为重要载体推进高水平制度型开放，取得了众多制度创新成果及可复制、可推广经验。截至目前，我国境内已分6批设立21个自贸试验区，涉及的地级以上城市超过50个。通过赋予自贸试验区改革自主权，各自贸区根据自身条件在便利口岸通关流程、下放审批或备案管理权限、金融监管“沙盒机制”、人才管理体制机制等方面推出一系列富有成效的改革举措，以不到全国千分之四的国土面积实现了全国14.7%的外贸规模，是我国开放型经济的高地。2018年海南自由贸易港建立，标志着我国向世界最高开放水平迈进。

民营企业活力显著增强。在开放型经济下，我国国有企业、民营企业、外资企业等多元主体活力竞相迸发，贸易经营主体结构变化显著，民营企业成长为外贸活动第一大主体。受益于经济管理体制改革及全球化进程，不同规模、不同类型、不同行业的外贸企业可更加充分地参与涉外贸易和投资。2004年正式实施新修订的《中华人民共和国对外贸易法》，取消对所有外贸经营主体外贸经营权的审批。外贸经营管理权下放、外资企业进入，优化了国内市场竞争生态，促进了外贸经营主体多元化格局的初步形成，倒逼国内企业通过改革创新提升竞争优势，逐渐培养了在开放环境下与跨国公司竞争的能力。在共建“一带一路”初期，在推进基础设施互联互通上，国有企业一直扮演“领头羊”的角色。截至2018年8月，“一带一路”建设已开工和计划开工的基础设施项目中，中央企业承担的项目数占比达50%左右，合同额占比超过70%。“十三五”期间国企参与高质量建设“一带一路”沿线项目超过3 400个，实施了一批民生项目，打造了一批标志性工程，有力带动了我国装备、服务、技术标准“走出去”。

随着市场经济制度的不断完善，民营企业迅速发展，外贸主体的贡献度呈现国有企业和外资企业占比逐渐下降、民营企业占比逐渐上升的趋势。据商务部统计，民营企业的进口、出口增速均长期高于全国增长速度。2001—2020年，国有企业产品出口占比从49.2%下降到8.02%，下降约41个百分点，民营企业产品出口占比由9.5%上升到54.07%。海关总署数据显示，2019年民营企业首次超过外商投资企业，成为我国第一大外贸主体。2021年前10月民营企业进出口占我国外贸总值的48.3%，民营企业出口占全国出口总值的57.3%。民营企业具有巨大灵活性和强大生命力，应对环境变化的调整能力较强，贸易服务专业化水平高，能快速捕捉市场信息，满足国际市场多样化需求。2020年，民营企业在跨境电商中占比已升至89.9%。跨境电商平台构建的多维多边经贸合作模式，提高了民营企业“走出去”的组织化程度，降低了出口成本，简化了烦琐的出口环节，压缩了中间环节，缩短了运营周期，开辟了新的企业经营思路，为民企突围国际市场发展提供了新动力。境外经贸合作区成为民营企业“走出去”的重要平台，通过打造稳定有序的环境促进产业集聚，引导企业“集体出海、抱团取暖”，提高了民营企业国际化水平和国际市场竞争力。

对外开放促进区域布局与结构不断优化。东部沿海地区凭借地理区位优势和政策倾斜优势优先成为承接国际产业转移的前沿阵地。2002—2011年，东部地区进出口贸易总额年均增长21.2%，占全国比重一直保持在90%左右。长期以来，中西部地区以自然资源和人力资源东输间接参与到对外贸易的发展中，在国内的区域分工体系中更多扮演了东部地区资源供给者的角色。大量劳动力由中西部地区向东部沿海地区转移，同时也形成了大规模的“钟摆式”“候鸟型”人口流动。中西部地区是我国平衡发展、可持续发展的关键。近年来，出现了东部劳动密集型产业和农民工就业向中西部地区转移的“双转移”趋势，相关开放政策向中西部地区大力倾斜，促进了开放格局的协调均衡。2010—2020年间，在东部地区的农民工减少了14个百分点，中部地区农民工增加了5个百分点，西部地区增加了6个百分点。产业国内梯度转移提高了资源要素的配置效率，不仅能促进东部地区的产业结构升级，有助于实现从国际加工装配基地向先进制造基地转变，从制造中心向研发中心、服务贸易中心的转变；还有利于中西部地区有效发挥本地劳动力、资源优势，发展加工制造、贸易物流的外向型产业集群，进一步释放对外开放潜力。

三、中国对外开放面临的挑战

经过40多年改革开放的高速发展，中国融入经济全球化进程，走上快速工业化道路，实现了经济高速增长，综合国力持续增强。中国的人均GDP从1978年的155美元增长到2020年的12 555美元，整体进入中高等收入阶段和中等科技强国行列。超过7亿的中国人口摆脱贫困，为人类减贫事业作出巨大贡献。中国经济在取得成绩的同时，也面临着一系列问题，我们必须看到，40多年经济高速增长过程中积累的矛盾呈现集中爆发之势，一些中国式难题被中国式速度所掩盖，当中国经济增长速度放缓，外部环境恶化，许多难题可能会集中爆发出来。中国面临着“中等收入陷阱”和“修昔底德陷阱”的双重考验。

（一）中国工业化红利消耗殆尽，新旧发展动能转换动力不足

中国改革开放40多年的经济建设，充分利用国际、国内两种资源和两个市场，发挥中国比较优势，参与经济全球化进程，实现了快速的资本积累和传统产业的扩张，迅速从农业国转变为工业国。在传统低成本扩展模式下，供给侧出现了严重的结构性失衡，传统优势产业中出现大规模的低技术过剩产能。根据美国经济运行的历史经验，一般认为美国总体工业企业产能利用率的“合意”区间是79%～82%。而2016年中国钢铁、煤炭、水泥、电解铝、成品油加工以及尿素的产能利用率分别为65.4%、67%、75.6%、83.1%、69.1%和44.8%，达到或即将达到产能严重过剩的水平（75%）[①]。与此同时，国内高质量产能供给跟不上国内消费升级的步伐，出现高端产能严重不足。商务部有关数据显示，中国居民赴海外旅游人数和海外消费能力连续三年位居世界第一。2015年，中国居民出境超过1.2亿人次，境外消费达到1.5万亿元人民币，其中至少有一半用于海外购物，且购买的商品层次呈现下移态势，从以往的高端奢侈品转向了性价比较高的日用品[②]。明显反映了中国的供给体系不适合国内需求市场的变化，不适应国内消费需求结构升级的要求。

在低成本要素和规模扩张模式遭遇边际效率递减规律时，以创新驱动为动力的新动能因为创新能力不足，导致产业结构升级缓慢，新的优势产业难以形成。中国的科研投入产出效率仍然很低。一是中国科技研发投入仍然严重偏低。数据显示，

① 任泽平．站在新周期的起点上：来自产能周期的多维证据［EB/OL］．(2017-09-17)．http：//www.sohu.com/a/192598726_467568.

② 王一鸣，陈昌盛，等．正确理解供给侧结构性改革［N］．人民日报，2016-03-29.

我国的研发投入在国家层面与GDP的比例为2.1%，远低于北欧一些发达国家的3%～3.5%的比例。而作为研发主体的企业研发投入更加不足，中国规模以上企业研发投入占销售比例仅为0.9%，而发达国家平均比例都在2%以上。二是科研创新能力不足，科技贡献率偏低，核心技术严重依赖外部进口。中国在核心技术、关键技术上对外依存度高达50%，高端产品开发70%的技术要靠外援，重要的零部件80%需要进口，一些关键的芯片甚至100%需要进口，其花费远超石油等能源进口。

（二）对外贸易结构长期失衡，增加了中国经济发展的脆弱性

我国自改革开放以来长期实行出口导向型经济发展战略，对外贸易长期处于失衡状态，贸易差额高度集中于少数国家和地区，极易造成国际贸易摩擦和争端等问题，不利于中国经济的长期稳定发展。从贸易差额来源看，2000年以来，中国内地与美国、欧盟和中国香港地区一直表现为巨额贸易顺差。中国同美国的贸易顺差额从2000年的297.4亿美元上涨至2020年的5 350亿美元。2020年对美国贸易顺差占中国整体贸易顺差3 166亿美元将近60%，美国成为“中国制造”的主要受益国。欧洲是中国贸易顺差另一重要来源地，从2000年的73.5亿美元增长到2008年1 602亿美元峰值之后，就一直徘徊在1 300亿美元附近，表明中国对欧洲的出口失去了成长性。中国内地与香港地区的贸易顺差额从2000年的350.9亿美元提升至2015年的3 177.2亿美元，涨幅超过8倍，2020年贸易顺差达到2 657亿美元，同比下降27.9%。

与此同时，中国大陆与德国、韩国、日本、巴西、澳大利亚等国家及中国台湾地区的对外贸易长期处于贸易逆差地位。中国对日本的贸易逆差波动较大，2011年达到峰值463亿美元，此后不断缩小，2015年降至72.9亿美元，随着中国出口增长，中日贸易逆差又逐步放大，到2018年增长到334.96亿美元，2020年贸易逆差达到322亿美元。中国对韩国的贸易逆差从2000年的119.2亿美元增长到2018年的958.5亿美元，2020年下降至603亿美元。中国大陆与中国台湾地区的贸易逆差从2000年的204.5亿美元增长到2020年的1 405亿美元。除对巴西、南非、澳大利亚的原料依赖外，中国大陆对德、日、韩等国及中国台湾地区的贸易逆差主要来自电子元器件等中间产品和制造设备。中国对欧美的出口主要集中在电子产品和基础工业品，这两类商品各占50%左右。其中电子产品基本上是外资企业生产，而基础工业品则由民营企业生产①。外资企业为完成电子产品生产和出口，需要大量从日本、韩国和中国台湾地区进口机电设备和零配件；而民营企业为完成基础产品生产和出口，需要从日本、韩国和中国台湾地区进口精细化工和机床。这意味着中国大陆并没有形成出口产业链条上自给自足的能力。没有掌握核心技术的外贸出口结构是脆弱的，外企随时都可能弃我而去；而民企的生命线同样高度依赖德国、日本、

① 佚名. 中国外贸净出口全景图［EB/OL］.［2019-02-01］. http://www.sohu.com/a/292802716_120047535.

韩国和中国台湾地区的制造设备的进口。这种从日本、韩国及中国台湾地区进口中间产品和制造设备、在中国大陆生产并出口到美国等发达国家市场的三角贸易模式，在与美国的贸易摩擦中极易解体。

（三）全球价值链重构使中国经济结构转型升级面临双重竞争夹击

改革开放以来，中国主要依靠低成本优势参与国际分工，并逐步嵌入全球价值链的加工环节，进而成为世界制造工厂。2009年，以美国为首的发达国家提出“再工业化战略”，建立其自身内部产业链。该策略引起全球价值链重构，其所带来的产业转移沿着两个方向演进：一方面是由于发达国家的核心技术竞争优势引起的高技术产业回流；另一方面是低端制造业转移至生产成本更低的国家或地区，如东南亚等新兴经济体。据联合国商品贸易统计数据库数据计算，2015年，全球FDI同比增长36.99%，达到17 621.55亿美元，其中流入美国的为3 798.94亿美元，占全球FDI总额的21.56%；流入中国香港地区的为1 748.92亿美元，占比9.92%；流入欧盟国家的为4 258.61亿美元，仅荷兰就高达726.49亿美元，流入德国的FDI同比上涨了35倍；缅甸、泰国的涨幅均为200%左右；其他新兴经济体国家也大都呈现出2位数的增速；而流入中国的仅为1 356.1亿美元，同比上升5.53%。

就2010以来的FDI流入的平均增速而言，2010—2015年中国的FDI流入平均增速仅6.34%，处于新兴经济体国家中的最低水平；孟加拉国、东南亚国家等均至少是2位数的增速；美国、法国、德国、意大利等发达国家也均保持着高速增长。中国的纺织服装等劳动密集型企业也开始向外转移。2012—2016年是中国纺织服装行业对外直接投资的加速阶段，中国企业在海外设立纺织服装生产、贸易和产品设计企业超过3 000家，分布在100多个国家和地区，涵盖东南亚、北美洲、欧洲、大洋洲、非洲等重点区域。中国由于传统竞争优势逐渐消失，而新的竞争优势正在培育，全球价值链的重构可能使中国同时面临产业空心化和落入“中等收入陷阱”的风险增加。

（四）中国可持续发展面临资源、环境、人口与市场四大瓶颈约束

改革开放40多年，中国经济社会发展取得重大成就的同时，也付出了巨大的资源环境代价。特别是进入中等收入阶段后，中国面临劳动力成本逐渐上升、资源与环境约束日益逼近、市场约束增强等问题。首先是资源约束。中国人均资源拥有量较低，人均耕地面积、森林资源、水资源占有量分别为世界平均水平的1/3、1/6、1/4，各项资源人均占有量基本居世界后列。改革开放以来，中国充分利用国内外两种资源，维持着经济高速增长，但不可否认，许多资源类产品也因为中国的进口价格猛涨，形成与其他国家的激烈竞争，引起美国等一些国家的恐慌。其次是环境约束。当前，中国仍是世界上最大的能源消费国，能源消费量占比超过全球的20%，能耗强度远超美日。粗放式的经济发展方式，造成了严重的环境污染和生态破坏，导致河流湖泊水质下降，空气质量下降，土壤遭到重金属污染等，已经威胁到人民群众的生命安全。再次是人口结构约束。改革开放以来，依托廉价劳动力的

独特优势，中国取得了世界瞩目的发展成就。但随着婴儿潮一代逐渐步入老年期以及预期寿命的延长，我国社会不可避免地进入老龄社会，生育政策的放松也无法在短期内扭转这一趋势。人口红利的衰减，将大大冲击中国经济的发展模式，导致劳动力供给、资本积累、生产率等出现下滑。最后是市场约束。依靠低成本优势实行出口扩张战略，随着"WTO红利"的接近耗尽，加上世界经济发展进入深度调整期，世界多边贸易体制停滞不前，逆全球化和贸易保护主义兴起，导致我国外贸出口增速趋缓。在2008年金融危机冲击之下，全球贸易增速大幅放缓。2018年美国特朗普政府对外贸易摩擦不断，给世界经济与贸易形势更增添了不确定性。

（五）新冠肺炎疫情冲击导致中国发展的外部环境充满不确定性

2019年末的新冠肺炎疫情在全国范围内迅速蔓延，对国际生产、运输和贸易造成严重冲击。尽管2021年世界经济整体维持了复苏态势，国际贸易及跨国投资显著反弹，但复苏分化严重，不稳定、不均衡现象凸显。在经历了新冠肺炎疫情延宕反复之后，2021年下半年世界经济下行风险突出，全球通胀加剧、供应链瓶颈持续、美联储货币政策加速收紧、全球失衡发展加深、地缘政治经济博弈加剧等因素叠加影响，世界经济持续复苏仍充满风险和不确定性。在经济全球化背景下，任何国家都无法独善其身，中国作为世界上最大的贸易国，已深入参与到全球产业链和供应链分工之中，任何国际市场的动荡都将加剧中国外部发展环境的不确定性，进而影响中国经济发展。

第一，全球经济、跨境投资保持恢复性增长动力不足。当前世界经济总体保持复苏态势，但动能有所减弱，不稳定、不确定因素增多，实现常态化增长仍需时日。2020年，全球跨境投资降至2005年以来的最低点。尽管2021年全球外国直接投资有望超越疫情前水平，但发展中国家卫生危机的持续时间和疫苗接种速度，实施基础设施投资等激励措施的成效仍是重要的不确定性因素。劳动力和供应链瓶颈、能源价格和通胀压力也将影响全球跨境投资实际增长。2022年，世界百年未有之大变局正加速演变，新一轮科技革命和产业变革带来的激烈竞争前所未有，气候变化、疫情防控等全球性问题对人类社会带来的影响前所未有，跨境投资的国际环境日趋复杂。

第二，全球投资保护主义抬头。2020年，限制或监管性投资政策措施占投资政策措施总数的比例达到41%，创历史新高。2021年9月，美欧贸易和技术委员会（TTC）正式成立，并在联合声明中强调投资审查。美国商务部、财政部通过"实体清单"对外国企业进行制裁。欧盟于2021年11月发布首份外资安全审查报告，指出自欧盟新的外资审查法案生效一年来，欧委会已审查400项外国投资。英国《国家安全与投资法》于2022年1月生效。特定国家滥用国家力量、泛化国家安全打压外国企业的错误做法有所增加，限制范围从原先的国防工业扩展到战略性行业、关键性基础设施及国内核心技术。部分国家甚至出台针对性政策，压缩中资企业海外的发展空间，美国政府以"应对中国军工企业威胁"为由，签署行政命令，将华为、中芯国际、中国航天科技集团有限公司等59家中国企业列入投资“黑名单”；英国政府禁止中企参与该国核电项目；印度税务部门对中资企业开展大规模调查等。据统计，2021年前三季度，中国在全球跨境并购最活跃的国家排名中列第十三位。考虑到2020年中国对外投资流量居全球第一位，间接印证了中国企业对外投资并购的受限程度。

第三，西方跨国公司利用优势地位抑制中国企业参与全球供应链重塑。西方跨国公司的垄断优势已从最初资本、技术等所有权优势，向无工厂制造商主导的价值链优势演进。2021年《全球价值链发展报告》指出，无工厂制造商主导的全球价值链，以及利用国际直接投资和全球价值链向全球客户出口无形资产服务的新商业模式，正超越传统生产方式，对国际贸易、工业化和经济发展模式带来革命性变化。中国企业联合会、中国企业家协会评选的2021年中国100家最大跨国公司的平均跨国指数仅为15.07%。中国跨国公司亟须补齐专利技术、品牌、全球批发和零售网络等短板。产业链和供应链面临的人为割裂风险有所增加，国际投资中围绕关键原材料和高新技术的竞争可能进一步加剧。一些国家以维护产业链安全、供应链稳定、提升经济发展韧性和危机应对能力为名，构建一系列排他性的小集团，甚至试图以意识形态划线，打造供应链“小圈子”，对华科技“脱钩”力度加大。

第三节　全球经济治理的中国方案

一、中国全球经济治理理念

全球经济治理是全球治理网络的核心部分，也是当前中国参与全球治理的主要领域。2008年全球金融危机以来，世界经济发展面临一系列新问题、新挑战，全球经济治理遭遇前所未有的复杂而严峻的局面。与此同时，中国参与全球经济治理的意愿和能力不断增强，国际社会对中国作用的期待也不断上升。2016年，二十国集团（G20）领导人第十一次峰会在杭州落下帷幕，为世界经济如何走出低迷、走向包容与可持续发展描绘了新蓝图，也为中国参与和引领全球经济治理确立了新的历史方向。面对当前严峻的世界经济形势和复杂的全球经济治理格局，中国只有进一步顺势而为，统筹兼顾，才能突破各种制约，在全球经济治理领域中发挥更重要的建设性作用。

（一）以平等为基础

新型全球治理体系倡导“多元治理”理念，其核心在于强调多元主体在参与全球治理过程中享有平等地位。世界各国不分大小或强弱，应平等参与全球治理进程，获得平等的发言权和受益权。现有全球治理机制虽然参与国家众多，但由于历史原因和制度制约，新兴市场国家和发展中国家并没有与其实力相匹配的代表性或平等的话语权，甚至被认为需要由别人教会它们怎样界定自我身份和利益。

目前几大全球性经济治理机构均由美欧主导，服务于发达国家利益。在IMF和世界银行这样的国际机构中，新兴经济体和发展中国家的地位和权利没有得到充分尊重，份额与投票权挂钩的机制使得发展中国家利益难以被顾及。尽管世界银行新的份额和治理改革方案将中国投票权提升至第三位，但美国仍然保有否决权。与此同时，“金砖国家”等非正式集团正在不断涌现，G8向G20过渡一定程度上体现了发达国家和发展中国家更为均衡的实力对比。这些组织发布的倡议、框架和决定虽不具有强制约束力和惩罚机制，但不失为提升发展中国家制度性话语权的有效突破口。因此，中国引领的全球经济治理体系应以平等为基础，反映当前世界经济的新格局与经济力量对比，增强新兴经济体和发展中国家在国际体系中的话语权，确保各经济体在国际经济合作中权利平等、机会平等。中国致力于维护更加公平的国际秩序与体制，一方面，通过倡导设立金砖开发银行和亚洲基础设施投资银行等兼顾发展中国家需求的新机构作为现行国际体制的有效补充；另一方面，通过“一带一路”倡议、产能合作以及工业合作伙伴计划等，以平等互信、互利共赢为理念，以促进长期发展为导向，以提供硬件公共产品为依托，以基础设施建设和互联互通为突破口，为发展中国家群体带来切实收益，促进公平公正、多元共治、包容有序的国际经济新秩序的建立。

（二）以开放为导向

中国倡导以发展为导向的新全球经济治理观，这区别于美国主导的推崇市场化、自由化和私有化模式附加政治标准与西方价值观的全球治理理念。

党的十一届三中全会以来，我国始终坚持对外开放的基本国策，不断拓展对外开放的广度和深度。以习近平同志为核心的党中央把开放发展作为引领我国未来发展的五大发展理念之一，向世界表明中国开放的大门永远敞开，中国经济发展将继续为世界带来更多正面外溢效应。作为世界第二大经济体、第一大货物进出口国，中国拥有越来越广泛的国际经贸利益，肩负了更多的国际责任和期待。然而，我国对外开放的质量和发展的内外联动性还有需要提高的地方，这主要体现在：国际国内两个市场、两种资源的运用还不够强，应对国际经贸摩擦、争取国际经济话语权的能力还比较弱，运用国际经贸规则的本领也不够强。对此，我们应积极加快建设高水平开放型经济新体制，增强经济实力，提高国际话语权。对内充分发挥政府与市场的作用，深化供给侧结构性改革，推进改革力度，实现高质量发展；对外通过技术不断进步，推动产业向价值链高端攀升，加大进口，加快全面开放，用扎实的经济基础夯实自身的全球经济治理的参与者地位，借助经济全球化力量，推动世界经济走出低迷。

除此之外，习近平总书记明确提出：“要推动全球经济治理体系，改革完善，引导全球经济议程，维护多边贸易体制，加快实施自由贸易区战略，积极承担与我国能力和地位相适应的国际责任和义务。”[①]积极参与全球经济治理成为解决我国发展内外联动问题的重要抓手。开放发展理念为提高我国对外开放的质量和发展的内外联动性提供了行动指南，而积极主动参与全球经济治理成为贯彻新发展理念的重要抓手。一方面，参与全球经济治理，推动国际经济规则重构，有利于提高我国在全球范围内配置资源的能力；另一方面，能够增加全球公共产品供给，有利于构建广泛的利益共同体，形成深度融合的互利合作格局，从而实现中国发展与世界发展的更好互动。通过积极参与全球经济治理，推动全球经济治理体系改革完善，也是我国作为世界大国必须担负的责任和义务。

（三）树立正确的义利观

中国在全球经济治理体系中树立的义利观不同于世界主流学派对于个人利益最大化的追求，而是将世界各国共同纳入利益分享体系中，强调利益分配正义。在传统的西方国际关系理论中，理性主义学派普遍认为，在无政府状态下的国际社会，国家通过理性（有限理性）实现个体利益最大化的追求，在一定程度上，一国对自我利益的追求可以增加集体利益。在全球化时代，要实现人类普遍利益的优化，国家行为就需要超越经济人的个体理性，寻找利益的兼容性，避免损害他国利益，尽可能多地增加整体利益，“我们在考虑相互依赖的世界中的国际制度和国际合作问题时，就不能仅仅停留或局限在国家间的私人利益（国家利益）相互作用这一点上，我们必须更多地重视国际社会的整体和公共的利益”[②]。

面对全球利益分配的不均衡，20世纪70年代以来，以全球正义为导向的当代世界主义兴起，并强调个体发展权利的平等性和普遍性。当代西方世界主义积极倡导对贫困国家的援助与发展合作，帮助发展中国家逐渐摆脱贫困，提高人民生活水平，促进发展权利的平等。中国的全球经济治理理念吸收了世界主义中全球分配正义的合理因素，倡导中国的发展和国家利益的实现过程中，要树立正确的义利观，即在追求自身利益的同时需要促进各国共同发展，促进实现共有利益，强调利益分配的正义性，而不是片面实现国家利益最大化。在全球经济治理层面需要各国在努力追求本国利益的同时兼顾他国的合理关切，在寻求本国发展的同时促进世界各国的发展，“既要做大蛋糕，更要分好蛋糕，着力解决公平公正问题”[③]。[④]全球治理在本质上就是一个权力与责任相统一的过程，是要在实现个体利益的同时也要提升世界整体利益，也就是使个体利益与世界整体利益相互促进。[⑤]中国认为，要让所有国家的人民都过上好日子，才是最大的公平，也是国际社会的道义责任。

---

① 中共中央文献研究室．习近平关于全面建成小康社会论述摘编［M］．北京：中央文献出版社，2016：41.

② 苏长和．全球公共问题与国际合作：一种制度的分析［M］．上海：人民出版社，2002：125.

③ 习近平．共同构建人类命运共同体——在联合国日内瓦总部的演讲［N］．人民日报，2017-01-20.

④ 陈伟光，刘彬．全球经济治理的困境与出路：基于构建人类命运共同体的分析视阈［J］．天津社会科学，2019（2）：74-80.

⑤ 卢静．全球经济治理体系变革与中国的角色［J］．当代世界，2019（4）：12-17.

（四）建立合作共赢的国家关系

几十年来，中国经历了不同时期的转型变化，但发展理念贯穿始终，与以“和平发展，合作共赢”理念为核心的外交思想一脉相承。习近平总书记在庆祝中国共产党成立95周年的大会上发表讲话，强调“中国始终是世界和平的建设者、全球发展的贡献者、国际秩序的维护者，愿扩大同各国的利益交汇点，推动构建以合作共赢为核心的新型国际关系，推动形成人类命运共同体和利益共同体”①。

随着经济全球化的不断发展，经济主体的交易和互动不断加深，“一荣俱荣，一损俱损”相互依存的现象在当今世界表现得尤其突出，促进双边、区域、跨区域乃至全球的共同利益成为各国战略选择的主要考量。但是，由于世界共同利益和国家利益并非完全一致，零和博弈和非零和博弈交织在一起，以及互补性和竞争性的同时存在，任何国家在全球经济治理中都面临国家利益和世界共同利益的协调和均衡问题。因此，共同发展成为经济全球化背景下世界各国寻求平衡的核心要义与唯一出路。对此，我们应注意树立更加包容的义利观，为其他国家特别是其他发展中国家留出空间，进一步扩大贸易往来，调整贸易结构，同时，扩大对需要帮助的国家的经济援助，让中国的发展真正惠及全球。各国在促进自身发展的同时，也应推动国家发展战略和区域一体化进程对接，在维护本国利益时兼顾他国合理关切，实现优势互补，促进合作共赢。

（五）坚持共商、共建、共享的治理理念

2015年10月，习近平总书记在主持中央政治局第二十七次集体学习时强调“要推动全球治理理念创新发展，积极发掘中华文化中积极的处世之道和治理理念同当今时代的共鸣点，继续丰富打造人类命运共同体等主张，弘扬共商共建共享的全球治理理念”②。这是我国首次公开提出全球治理理念，体现了目标导向和问题导向的统一。

所谓共商，就是集思广益，由全球所有参与治理方共同商议。所谓共建，就是各尽所能，各施所长，把优势和潜能充分发挥出来。所谓共享，就是让全球治理体制和格局的成果更多更公平地惠及全球各个参与方，也就是习近平总书记反复强调的要“确保各国在国际经济合作中机会平等、规则平等、权利平等”③。

共商共建共享理念的提出是符合历史发展潮流的。第一，国际社会普遍认为全球治理体制变革正处在历史转折点上。数百年来列强通过战争、殖民、划分势力范围等方式争夺利益和霸权，逐步向各国以制度规则协调关系和利益的方式演进。现在，世界上的事情越来越需要各国共同商量着办，建立国际机制、遵守国际规则、追求国际正义成为多数国家的共识。第二，经济全球化深入发展，把世界各国利益

---

① 习近平. 习近平在庆祝中国共产党成立95周年大会上的讲话［N］. 人民日报，2016-07-01.

② 习近平. 推动全球治理体制更加公正更加合理 为我国发展和世界和平创造有利条件［N］. 人民日报，2015-10-14.

③ 习近平. 新起点 新愿景 新动力——在金砖国家领导人第六次会晤上的讲话［N］. 人民日报，2014-07-17.

和命运更加紧密地联系在一起，形成了你中有我、我中有你的利益共同体。正如习近平总书记所指出的那样："在经济全球化的今天，没有与世隔绝的孤岛。同为地球村居民，我们要树立人类命运共同体意识。"[①]国家不论大小、强弱、贫富，都应该平等相待，全球性挑战需要各国通力合作来应对和解决。第三，随着新兴市场国家和发展中国家的群体性崛起，确保各国在国际经济合作中机会平等、规则平等、权利平等不仅是当前全球经济治理的迫切需求，更具备了强大的实现基础。可以说，共商共建共享理念从方向、手段、效果三个维度对加强全球经济治理作出了回答，体现了中国智慧和大国担当，赋予了全球经济治理新的生命力和闪光点。

基于共商共建共享的新理念，2016年9月4日，习近平总书记在二十国集团工商峰会开幕式上的主旨演讲中还首次全面阐述了中方的全球经济治理观。习近平总书记指出，全球经济治理应该以平等为基础，以开放为导向，以合作为动力，以共享为目标。关于当前全球经济治理的重点，习近平总书记将其明确归纳为"共同构建公正高效的全球金融治理格局，维护世界经济稳定大局；共同构建开放透明的全球贸易和投资治理格局，巩固多边贸易体制，释放全球经贸投资合作潜力；共同构建绿色低碳的全球能源治理格局，推动全球绿色发展合作；共同构建包容联动的全球发展治理格局，以落实联合国2030年可持续发展议程为目标，共同增进全人类福祉"[②]。

习近平总书记提出的全球经济治理观，不仅是对中国在全球经济治理领域理念和主张的系统总结，也是对中国外交政策理念的进一步丰富与发展，既体现了中国的担当和勇气，也为中国积极参与全球经济治理进一步指明了方向[③]。

二、"一带一路"倡议

作为中国最高领导人主创主推的重大政策举措，"一带一路"是中国新时期全方位扩大开放的重要组成部分，凸显出更加重视与广大发展中国家携手合作共同发展的清晰指向，传递出通过做长发展中国家经济增长这块短板以培育全球经济新增长点的新思路，动态体现了开放国策、外交战略、结构调整、促进增长目标之间的良性互动。共建"一带一路"契合了扩大开放、睦邻善邻、和平发展、和谐世界等丰富的理念内涵，是统筹国内国外两个大局与奋发有为外交新方针的具体呈现。

（一）"一带一路"的多重定位

1.经济外交新手段

"一带一路"通过扩大对沿线广大国家开放并推进双向广泛务实的经济合作，拓宽和改善中国经济开放发展的国际空间与外部环境，为实现和平发展基本方针提

① 习近平．共同构建合作共赢的全球伙伴关系［N］．人民日报，2016-09-04.
② 习近平．共同构建合作共赢的全球伙伴关系［N］．人民日报，2016-09-04.
③ 王德蓉．十八大以来习近平对我国积极参与全球经济治理的战略谋划［J］．党的文献，2016（10）：249-260.

供保障，构成中国新时期大国经济外交新手段。

进入21世纪特别是后危机时代以来，全球经济格局发生深刻变化，中国经济在世界经济体系中的相对重要性与影响力快速提升，美国实施重返亚太与亚太再平衡战略造成中国周边和外部环境的显著变化。实施共建“一带一路”倡议，把中国新一轮扩大开放与贯彻奋发有为新外交方针结合起来，把永不称霸合作共赢方针与共谋发展合作行动结合起来，把睦邻安邻的善意与帮邻富邻的义举结合起来，用置信度更高的方式讲述中国和平发展理念，对于营造与巩固有利于中国和平发展的外部环境具有重要现实意义与深远历史影响。

“一带一路”倡议具有广泛新内涵。首先，从对外开放政策对象拓展与内容提升角度看，“一带一路”从早先主要侧重对发达国家开放，转变为对发达国家与广大发展中国家双重开放并重，并且在大量务实合作领域呈现出对沿线广大发展中国家更为优先的态势。其次，从针对广大发展中国家经济外交内涵演变角度观察，“一带一路”包含“五通”合作重点，将政策、基建、贸易、投资、金融等方面合作内容有机结合起来，形成更为系统与完备的经济外交内容组合。最后，针对经济全球化深化与现行国际金融经贸治理结构基本框架不相适应的现实矛盾，依托共建“一带一路”合作发展的务实要求，通过建立亚投行、金砖国家新开发银行等机构，推动对现行国际金融体制架构的增量改革。

2.全球增长新动力

进入21世纪以来，全球经济增长格局与中国经贸环境的转折性变化，集中表现为双重重心转移。一方面，随着中国与广大发展中国家在全球经济增长中相对贡献历史性提升，全球经济增长重心已经从发达国家转向新兴经济体与发展中国家。另一方面，中国与广大发展中国家经济联系加强，中国对外经贸增长重心正在从发达国家转向新兴经济体与广大发展中国家。目前很多发展中国家经济持续增长潜力面临基础设施不足与体制政策局限两方面瓶颈制约，共建“一带一路”有助于推动中国与沿线国家经济持续较快增长，同时也对全球可持续增长提供新的解决思路和方案。

全球经济增长重心转变集中表现为“二八易位”。21世纪初，全球经济增长构成中，发达国家和新兴与发展中国家分别贡献80%和20%，发达国家中G7与其他发达国家分别贡献61%和19%，新兴与发展中国家中金砖国家和其他发展中国家分别贡献12%与8%。到2010—2013年的后危机时期，全球经济增长构成中发达国家和新兴与发展中国家贡献分别逆转为19%和81%，发达国家中G7与其他发达国家分别贡献12%和7%，新兴与发展中国家中的金砖国家和其他发展中国家分别为56%和25%，其中中国贡献率约为35%，与其他发展中国家共同贡献率约为六成。10多年间，全球增长贡献份额在发达国家和新兴与发展中国家之间实现历史性的“二八易位”。从出口与对外工程承包的区域结构观察，中国外部经贸环境也在发生深刻转变。发展中国家已经成为中国增长最快、未来发展潜力最大的贸易伙伴。而从中国对外承包工程地区分布来看，广大发展中国家也成为最重要的区域。

习近平总书记2014年11月8日发表《联通引领发展 伙伴聚焦合作》的讲话，指出："如果将'一带一路'比喻为亚洲腾飞的两只翅膀，那么互联互通就是两只翅膀的血脉经络。"①以共同发展合作双赢基本理念方针为指导，通过共建"一带一路"破解中国周边与亚洲众多发展中国家的瓶颈，将对沿线国家经济较快增长发挥促进作用。借助中国与这些国家动态意义上更为紧密的经贸联系，形成中国与沿线国家携手共进良性互动的新形势。在上述双重重心转移背景下，共建"一带一路"有助于培育全球经济新增长点，更好实现后危机时代全球经济强劲可持续增长目标。

3.结构调整新举措

过去几十年中国改革开放谋发展取得阶段性巨大成就，成为世界第二大经济体。中国经济未来要实现"双中高"目标，关键在于全面深化改革，健全开放型市场经济体制架构，在此基础上发挥市场机制的决定性作用与政府引导作用，持续有效推进中国产业结构、技术结构、区域结构的合规律调整。"一带一路"将为中国经济结构调整提供更为广阔平台与全新环境，成为未来结构调整的重要内容。

随着要素成本与比较优势结构演变，中国产业与经济结构调整必将进一步活跃展开，"一带一路"沿线国家依据各自所处发展阶段不同，也亟须借助资本流动和产能合作推进本国结构调整与经济发展。共建"一带一路"将扩大中国与沿线国家在不同行业以及特定行业上下游之间的投资范围，推进投资便利化进程，通过共商共建各类产业园与集聚区探索投资合作新模式，从而为中国与沿线国家经济合作与产业结构调整升级提供广阔平台。

"一带一路"倡议将给中国边陲地区经济发展带来全新机遇，为中国国内区域经济结构调整注入新动力。就"一带一路"倡议与中国国内各地开放态势联系而言，将重点涉及东北、西北、西南等边疆地区一些省区市。受历史与自然条件限制，这些地区经济发展总体水平较低，近年在国内宏观失衡调整背景下短期经济形势分化明显，比如某些东北省份经济下行压力较大，有的西北省区经济增速显著超过全国平均水平。实施共建"一带一路"倡议，有望实质性改变这些地区经济发展的政策优先度与环境条件，推动中国边疆地区经济较快发展与中国区域经济结构朝着更为平衡合理方向演变调整。②

（二）"一带一路"倡议建设的调整

历史上，"一带一路"是商业互惠发展导向的。由于中国与西方在文化和认知上存在的差异，导致中国在国际上被误读。改革开放40多年来，中国经济得到了长足的发展，对世界的贡献和影响力不断凸显，需要国际社会听到中国的声音，寻求国际话语地位，现有的国际秩序制定者和维护者必然对于既得利益可能受到冲击

① 习近平．联通引领发展 伙伴聚焦合作［N］．人民日报，2014-11-09.
② 卢峰，李昕，等．为什么是中国？——"一带一路"的经济逻辑［J］．国际经济评论，2015（3）：9-34.

极度敏感。中国的“一带一路”倡议不是出于对抗性目的，而是寻求合作共赢。这意味着，对于国际社会的话语体系和反应，中国也需要作出相应调整，以回应国际社会的质疑，消除国际社会的误解。

第一个调整，是表述的规范，统一用“倡议”，全面去“战略”。这里有许多误读误解的成分。我国经济社会发展的规划，多用战略表示。因而，在2013年“一带一路”倡议提出之初，媒体宣传和解读，也多用“战略构想”，明确强调为国家的“重大战略”①。中国科学院成立的研究中心，称为“一带一路战略研究中心”②。一些地方，例如云南、广西等沿边省份，提出要建设“一带一路”桥头堡，一些内地城市例如重庆、西安，提出要建设“一带一路”的战略支点。这些我们习以为常的常规经济意义的表述，由于词义内涵带有军事表征，被国外解读为军事意义上的“战略”。这是中国的话语体系与西方话语体系表述上的误解。“一带一路”倡议，本来就不具有地缘政治目的，这种话语表述上的误解在2015年以后逐步规范，使用“倡议”而非“战略”。桥头堡、战略支点一类的表述，也淡出主流媒体③。

第二个调整，从相对封闭到开放。中国“一带一路”界定所涉及的国家，在2015年3月国务院授权发布的《推动共建丝绸之路经济带和21世纪海上丝绸之路的愿景与行动》中，尽管明确了所涵盖的“一带一路”相关的国家基于但不限于古代丝绸之路的范围，各国和国际、地区组织均可参与，让共建成果惠及更广泛的区域，但在各种分析、解读、政策文件中，重点或者主要涵盖的是沿线国家，包括中国在内共有65个国家。2015年中央推进“一带一路”建设工作会议所明确的是“与沿线各国共同打造政治互信、经济融合、文化包容的利益共同体、责任共同体和命运共同体，造福沿线国家人民，促进人类文明进步事业”④。相对来说，不在沿线的国家，没有包括在倡议的实施方案中。随着“一带一路”建设的推进，世界上认同、支持、贡献的国家都可以参与。习近平总书记在“一带一路”建设工作5周年座谈会上明确指出，共建“一带一路”是经济合作倡议，不是搞地缘政治联盟或军事同盟；是开放包容的进程，不是要关起门来搞小圈子或者“中国俱乐部”⑤。根据国家发展和改革委员会的统计，截至2018年年底，中国已累计同122个国家、29个国际组织签署了170份政府间共建“一带一路”合作文件⑥。

---

① 《人民日报》2014年10月11日第1版报道：2014年10月10日，中共中央政治局常委、国务院副总理张高丽在西安主持召开推进“一带一路”建设工作座谈会上指出，习近平总书记在出访中亚和东南亚国家期间，先后提出共同建设丝绸之路经济带和21世纪海上丝绸之路的战略构想，强调要扎实实施“一带一路”重大战略。

② 这一中心设在中国科学院地理科学与资源研究所。

③ 2015年2月1日，中央在北京召开的推进“一带一路”建设工作会议上，就没有使用“战略”表述。

④ 张高丽．在中央推进“一带一路”建设工作会议上的讲话［EB/OL］．(2015-02-01)．http：//www.gov.cn/guowuyuan/2015-02/01/content_2812983.htm.

⑤ 王斯敏，李盛明．政治互信、经济融合、文化包容的中国方案［N］．光明日报，2017-05-03.

⑥ 已同中国签订共建“一带一路”合作文件的国家信息，参见“中国一带一路网”。中国政府的“一带一路网”显示，在文化教育领域，截至2018年9月，中国已在53个国家建立了137所孔子学院和130个孔子学堂。《人民日报海外版》2018年5月1日报道：中国政府资助“一带一路”发展中国家的学生来华留学。截至2017年，来自“一带一路”相关国家的留学生人数达31.72万人，增幅11.58%。

第三个调整，是从单向到网络互动。“一带一路”倡议，是鼓励中国企业走出去，到相关国家投资，实现互利共赢。“一带一路”以五通（政策沟通、设施联通、贸易畅通、资金融通、民心相通）为主要手段或路径，相互支撑，但是，实施的难易程度和效果，不可能齐头并进。应该说，在宗教色彩浓郁、文化差异迥然、治理体系以西方为主导的“一带一路”沿线国家和地区，政策沟通并非一朝一夕之功。作为重点内容的贸易畅通，存在互补，但是，中国产品的竞争力，要高于多数沿线国家，因而，贸易的单向性也就成为一个显著特征，随着贸易的深化，贸易的互通性在不断而且快速提升中。例如中欧班列，返程班列比例稳步提升。2018年共开行中欧班列6 300列，同比增长72%，其中返程班列2 690列，同比增长111%①。作为优先领域的设施联通，包括道路交通等硬件基础设施，也包括能源化工的基础产业，是资金的需求所在，是企业走出去的载体。“一带一路”投资或成功或失败的案例，也多集中于设施联通方面。其中成功的主要原因还是在于双向性、多边性，参与的国家之间可以是命运共同体，不是单向输出，不是简单双向，而是共同体。

第四个调整，从工业投资、工业产能的输出和落地变为绿色低碳、打造绿色的“一带一路”。国务院授权发布的“愿景与行动”，也要求强化基础设施绿色低碳化建设和运营管理，在建设中充分考虑气候变化影响，在投资贸易中突出生态文明理念，加强生态环境、生物多样性和应对气候变化合作，共建绿色丝绸之路。“践行绿色发展的新理念，倡导绿色、低碳、循环、可持续的生产生活方式”，“倡议建立‘一带一路’绿色发展国际联盟，并为相关国家应对气候变化提供援助”②。这标志着“一带一路”建设实践，从常规的“棕色”转向“绿色”。

第五个调整，是从资本到人本。“一带一路”倡议推出之初，合作成功的测度为完成多少投资、建设多大产能、获取多少收益。从资本的视角看，资本输出、获取利益、产生财富，看到的是资产的积累和增值。但是，发展的中心是人，在于提升人的教育、健康、文化、消费水平。“一带一路”投资，不仅是资本的投入，而且要拉动就业、增加收入、推进教育和卫生设施。以人为本，帮助当地发展经济、增加就业、推动社会进步，“一带一路”的话语重点，就这样从资本到人本。实现这一转变或调整，实际上是国内发展测度的唯GDP论在对外合作过程中的内涵式改变。中国也在“一带一路”倡议的国际合作进程中明晰自己的观念和使命③。

三、构建人类命运共同体

习近平总书记在2016年的G20峰会上将人类命运共同体与全球经济治理结合在一起，提出世界各国应该“共建合作共赢的全球伙伴关系，携手构建人类命运共

① 赵明．铁路积极服务保障“一带一路”2018年中欧班列开行6 300列［N］．中国青年报，2019-01-02.
② 习近平在“一带一路”国际合作高峰论坛上的倡议。
③ 潘家华．“一带一路”倡议的战略再思考［J］．海南大学学报，2020（1）：1-10，180.

同体，共同完善全球经济治理”①。在党的十九大报告中再次提出“构建人类命运共同体，建设持久和平、普遍安全、共同繁荣、开放包容、清洁美丽的世界”的构想，推动构建人类命运共同体成为中国外交实践的行动指南、总体战略和奋斗目标。人类命运共同体理念还得到了联合国的认可，两次被写入联合国相关决议之中②。在全球经济治理层面，构建人类命运共同体体现为“推动经济全球化朝着更加开放、包容、普惠、平衡、共赢的方向发展”③，人类命运共同体思想是在反思西方全球经济治理思想的基础上，吸收中华民族传统文化，立足于中国国家治理需求形成的，是对马克思主义“共同体”思想的继承与发展，更是对西方理论的超越。在全球经济治理层面，人类命运共同体不仅为中国，更为世界的发展提供了具体的理论与实践启示。

（一）人类命运共同体理念对全球经济治理的理论贡献

第一，人类命运共同体理念对未来全球经济发展提出了新思路。经济全球化使经济危机的发生给各国经济带来严峻挑战。要解决全球经济问题，不能单凭市场自发调节和大国的强权干预，而是要寻求“共商共建共享”的整体解决思路。从这一意义上说，人类命运共同体理念的提出，为全球经济提供了从人类整体利益和各国共同利益出发，谋求共同发展的新思路。

传统的全球经济治理体系以霸权国家权力和利益为基础，虽然一定程度上能够顾及他国利益，但其本质仍然是霸权主义的，对问题的解决也仍然是以单一国家经济为立足点的。这不仅难以解决国内问题，也给全球经济带来了不确定性，更无助于全球经济内在矛盾的解决。面对全球市场的固有缺陷，既要寻求市场内部机制的解决之道，同时也要通过国家协商和制度合作的模式对市场缺陷加以克服。在这一点上，全球主义情怀和人类命运共同体理念是相通的，全球主义“并不止于全球意识，它指向社会实践，并积极介入社会现实的整合，而无论是指导思想还是行为规范，全球主义都要求摆脱国家中心论的束缚，代之以人类中心论、世界整体论”④。面对全球经济发展的危机，全球经济治理需要从人类命运共同体的高度，视全球市场和全球社会为整体，兼顾其他国家的发展需求，形成全球经济的良性互动，如此才能解决国内发展的瓶颈。全球经济发展和治理体系改革需要超越国家中心主义，在全球范围内统筹不同国家的需要，以全球经济问题为治理对象，以构建人类命运共同体为出发点，从全球高度重新审视、统筹国内经济和世界经济，关照他国利益和人类整体利益，实现全球经济的可持续、包容性增长。

---

① 习近平．中国发展新起点全球增长新蓝图——在二十国集团工商峰会开幕式上的主旨演讲［N］．人民日报，2016-09-04.

② 2017年2月10日，联合国社会发展委员会第55届会议协商一致通过“非洲发展新伙伴关系的社会层面”决议，首次将“人类命运共同体”写入联合国决议；2017年11月2日，中国关于“构建人类命运共同体”的理念被写入第72届联合国大会裁军与国际安全委员会通过的“防止外空军备竞赛进一步切实措施”和“不首先在外空放置武器”两份安全决议。

③ 习近平．共建创新包容的开放型世界经济——在首届中国国际进口博览会开幕式上的主旨演讲［N］．人民日报，2018-11-06.

④ 蔡拓．全球主义与国家主义［J］．中国社会科学，2000（5）：16-27.

第二，人类命运共同体理念对全球经济治理中的合作与冲突解决提出了新方案。2017年年底，美国发布《国家安全战略报告》，将中国视为头号战略竞争对手；自2018年6月起，美国对中国发起多起贸易摩擦并不断升级，可以预见中美两国将形成长期的战略竞争关系，全球经济治理中的大国角力也会凸显。但是作为全球最为重要的两个大国，无论经济上还是政治上，中美两国谁都不能离开谁。两国关系的处理关键在于如何实现互补和协调，管控危机，保持温和竞争而不是走向直接对抗。人类命运共同体理念强调面向未来，主张各主体间存在连带性，促进合作和开放始终应该是全球经济治理的主线，"各国要树立命运共同体意识，真正认清'一荣俱荣、一损俱损'的连带效应，在竞争中合作，在合作中共赢"[①]。换言之，人类命运共同体事实上要求在利益安排中减少对相对获益的关注，强调共同获益，合作获益，重视对利益分配的观念性重构，减少对抗性思维，强调国家应一起面向共同的未来。尽管受当下贸易摩擦的影响，中美关系存在下行趋势，但稳定金融市场、恢复市场信心符合中美双方共同利益，应避免陷入全面的贸易冲突，并在未来长期的博弈和互动中找到双方共同认可的均衡点。

（二）人类命运共同体理念在全球经济治理中的实践基础

人类命运共同体理念自提出以来已经在实践领域不断深化，并逐渐成为我国外交实践的行动指南。这一理念在全球经济治理领域对国家主义导向的全球经济治理范式具有超越的内涵，在实践中也有现实基础，主要体现为：

第一，国家间复杂的相互依赖意味着全球经济治理需要超越国家中心主义，在命运共同体的认知中实现共同利益。全球经济一体化使得各国经济相互依赖进一步加强，尤其是在大型经济体之间，复合型相互依赖增强了彼此间的敏感性和脆弱性，形成了一荣俱荣、一损俱损的一体化效应，整个网络的复杂性增加导致国家政策和风险的影响越来越不可预测，任何一个环节出现问题都可能导致整个系统运转失灵。因此，在当前全球经济高度依赖且信息迅速传播的条件下，全球经济治理作为超越民族国家利益的多元主体的合作，需要在互惠共生的基础上考虑共同利益的实现，而不只是追求单一国家利益。改革势必走向国家间、不同组织和团体间的多元、多渠道和多领域的合作与协调。

第二，可持续发展议题的扩大和全球经济治理领域的拓展，需要各国及其他行为体共同合作。

一方面，全球共同发展已成为各国参与全球治理的共识，这意味着全球经济治理需要更多关注人类共同发展的议题。2016年正式启动的《2030年可持续发展议程》确定了未来15年需要实现的17项目标，主要包括"在世界各地消除贫困与饥饿；消除各个国家内和国家之间的不平等；建立和平、公正和包容的社会；保护人权和促进性别平等，增强妇女和女童的权能；永久保护地球及其自然资源等"，此

① 习近平．共同维护和发展开放型世界经济——在二十国集团领导人峰会第一阶段会议上关于世界经济形势的发言［N］．人民日报，2013-09-06.

外“我们还决心创造条件，实现可持续、包容和持久的经济增长，让所有人分享繁荣并拥有体面工作，同时顾及各国不同的发展程度和能力”[①]。实现全球共同发展，在全球市场作用之外，更需要各国承担共同责任，发展合作成为取代发展援助的更加务实而平等的实践。

另一方面，全球经济治理领域的拓展需要更加深度的合作。当前全球宏观经济协调面临重大困难，以WTO为代表的全球多边贸易机制改革陷入困境，全球投资机制尚不健全，不同国家集团在全球经济治理中的不同诉求造成了治理机制的碎片化；全球发展极度不平衡，需要在复杂的议程中寻找到合理的突破口。“全球经济治理特别要抓住以下重点：共同构建公正高效的全球金融治理格局，维护世界经济稳定大局；共同构建开放透明的全球贸易和投资治理格局，巩固多边贸易体制，释放全球经贸投资合作潜力；共同构建绿色低碳的全球能源治理格局，推动全球绿色发展合作；共同构建包容联动的全球发展治理格局，以落实联合国2030年可持续发展议程为目标，共同增进全人类福祉。”[②]同时，发达国家和发展中国家之间的矛盾使治理结构转型成为全球经济治理中的新议题；极地、海洋、太空等新边疆领域有新的治理需要；人口、卫生、教育等领域的全球合作成为解决全球发展问题的重要方式，是对全球经济治理的延伸；走私、贪腐、洗钱等跨国经济犯罪需要国内治理和全球治理的配合，但当前全球经济治理在这些方面并没有形成有效的跨国合作，需要各国及其他行为体形成合力，共同治理。

第三，共建“一带一路”是中国积极参与全球经济治理的新范式，也是推动构建人类命运共同体的重要实践。“一带一路”倡议是中国对新型全球化模式的探索与实践，在理念上要求开放、包容、普惠、平衡、共赢，提升全球经济治理的有效性、公平性、包容性和可持续性；在制度上要求建立以发展为导向的制度创新，以“五通”的形式实现宏观经济、国际金融、贸易投资、全球产业等方面的综合治理，积极打造制度化平台，对接区域、次区域平台，利用制度融合发展，通过对既有治理模式的改革，减少治理机制的碎片化，实现更高层次、更广范围、更多元化的区域合作，推动世界经济发展，推动全球经济治理的转型，实现所有国家都能从中获取收益的目标[③]。也就是说，“一带一路”倡议是以世界的共同利益观为立足点，推动构建人类命运共同体，实现人类共同发展的新尝试。

（三）构建人类命运共同体：全球经济治理体系的改革

人类命运共同体观下的全球经济治理，强调人类整体性、共同性，全球经济治理应立足人类共同命运基础上的共同利益和共同责任，注重发展的正义性。对当前全球经济治理面临的诸多问题，需要从以下几个方面加以改革和调整：

---

① UN. Transforming Our World：The 2030 Agenda for Sustainable Development ［R］. 2016.

② 习近平. 中国发展新起点全球增长新蓝图——在二十国集团工商峰会开幕式上的主旨演讲［N］. 人民日报，2016-09-04.

③ 隋广军，查婷俊. 全球经济治理转型：基于“一带一路”建设的视角［J］. 社会科学. 2018（8）：3-12.

从权力结构层面来看，世界秩序面临转型，权力结构和治理责任分配的重新调整需要较长的时间。然而随着发展中国家的崛起以及美国对治理责任的放弃，全球经济治理体系的合法性和有效性方面的困境逐渐暴露出来。从长远来看，全球经济治理机制需要从单边、少边主义走向多边的平等协商，多边制度秩序是一种更合理、更民主的秩序。与以强制或是战争的方式解决问题相比，用多边制度解决问题和实施治理是一种更理性、更进步的秩序。①所以，治理权力分配应该在体现国家权力和责任对等的情况下，增加发展中国家的话语权，重视发展中国家的代表性，尤其是最不发达国家也应该有一定的发言权，鼓励各方积极参与和融入，保持开放性。

从治理主体关系层面来看，国家在全球自由市场体系中能力不足，需要重新自我调适，在全球治理层面则体现为主体关系认知层面和具体协调能力层面的调整。传统全球经济治理模式对治理主体的分析大都从经济学的理性人假设出发，将国家视为单一独立的行为体。作为主流理论范式，新自由制度主义为国家提供了有效的行为规则，但是其同样忽视了治理主体之间的连带性，观念上对其他行为主体的承认和对人类整体的认同不仅是共同利益的体现，也是对共同责任、共同情感的互相认知。中国努力构建周边命运共同体、亚洲命运共同体，再到人类命运共同体，事实上就是试图密切主体间的情感纽带，形成你中有我、我中有你，文化上互相理解和融合的人类命运共同体，构建"共商共建共享"的全球经济治理体系。

从治理制度规则创新来看，全球经济治理中涉及的全球性问题主要有五大类②。当前制度规则的改革主要集中在全球贸易金融领域。我国始终坚持自由贸易原则，维护多边贸易秩序。我们认为，应该在坚持当前治理规则的基础上，对现有机制加以改革，弥补制度的功能性与合法性的不足，主要包括：一是对多边贸易制度的改革，促使其走向公正合理，对发展中国家，尤其是最落后国家给予一定的保护；二是对WTO内部管理机构的改革，保证其职能的实施；三是对国内制度的改革，不断扩大开放，减少贸易壁垒。全球经济治理多边制度体系的改革并不需要推倒重来，而是在具体的制度规则层面加以修正，既要整合碎片化的治理机制，对既有治理机制的不足加以补充，又要创设新的治理机制，对全球化进程中涌现的新问题加以治理。

从全球经济治理的中国理念和行动来看，中国提出人类命运共同体作为新的全球治理理念，以正确义利观参与引领全球经济治理体系的改革，进一步扩大对外开放并推动全球自由贸易，扩大与发展中国家的发展合作，积极参与全球环境、全球气候问题的治理，并在此基础上补充、整合既有机制，或构建新的机制，以完善全球经济治理体系，推动构建人类命运共同体。

---

① 秦亚青．世界秩序刍议［J］．世界经济与政治，2017（6）：4-13.

② 一是全球宏观经济协调问题；二是全球货币和金融问题；三是全球贸易投资治理问题；四是全球能源资源协作问题；五是发展与贫困问题。参见陈伟光．全球治理与全球经济治理：若干问题的思考［J］．教学与研究，2014（2）：53-61.

[本章小结]

人类发展的历史进程表明，全球化是社会发展的必然结果。改革开放以来，中国人民经过长期的探索和艰苦奋斗，积极融入全球化发展进程，实现了国力的迅速发展。多年来，中国在经济全球化进程中充分发挥比较优势，对世界经济增长贡献率超过了30%；与此同时，在世界上的经济、政治、外交影响力大大增长；与世界组织、地区组织联系更加紧密，与各国在不同领域开展合作。

2008年金融危机后，世界格局进入大发展、大调整、大变革时期。面对全球性问题的日益尖锐，加强全球治理、推进全球治理体系变革是大势所趋。中国作为世界上最大的发展中国家和重要的新兴经济体，积极参与和引领全球治理行为。党的十八大以来，中国的全球治理思想具有明显的时代特征，为人类可持续发展提供了新的思路和方案。构建人类命运共同体是全球治理在国际体系层面的理论创新。中国以合作共赢为核心的新型国际关系思想，以及富有建设性的国际秩序观、义利观、发展观，展现了中国全球治理思想的鲜明特色。在全球治理进程中，中国积极开展行动，主动承担大国责任，坚持多边安全合作，在重要的国际合作机制中发挥着不可替代的作用，并通过“一带一路”倡议的实施，实践人类命运共同体理念，打造互利共赢的国际合作新格局。

[课后习题]

1.经济全球化的本质是什么？

2.如何看待中国对外开放历程的发展？

3.中国对外开放的宗旨是什么？

4.如何理解中国“一带一路”倡议的实施？

5.如何理解中国对外开放从发挥比较优势到全球经济治理的转变？